고구려 벽화고분

고구려 벽화고분

전호태 지음

2016년 8월 10일 초판 1쇄 발행

펴낸이 한철희 | 펴낸곳 돌베개 | 등록 1979년 8월 25일 제406-2003-000018호
주소 (10881) 경기도 파주시 회동길 77-20 (문발동)
전화 (031) 955-5020 | 팩스 (031) 955-5050
홈페이지 www.dolbegae.co.kr | 전자우편 book@dolbegae.co.kr
블로그 imdol79.blog.me | 트위터 @Dolbegae79

편집 김수한
교정교열 김옥경
표지 디자인 김동신 | 본문 디자인 이은정·이연경
마케팅 심찬식·고운성·조원형 | 제작·관리 윤국중·이수민
인쇄·제본 상지사

ⓒ 전호태

ISBN 978-89-7199-735-2 (93910)

이 도서의 국립중앙도서관 출판예정도서목록(CIP)은 서지정보유통지원시스템 홈페이지(http://seoji.nl.go.kr)와 국가자료공동목록시스템(http://www.nl.go.kr/kolisnet)에서 이용하실 수 있습니다.(CIP제어번호: CIP2016017739)

고구려인의 세계상과 예술로 지은 아름다운 공간, 벽화고분의 전모

고구려 벽화고분

전호태 지음

돌베개

고구려 시대,
고구려인들의 모습을 그대로 옮겨 놓은 듯한 고분벽화,
그 벽화를 담은 구조물인 벽화고분은
우리와 고구려 시대와의 대화를 위한
가장 귀중한 통로이다.

머리말

2002년 여름, 삼실총 벽화 논고를 마무리하였다. 이때 주요 벽화고분을 유적별로 정리하여 고분벽화 전반의 흐름을 알도록 묶어내는 것은 어떨까 하는 생각을 하게 되었다. 2000년 출간한 연구서 『고구려 고분벽화 연구』에서 세부적으로 다룬 유적들은 제외한 뒤 시기별, 지역별 특징을 나타낼 수 있는 연구 대상 유적을 선별해보았다. 삼실총을 포함하여 10기 정도를 정리하면 한 권의 연구서로 내기에 적합한 분량이 나올 듯싶었다. 이후 시간이 허용하는 범위 안에서 틈틈이 벽화고분별 논고를 써 나갔다.

2013년 가을, 돌베개 출판사와 접촉이 되어 그때까지 완성된 논고 몇 편을 하나로 묶어 보내며 의견을 물었다. 편집팀에서 두 달 이상 검토를 거친 다음 정리된 의견이 내게 전해졌다. 지금과 같은 틀로 책을 내는 것이 어떠냐는 제안이었다. 아직 각 장절(章節)에 들어갈 논고가 다 쓰이지 않은 상태였음에도 검토서는 빈 곳을 찾아 채워 넣는 방안까지 제시하고 있었다. '전문가는 전문가구나!' 하며 나도 모르게 고개를 끄덕였다.

2014년 한 해 부지런을 떨었지만, 결국 해를 넘기기까지 마무리 짓지 못했다. 2015년 초 장천1호분을 다룬 새 논고로 벽화고분 10기에 대한 글이 마무리되었다. 벽화고분의 시기별 특징, 벽화고분 전체에 대한 시각, 벽화고분 연구의 현재와 미래에 대한 글을 더하니 편집팀에서 기대하던 모양새를 거의 갖추게 되었다. 편집팀의 손을 거쳐 남아 있던 거친 부분도 많이 다듬어질 것을 기대하며 원고를 넘겼다.

재발견 뒤 100년을 훌쩍 넘겼으나 고구려 벽화고분 연구는 여전히 기초 조사와 발굴 보고 정리 수준에서 크게 벗어나지 못했다. 여러 차례 세부적 검토까지 이루어진 유적이 있는가 하면 개략적인 이해에서 머문 상태인 것도 있다. 학제적 연구, 국제 연대를 통한 종합적 검토의 필요성 등이 여러 차례 거론되었다. 그러나 일회성 행사로나마 성사된 사례조차 드물다. 근래 고구려 고분벽화의 보존 상태는 빠른 속도로 나빠지고 있다. 그럼에도 유적에 숨겨진 기록과 정보를 충분히 읽어 내고 정리해 아카이브 수준으로 남기는 일은 반드시 이루어져야 할 '기대'로만 남아 있다. 이 책이 이를 위한 디딤돌이 되기를 소망한다.

새벽마다 남편을 위한 기도에 많은 시간을 쏟는 아내 장연희, 아빠의 원고를 읽고 평을 해주며 삽화도 넣어줄 수 있게 된 딸 혜전, 아빠와 보내는 시간을 귀중히 여기면서도 연구자만의 글 쓰는 시간을 허락하는 데에 조금도 망설임이 없는 아들 혜준에게 감사한다. 원고의 틀을 짜면서 빈 곳이 어디인지 짚어준 돌베개 편집부에도 감사의 뜻을 전한다. 세부적인 다듬기와 깔끔한 디자인으로 책을 빛내준 디자인팀에도 고맙다는 말씀을 드린다.

2016년 봄
생명의 빛이 하늘과 땅에 가득하기를 꿈꾸며
문수산 기슭 서재에서 전호태 씀.

차 례

머리말 6
고구려 벽화고분 분포도 10
서장 고구려 벽화고분을 바라보는 종합적인 시선 13

1부 초기, 변함없는 내일을 꿈꾸다

초기 고구려 벽화고분의 특징 31

1. 안악3호분

안악 지역의 벽화고분 33 · 안악 문화와 안악3호분 61 ·
안악3호분과 기남한묘 65

2. 덕흥리벽화분

무덤 구조와 벽화 구성 76 · 묘지명 및 벽화 제재의 분석
96 · 덕흥리벽화분과 5세기 전후의 고구려 105

2부 중기, 넓은 세상과 다양한 세계

중기 고구려 벽화고분의 특징 115

1. 안악2호분

개요 117 · 무덤 구조와 벽화 제재의 분석 131 · 5세기
고구려의 지역 문화와 안악2호분 141

2. 수산리벽화분

개요 154 · 무덤 구조와 벽화 제재의 분석 167 · 5세기
평양 문화의 전개 방향과 수산리벽화분 184

3. 쌍영총

개요 233 • 무덤 구조와 벽화 제재의 분석 213 • 5세기
후반의 고구려 문화와 쌍영총 226

4. 삼실총

개요 233 • 무덤 구조와 벽화 제재의 분석 237 • 5세기
고구려의 대외 교류와 삼실총 256

5. 장천1호분

개요 262 • 무덤 구조와 벽화 제재의 분석 282 • 5세기
고구려의 불교문화와 장천1호분 295

3부 후기, 지키는 자와 함께

후기 고구려 벽화고분의 특징 307

1. 개마총

개요 310 • 무덤 구조와 벽화 제재의 분석 323 • 6세기
전후 평양 문화의 전개 방향과 개마총 333

2. 진파리1호분

개요 341 • 무덤 구조와 벽화 제재의 분석 353 • 6세기
평양 문화와 진파리1호분 365

3. 통구사신총

개요 374 • 무덤 구조와 벽화 제재의 분석 390 • 6세기
고구려의 서방 정책과 통구사신총 408

맺음말 고구려 벽화고분 연구 현황과 과제 420
주 423
고구려 시대 역사·문화 연표 438
찾아보기 443

지역	지역내고분군		고분명	기수			
집안권	집안군	우산하고분군	1.각저총(JYM0457), 2.무용총(JYM0458), 3.우산하1041호분(JYM1041), 4.통구12호분(JYM1894), 5.산연화총(JYM1896), 6.오회분4호묘(JYM2104), 7.오회분5호묘(JYM2105), **8.통구사신총(JYM2113)**, 9.우산하2174호분(JYM2174), **10.삼실총(JYM2231)**, 11.우산하3319호분(JYM3319)	11	36	38	
		산성하고분군	12.산성하332호분(JSM0332), 13.산성하동대파365호분(JSM0365), 14.산성하491호분(JSM0491), 15.산성하725호분(JSM0725), 16.산성하798호분(JSM0798), 17.산성하983호분(JSM0983), 18.산성하1020호분(JSM1020), 19.산성하미인총(JSM1296), 20.산성하절천정총(JSM1298), 21.산성하귀갑총(JSM1304), 22.산성하1305호분(JSM1305), 23.산성하1405호분(JSM1405), 24.산성하1407호분(JSM1407), 25.산성하1408호분(JSM1408)	14			
		만보정고분군	26.만보정645호분(JWM0645), 27.만보정709호분(JWM0709), 28.만보정1022호분(JWM1022), 29.만보정1368호분(JWM1368)	4			
		마선구고분군	30.마선구1호분(JMM0001)	1			
		하해방고분군	31.모두루총(JXM0001), 32.하해방31호분(JXM0031), 33.환문총(JXM0033)	3			
		장천고분군	**34.장천1호분(JCM0001)**, 35.장천2호분(JCM0002), 36.장천4호분(JCM0004)	3			
	환인군	미창구고분군	37.미창구장군묘(HMM001)	1		1	
	무순군	시가고분군	38.시가1호분(FSM001)	1		1	
평양권	평양군	순천	1.천왕지신총, 2.요동성총, 3.용악동벽화분, 4.동암리벽화분	4		121	
		평원	5.운룡리벽화분, 6.청보리벽화분	2			
		대동	7.덕화리1호분, 8.덕화리2호분, 9.가장리벽화분, 10.팔청리벽화분, 11.대보산리벽화분	5			
		평양	만경대구역	12.용악산벽화분	1	32	69	83
			중구역	13.평양역전벽화분	1			
			서성구역	14.장산동1호분, 15.장산동2호분	2			
			대성구역	16.미산동벽화분, 17.안학동7호분, 18.안학동9호분, 19.대성동벽화분, 20.대성동34호분, 21.민속공원1호벽화분, 22.고산동1호분, 23.고산동7호분, 24.고산동9호분, 25.고산동10호분, 26.고산동15호분, 27.고산동20호분	12			
			용성구역	28.청계동4호분, 29.청계동5호분, 30.화성동벽화분	3			
			삼석구역	31.내리1호분, 32.남경리1호분, 33.호남리사신총, 34.호남리18호분, 35.노산동1호분, **36.개마총**	6			
			낙랑구역	37.동산동벽화분	1			
			력포구역	38.傳동명왕릉, **39.진파리1호분**, 40.진파리4호분, 41.진파리16호분	4			
			승호구역	42.금옥리1호분	1			
			강동군	43.傳단군릉	1			
		남포	강서구역	**44.덕흥리벽화분**, 45.강서대묘, 46.강서중묘, **47.수산리벽화분**, 48.약수리벽화분, 49.용호리1호분, 50.보림리대동11호분, 51.태성리1호분, 52.태성리2호분, 53.태성리3호분, 54.연화총, 55.보산리벽화분	12	24		
			대안구역	56.대안리1호분, 57.대안리2호분	2			
			용강군	58.용흥리1호분, 59.옥도리벽화분, 60.용강대묘, **61.쌍영총**	4			
			항구구역	62.우산리1호분, 63.우산리2호분, 64.우산리3호분	3			
			와우도구역	65.성총, 66.감신총, 67.수렵총	3			
		온천		68.마영리벽화분, 69.계명동고분	2			
	안악군	연탄		70.송죽리고분	1		14	
		안악		71.복사리벽화분, 72.봉성리1호분, 73.봉성리2호분, 74.평정리벽화분, 75.안악1호분, **76.안악2호분**, 77.안악읍고분, 78.한월리고분, 79.노암리고분, **80.안악3호분**, 81.월정리고분	11			
		사리원		82.어수리고분, 83.은파읍벽화분	2			

고구려 벽화고분 분포 현황

고구려 벽화고분 분포도

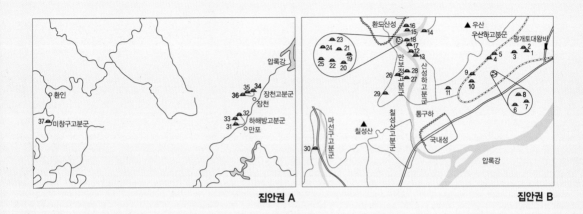

집안권 A   집안권 B

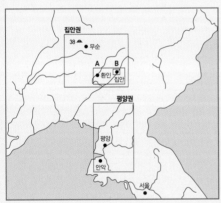

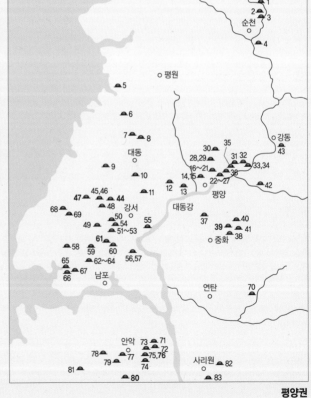

• 붉은색 표시 고분이 이 책에서 다루는
  벽화고분입니다.

평양권

일러두기

1. 이 책은 고대사를 다루고 있고, 또 참고문헌 등에 옛 지명을 그대로 쓰고 있는 경우가 많아서 "중국의 역사 지명으로서 현재 쓰이지 않는 것은 우리 한자음대로 하고, 현재 지명과 동일한 것은 중국어 표기법에 따라 표기하되, 필요한 경우 한자를 병기한다"는 외래어 표기법을 따르지 않고, 중국의 지명을 우리의 한자음대로 통일하였습니다. 다만, 현재 중국의 지명을 알고 싶은 분들을 위하여 맨 처음 중국 지명이 나올 때 집안(集安, 지안), 길림(吉林, 지린), 산동(山東, 산둥)처럼 괄호 안에 한자와 중국어 표기를 병기하였습니다.
2. 본문을 이해하는 데 도움이 되는 설명은 본문 하단에 각주로, 단순히 참고문헌의 출처만 밝힌 것은 본문 뒤에 후주로 밝혀놓았습니다.

서장

고구려 벽화고분을 바라보는 종합적인 시선

고구려 고유의 무덤 양식은 시신을 넣은 널 위에 돌을 쌓아올려 만든 돌무지무덤이다.^{그림1~2} 산간 계곡이 삶의 터전이었던 사람들에게는 산과 강에 널려 있는 자갈을 무덤 재료로 쓰는 것이 자연스러운 일이었다. 벽화는 무덤 안에 벽과 천장이 있는 공간이 있어야 그려질 수 있다. 대형 돌무지무덤조차 그 안에 방이 만들어진 뒤에야 벽화로 장식될 수 있었다. 고구려에 고분벽화가 유행하게 된 것은 널을 두는 방을 돌로 만들고 그 위에 흙을 쌓아올려 만든 돌방무덤이라는 새로운 무덤 양식이 받아들여지면서부터이다.^{그림3~4}

고분벽화는 무덤 칸의 벽과 천장을 장식한 벽화를 가리키는 개념이다. 고구려인에게 고분벽화는 새로운 장의(葬儀) 예술 장르였다. 고구려인에게는 고분벽화에 익숙해지기 위한 시간이 필요했다. 이는 사고, 관념, 시각, 경험 등을 고구려식으로 형상화하되 보편적 이해와 수용이 가능한 모습으로 재탄생시키는 과정이기도 했다. 고분벽화라는 미술 장르에서 이루어진 고구려의 외래문화 수용과 소화, 재창조 과정은 각각의 화면에 한꺼번에 담기기도 하고 나뉘어 실리기도 했다. 빠른 속도로 혹은 한꺼번에 문화 전파나 교

그림1

그림2

그림3

그림4

그림1 돌무지무덤 무리. 중국 관전(寬甸, 관덴) 소재.
그림2 제총. 중국 집안(集安, 지안) 소재.
그림3 장군총(將軍塚). 중국 집안 소재.
그림4 강서대묘(江西大墓). 북한 남포 소재.

류가 이루어질 때, 지역별, 시기별 문화 수용과 소화 양상이 다를 때 나타날 수밖에 없는 불가피한 현상이라고 하겠다. 이런 이유 때문에라도 고구려의 벽화고분은 개별적으로 또는 문화권별, 시기별로 검토되어야 한다.

　　고구려 벽화고분은 고구려뿐 아니라 동아시아와 그 바깥 세계에 대한 많은 정보를 담고 있다. 벽화고분이라는 유적 자체가 복합적인 면모를 지니고 있는 까닭이다. 무덤은 건축의 한 분야이고, 벽화는 미술의 한 장르이다. 고분벽화와 무덤의 껴묻거리●는 종교·신앙의 세계를 담고 있는 동시에 무덤 주인이 살던 세계의 모습, 즉 그 공간과 시간의 한 부분을 그대로 옮겨 놓고 있다.그림5~6 건축의 전 과정이 지니는 복합적 측면 외에도 일상생활이 꾸려지던 시공간의 여러 가지, 곧 생산·유통·소비, 인간관계, 관습, 문화 활동 등이 한 덩어리가 되어 벽화고분이라는 공간 안에 그대로 들어와 있다고 할 수 있다.

　　사실 벽화고분이 아니더라도 우리 주변에 존재하는 모든 것은 작건 크건 인간과 자연에 대한 온갖 정보를 담고 있다. 늘 어떻게, 얼마나 읽어내느냐가 문제일 뿐이다. 그런 면에서 보면 고구려 벽화고분은 다른 유적과 구별되기 어렵다고 할 수 있다. 그러나 수·당·신라 등과의 오랜 전쟁, 나라의 멸망, 주민의 강제 이주와 분산, 폐허가 된 옛 고구려 중심 지역의 방치 등

그림5　철제 부뚜막 모형. 북한 운산 용호동1호분 출토.
그림6　해뚫음무늬금동관모장식. 북한 평양 진파리7호분(真坡里七號墳) 출토, 조선중앙력사박물관.

그림5　　　　　　　　　　　　　　　　　　　　　　　　　　　　　　　그림6

● 장사 지낼 때 시신과 함께 묻는 물건.

그림7
그림8

저간의 사정을 감안하면 그 시대, 그들의 모습을 그대로 옮겨 놓은 듯한 고분벽화, 벽화가 담긴 구조물인 벽화고분은 우리와 고구려 시대와의 대화를 위한 가장 귀중한 통로라고 하겠다.^{그림7~8}

그림7 **무용총(舞踊塚)** 무용도 모사도. 중국 집안.
그림8 **무용총 사냥도 모사도.** 중국 집안.

668년 11월, 고구려 보장왕(寶藏王, ?~682)과 대신들이 평양성(平壤城) 성문을 열고 나와 신라와 당 연합군 지휘부 앞에서 항복의 의식을 치렀다. 이후 고구려 땅의 왕릉과 귀족의 무덤은 주인도 관리인도 없이 버려졌다. ^{그림9~10} 왕과 대신, 유력한 백성 대부분이 당으로 붙잡혀 갔다. 남은 백성의 상당수도 신라나 바다 건너 일본, 동몽골 내륙 지역으로, 고구려 동북 변경 지대로 삶터를 옮기거나 망명갔다. 그 뒤 전쟁터였던 고구려 지역은 오랜 기간 인적이 드문 곳으로 남아 있었다. 이런 사태를 겪으면서 벽화가 그려진 국내성(國內城)과 평양 지역 지배층의 수많은 무덤 가운데 일부는 도굴되었으며 나머지는 버려지고 잊혀졌다. ^{그림11~12}

이후 평양은 신라와 발해(渤海) 어느 쪽도 함부로 사람을 들이기 어려운 일종의 중립지대가 되었다. 이런 상황에서 옛 고구려의 주요 도시와 주변 지역 고구려 왕릉과 귀족 무덤이 발해의 행정 관리 대상이 되기는 어려웠

그림9   광개토왕릉비. 1920년대 중국 집안.
그림10   국내성. 1920년대 중국 집안.
그림11   우산하고분군(禹山下古墳群, 禹山下墓區). 1920년대 중국 집안.
그림12   통구사신총(通溝四神塚). 1920년대 중국 집안.

그림9

그림10

그림11

그림12

다. 실제로 그런 일이 일어나지도 않았던 듯하다. 극히 일부 남아 있는 발해 관련 기록에도 이에 대한 기사는 발견되지 않는다. 고려 시대에 국내성 일대는 국경 바깥이었고 평양성은 영토 안이었다. 하지만 이미 이 두 지역의 왕릉과 무덤이 어느 시대, 어떤 사람들과 관련 있는 유적인지는 잊힌 상태였다. 조선왕조가 세워진 뒤, 국내성 지역의 유적은 여진족(女眞族)이 세운 금나라가 남긴 것으로 회자될 정도가 되었다.

698년 발해가 건국된 뒤에도 고구려 고분의 관리 상태는 달라지지 않았던 것이 확실하다. 옛 고구려의 변경이던 백두산 동북 지역이 발해의 중심부가 되면서 고구려의 중심 지역은 발해의 변경이 되었다.

1897년 선포된 대한제국(大韓帝國)이 사실상 일본 제국주의의 손아귀 안에 들어갈 즈음 고구려 고분 속 그림의 존재가 확인되어 사진으로 찍혀 공개되는 일이 일어나게 되었다. 당시까지 고구려 고분은 도굴꾼 외의 사람들에게는 거의 알려지지 않았던 유적이었다. 사실 1890년대부터 이미 평안도 강서 일대에서는 고분 속 벽화에 대한 이야기가 돌았다. 1900년대에 들어선 뒤에는 사람들이 강서대묘(江西大墓), 강서중묘(江西中墓) 등에 들어가는 일이 여러 차례 벌어졌다. 이 일로 말미암아 옛 국내성, 곧 당시의 중국 길림성(吉林省, 지린성) 집안(集安, 지안)에도 고구려 벽화고분이 존재하고 있음이 알려졌다. 중국의 동쪽 끝에도 눈길을 주고 있던 유럽 학계에서도 이 사실을 알게 되었다.

강서대묘 벽화는 완성도가 매우 높고 보존 상태도 좋아 일제강점기 일부 일본인 학자들의 관심 대상이었다.그림13~14 이들에게는 고구려 문화, 고구려 예술에 대해 어떤 평가를 내릴 것인가. 고구려 사람들의 예술과 정신세계, 문화 성격에 '개성과 고유성', '보편성과 국제성' 등의 규정을 가하느냐의 여부가 주요한 의미를 지닌 것으로 인식되었다. 제국주의 일본의 지배 아래 있는 조선의 역사와 문화가 고대부터 독자적인 세계를 성립시키고 계승·발

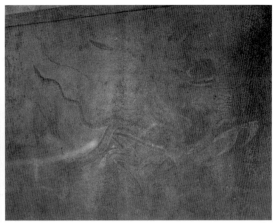

그림13   그림14

그림13 **강서삼묘(江西三墓). 1920년
대 북한 남포.**
그림14 **강서대묘 벽화 청룡. 1920년
대 북한 남포.**

전시켜왔느냐는 질문에 대한 답과도 연결되어 있었던 까닭이다. 이들은 자신들이 어떤 답을 내놓는지에 따라 식민지 통치의 정당성을 역사·문화적으로 입증하려 애쓰던 사람들의 입지가 강화될 수도 있고 약화될 수도 있음을 잘 알고 있었다.

일제강점기에 한반도와 만주에서 발견되어 조사된 고구려 벽화고분은 20여 기(基) 정도이다. 이 가운데 벽화의 보존 상태가 양호한 것은 대부분 모사도가 그려져 공개되었다.^{그림15~16} 벽화를 조사하거나 모사도를 그린 이들은 고구려 벽화의 빼어난 회화 수준에 대해 감탄하고 가치를 높이 평가했다. 그러면서도 고분벽화의 회화적 기법이나 내용이 중국으로부터 영향을 받았거나 받았을 것이라는 사실을 강조했다. 고구려 고유의 문화 요소 등은 제한적으로 인정하는 태도를 보였다.

1945년 8월 일제가 패망하자 집안과 환인(桓仁, 환런) 일대의 고구려 유적은 중국 학자들에 의해, 평양과 안악 일대 고구려 유적은 북한의 학자들에 의해 조사·보고될 수 있게 되었다. 이후 고구려 벽화고분 발굴·조사 사례가 급격히 늘었으며 묘지명이 잘 남아 있는 벽화고분도 2기나 발견되었다.

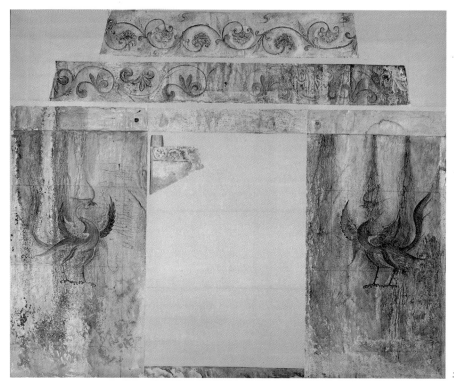

그림15

그림16

그림15　강서대묘 벽화 주작(朱雀) 모사도. 북한 남포.
그림16　강서대묘 벽화 청룡 모사도. 북한 남포.

그림17

그림18

그림19

그림20

그림17 안악3호분 벽화 무덤 주인과
신하. 북한 안악.
그림18 덕흥리벽화분 벽화 무덤 주인
과 13군 태수. 북한 남포.
그림19 안악3호분 벽화 대행렬. 북한
안악.
그림20 덕흥리벽화분 벽화 대행렬.
북한 남포.

1949년 조사·보고된 안악3호분(安岳三號墳)과 1976년 발견·조사된 덕흥리
벽화분(德興里壁畵墳)이 그런 유적이다.^{그림17~18} 두 고분은 벽화의 보존 상태
도 좋고 벽화의 내용도 다양한 경우에 속한다. 묵서(墨書) 묘지명(墓誌銘)에
따르면 안악3호분의 무덤 주인은 오호십육국(五胡十六國) 시대 북중국 전연
(前燕)의 관리였다가 고구려로 망명한 '동수(冬壽)'•이다. 덕흥리벽화분의
무덤 주인은 전연부터 후연(後燕)에 걸쳐 관리 생활을 하다가 망명하여 고
구려 왕의 신하가 된 것으로 추정되는 '진(鎭)'이라는 인물이다.

　　두 무덤의 벽화는 새로운 장의 미술 장르가 수용되어 소화되던 시기 고
구려 미술과 문화가 어떤 상태였는지를 생생하게 보여준다. 두 벽화고분이

• 역사 기록에 등장하는 망명객 동수(佟壽)와 같은 사람으로 추정되는 인물.

무덤 구조와 벽화 구성, 벽화 기법 등에서 단계적인 변화를 보여주기 때문이다.^{그림19~20} 안악3호분 묵서 묘지명의 작성 연대는 357년, 덕흥리벽화분의 묘지명이 쓰인 시기는 408년이다. 두 고분의 주인공이 정말 전연이나 후연에서 고구려로 망명한 인물인지, 아니면 고구려의 왕(안악3호분)이거나 고구려의 유주(幽州) 지역 지배를 확인시켜주는 고구려 출신 대귀족(덕흥리벽화분)인지 여부를 둘러싼 국제적인 논쟁은 앞으로도 상당 기간 진행형으로 남을 가능성이 높다.

427년 장수왕(長壽王, 394~491)은 평양 천도를 단행하여 고구려 전성기의 문을 열었다. 장수왕 통치기에 고구려는 동북아시아의 패권국가이자 동아시아 4강 국가의 하나로서 위상을 확보하고 이를 대내외에 과시했다. 436년 고구려와 북위(北魏)는 북연(北燕) 멸망을 둘러싸고 정면충돌 직전까지 갔다. 그러나 두 강대국은 상호 세력권을 인정하는 타협선을 찾아내 동아시아 4강 시대가 개막되었음을 내외에 알렸다. 평양 천도 후 얼마 지나지 않아 일어난 이 사건으로 말미암아 동아시아 주요 국가들 사이에 쉼 없이 펼쳐졌던 패권 전쟁은 막을 내렸다.

전성기 고구려 문화의 특징은 다양성과 보편성 속의 독자성, 고유성이다. 이 시기의 고분벽화에는 동아시아를 관류하던 보편적인 문화 요소와 고구려적 개성이 함께 담겨 있다. 서로 이질적일 수도 있는 개성적 요소와 보편적 측면이 어떻게 어우러져 어떤 결과를 자아내는지는 고분벽화에 따라 차이를 보인다. 다양한 문화가 나고 들며 이를 소화하고 재창조하는 과정과 결과가 전성기의 고구려 고분벽화에서 확인된다.^{그림21~24}

5세기 중엽과 후반에 제작된 고구려 벽화고분은 수십 기에 이른다. 그 가운데 벽화가 비교적 온전히 남아 있고 지역적 특색을 잘 담고 있는 것으로는 안악 지역의 안악2호분(安岳二號墳), 평양 지역의 수산리벽화분(修山里壁畵墳)과 쌍영총(雙楹塚), 집안 지역의 장천1호분(長川一號墳)과 삼실총(三室

그림21

그림22

그림23

그림24

그림21 안악2호분 벽화 무덤 주인 부부의 공간. 북한 안악.
그림22 삼실총 벽화 문지기 역사. 중국 집안.
그림23 수산리벽화분 벽화 귀부인. 북한 남포.
그림24 장천1호분 벽화 우주역사(宇宙力士). 중국 집안.

塚)을 꼽을 수 있다.

안악3호분에서 안악2호분으로의 변화는 한계(漢系) 문화의 색채가 강했던 안악 지역에서 고구려 문화가 정착되는 과정을 그대로 보여준다. 수산리벽화분에서는 전성기 고구려의 평양 문화가 지녔던 세련됨을, 쌍영총에서는 고구려 남북 문화의 만남과 통합, 새로운 문화로의 재탄생을 위한 노력과 결과를 읽을 수 있다. 장천1호분과 삼실총은 고구려의 서울이었던 국내성 지역이 북중국과 내륙 아시아 초원 지대로 이어지는 동서 교류 교통로의 길목 역할을 하고 있었음을 확인시켜주는 귀중한 유적들이다. 두 고분의 벽화에는 불교로 대표되는 서방의 관념과 신앙이 고구려에서 수용되고 소화되는 과정이 그대로 드러난다.

고구려의 전성기는 6세기 초까지 계속된다. 그러나 장수왕이 서거하고 문자명왕(文咨明王, ?~519)이 즉위한 뒤에는 사회적 활력이 조금씩 떨어지기 시작한다. 5세기 말을 경계로 고구려의 대외 활동이 뜸해지면서 사회적 정체가 시작되자 이로 말미암은 불만과 불안이 사회 이곳저곳에서 피어나게 된다. 그러나 고구려 지배층이면서 이런 새로운 흐름의 실체나 영향력, 파괴력을 깨닫는 이는 드물었던 것으로 보인다. 불만과 불안이 피어나는지 아는 이도 거의 없었던 듯하다. 흥미로운 것은 고구려 사회에 번져 나가던 이런 어두운 기운이 후기 벽화고분의 벽화 구성에서 그 일단을 드러낸다는 사실이다.

고구려 후기 벽화고분들은 '사신도(四神圖)무덤'으로 불린다.^{그림25~28} 고구려 후기 전반에 해당하는 6세기 전반 고분벽화의 주제는 무덤 주인의 세계를 지켜주는 사신(四神)이다. 그러나 이 시기 고분벽화의 사신에게서 안정감을 느끼기는 쉽지 않다. 평양 지역의 진파리1호분(真坡里一號墳)은 완전한 사신도 벽화고분에 가깝다. 그러나 방위신인 사신이 방위에 맞게 자리 잡지 못한 상태로 그려져 사신이 수호신 역할을 제대로 하는지 알지 못하게 한

그림25

그림26

그림25 진파리1호분 벽화 백호(白虎)
모사도. 북한 평양.
그림26 개마총 벽화 인물 행렬 모사
도. 북한 평양.

다. 개마총(鎧馬塚) 벽화에서는 무덤 주인을 주인공으로 하는 듯한 행렬이
과연 어디로 향하는지가 확실하지 않다. 집안 지역 통구사신총(通溝四神塚)
벽화의 사신은 강렬한 움직임을 보이나 하늘 세계를 받쳐 든 인신괴수(人身
怪獸)들은 사신만큼 강력하고 힘 있게 묘사되지 않았다. 6세기 고구려 고분
벽화의 주제는 '사신'이다. 그러나 벽화 구성과 묘사에서는 일관성과 방향성
을 찾기가 어렵다.

그림27

그림28

그림29

그림30

그림27 통구사신총 벽화 괴수(怪獸) 머리의 우주역사. 중국 집안.
그림28 강서대묘 벽화 백호. 북한 남포.
그림29 위패산성(魏覇山城). 중국 요녕성(遼寧省, 랴오닝 성) 보란점구(普蘭店區, 푸란뎬구)에 있는 고구려의 산성.
그림30 아프라시압(Afrāsiyāb) 궁전지 벽화 고구려 사절. 우즈베키스탄(Uzbekistan) 사마르칸트(Samarkand).

7세기 전후 작품인 강서대묘, 강서중묘를 끝으로 고구려 벽화고분은 축조되고 제작되기를 그친다. 고구려 예술세계의 정점에 선 두 유적의 벽화보다 뒤 시기의 작품은 아직 발견되지 않고 있다. 7세기 초부터 고구려와 수(隋) 사이의 전쟁이 다시 시작되었다. 고구려는 수를 이은 당(唐)과도 20년 이상 전쟁을 치러야 했다. 이런 시대 상황으로 말미암아 고구려 사회에 강서대묘에 필적할 만한 벽화고분을 만들 여유가 주어지지 않았을 수 있다. 고구려 사회의 모든 역량이 수십 년 동안 나라를 지키기 위한 전쟁에 쏟아 부어지는 모습이 눈에 선하다! [그림29~30]

1부

초기, 변함없는 내일을 꿈꾸다

초기 고구려 벽화고분의 특징

고구려의 초기 벽화고분 가운데에는 중국 요양(遼陽, 랴오양)의 한(漢)~위·진(魏·晉) 시기 벽화고분과 구조적으로 유사한 것이 여러 기 있다. 대동강 및 재령강 유역에 축조되었던 낙랑(樂浪)·대방(帶方) 벽돌무덤[塼築墳]•의 영향을 받은 듯이 보이는 벽화고분도 있다. 안악3호분은 가깝게는 요양 지역 한~위·진계 벽화고분 축조 전통과 닿아 있다. 중국 산동(山東, 산둥) 지역 후한(後漢) 시대 화상석묘(畵像石墓)■와도 연결을 고려할 수 있다. 안악3호분보다 반세기 늦게 만들어진 덕흥리벽화분은 낙랑 벽돌무덤의 영향도 일부 받은 무덤이다.

　　초기 벽화고분의 무덤방은 대부분 생활 풍속 장면으로 장식되었다. 무덤 주인을 중심으로 펼쳐지는 일상생활이 벽화로 재현되어 벽화를 보는 이로 하여금 그 시대의 일상을 경험하는 듯한 느낌을 갖게 한다. 물론 찬찬히 장면 하나하나를 살펴보면 과장되거나 의도적으로 재구성된 부분도 발견된다. 이는 무덤 안의 공간에 벽화를 남기는 목적이 현실을 그대로 재현하는 것 이상인 까닭에 나타나는 불가피한 현상이다.

● 벽돌을 쌓아 만든 무덤.
■ 신화·전설 및 역사 고사를 그림으로 새기고 채색한 돌로 만든 무덤.

초기 고분벽화의 생활 풍속 장면은 무덤 주인이 현재와 큰 차이가 없는 세계에서 내세 삶이 꾸려진다고 믿었던 것과 관련이 깊다. 무덤 주인은 현재와 같은 내세, 현재의 질서와 제도가 거의 그대로 재현되는 또 하나의 공간을 상정한다. 이생에서 경험했던 것과 다를 바 없는 새로운 삶터에서 현재보다 더 나은 지위와 부를 누리기를 소망하게 된다. 무덤 주인이 한 고을을 다스리는 일반 관리였다면 내세에는 여러 개의 고을을 거느린 고급 관리로 살기를 원하는 식이다. 고분벽화에 현재의 삶보다 과장된 상황이 펼쳐질 수밖에 없는 것도 바로 이 때문이다.

안악 3호분

안악 지역의 벽화고분

안악 지역의 벽화고분은 1949년 안악1호분(安岳一號墳), 안악2호분, 안악 3호분, 복사리벽화분(伏獅里壁畫墳)이 잇달아 발견되면서 학계의 주목을 받기 시작하였다. 이후 봉성리1호분(鳳城里一號墳), 봉성리2호분(鳳城里二號墳), 평정리벽화분(坪井里壁畫墳), 월정리고분(月精里古墳) 등이 발견·조사되었다. 안악읍고분(安岳邑古墳), 한월리고분(漢月里古墳), 노암리고분(路巖里古墳)도 벽화고분임이 확인되었다. 근래에는 사리원에서 어수리고분(御水里古墳), 은파에서 은파읍벽화분(銀波邑壁畫墳), 연탄에서 송죽리고분(松竹里古墳) 등 안악 외의 지역에서도 벽화고분이 발견되었다. 재령강 유역이 고구려 벽화고분의 또 다른 분포지로서 주요한 역사·문화적 의미를 지닌 곳임이 재확인된 셈이다. 현재까지 안악을 포함한 재령강 유역에서 발견된 고구려 벽화고분은 모두 14기에 이른다. 안악 일원에서 발견된 벽화고분의 구조와 벽화 내용 등은 아래와 같다.[1]

① 월정리고분(月精里古墳)

황해남도 안악군 월정리에 있는 고구려 시대 흙무지돌방벽화무덤으로 1989년 사회과학원 고고학연구소 조사단에 의해 발굴되었다.[2] 구월산 동북쪽의 범재산 기슭에 자리 잡은 월정리고분군에 속한 무덤 가운데 하나이다. 근처 마을에서는 '범재무덤'으로 불렸다. 방대형(方臺形)인 무덤 흙무지(흙더미)의 한 변 길이는 8.2미터, 높이는 0.8미터이며 반지하에 무덤 칸을 조성하였다. 조사 당시 무덤 내부에는 1미터 두께로 흙이 쌓여 있었다. 무덤 방향은 남향이다. 무덤 입구에서 시신을 안치한 방까지 이르는 길인 널길, 시신을 넣은 널을 둔 무덤 속의 방인 장방형 널방으로 이루어진 외방무덤이다.

하나의 널방만 있는 외방무덤인 월정리고분의 널방은 길이 2.74미터, 너비 2.5미터, 높이 2.14미터이다. 널길이 널방 동쪽에 치우쳐 설치되었다. 널방 입구에 문짝을 달기 위해 만든 둥근 구멍인 문확이 두 개 있는 것으로 보아 두 짝의 문을 설치하였음을 알 수 있다. 널길 바닥은 자갈과 회(灰)를 섞어 다졌다. 널길 천장은 널길 폭이 넓어진 부위에서 한 단 높아졌다. 널방의 벽은 가로세로 40센티미터×30센티미터 및 50센티미터×30센티미터 크기의 막돌로 쌓아올린 뒤 빈틈을 회로 메우고 회로 초벌 미장을 한 뒤 다시 회죽(灰粥)을 곱게 발라 마무리하였다. 널방 서벽에 치우쳐 무덤 안에 관을 얹어놓던 관대(棺臺)가 설치되었다. 관대는 널방 바닥보다 한 단 높게 돌을 깔고 그 위에 2~3센티미터 두께로 회를 발라 만들었다. 관대의 길이는 2.52미터, 너비는 1.08미터, 높이는 0.14미터이다.

널방의 천장 구조는 3단의 평행고임 위에 2단의 삼각고임을 얹은 평행삼각고임이다. 무덤 안에서 병 모양의 토기 1점, 토기 조각 5점, 수정 구슬 1점이 수습되었다. 널길과 널방 벽에 벽화를 그렸으나 조사 당시 벽화를 그린 회벽은 모두 바닥에 떨어진 상태였다. 널길 바닥에 떨어진 벽화 조각에서 사람의 얼굴 부분이 확인되었다. 널방 바닥에서 수습된 벽화 조각에서는 모자 장식, 여자 치맛단, 평상, 연꽃문, 여러 가지 장식문 등이 확인된다. 이로 보아 월정리벽화분의 벽화 주제는 생활 풍속이었음을 짐작할 수 있다. 무덤 축조 재료, 무덤 구조 및 벽화 주제 등에서 안악1호분과 비슷한 점이 많다. 월정리벽화분의 축조는 4세기 말경 이루어진 것으로 보인다.

② 한월리고분(漢月里古墳)
황해남도 안악군 한월리에 있다. 무덤 구조와 벽화 내용은 알 수 없다.[3]

③ 노암리고분(路巖里古墳)
황해남도 안악군 노암리에 있다. 무덤 구조와 벽화 내용은 알 수 없다.[4]

④ 안악읍고분(安岳邑古墳)
황해남도 안악군 안악읍에 있다. 무덤 구조와 벽화 내용은 알 수 없다.[5]

⑤ 안악1호분(安岳一號墳)
황해남도 안악군 대추리 상지마을(옛 지명: 황해도 안악군 대원면 산상리)에 있다.[6] 대추리 상지마을 뒤 언덕 위에 있는 2기의 고구려 시대 흙무지돌방벽화무덤 가운데 앞의 것이다. 안악1호분에서 약 400미터 뒤 북쪽 구릉에 있는 것이 안악2호분이다. 1949년 3월 상지마을 농민들이 도로 수리용 잡석을 모으던 중 석곽(石槨)에 사용된 돌을 뽑아내다가 무덤이 발견되었다. 같은 해 4월 13~15일에 걸쳐 북한의 물질문화유물조사보존위원회에 의해 안악1호분 1차 조사가 이루어졌다.

한국전쟁 도중 조사 기록과 자료가 흩어지거나 없어져 1957년 5월 7~15일 사이에 과학원 고고학및민속학연구소 주도로 2차 조사가 진행되었다. 조사 당시 널길은 110센티미터, 널방은 50~60센티미터 높이로 토사가 쌓여 있었다. 널길 어귀 안쪽에 너비 1.25미터, 높이 0.8미터, 두께 0.12미터 크기의 큰 판석이 폐쇄석으로 세워졌음이 확인되었다. 널방 입구의 널길 동벽과 서벽에 두 짝의 돌문을 달았던 문확과 문짝 잔편(殘片)이 남아 있다.

무덤 방향은 서쪽으로 2도 기운 남향이다. 널길과 널방으로 이루어진 외방무덤이다. 널길은 길이 2.47미터, 너비 0.97미터, 높이 1.55미터이고, 널방은 길이 2.85~2.88미터, 너비 2.53~2.55미터, 높이 3.35미터이다. 석회암과 화강암 깬돌로 널방 벽과 천장을 쌓았으며, 돌 틈 사이는 진흙과 석회로 메웠다. 벽 위에 4~5센티미터 두께로 회를 발랐다. 널방 바닥은 진흙으로 다져 마무리하였다. 널방의 천장 구조는 평행삼각고임이다. 무덤 칸에서 쇠관못〔鐵棺釘〕 3점, 금제 단추형 장식물 1점, 금제 심엽형(心葉形) 장식물 1점이 발견되어 수습되었다. 널방 벽과 천장에 바른 회 위에 벽화를 그렸으나 회벽이 황갈색으로 변색되었고 벽화의 퇴색도 심했다. 벽화의 주제는 생활 풍속이다.

널방 네 벽 모서리에는 기둥과 두공(枓栱)이 묘사되었다. 두공은 지붕을 받칠 수 있게 기둥 위에 차례로 짜 올린 장식적 구조물이다. 벽과 천장고임(천장 구조물)의 경계에는 도리를 그려 널방 내부가 목조 가옥의 내부처럼 느껴지게 하였다. 도리는 서까래를 받치기 위하여 기둥 사이를 건너지르게 설치한 나무이다. 널방 동벽과 남벽에는 의장기수(儀仗旗手)가 동원된 행렬과 고취악대(鼓吹樂隊)가 표현되었다. 서벽에는 여인들의 행렬과 사냥 장면이 묘사되었다. 널방 북벽에는 네 개의 대문과 각루(角樓), 회랑이 있는 대규모 귀족 저택을 그렸다.

천장고임 제1층에는 변형 운문 계통의 장식문을, 그 위에는 기린(麒麟), 천마(天馬), 비어(飛魚), 사람 머리 짐승, 서조(瑞鳥) 등을 묘사하였다. 기린은 성인이 세상에 나올 징조로 나타난다는 상상 속의 짐승이다. 동심원문(同

心圓文) 등으로 장식된 제3층을 지나 제4층에 이르면 사람 머리의 새, 짐승 머리의 새를 비롯한 서조들이 등장한다. 천장의 평행고임에 방향별로 그려진 새와 짐승들 가운데 모습이 제대로 남아 있는 것은 날개 달린 물고기, 날개 달린 말, 날개 달린 기린, 한 쌍의 봉황, 사람 머리의 새, 사람 머리의 짐승 등이다. 전체적으로 열두 마리가 배치되었던 것으로 보이나 흔적의 일부라도 남은 것은 모두 열한 마리이다. 제일 위층인 제5층에는 각 방위에 맞추어 북두칠성(北斗七星)을 비롯한 별자리를 그려 넣었다.

안악1호분은 전형적인 외방무덤이면서 널방 천장 구조가 삼각고임이다. 무덤 구조상 후기 벽화고분과 크게 다르지 않다. 무덤 칸에 사용된 석재의 형태, 무덤 칸의 축조 방식 등에서는 초기 돌방무덤의 특징이 잘 드러난다. 벽화 주제는 전형적인 생활 풍속으로 사신을 연상시키는 제재가 등장하지 않는다. 널방 천장 벽화의 제재들은 주로 신선 신앙을 연상시키는 것들이다.[7] 무덤 칸에서 출토된 금제 심엽형 장식물 등은 4세기의 작품일 수 있다. 무덤 구조, 벽화 주제, 벽화의 제재 구성 방식, 출토 유물 등을 종합적으로 고려하면 안악1호분은 4세기 말 축조물로 볼 수 있다.

⑥ 안악2호분(安岳二號墳)

황해남도 안악군 대추리(옛 지명: 황해도 안악군 대원면 산상리)에 있다.[8] 대추리 상지마을 뒤 언덕 위에 있는 2기의 고구려 시대 흙무지돌방벽화무덤 가운데 뒤의 것이다. 1949년 5월 19일부터 북한의 물질문화유물조사보존위원회에 의해 1차 조사가 이루어졌다. 한국전쟁 도중 조사 기록과 자료가 흩어지거나 없어져 1957년 5월 7~15일 사이에 과학원 고고학및민속학연구소 주도로 2차 조사가 진행되었다. 발굴 조사 당시 안악2호분은 마을 사람들에 의해 '함박뫼'로 불렸다.

발굴을 통해 도굴자들이 널길 입구를 막은 판석(板石) 상부를 깨고, 널방 입구 돌문을 완전히 파괴하면서 무덤 안으로 들어갔음을 알게 되었다. 널길 안에서 관못 40여 점과 회백색토기편(灰白色土器片) 2점, 회색토기편 3점, 흑색토기편 2점과 널을 만든 재료인 관재(棺材) 조각 썩은 것이 여러 점 수습되었다. 널방 안에서는 아무런 유물도 발견되지 않았고 돌로 만든 관 대만 발견되었다. 도굴자들이 널방 안의 유물들과 함께 관을 들어내 널길에 놓고 관을 해체한 뒤 껴묻은 다른 물건들도 훔쳐갔음을 짐작하게 한다. 널길 에서 수습된 유물 가운데 일부는 한국전쟁 시기에 분실되었다고 한다.

안악1호분에서 북쪽으로 약 400미터 지점의 나직한 언덕 위에 자리 잡 았으며, 자연 구릉의 남쪽 일부를 파내고 무덤 칸을 쌓았다. 널길은 남쪽으 로 냈다. 널길 바닥은 지표면과 거의 일치하나 널방 바닥은 지표면보다 아래 에 만들어졌다. 무덤 방향은 서쪽으로 약 5도 기운 남향이며 널길은 널방 남 벽 동쪽으로 치우쳐 설치되었다. 화강암과 석회암을 무덤 축조 재료로 사용 한 외방무덤이다. 널방 동벽에 작은 감(龕)*이 덧붙여졌으며, 서벽에는 벽에 붙여 잘 다듬은 화강암 판석으로 만든 돌관대가 놓였다. 널방의 벽과 천장부 를 돌로 쌓아올린 뒤 6~10센티미터 두께로 석회를 발랐으며 그 위에 그림 을 그렸다. 널방 바닥 역시 전부 석회를 다져 덮었다.

천장 구조는 2단의 평행고임 위에 3단의 삼각고임을 얹은 평행삼각 고임이다. 널방 네 벽과 천장고임이 상하좌우로 완만한 곡선을 이루며 올 라가도록 축조된 점은 다른 벽화고분과 같다. 조사 당시의 흙무지 둘레는 약 95미터, 북쪽은 높이가 약 3.5미터, 남쪽은 높이가 약 5미터였다. 널길 의 길이는 2.23미터, 입구 너비는 1.6미터, 입구 높이는 1.7미터이고, 널방 입구의 문 너비는 1.35미터, 문 높이는 1.55미터이다. 널방 바닥 동벽 길이 3.44미터, 서벽 길이 3.47미터, 남벽 길이 3.41미터, 북벽 길이 3.42미터이 다. 널방 벽의 높이는 2.77미터, 바닥부터 천장 가운데까지의 높이는 3.77미 터이다. 널방 안에 설치된 감의 너비는 0.65미터, 높이는 0.34미터, 깊이는

　　　　● 신주를 모셔 두는 공간.

0.435미터이다. 널방 바닥에서 감의 턱까지의 높이는 0.42미터, 널방 동벽 남단에서 감의 남단까지의 거리는 0.62미터이다.

널길 양 벽, 널방 네 벽과 천장은 벽화로 장식되었다. 회벽 위에 그려진 벽화의 주제는 생활 풍속이다. 소나무를 태울 때 생기는 그을음으로 만든 먹인 송연묵(松烟墨) 외에 다양한 광물성염료(鑛物性染料)를 사용하여 흑색, 주색, 청색, 녹색, 황색, 백색으로 벽화를 채색하였다. 주색 계통도 적색, 주색, 홍색, 자색이 한눈에 확인 가능할 정도로 색을 나누어 썼다. 안악2호분은 널방 네 벽 모서리와 벽 상단에 묘사된 기둥과 두공, 도리 안의 아름답고 화려한 장식문으로 잘 알려진 벽화고분이다. 활개에 받들린 도리가 층을 이루고 도리와 활개들 사이의 공간을 장식한 활짝 핀 연꽃문, 옥벽문(玉璧文)의 가운데를 꿰며 'X'자로 교차하는 연속 막대가 이루어낸 마름모문 등은 화려한 고구려 귀족 저택의 내부를 실감 나게 재현하였다고 할 수 있다.[9]

널길 좌우의 남벽과 북벽에는 남에서 북으로 나란히 줄지어 선 창병(槍兵)의 행렬과 수문장에 해당하는 무인 한 사람씩을 그렸다. 널방 남벽의 좌우, 곧 널방 문에 의해 동서로 나뉜 두 벽에는 갑주(甲胄)로 몸을 가리고 손에 무기를 든 수문장을 1인씩 묘사하였다. 남벽 서측 벽 무인은 눈을 부릅뜨고 이를 악물었다. 오른손으로는 둥근 고리 큰 칼〔丸頭大刀〕을 치켜들어 함부로 무덤 안에 들어오는 자를 내려치려는 듯한 자세이다. 남벽 동측 벽 무인은 오른손으로 긴 창을 세워 잡은 자세로 널방 문쪽의 동향에 주의를 기울이는 기색이다. 문 위의 띠벽에는 허공을 나는 2인의 비천(飛天)을 그렸다.

널방 동벽 북측 벽화는 회벽이 완전히 떨어졌고 남측 벽화의 일부만 남아 있다. 일제강점기 운모(雲母) 채광 시굴 작업을 이유로 고분의 흙무지 동쪽 북면을 굴착한 뒤 방치하였다고 한다. 이로 말미암아 이곳으로 빗물이 흘러들면서 회벽이 떨어진 것으로 추정된다. 벽 상부에 북벽 방향으로 날아가는 2인의 비천, 하부에 3인의 공양자 상이 남아 있다. 2인의 비천 가운데 좀 더 잘 남아 있는 앞의 비천은 머리에 보관(寶冠)을 썼고 어깨에는 구슬을 꿰어 만든 장신구인 영락(瓔珞)을 걸쳤으며 손에는 연화반(蓮花盤)을 받쳐 들었다. 보관 둘레로 자줏빛 원광(圓光)이 빛나고 연화반 위와 아래로는 연꽃 줄기가 두 가닥씩 뻗어 나와 뒤로 흐른다. 아래쪽 두 공양자 역시 비천처럼 산화공덕(散花功德)을 행하는 중인 듯하다. 손에 연화반을 받쳐 들었으며 연화반에서는 연꽃 줄기가 뻗어 나와 비스듬히 흐른다.

널방 서벽 벽화는 전돌길을 나타내기 위해 가로로 길게 그은 띠에 의해 화면이 위아래로 나뉘었다. 전돌길 위의 공간에는 여인과 시녀, 시동들로 이루어진 열네 명의 인물 행렬이 그려졌다. 아래쪽의 그림은 거의 박락되어 화염문(火炎文)류의 장식문 흔적이 일부만 남아 있는 상태이다. 인물 행렬은 가운데 크게 그려진 귀부인을 중심으로 구성되었다. 행렬을 이끄는 귀부인은 털모자처럼 보이는 모자를 머리에 쓰고 긴 주름치마 위에 검은빛 두루마기를 걸쳤다. 두 손을 모아 쥔 공수(拱手)의 자세로 북쪽을 향해 걷고 있다. 귀부인 뒤로 시녀와 아이들 5인이 두 무리를 이루어 따르고, 모자를 쓴 네 명의 귀부인들이 그 뒤를 잇고 있다.

널방 북벽 한가운데에는 주인공 부부가 자리 잡은 장방(帳房)을 그렸으나 장방 안 평상 위에 정면을 향해 나란히 앉아 있어야 할 귀족 부부 가운데 동쪽의 무덤 주인은 그 모습이 남아 있지 않다. 장방 좌우의 공간은 동벽과 서벽의 경우와 같이 위아래를 나누는 선과 띠에 의해 화면이 나뉘었다. 장방 서측 띠 위와 아래의 공간에는 서벽의 귀부인과 시녀 행렬을 연상시키는 인물 행렬이 묘사되었다. 동측에는 동벽 공양자들과 같은 복장의 인물들이 그려졌다. 위와 아래 두 줄을 이룬 14인의 여인 행렬 가운데 아랫줄의 인물들은 희미한 흔적만 남은 상태이고, 윗줄의 6인만 모습이 뚜렷하다.

널방 천장고임은 목조 가옥의 부재(部材)인 동자주(童子柱)•와 소로(小櫨),■ 도리 등으로 공간이 나뉘었다. 가옥 부재의 내부와 나뉜 공간들은 여

• 들보 위에 세우는 짧은 기둥.
■ 첨차(檐遮)를 받치는 네모진 나무.

러 종류의 화려한 무늬로 장식되었다. 벽 최상단 천장고임 경계 아래에 그려진 도리 위의 '人'자형 동자주 사이 역삼각형 공간에는 활짝 핀 연꽃이 한 송이씩 배치되었다. 평행고임 1층은 반규문(蟠蚪文)▲으로 채워진 북측 이외의 나머지 세 면은 연엽당초문(蓮葉唐草紋)으로 채워졌다. 평행고임 2층은 마름모문 형태의 격자(格子)로 꿴 보륜(寶輪)◆과 사이사이 공간이 연꽃문으로 장식되었다.

천장고임 3층부터는 밑면과 측면 장식이 모두 가능한 삼각고임층이다. 삼각고임 각층의 측면은 위아래 둘로 나눈 뒤 아래에 도리, 위의 한가운데에 소로를 그려 목조건축의 천장부 높은 곳을 쳐다보는 느낌이 들게 하였다. 삼각석(三角石) 밑면의 세모꼴 경계에도 넓은 띠를 넣어 도리의 아랫부분을 보는 듯하게 하였다. 도리 측면에 연엽당초문을 넣었으면 아랫면에는 조운문의 일종인 돌기 달린 운문을 넣는 식으로 변화를 주되, 두 삼각석이 한 조를 이루게 하여 규칙성도 일정 정도 유지되게 하였다. 커다란 천장석(天障石)♣ 한가운데에는 삼각고임 제1층 밑면에서 보였던 것과 같은 활짝 핀 대형 연꽃을 그렸는데, 꽃잎이 네 겹이며 씨방도 자세히 표현되었다. 천장석의 네 모서리에는 반쯤 핀 연꽃 송이를 측면도로 배치하였다. 연꽃 송이의 꽃줄기는 생략되었다. 전체적으로 안악2호분 널방 천장은 활짝 핀 연꽃들에 초점을 둔 연꽃의 세계라고 할 수 있다.

안악2호분은 석회암과 함께 화강암을 축조 재료로 썼다. 무덤 칸의 벽과 천장석 벽면에 석회를 바르고 그 위에 그림을 그렸다. 전형적인 외방무덤 구조이면서 퇴화형 감이 덧붙여졌다. 널방 네 벽과 천장고임이 상하좌우로 완만한 곡선을 이루며 올라가도록 축조되어 안악1호분보다 발전된 토목기술을 보여준다. 벽화 구성에서 불교적 제재가 지니는 비중도 대단히 높다. 무덤 구조, 벽화 주제, 벽화의 제재 구성 방식 등을 종합적으로 고려하면 안악2호분은 5세기 중엽에 축조되었다고 보아도 될 듯하다.

▲ 몸을 꼬아 뒤튼 모습의 용을 그린 장식문.
◆ 둥근 고리 형태의 장식문.
♣ 돌방무덤에서 벽의 위쪽을 덮어 천장을 이루는 돌.

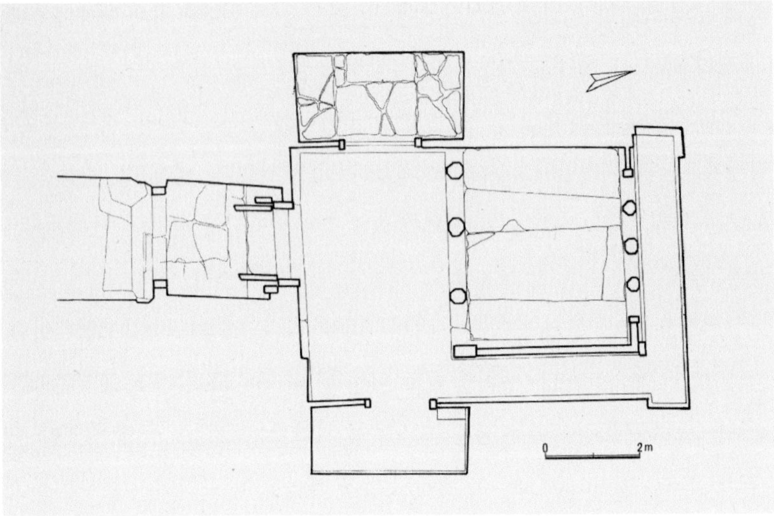

그림1 안악3호분 평면도.

⑦ 안악3호분(安岳三號墳)

황해남도 안악군 오국리(옛 지명: 황해도 안악군 용순면 유설리)에 있는 고구려 시대 흙무지벽화돌방무덤이다.[10] ^{그림1~6} 발굴 전에는 '하총(河塚)'으로 불렸다. 재령평야 북편 오국리 벌판 한가운데 솟은 산 구릉 꼭대기 서편에 있다. 1949년 5월 북한의 물질문화유물조사보존위원회에 의해 1차 조사가 이루어졌으나 한국전쟁 도중 조사 기록과 자료가 흩어지거나 없어졌다. 1957년 5월 7~15일 사이에 사회과학원 고고학및민속학연구소 주도로 2차 조사가 진행되었다. 무덤의 방향은 남향이며, 문방,• 좌우에 곁방이 있는 앞방, 회랑, 널방으로 이루어진 여러방무덤이다. 흙무지의 크기는 바닥 부분의 길이 30미터, 너비 33미터, 높이 약 7미터이다. 문방 입구에 너비 2.43미터, 높이 0.765~0.75미터 크기의 두 개의 돌문이 있다. 문방은 길이 2.17미터·너비 2.12미터·높이 약 3.48미터이다. 앞방은 길이 4.88미터·너비 2.73미터·높이 3.47미티이고, 좌우 곁방은 각각 길이 1.22~1.27미터·너비 2.99미터·높이 2.97미터와 길이 1.7미터·너비 3.13~3.23미터·높이 2.75미터이다.

• 문이 설치된 곳의 작은 방.

그림2

그림7

널방은 길이 3.8미터·너비 3.32미터·높이 2.8미터이며, 'ㄱ'자 형태의 회랑은 길이 10.13미터·너비 0.87~0.69미터·높이 2.5미터이다.

언덕을 일부 깎아내 만든 반지하에 석회암을 축조 재료로 삼아 무덤 칸을 만들었다. 무덤 방향은 남향이다. 무덤길 입구는 판석을 세워 막았으며, 널길 입구에 돌문을 달았다. 각방의 벽면을 한 장의 곱게 다듬은 판석을 세워 만들었다. 천장 고임석은 대패질에 앞서 손도끼로 재목을 다듬어내는 것과 같은 방식으로 면을 다듬었다. 벽의 판석과 천장의 고임석 사이 혹은 고임석과 고임석 사이, 모서리의 아귀가 정확히 들어맞지 않는 부분은 백회를 발라 메우는 방식으로 마감하였다. 무덤 칸 안에서 다수의 토기편과 관못, 철창(鐵槍), 칠관판(漆棺板) 등이 발견되었으며, 30여 점의 인골(人骨)도 수습되었다. 회랑 천장은 평행고임, 다른 칸의

그림3

그림4

그림3   안악3호분 내부 투시도.   그림4   안악3호분 앞방 동벽 및 회랑 벽화 모사선화(模寫線畵).

그림5

그림6

그림5　안악3호분 앞방 동쪽 곁방 동벽 및 북벽 벽화 모사선화.　　그림6　안악3호분 앞방 동쪽 곁방 서벽 및 남벽 벽화 모사선화.

천장은 평행삼각고임이다. 회랑 입구에 두 개의 돌기둥을 세웠고, 널방 앞쪽에 세 개의 돌기둥을 세웠다.[그림7] 앞방 서벽 북쪽 벽면 위에 7행 68자의 묵서명문(墨書銘文)이 있다. 벽화 장면마다 사람의 직명(職名)이나 장면에 대한 설명이 적혀 있다. 벽화는 돌벽 위에 직접 그렸으며, 주제는 생활 풍속이다.

안악3호분은 생활 풍속을 주제로 한 평양·안악 지역의 고분 가운데 대표적인 유적이다. 묵서(墨書)로 쓰인 다량의 명문(銘文)이 남아 있는 것으로 유명하다.[그림8] 널방의 동쪽과 북쪽에 걸쳐 설치된 10.5미터 길이의 회랑에 250명 이상의 인물이 등장하는 대규모 행렬도가 발견되어 내외의 이목을 집중시켰다. 안악3호분은 무덤 주인이 선비족(鮮卑族) 모용씨(慕容氏)가 요동(遼東) 일대에 세웠던 연(燕)에서 고구려로 망명한 장군 동수(佟壽)인지, 아니면 고구려 미천왕(美川王)이나 고국원왕(故國原王)인지 여부를 둘러싼 국제적인 논쟁의 대상이기도 하다." 논쟁의 실마리인 안악3호분 묵서명(墨書銘) 원문과 해석은 다음과 같다.

　□和十三年十月戊子朔廿六日
　□丑使持節都督諸軍事
　平東將軍護撫夷校尉樂浪
　相昌黎玄菟帶方太守都
　鄉侯幽州遼東平郭
　都鄉敬上里冬壽字
　□安年六十九薨官

"영화(永和) 13년(年) 초하룻날이 무자일(戊子日)인 10월 26일 계축(癸丑)에 사지절 도독제군사 평동장군 호무이교위이자 낙랑상이며, 창려·현도·대방태수요 도향후인 유주 요동 평곽현 도향 경상리 출신 동수(冬

그림8　안악3호분 묵서명.

壽)는 자(字)가 □안(安)인데, 나이 69세로 벼슬하다 죽었다."

'영화'는 중국 남조(南朝) 국가 동진(東晉)의 연호(年號)이다. 영화는 12년으로 끝나고 승평(升平)이 그 다음 연호로 쓰인다. 명문에서는 끝난 연호를 사용하여 영화 13년으로 기록하였다. 영화 13년을 서력으로 환산하면 357년으로 고구려 고국원왕 27년, 동진 목제(穆帝) 13년(승평 1년)에 해당한다. '도독제군사'는 군사를 총괄하는 자를 말하므로 담당 지역이 함께 명기되어야 하지만 이 묵서에는 언급되어 있지 않다. 관용적인 표현에서 벗어나 있는 것이다. 중국에서 군(郡) 규모 왕국의 장관은 289년 이전에는 상(相), 이후에는 내사(內史)로 칭했다. 357년에 사망한 묵서명 주인공이 역임한 직명 가운데 낙랑내사(樂浪內史) 대신 낙랑상(樂浪相)이 등장하는 것도 자연스럽지 않다. 묵서명의 주인공 동수(冬壽)는 북중국 오호십육국의 하나이던 전연에서 고구려로 망명한 동수(佟壽)와 같은 사람일 것으로 추정된다.

동수(佟壽)는 전연 왕 모용황(慕容皝, 297~348) 밑에서 사마(司馬)로 있던 인물이다. 모용인(慕容仁)이 모용황의 왕위 계승에 불만을 품고 반란을 일으키자, 이를 진압하러 나갔다가 패하여 모용인의 부하가 된다. 모용황이 다시 군대를 일으켜 모용인의 세력을 무너뜨리자 모용황에게 용서받기 어렵다고 판단하여 336년 곽충(郭充) 등의 인물과 함께 고구려로 망명한다. 이후 동수의 행적은 더 이상 문헌에 전하지 않는데, 357년 쓰인 안악3호분의 묵서명에 다시 등장하는 셈이다. 묵서명 주인공의 출신지가 요동(遼東) 평과현(平郭縣) 도향(都鄉) 경상리(敬上里)로 제시되는 점, 357년에서 가까운 시기에 사실상 동일한 이름의 지위 있는 인물이 다른 인물들과 요동으로부터 고구려로 망명해온 점, 고구려에서 전연으로 송환된 인물 명단에 동수가 포함되어 있지 않은 점 등등을 함께 고려하면 묵서명의 주인공은 전연의 망명객 동수와 같은 사람임이 확실하다고 하겠다. 그러나 묵서명의 주인공 동수

그림9

그림9　안악3호분 앞방 남벽 벽화 의
장기수와 부월수(斧鉞手).
그림10 안악3호분 앞방 남벽 벽화 고
취악대 뿔나팔 부는 사람.

그림10

가 안악3호분의 주인공인지 여부에 대한 논쟁은 여전히 마무리되지 않은 상태이다.

안악3호분의 앞방 남벽에는 의장기수와 부월수(斧鉞手), 고취악대 등을 그렸고, 앞방 동벽에는 수박희(手撲戲) 장면과 부월수 등을 배치하였다.^{그림9~10} 앞방 동벽에 잇대어 설치된 동쪽 곁방 내부에는 방앗간, 용두레 우물, 마구간, 외양간, 차고, 고깃간, 부엌 등 가내 시설과 남녀 시종들의 모습을 묘사하였다.^{그림11} 부엌에서는 세 명의 여인이 조리와 상차림에 열중하고 있다. 시루 형상의 커다란 동이 앞에 선 여인은 오른손에 자루가 짧은 국자를 든 채 왼손에 쥔 막대 모양의 도구로는 동이 안을 휘젓고 있다. 여인의 오른손 아래에 작은 단지 형상의 그릇이 놓여 있으며 머리 위에 '아비(阿婢)'라는 글이 쓰여 있다. 부뚜막 아궁이 앞에서는 다른 여인이 불이 활활 타오르게 하는 데에 신경을 쓰고 있다. 옆 칸에서는 그릇이 쌓인 소반 곁에서 한 여인이 상차림을 준비하고 있다. 부엌의 부뚜막은 고구려의 집터나 무덤에서 출토되는 도제 및 철제 부뚜막과 형태가 같다. 뜰에는 두 마리의 개가 서성거린다.

앞방의 서벽에는 두 사람의 호위무관이 그려졌고, 남쪽의 장하독(帳下督)[•] 곁에는 7행 68자의 묵서명이 쓰여 있다. 서벽에 잇대어 설치된 서쪽 곁방 내부는 무덤 주인 부부를 위한 공간이다.^{그림12~13} 곁방 안의 서벽에 무덤 주인과 시종들, 남벽에 부인과 시녀들, 동벽에는 호위무관이 그려졌다. 무덤 주인은 얼굴이 넓고 길며 콧마루가 길고 눈매가 가늘며, 눈썹이 진하다. 무덤 주인의 얼굴 세부는 세 번 이상 고쳐 그렸는데, 특히 눈의 위치가 달라졌다. 양미간을 넓혀 관후인자(寬厚仁慈)한 느낌을 주기 위해서였던 것으로 보인다. 손과 옷깃은 여러 차례 수정한 흔적이 육안으로도 확인된다. 검은 내관(內冠) 위에 하얀 덧관을 썼다. 오른손에는 자루에 귀면(鬼面)을 새긴 '주미(麈尾)'라 불리는 깃털 부채를 들었다. 부인은 눈초리가 가늘고 길며, 입술

• 군사 지휘관.

이 작은 반면 매우 살진 얼굴을 지녀 고구려 여인의 일반적인 형상과는 차이를 보인다. 머리를 상투처럼 틀어 올린 다음, 반고리 모양으로 머리를 틀어 각각 둘레를 감싸고 남은 부분을 고리에서 늘어뜨렸다. 완성된 머리에 다시 여러 가지 장식을 더하였다. 입은 옷의 무늬도 매우 화려하다.

칸을 나누는 돌기둥으로 앞방과 구분된 널방의 동벽에는 세 사람의 악사와 한 사람의 무용수가 등장하는 무악도(舞樂圖)가 배치되었고, 마주 보는 서벽에는 그림이 남아 있지 않다. 무용수는 무릎을 꿇고 앉은 자세로 피리와 완함(阮咸),• 거문고를 연주하는 악사들의 음악에 맞추어 다리를 'X'자로 꼬고 손뼉을 치는 듯한 자세로 춤을 추고 있다. 코가 앞으로 튀어나왔고 얼굴 세부도 이국적이어서 가면을 쓴 것이 아니라면 벽화의 무용수는 서역계 인물로 해석될 수도 있다. 앞방 천장석에는 해와 달, 별자리가, 널방 천장석에는 연꽃이 그려졌다. 동쪽 및 북쪽 회랑은 대규모 행렬도로 채워졌다. 벽화 중의 인물과 각종 시설 옆에는 설명 형식의 묵서가 쓰여 있어 내용 이해에 도움을 준다. 벽화의 배치 내용과 무덤 구조를 함께 고려하면 안악3호분은 4세기 고구려 대귀족의 저택을 무덤 속에 재현한 것임을 알 수 있다.

대행렬도는 전체 길이 10.13미터, 높이 2.01미터인 회랑의 동벽 남쪽에서 출발하여 북벽 서쪽을 향하고 있다.그림14 행렬은 크게 북벽의 전열과 동벽의 중열로 이루어졌으며, 소가 끄는 수레를 탄 무덤 주인은 중열 가운데에 표현되었다. 좁게는 5열, 넓게는 8~9열에 달하는 종대 행렬을 위에서 비스듬히 내려다본 관점, 곧 조감도식으로 그려내어 행렬 구성이 잘 드러난다. 무덤 주인이 탄 수레를 중심으로 여러 기능과 역할을 담당한 사람들이 타원 꼴 동심원 형태로 길게 겹으로 둘러싸고 있다. 기수, 시녀, 기악대, 기마대(騎馬隊)가 무덤 주인의 수레의 앞과 뒤를 이루고, 궁전수(弓箭手),■ 부월수, 환도수(環刀手)▲ 등이 주인 수레의 좌우를 감싼다. 다시 이들 무리 전체를 도보창대(徒步槍隊)와 기마창대(騎馬槍隊)가 호위하고 있다.

• 진나라의 문인 완함이 비파를 개량하여 만든 현악기.
■ 활 쏘는 일을 맡은 군사.
▲ 칼 쓰는 일을 맡은 군사.

그림11

그림12

그림11　안악3호분 앞방 동쪽 곁방 동벽 벽화 부엌, 고깃간, 차고.
그림12　안악3호분 앞방 서쪽 곁방 서벽 벽화 무덤 주인.
그림13　안악3호분 앞방 서쪽 곁방 북벽 벽화 무덤 주인의 부인.

그림13

　250여 명의 등장인물 가운데 다수가 회랑 동벽의 중열, 특히 무덤 주인 수레 주변에 배치되어 있어 이 부분의 인물들은 네다섯 명씩 비스듬한 횡렬을 이루며 겹쳐 표현되었다. 이러한 겹침 표현은 대행렬이 차지하는 공간의 너비 혹은 깊이를 잘 드러나게 한다. 4세기 중엽이라는 고분벽화 등장 초기의 작품으로서는 대단히 높은 수준의 표현 기법이 행렬 묘사에 적용되었다고 하겠다. 행렬을 구성하는 인물 한 사람, 한 사람을 부드럽고 세련된 필선으로 윤곽을 나타내고 선명하게 채색하였다. 뿐만 아니라 인물들의 몸짓이나 자세도 매우 사실적으로 표현하였으며 행렬의 조직적인 구성과 배치가 한눈에 들어오도록 화면을 구성하였다.

　회랑의 대행렬도는 행렬의 일부만을 그린 것인 만큼 전열과 중열의 규모에 견주어 후열까지 고려하면 행렬 전체는 500여 명에 이르는 대규모였을 것으로 추정된다. 행렬 중의 인물은 겹쳐 그려져 화면에 공간감을 부여하는 효과를 자아냈다. 인물들의 얼굴은 대부분 4분의 3 측면관이며 자세나 복장은 각기 다르나 얼굴 표정은 거의 동일하다. 이는 개인을 부족이나 씨족의 구성원으로 인식한 것과 관련이 깊다. 비교적 세련된 표현 기법에도 불구하고 벽화 속 인물들이 몰개성적으로 그려진 것은 대상 인식의 시대적 한계도 일부 작용했기 때문이다.[12]

앞방 서쪽 곁방 무덤 주인과 부인이 앉은 자리 위 탑개(榻蓋)의 연꽃과 연봉오리는 고구려에 공식적으로 불교가 전래되는 372년 이전, 늦어도 4세기 중엽경에는 개별적이거나 비공식적으로 소개되고 수용되었음을 시사한다. 대행렬도를 포함한 안악3호분 벽화는 내용, 구성, 기법 등에서 4세기 중엽경의 고구려 회화 수준을 그대로 반영한 것으로 보기는 어렵다. 무덤 주인을 포함한 등장인물들의 복식도 집안을 중심으로 형성된 고구려 고유의 것과는 거리가 있다. 무덤 주인의 부인과 시녀들의 풍만한 얼굴은 한~위·진 시기 중국 여인의 것이지 약간 길고 갸름한 고구려 여인 특유의 모습과 다르다. 벽화 제작을 담당한 이들이 원(原)고구려인이 아니라 낙랑계이거나 북중국에서 흘러든 한인 화가일 가능성을 고려하게 한다.[13] 안악3호분의 주인공이 고구려 왕이라면 국가가 고분벽화라는 장의 미술 장르를 새롭게 받아들이면서 낙랑계 혹은 중국계 화가들을 고용하여 벽화를 제작하게 했다고 해석할 수 있다. 무덤 주인공이 망명객 동수라면 이미 전연에 있을 때부터 알고 있던 고분벽화를 자신의 무덤에 그리도록 중국계 혹은 낙랑계 화가에게 의뢰했다고 볼 수 있다.

⑧ 평정리벽화분(坪井里壁畫墳)
황해남도 안악군 평정리에 있다. 고구려 시대 흙무지돌방무덤으로 1988년

5월 사회과학원 고고학연구소 조사단에 의해 발굴되었다.[14] 월암산 남쪽 기슭에 자리 잡은 이 무덤의 남쪽 약 400미터 지점에 안악1호분과 안악2호분이 나란히 놓여 있다. 평정리 소재지의 동남쪽 약 1킬로미터 지점이다. 무덤의 정식 명칭은 평정리1호분(坪井里一號墳)이며, 현지에서는 '동산'으로 불렸다. 동산은 본래 동서로 나란히 놓인 3기의 고구려 돌방무덤을 가리키는 말이었으며, 평정리벽화분은 이 가운데 제일 동쪽에 있는 평정리1호분을 가리킨다. 방대형인 무덤무지의 동변 길이는 21.4미터, 높이는 3.2미터이다. 동산 전체의 동서 길이는 44.2미터이다. 거칠게 다듬은 돌로 벽체를 쌓고 회죽을 발라 빈틈을 메웠다. 무덤 방향은 정남향이며 널길과 널방으로 이루어진 외방무덤이다. 무덤 널길은 길이 1.05미터, 너비 0.9미터, 높이 1.4미터이고, 널방은 길이 2.45미터, 너비 1.75미터, 높이 1.4미터이다. 널길은 널방 동쪽에 치우치게 설치되었다. 널길 어귀에 커다란 폐쇄석이 있다. 널길과 널방 벽은 막돌로 쌓았으며, 빈틈을 회로 메우고 그 위에 두텁게 회를 한 번 더 입힌 다음 고운 회를 입혀 마무리하였다. 널방 동벽과 북벽에 잇대어 길이 2.1미터, 너비 1.05미터, 높이 0.24미터 크기의 관대를 설치하였다. 관대는 강돌로 쌓았으며 널방 바닥 역시 강돌을 두 겹 깔았다. 널방 천장부는 훼손되어 현재 3단의 평행고임만 남아 있으나 그 위에 삼각고임을 올렸을 것으로 추정된다. 무덤 안에서 쇠관못 1점이 수습되었다.

널길과 널방 남벽을 제외한 벽과 천장고임에 벽화를 그렸다. 널방 동벽과 서벽에 산악 그림이 일부 남아 있다. 서벽 산수도에는 원근법과 약간의 준법(皴法)*을 적용한 흔적이 드러난다. 벽화는 검은색으로만 그려졌다. 마감회가 마르기 전 막대기 같은 것으로 눌러쓴 것으로 보이는 글자가 동벽 상단에 남아 있다. 명문은 오른쪽에서 왼쪽으로 가며 네 줄로 나뉘어 열한 자가 쓰여 있다.(□日年□/품五(?)壬(?)妻/大土/王) 발굴 보고자는 고구려 벽화고분 가운데 널방 벽에 산악만을 그린 유일한 사례로 보았다. 그러나 벽화

● 동양화에서 산악, 암석 등의 입체감을 표현하기 위해 쓰는 기법.

의 일부만 남아 있는지 여부도 명확하지 않아 현재로서는 어느 쪽으로도 판단하기 어렵다. 무덤 구조와 벽화 내용으로 보아 평정리벽화분은 6세기 전반의 이른 시기에 축조된 것으로 추정된다.

⑨ 봉성리1호분(鳳城里一號墳)

황해남도 안악군 봉성리에 있는 고구려 시대 흙무지돌방벽화무덤이다. 사회과학원 고고학연구소에 의해 조사되었다.[15] 월암산 남쪽 구릉 위에 자리 잡은 봉성리고분군에 속한 무덤으로 흔히 '봉성리벽화분'으로도 불린다. 무덤의 서남쪽 4킬로미터 지점에 안악1호분과 안악2호분이 있다. 방대형인 흙무지의 밑면 한 변의 길이는 15미터가량이다. 무덤 방향은 서쪽으로 12도 기운 남향이며 널길이 널방 동벽에서 이어지게 설치되었다. 널길과 널방으로 이루어진 외방무덤이다.

널길은 길이 2.5미터·너비 1미터·높이 1.3미터이고, 널방은 길이 2.55미터·너비 1.9미터이며 높이는 알 수 없다. 널길 어귀 안쪽에 너비 1미터·높이 0.8미터·두께 0.1미터 크기의 큰 판석을 세워 폐쇄석으로 삼았다. 널길 벽은 크고 작은 막돌로 쌓은 뒤 회를 발랐다. 바닥은 흙을 다진 뒤 녹색석비레*를 깔았다. 천장은 두 개의 판석을 덮은 평천장(平天障)이다.

널방은 거칠게 다듬은 화강암으로 쌓았으며, 벽에 회를 발랐다. 초벌회 위에 반듯하게 두벌 회를 바르고, 벽화를 그릴 수 있게 보드라운 회로 마감한 뒤, 매끄럽게 다듬었다. 회벽에 바른 백회는 굴껍질, 조개껍질, 물고기 뼈, 짚 등을 석회와 버무려 만든 것이어서 돌처럼 단단하게 굳어 쉽게 깨지지 않는다. 조사 당시 널방 바닥에는 다량의 회 조각이 떨어져 있었다. 널방 천장 구조는 평행고임이었던 것으로 추정된다.

널방 안에 서벽에 잇대어 관대를 설치하였다. 관대는 진흙과 막돌을 섞어 다져 단을 만들고 그 위에 석비레를 깔아 마무리하였다. 널방 바닥은 진흙과 막돌을 섞어 다진 다음, 그 위에 녹색 석비레를 깔아 마무리하여 아늑한 느낌이 들게 하였다. 무덤 안에서 관못과 나뭇조각 몇 점이 수습되었다.

조사 당시 널길 벽의 벽화는 흔적만 남아 있어 내용을 분간하기 어려웠다. 널방 천장고임의 벽화들은 모두 박락된 상태였으며 널방 벽의 벽화도 박락되어 대부분 무덤 칸 바닥에 떨어진 상태였다. 널방 벽에 남은 벽화의 흔적과 백회 조각에서 크고 작은 세 개의 산봉우리, 산봉우리 위에 앉은 매, 산봉우리 위의 소나무 몇 그루, 구름 등이 확인되었다. 벽화의 주제는 생활 풍속이었던 것으로 추정된다. 무덤 구조와 벽화 내용이 안악1호분과 유사한 점이 많은 것으로 보아 봉성리1호분의 축조는 4세기 말을 전후한 시기에 이루어진 듯하다.

⑩ 봉성리2호분(鳳城里二號墳)

황해남도 안악군 봉성리에 있는 고구려 시대 흙무지돌방벽화무덤이다.[16] 월암산 남쪽 구릉 위에 자리 잡은 봉성리고분군에 속한 무덤이다. 무덤 칸 안에서 벽화의 흔적이 확인된다. 봉성리2호분의 축조는 4세기 말을 전후한 시기에 이루어진 듯하다.

⑪ 복사리벽화분(伏獅里壁畫墳)

황해남도 안악군 복사리(옛 지명: 황해도 안악군 복사리 망암동)에 있는 고구려 시대 흙무지돌방벽화무덤이다.[17] 월암산 북쪽 능선 끝 구릉의 남쪽 경시면에 자리 잡은 무덤으로, 관개 양수장 건설에 필요한 큰 돌을 파내다가 발견되었다. 무덤 칸이 반지하에 축조되었다. 무덤 방향은 동쪽으로 15도 기운 남향으로 널길이 널방의 남벽 동반부에 치우쳐 설치되었다. 널길 입구의 바깥쪽에 나무문을 달았다가 무덤을 폐쇄하면서 길이 1.9미터, 너비 1.1미터, 두께 0.15미터 크기의 판석을 그 앞에 세웠음이 확인되었다. 널방 입구의 널길 동벽과 서벽에 나무문이 설치되었던 흔적이 남아 있다. 널길과 널방으로 이루어진 외방무덤으로 널길 좌우에 감이 있다.

널길은 길이 2.4미터·너비 1.1미터·높이 1.5미터이고, 널길 동쪽 감은 길이 0.5미터·너비 0.85미터·높이 0.75미터, 서쪽 감은 길이 0.55미터·너비 0.75미터·높이 0.6미터이다. 널방은 길이 3.55미터·너비 3.6미터·높이 3.2미터이다. 널방 천장은 궁륭(穹窿)고임이다. 두께 10센티미터 내외의 편마암 절석으로 벽돌 쌓듯이 널방의 벽을 쌓은 뒤 벽에 두껍게 회를 발랐다. 널방 바닥에도 회를 미장하였다. 널방 서남 모서리에 붙여 길이 1.1미터, 너비 0.55미터, 두께 0.15미터 크기의 장방형 제단이 설치되었다. 무덤 안에서 쇠관못 네 개와 회색 항아리 조각 1점, 노끈무늬 토기 조각 1점이 수습되었다. 널방 벽과 천장에는 벽화를 그렸다. 벽화의 주제는 생활 풍속이다. 회벽의 박락이 심하여 널방 벽 대부분과 널방 천장부 상당 부분의 벽화는 남아 있지 않다.

널길 벽 및 널방의 벽 모서리 및 벽과 천장을 나누는 공간에 목조 가옥의 내부처럼 느껴지게 하는 기둥, 주두(柱頭),• 도리가 묘사되었다. 널방의 동벽과 서벽에 행렬, 일산(日傘, 양산)을 든 인물 등의 그림이 남아 있다. 북벽의 서측에 연꽃, 동측에 무덤 주인과 시종들의 모습이 일부 남아 있다. 천장부 아래쪽에 운문, 새, 서조를 탄 천인(天人)의 그림이 남아 있으며, 천장부 위쪽에 해와 북두칠성, 28수에 속하는 여러 별자리들이 묘사되었다. 각종 별자리들로 채워진 널방 천장부의 남측에 '남방(南方)'이라는 예서체(隷書體) 묵서가 남아 있다. 복사리벽화분은 널길 동벽과 서벽에 퇴화 단계의 감이 설치되었고 널방 천장이 궁륭고임인 점, 벽화 주제가 생활 풍속이고 널방 천장 벽화가 구름과 별자리를 기본 제재로 삼아 구성된 점 등등 무덤 구조 및 벽화 제재로 볼 때 4세기 말 작품으로 추정된다.

• 기둥의 맨 윗부분.

벽화고분 구조와 명칭		편년	무덤 방향	축조 위치	천장 고임 방식	벽화 주제	널길 벽	감·곁방 벽	감·곁방 고임	감·곁방 천장	앞방 동벽	앞방 남벽	앞방 서벽	앞방 북벽	앞방 고임	앞방 천장	이음길	널방 동벽	널방 남벽	널방 서벽	널방 북벽	널방 고임	널방 천장
여러방 무덤	안악 3호분	357년	남향		평행 삼각	생활 풍속	의장 행렬	무덤 주인 부부, 차고, 고깃간, 부엌, 방앗간, 마구간, 외양간			수박희,부월수	고취악대,전리,부월수	관리,묵서명	돌기둥:귀면		해,달,별자리	돌기둥	춤, 회랑기둥, 회랑:대행렬					연꽃
	송죽리 벽화분	5세기 전반	남향		?	생활 풍속	가마 행렬				출행	수문장,관리	수렵	?									
외방 무덤	봉성리 1호분	4세기 중엽	남향		평행	생활 풍속	벽화 흔적											널방 바닥 벽화 조각: 산,나무				벽화 흔적	?
	안악 1호분	4세기 말	남향		평행 삼각	생활 풍속	?											의장 행렬	행렬	사냥	전각	연꽃, 상서 동물, 별자리	연꽃
	복사리 벽화분	5세기 초	남향		궁륭	생활 풍속	기둥 들보											행렬	?	행렬	장방 내 여주인, 시녀	해, 달, 별자리	?
	안악 2호분	5세기 후반	남향		평행 삼각	수문 장 무인 행렬												공양 행렬	문지기, 비천	행렬	장방 내 여주인, 여인 행렬	연꽃	연꽃
	평정리 1호분	6세기 전반?	남향		평행 부만 잔존	생활 풍속	?											산, 명문	?	산	벽화 흔적	?	?

〈표1〉 안악 지역 벽화고분의 구조와 벽화 구성

⑫ 어수리벽화분(御水里壁畵墳)

황해남도 사리원시 어수리에 있다.[18] 무덤 구조와 벽화 내용은 알 수 없다.

⑬ 은파읍벽화분

황해북도 은파군 은파읍[19]에 있다. 벽화의 주제는 생활 풍속이다.

⑭ 송죽리고분

황해북도 연탄군 송죽리에 있는 고구려 시대 흙무지돌방벽화무덤이다.[20] 송죽리 고구려 고분군에 속한 무덤으로 방향은 남향이다. 무덤길과 널길, 장방형 앞방, 이음길, 널방으로 이루어진 두방무덤이다. 무덤 칸은 약간 다듬은 큰 돌로 쌓았으며 돌 틈을 회로 메우고 다시 두껍게 회를 입혔다. 회벽 위에 벽화를 그렸는데 남아 있는 벽화로 보아 벽화의 주제는 생활 풍속이다.

부분적으로 남아 있는 회벽에서 무덤 칸 벽 모서리와 벽 상부에 그려졌던 자색 기둥과 도리의 흔적을 확인할 수 있다. 이외 문지기 신장[守門神將], 말과 마부, 머리에 책(幘)•을 쓴 인물, 기마무사의 활 쏘는 장면, 사냥 당하는 호랑이, 몰이꾼을 따르는 개 등이 확인된다. 무덤 안에서 다수의 은제 관못과 은제 비녀와 장식품들이 출토되었다. 무덤 구조와 벽화 내용으로 보아 송죽리고분은 5세기 전반에 축조된 듯하다.

이상의 검토 내용을 바탕으로 무덤 구조와 벽화 내용이 파악되는 벽화고분 7기의 구조적 특징, 벽화 구성, 제재의 배치 방식을 알기 쉽게 정리하면 〈표1〉과 같다.

안악 문화와 안악3호분

안악 지역 벽화고분은 평양권에서도 가장 이른 시기에 그 모습을 드러낸다. 특히 안악3호분은 초기 고분벽화로 보기에는 구성과 내용이 복잡하며, 표현 기법도 뛰어나다. 제재를 설명하기 위한 묵서명이 많은 점도 눈에 띈다. 장의 미술인 고분벽화가 고구려에 모습을 보이는 과정에서 안악 지역이 차지하는 위상이 만만치 않음을 알게 한다고 하겠다.[21]

안악 지역 벽화고분에서 두드러지는 또 하나의 특징은 4세기 중엽부터

• 고대 중국과 한국의 무관들이 주로 쓰던 모자. 모자 테의 윗부분을 덧대었는데 앞이 낮고 뒤가 높다.

외방무덤이 나타나 6세기경까지 지속적으로 축조된다는 사실이다. 여러방무덤 계열의 벽화고분은 유형별로 1기 정도씩 나타날 뿐이다. 초기부터 외방무덤이 주류를 이룬다는 사실은 눈길을 줄 만하다. 평양권 안의 다른 지역에서는 5세기에 이르러 여러 유형이 고르게 나타나다가 외방무덤으로 단일화되기 때문이다.[22] 안악 지역이 외방무덤 축조의 전통을 유지하는 이유나 원인에 관심을 기울이게 한다.

안악 지역 고분벽화에서 주목되는 것은 생활 풍속을 기본 주제로 삼고 있다는 점이다. 안악1호분, 안악2호분처럼 연꽃이 널방 천장고임의 주요 제재로 선택되고, 안악2호분 벽화에서 확인할 수 있듯이 안악 고분벽화에서는 불교 의례로서의 '공양(供養)'이 널방 벽화의 주제로 채택되기도 한다. 그러나 안악 지역 고분벽화의 주제가 생활 풍속에서 크게 벗어나지는 않는다. 현재까지의 발굴 조사 결과로 보아 5세기 중엽을 전후하여 집안을 중심으로 크게 유행하면서 평양 지역에도 영향을 미친 연꽃 중심 장식문을 고분벽화, 평양권에서 두드러졌던 사신 중심 고분벽화가 안악 지역에서는 제작되지 않았을 수 있다. 지역 문화의 기반과 관련하여 눈길을 끄는 현상이라고 하겠다.

안악을 중심으로 한 재령강 유역에는 후한 말 요동의 공손씨(公孫氏)에 의해 대방군(帶方郡)이 설치되었다. 그 뒤 이 지역은 중국의 삼국 및 위·진 시기에 중국 왕조의 영향력 아래 있었다. 고구려에 의해 멸망될 때까지 대방군은 중국 왕조의 동방 전진기지로 기능했다. 314년 고구려군이 대방군에 진입할 때 이 지역에 터 잡고 있던 세력들은 적극적인 저항을 하지 않았던 것으로 보인다.[23] 고구려의 영역으로 편입된 뒤에도 대방군에서는 전실분이 상당 기간 축조되었다. 기년명(紀年銘) 벽돌도 계속 제작되었다. 이는 고구려에 대한 지역 세력의 태도와 관련된 현상일 수 있다. 이와 달리 낙랑 멸망 뒤 낙랑군(樂浪郡)의 중심이던 평양 대동강 남안 낙랑 구역 일대 전실분 구역에는 고구려식 흙무지돌방무덤이 축조된다. 기년명 벽돌 제작 전통도 끊긴다.

고고학적 발굴 조사를 통해 확인되는 위와 같은 대조적 결과는 오랜 기간 중국 군현(郡縣)이 설치, 유지되었던 두 지역이 고구려의 영역으로 편입되면서 어떤 사회·문화적 변화를 겪었는지 추적할 수 있게 한다. 안악 지역에 형성되었던 기존의 사회·문화적 전통은 상부 정치 세력의 교체에도 불구하고 상당한 기간 동안 유지될 수 있었다. 반면 평양 지역에 성립·축적되었던 사회체제와 문화 기반은 새로운 지배 세력에 의해 큰 폭으로 재편되거나 해체와 재구성을 요구받았다. 역사 기록을 통해서도 확인되듯이 요동인(遼東人) 장통(張統)을 중심으로 고구려에 적극적으로 대항하던 낙랑의 지배 세력은 저항이 실패로 돌아가자 유력가인 왕준(王遵)의 인솔 아래 천여가(千餘家)가 요동 모용외(慕容廆)의 휘하로 귀부(歸附)하였다.[24] 고구려 역시 낙랑군에 대한 군사행동을 통해 남녀 이천여구(二千餘口)를 포로로 붙잡아감으로써 낙랑 지역의 기존 사회질서를 뒤흔든다.[25]

낙랑군 지역과 달리 기존 사회질서와 문화의 유지가 가능했던 옛 대방군 지역은 낙랑군의 멸망으로 발생한 유민이 흘러들기에 가장 좋은 지역이었을 것이다. 실제로 낙랑 유민의 유입과 정착이 이루어졌던 듯하다. 357년의 묵서명이 있는 안악3호분 역시 이와 같은 사회·문화적 배경 위에 축조가 가능했을 것이다. 동수(冬壽)와 같은 망명객이 자리 잡고 지내기에 고구려 땅에 옛 대방군만한 곳이 없었다고 하겠다.[26] 고구려는 전연에서 망명한 거물급 인물인 동수를 내세워 기존 사회질서가 유지되고, 주민 구성에 큰 변화가 없던 옛 대방군 지역의 통제를 시도했던 것으로 보인다.• 안악3호분의 무덤 칸 구조가 요양 지역 흙무지돌방무덤의 전통과 닿아 있고, 벽화의 등장인물들이 한계 문화전통의 연장선상에 있는 것도 이 때문일 것이다.[27]

안악3호분과 함께 발굴·조사된 안악1호분과 안악2호분은 무덤을 축조하고 벽화를 제작한 시기가 다르다. 그럼에도 불구하고 무덤 구조는 거의 차

• 물론 동수에게 옛 대방 지역에 대한 군사적 통제권이 주어졌을 가능성은 거의 없다. 동수는 대방 지역에서 유지되던 행정 체계를 관할하는 역할을 맡았던 것으로 보인다. 그러나 동수의 모든 정치·사회적 행위는 이 지역 고구려군 지휘부의 통제와 감시 아래 있었다고 보아야 할 것이다.

이를 보이지 않는다. 눈길을 끄는 것은 두 무덤이 천장고임 방식은 안악3호분을 잇고 있어도 외방무덤이라는 기본 구조에서는 뚜렷한 차이를 보인다는 사실이다. 복사리벽화분이 궁륭고임의 외방무덤이라는 점까지 함께 고려한다면 옛 대방군 지역에서 유행하던 궁륭고임 외방무덤 계열 전실분 축조 방식이 안악고분군으로 대표되는 새로운 석실묘 조성에 부분적으로나마 영향을 끼쳤다고 볼 수 있다.

복사리벽화분 단계까지 생활 풍속을 기본 주제로 삼던 벽화 구성 방식은 송죽리벽화분, 안악2호분이 축조되는 5세기 중엽 전후에는 이전과 다른 모습을 보인다. 5세기 전반의 늦은 시기 작품인 송죽리벽화분에서는 고구려화가 뚜렷이 진전된 인물이 벽화 속에 나타나게 된다. 5세기 후반 유적인 안악2호분에서는 불교 의례에 매우 익숙한 인물들로 널방 벽면이 채워진다. 복사리벽화분이 축조되는 5세기 초에 이르러 옛 대방군 문화의 성격을 규정하는 주요소이던 한계 문화 요소의 비중이 현격히 낮아지고 그 자리를 고구려계 문화 요소가 채우면서 생긴 현상이 아닐까?[•]

안악 지역 고분벽화에 생활 풍속이 기본 주제로 채택된 뒤, 고구려의 다른 지역과 달리 불교와 관련이 깊은 연꽃문이 중심 제재로 부각되지 못한다든가, 평양 지역에 널리 유행하던 사신이 주요 제재의 하나로 등장하는 사례가 발견되지 않는 것은 안악 문화의 지역성과 관련하여 눈길을 끈다. 이는 대방군이 낙랑군과 함께 중국 왕조나 지방 세력의 동방 전진기지로서 기능했지만, 두 지역 사이에 성립한 중심과 주변의 관계가 오래 유지되었기 때문일 것이다. 동방의 '한계 문화권' 안에서 대방군은 낙랑군에 전해지는 한계 문화나 낙랑군을 중심으로 형성된 낙랑 문화를 전수 받는 입장에 있었던

- 신천군(信川郡) 용문면(龍門面) 복우리5호분(福隅里五號墳)에서 출토된 「건시원계(407)한씨조전」建始元季韓氏造塼(建始는 後燕의 연호, 元季는 元年)은 현재까지 발견된 가장 늦은 시기의 기년명전(紀年銘塼)이다[여호규, 「4세기 고구려(高句麗)의 낙랑(樂浪)·대방(帶方) 경영과 중국계(中國系) 망명인(亡命人)의 정체성 인식」, 『한국고대사연구』 53, 2009, 165쪽]. 이로 보아 5세기 초까지는 옛 대방군 지역에 한계 문화에 바탕을 둔 벽돌무덤이 축조되고 기년명전이 만들어졌음을 알 수 있다. 송죽리벽화분은 5세기 초 이후 안악 지역에서 차지하던 고구려계 문화와 한계 문화의 비중이 역전되는 과정을 이해하는 데 주요한 실마리를 제공해줄 수 있을 것으로 보인다.

까닭에 나타난 현상으로 생각된다. 어쩌면 이는 3세기 이르러 요동의 실력자인 공손강(公孫康, ?~221)에 의해 낙랑군의 둔유현(屯有縣) 이남 '황지(荒地)'에 대방군이 설치되면서 나타난 자연스러운 현상이라고도 할 수 있다. 대방군 지역에 처음부터 완성된 형태의 벽돌무덤이 등장하는 것도 대방군이 한계 문화 기반이 거의 존재하지 않던 지역에 새로 설치되면서 나타난 문화 이식의 결과로 보아야 할 듯하다.[28]

　　동방의 한계 문화권 안에서도 문화의 변방에 해당했던 까닭에 안악 지역 고분벽화에는 요양 지역 고분벽화의 주제로 즐겨 택해지던 생활 풍속이 자연스럽게 벽화의 주제로 자리 잡게 된다. 반면에 평양 지역에서 벽화의 주요한 제재이던 사신은 안악 지역에서는 5세기 중엽경에도 별다른 관심의 대상으로 떠오르지 않았던 것으로 보인다. 5세기 전반에 집안 지역 고분벽화의 주요한 제재로 떠오르기 시작하여 단일 주제로까지 발전한 연꽃이 안악 1호분 벽화 제작 단계에는 널방 천장고임의 중심 제재로 등장한다. 하지만 안악2호분이 축조되는 시기에도 단일 주제로 채택될 정도로 제재로서의 비중을 높이지는 못한다. 이런 현상도 안악 일대에 성립한 문화적 지역성과 관련하여 짚어보아야 할 듯하다.

안악3호분과 기남한묘

위에서 보았듯이 안악 지역에서는 5세기 중엽에야 고구려계 문화의 주류적 지위가 확보된다.[29] 안악 지역은 고구려 영역 안에서도 소문화권으로서의 독자성이 가장 늦게까지 유지되었던 곳이라고 해야 할 것이다. 이런 점에서 357년 묵서명이 있는 안악3호분은 안악 문화의 성격과 내용을 파악하는 데에 더없이 중요한 자료이다.＊ 이제 안악3호분의 구조와 벽화 제작 기법 분

▪ 안악3호분의 구조와 벽화 내용을 분석한 기존의 연구는 주로 '무덤 주인의 정체'를 밝히는 데에 초점을 두었다. 안악3호분 주인공을 둘러싼 논쟁의 전말에 대해서는 전호태, 「역사의 블랙홀, 동수묘지」, 『고대로부터의 통신』, 푸른역사, 2003 참조.

석 등을 통해 문화계통을 추적함으로써 안악 소문화권이 형성, 유지된 이유를 알아보기로 하자.

안악3호분은 평양 일대의 다른 벽화고분들과는 달리 석회암을 무덤 칸 축조 재료로 사용하였다. 벽화도 돌벽 위에 직접 그렸다.• 곱게 다듬은 벽면의 판석과 달리 천장의 고임석은 대패질에 앞서 손도끼로 재목을 다듬어내는 것과 같은 방식으로 다듬었다. 벽의 판석과 천장의 고임석 사이, 고임석과 고임석 사이, 모서리의 아귀가 정확히 들어맞지 않는 부분은 백회를 발라 메우는 방식으로 마감하였다.그림15 백회를 발라 마감한 부분의 벽화 선이 돌벽으로 그대로 이어지지만, 이런 부분의 벽화는 선이 흐려져 언뜻 보면 돌벽 위에 입혀졌던 백회가 떨어져 나가면서 벽화마저 손상되고 그 흔적만 남은 것처럼 보이기도 한다.

그림15

그림16

그림15 안악3호분 널방 천장고임.
그림16 기남한묘 앞방 천장고임.

석회암을 정으로 얇고 짧게 켜를 떠내듯이 다듬는 방식은 산동 지역 한대(漢代) 화상석묘에서 자주 확인된다. 대표적인 예가 산동 기남현(沂南縣, 이난) 북채촌(北寨村, 베이짜이) 한화상석묘(漢畵像石墓)이다.[30] 이 고분은 현지에서는 '장군총(將軍塚)'으로 불리며 외부에는 '기남한묘(沂南漢墓)'로 더 잘 알려졌다. 고분의 축조 시기는 후한 말기로 추정된다.[31] 기남한묘는 화상석에 『산해경』山海經에 언급된 존재들이 다수 형상화되어 있는 것으로도

• 필자는 2005년 7월 19일부터 30일까지 고구려연구재단 주관 남북공동유적조사단의 일원으로 북한의 평양을 방문하여 7기의 벽화고분(태성리3호분, 안악3호분, 덕흥리벽화분, 수산리벽화분, 진파리1호분, 강서대묘, 강서중묘)를 조사하였다. 이하 본문에 언급한 내용 가운데 안악3호분에 관한 부분은 같은 해 7월 28일 이루어진 안악3호분 현장 조사 경험에 근거한 것이다. 2005년의 평양 일대 고구려 유적 조사 내용은 고구려연구재단 편, 『남북공동유적조사보고서 평양 일대 고구려 유적』, 2005에 잘 정리되어 있다.

 그림17

그림17 기남한묘 앞방 벽 상단 장식
문 탁본.
그림18 안악3호분 널방 천장고임 벽
화 장식문.

그림18

유명하다. 그러나 일상생활 및 역사 고사와 관련된 제재들도 묘실 화상 구성
에서 적지 않은 비중을 지닌다.[32] 눈길을 끄는 것은 고분의 구조, 석재 가공,
백회를 이용한 마감 처리, 화상 장식 등등 여러 요소가 안악3호분과 비교된
다는 사실이다.

　　석재를 가공하는 방식에 더하여 짜 맞춘 석재 사이의 틈을 백회로 메우
면서 누수를 방지하고 접착력을 강화시키는 효과까지 노린 듯이 보이는 점
은 특히 눈여겨볼 만하다.[그림16] 기남한묘 석재에 선새김된 장식문도 계통상
안악3호분의 그것과 닮는다.[그림17~18] 한대에 유행한 긴장된 곡선 위주의 운기
문(雲氣文)▪이 안악3호분 널방 천장고임 1단 측면과 천장과 벽의 이음새를

따라 묘사되어 있기 때문이다.

무덤 칸 안에 세워진 팔각 돌기둥 및 사각 돌기둥들이 평면 공간을 구분하는 경계로 쓰이고 주두의 측면을 벽사귀면(辟邪鬼面)[●]으로 장식하는 점도 두 고분에서 공통적으로 나타난다.^{그림19~20} 무덤 칸 안에 돌기둥을 세우고 주두를 벽사(辟邪)[■]로 장식하는 사례는 위·진 교체기의 요양 봉태자2호묘(棒台子二號墓)에서도 확인된다.^{33 그림21} 산동 - 요양 - 안악 사이에 문화 전파의 통로가 마련되었음을 짐작하게 하는 요소라고 하겠다.

두 고분에서 확인되는 삼각고임 마무리 천장도 짚고 넘어갈 필요가 있다.^{그림22~23} 안악3호분 앞방과 널방 천장에 적용된 삼각고임은 보다 이른 시기의 낙랑고분이나 북방의 고구려 고분에서는 확인되지 않는 양식이다. 현

그림21

그림19

그림20

그림22

그림23

● 사악한 것을 물리치는 괴기스런 얼굴 표현.

■ 사악한 것을 물리치는 존재.

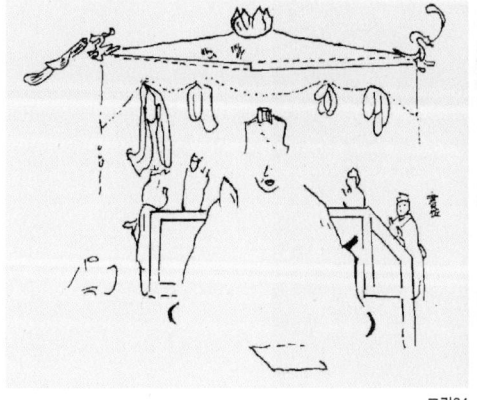

그림24   그림25

그림19 기남한묘 앞방 주두 귀면.
그림20 안악3호분 앞방과 널방 사이
주두 벽화 귀면.
그림21 요양 봉태자2호묘 앞방 주두
귀면.
그림22 기남한묘 앞방 천장고임.
그림23 안악3호분 앞방 서쪽 곁방 천
장고임.
그림24 요양 상왕가촌묘 널방 북벽
벽화 모사선화 무덤 주인.
그림25 안악3호분 앞방 서쪽 곁방 서
벽 벽화 무덤 주인.

재까지의 고고학적 성과로 보아 삼각고임 천장은 4세기 중엽 안악 지역에서 받아들여진 뒤 남포와 평양 일대의 돌방무덤에 적용되기 시작하면서 고구려에서 크게 유행하는 양식으로 자리 잡게 된 듯하다.▲

　　서진(西晉) 말기 작품인 요양 상왕가촌묘(上王家村墓)의 출행도(出行圖)와 무덤 주인 초상은 안악3호분의 것과 구성, 기법에서 관련이 깊다.◆그림24~25 상왕가촌묘 무덤 주인 초상이 유형상 하북(河北, 허베이) 안평현(安平縣, 안핑) 녹가장(磽家莊)에서 발견된 후한 벽화묘의 무덤 주인 초상과 조양(朝陽, 자오양) 십이대영자향(十二臺營子鄕) 원대자벽화묘(袁台子壁畵墓) 무덤 주인 초상 사이에 자리 잡고 있음은 여러 차례 언급되었다.[34] 그림26~27 녹가장벽화묘

▲ 벽화고분 천장고임 양식의 종류와 특정 양식의 전파 및 확산 과정에 대해서는 전호태, 『고구려 고분벽화의 세계』, 서울대학교출판부, 2004, 제1장 4절 참조. 2001년 발견·조사된 태성리3호분에서도 회랑 시설이 발견되었다. 이로 보아 삼각고임이라는 천장 양식이 대동강 하구에 인접한 남포 일대의 돌방무덤에 먼저 적용되었을 가능성도 배제하기 어렵다. 안타깝게도 태성리3호분의 경우, 무덤 하부구조만 남아 있는 까닭에 천장 양식은 알 수 없다. 태성리3호분에 대해서는 발굴소식, 「태성리에서 새로 발굴된 고구려 벽화무덤」, 『조선고고연구』 2001년 4호, 2001; 발굴보고, 「새로 발굴된 태성리3호 고구려 벽화무덤」, 『조선고고연구』 2002년 1호, 2002; 김인철, 「태성리3호 벽화무덤의 축조 연대와 주인공 문제에 대하여」, 『조선고고연구』 2002년 1호, 2002 참조.

◆ 전호태, 「요양 위·진 고분벽화 연구」, 『미술자료』 62, 국립중앙박물관, 1999. 상왕가촌묘 무덤 주인 초상은 현재 모사선화 상태로만 전한다. 발굴 조사 당시의 상황에 대해서는 이경발(李慶發), 「요양상왕가촌진대벽화묘청리간보」遼陽上王家村晉代壁畵墓淸理簡報, 『문물』文物 1959년 7기, 1959 참조.

그림26

그림26 안평 녹가장 후한 벽화묘 널
방 북벽 벽화 무덤 주인.
그림27 요양 원대자벽화묘 널방 북벽
벽화 모사화 무덤 주인.

그림27

그림28 기남한묘 앞방 벽 상부 거마 행렬도 탁본.

그림28

가 176년경 축조되었고, 원대자벽화묘는 4세기 초에서 중엽 사이의 작품이다. 이런 사실을 감안하면 안악3호분 무덤 주인 초상 표현 기법과 구도도 그 조형은 후한 말기의 벽화묘에서 찾을 수밖에 없다.[35] 무덤 주인 초상 표현에서 녹가장벽화묘 – 상왕가촌묘 – 원대자벽화묘 – 안악3호분 벽화로 이어지는 흐름을 읽어낼 수 있는 것이다.

산동의 기남한묘에서도 거마 행렬은 무덤 주인의 승선(昇仙)을 위한 여행이라는 주제를 표현하기 위한 수단이었다.•[그림28] 주목되는 것은 행렬의 목적지가 선계(仙界)인 점은 앞 시기의 화상석묘 거마 행렬 표현의 의도와 다르지 않으나 거마 행렬의 규모는 이전의 어떤 화상석묘에서보다 커지고 등장인물과 수레의 구성도 복잡해졌다는 사실이다. 그런데 축조 시기로 보아 기남한묘와 크게 차이 나지 않는 녹가장 후한 벽화묘의 거기출행도(車騎出行圖)는 규모가 방대해졌을 뿐 아니라 행렬 표현의 목적도 무덤 주인의 현세적 위용을 과시하는 것으로 바뀌어 있다.[36] [그림29]

벽화 제재의 구성 방식으로 볼 때도 녹가장벽화묘는 '승선' 위주의 기존 한화상석묘의 전통과는 거리가 있다. 요양 상왕가촌묘의 출행도는 표현 기법 및 도상(圖像)의 성격상 이 녹가장벽화묘의 대규모 행렬도를 잇고 있다. 안악3호분의 대행렬도 역시 산동 – 하북 – 요양으로 이어지는 흐름의 연장선 위에 있다.[37] [그림30~31] 안악3호분 대행렬도는 구성과 내용에서 보다 다양한 등장인물을 더 짜임새 있게 배치하여 나타낸 점이 위의 행렬도들과 구별된다. 이는 시대적·지역적·규범적 변화와 관련이 깊은 듯하다.

• 신립상(信立祥)은 무덤 주인이 지하묘실에서 나와 사당으로 제사를 받으러 가는 모습을 나타낸 것으로 이해한다[신립상, 『한대화상석종합연구』漢代畫像石綜合硏究, 문물출판사, 2000;(김용성 한역, 『한대 화상석의 세계』, 학연문화사, 2005)]. 필자는 기존의 통설과 같이 이를 승선을 위한 여행으로 이해하였다[전호태, 「산서이석한묘화상(山西離石漢墓畫像)의 승선도(乘仙圖)」, 『미술자료』 56, 국립중앙박물관, 1995].

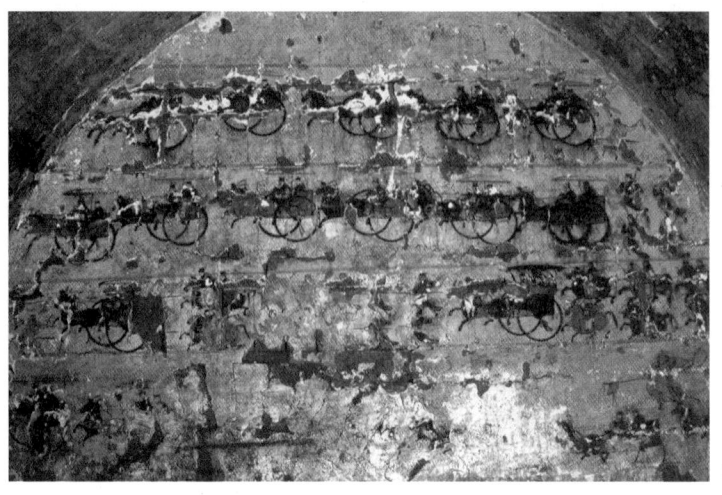

그림29

그림30

그림29 안평 녹가장 후한 벽화묘 널
방 북벽 벽화 거기출행도.
그림30 요양 상왕가촌묘 널방 북벽
행렬도 모사선화.
그림31 안악3호분 회랑 벽화 대행렬
도.

그림31

이와 같은 사실들에 더하여 살펴볼 것은 무덤 구조상 안악3호분을 특징 짓는 요소 가운데 하나인 회랑의 기원과 계통이다. 태성리3호분(台城里三號墳)과 안악3호분을 제외하면 고구려의 돌방무덤에는 회랑이 만들어지지 않는다.^{그림32} 이는 고구려의 무덤 축조 기술자들에게 회랑이 낯설거나 불필요한 시설로 여겨졌기 때문일 것이다. 기남한묘는 한화상석묘 가운데 후한 말기에 크게 유행하는 대규모 여러방무덤 유형에 속한다. 회랑식 화상석묘는 후한대에 비교적 넓은 지역에서 축조되었다. 이들 무덤에서 회랑은 무덤 칸의 널방 둘레에 'ㄷ'자 꼴로 설치되었다.^{38그림33} 안악3호분의 'ㄱ'자 꼴 회랑은 요양 위·진 시기 벽화고분 가운데 관실(棺室) 전체를 두르는 회랑이 설치된 '口'유형(제3유형)의 변형에 해당한다.^{39그림34} '口'유형(제3유형) 벽화고분은 요양 지역 위·진 시기 벽화고분의 세 가지 기본 유형 가운데 하나이다. 평면 구조상 전성기 한화상석묘의 회랑식 화상석묘 유형과 닿아 있다. 이런 사실을 고려하면 안악3호분의 ㄱ자 꼴 회랑은 후한대의 회랑식 화상석묘—위·진 시기 요양 지역 제3유형 벽화고분—고구려 초기 회랑식 벽화고분이라는 흐름 안에 자리 잡고 있다고 할 수 있다.

이상에서 보았듯이 석재 가공, 천장 짜임의 마감 처리, 무덤 칸 내 석주(石柱)의 설치, 회랑이 포함된 평면구조 등등 무덤 칸 축조와 관련된 여러 가지 기술적 요소와 설계 방식에서 안악3호분은 가깝게는 요양 위·진 시기 벽화고분과 닿고 멀리 후한 말기 산동 한화상석묘와 이어진다. 주두를 벽사 귀면으로 장식하고, 무덤 칸 벽면 상부 장식문의 선이 백회와 석면에 잇닿게 하는 점, 무덤 주인의 정면 좌상을 화면 중앙에 놓고 주위에 부속된 존재들을 배치하는 기법으로 무덤 주인 초상을 표현하는 관습, 거마 행렬이 후한 화상석묘에서 일반적이던 '승선을 위한 여행'이라는 주제에서 벗어나 무덤 주인의 위상을 드러내는 역할을 담당하게 되는 과정이 화상석묘에서 벽화고분으로의 이행 과정 속에 확인되는 점 등에서 안악3호분 벽화는 계통상

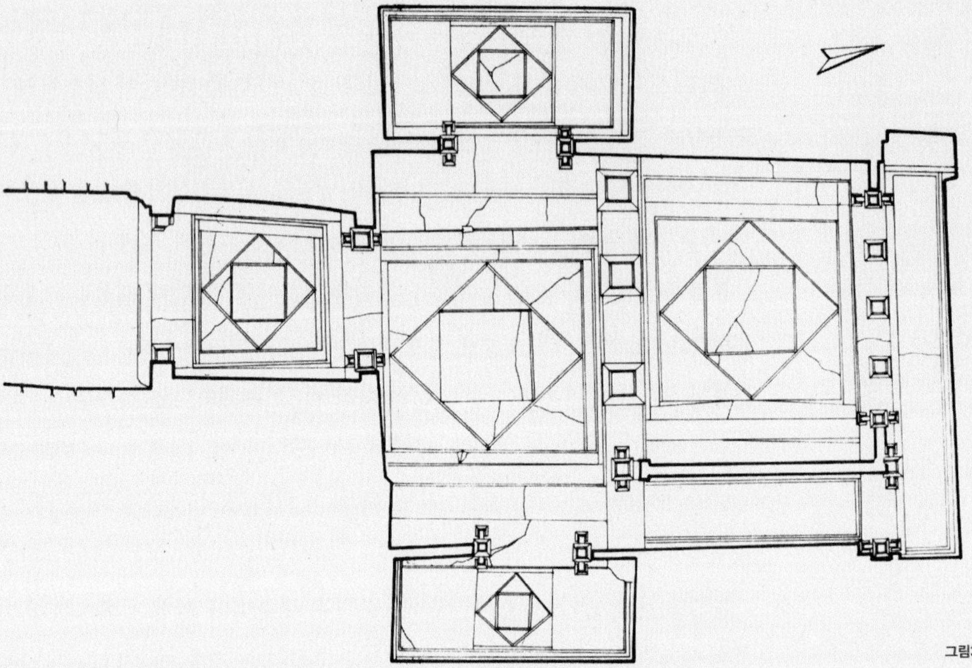

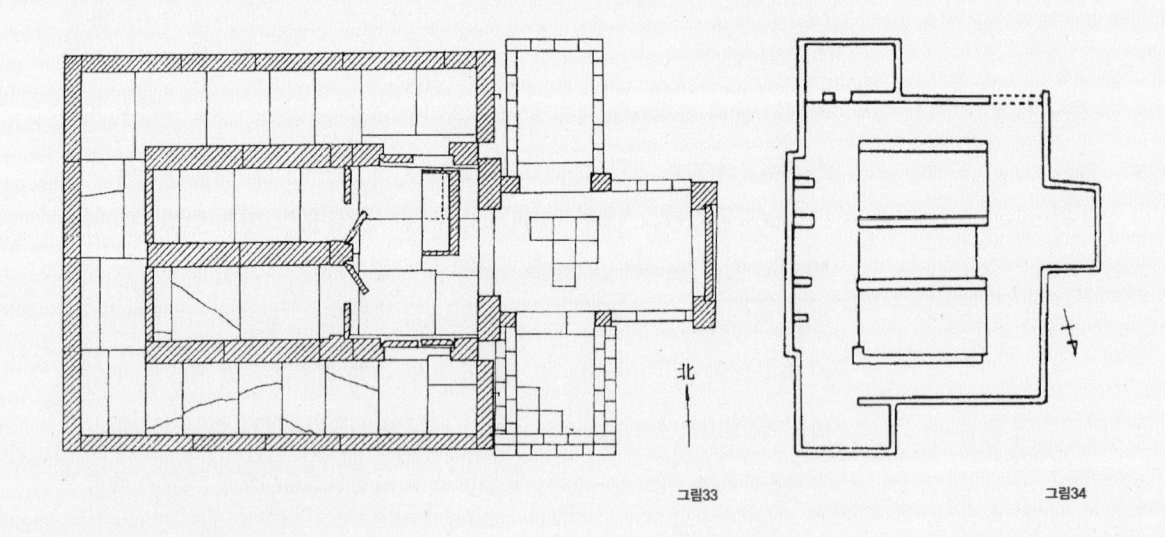

北

그림32 안악3호분 평면도.
그림33 기남한묘 평면도.
그림34 요양 봉태자1호분(棒台子一號墓) 평면도.

요양 위·진 시기 고분벽화 및 하북 후한 고분벽화, 나아가 산동 한화상석묘 화상과 닿아 있다. 전성기 산동 지역 한화상석묘를 대표하는 기남한묘와 4세기 중엽 고구려 남부 신개척지에 성립한 지역 문화의 성격을 잘 드러내는 안악3호분 사이의 지역 및 시기적인 거리는 멀다 할지라도 문화적 징검다리 역할을 하는 요양 위·진 시기 벽화고분의 존재를 고려하면 메우기 어려울 정도로 떨어져 있다고 보기는 어렵다.

후한 말기부터 위·진을 거쳐 연·고구려에 이르기까지 요동의 지배 세력은 지속적으로 바뀌었다. 그동안 요양의 벽화고분 역시 고분 축조 기술과 벽화 제작 기법에 변화와 발전이 있었다. 그 결과물이 4세기에 인적 이동에 수반되어 낙랑과 대방 일대로 흘러들어갔을 가능성은 충분히 상정할 수 있다. 안악3호분이 지니는 고분 구조 및 벽화 구성상의 특징은 이와 같은 정치적, 사회·문화적 변동의 결과물이라고 해야 할 것이다. 후한 말까지 산동 일대에 유행하던 화상석묘 축조 및 화상 제작 전통의 한 줄기가 2세기 말 이후 계속되는 정치·사회적 혼란으로 말미암아 동북 변경으로 흘러든다. 그러다가 4세기 초의 격렬한 전란을 한 번 더 겪은 뒤, 옛 대방 지역의 중심부 안악 일대에서 요양으로부터 전래된 새로운 벽화 구성 방식과 만나 상승작용을 일으킨 결과가 안악3호분이 아닐까. 안악3호분을 출현하게 한 사회·문화 변동의 제반 과정과 이로 말미암은 크고 작은 결과들이 모여들어 안악 문화를 성립하게 한 것이 아닐까?

덕홍리벽화분

무덤 구조와 벽화 구성

덕흥리벽화분은 남포시 강서구역 덕흥동(옛 지명: 평안남도 대안시 덕흥리)에 있다.^{그림1} 무학산 서쪽의 옥녀봉 남단 구릉 위에 자리 잡은 고구려 시대 흙무지돌방벽화무덤으로 1976년 12월 8일에 발견되어 12월 16일부터 1977년 1월 20일까지 발굴되었다.[40] 무덤의 서쪽 1.8킬로미터 지점에 강서대묘와 강서중묘가 있다. 수산리벽화분, 약수리벽화분(藥水里壁畫墳), 보산리벽화분(寶山里壁畫墳), 가장리벽화분(加庄里壁畫墳) 등 10여 기의 벽화고분도 덕흥리벽화분에서 멀지 않은 거리에 자리 잡고 있다. '향금산'이라고도 불리는 구릉 위를 파서 반지하에 무덤 칸을 조성하였으며 막돌과 회죽을 무덤 칸 축조 재료로 사용하였다.

널길, 앞방, 이음길, 널방으로 이루어진 두방무덤이다. 널길은 길이 1.54미터·너비 0.88~1.02미터·높이 1.43미터, 앞방은 길이 2.97미터·너비 2.02미터·높이 2.85미터, 이음길은 길이 0.118미터·너비 0.902미터·높

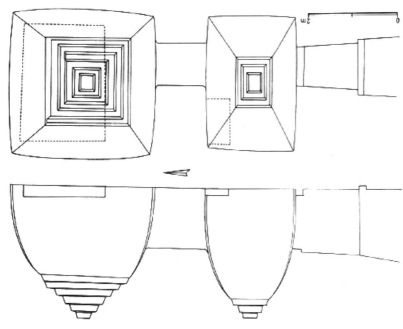

그림2

그림2　서울의대박물관, 실측도.

그림1　서울의대박물관 외관, 동쪽 정면.

그림1

이 0.137미터, 널방은 길이 3.28미터·너비 3.28미터·높이 2.9미터이다. 관대는 길이 2.51미터·너비 1.85~2미터·높이 0.21미터이다.[41] ^{그림2} 무덤 방향은 남향이며 널길은 무덤 칸 남벽 중앙에서 약간 동쪽으로 치우쳐 냈다. 무덤길에서 널길로 접어드는 경계의 동서 너비 1.2미터가 되는 곳에 큰 판석을 세워 안과 바깥을 구분했다. 널길과 무덤 칸 사이에 문턱을 놓고 문확을 내어 나무로 만든 여닫이문을 설치했으나 자취만 남아 있다. 무덤 칸 바닥은 다진 흙 위에 5밀리미터 두께로 숯을 깔고 그 위에 15~20밀리미터 두께로 진흙을 다진 뒤 5밀리미터 두께로 회죽 미장을 하여 마무리하였다.

남북보다 동서가 긴 앞방에는 북벽 서측에 길이 0.955~0.978미터, 너비 0.53~0.55미터, 높이 0.175미터 크기의 돌제단이 설치되었다. 앞방 각 벽의 길이는 각각 달라 1.984~2.905미터 사이이다. 앞방과 이음길 사이에도 나무문을 달았던 흔적이 남아 있다. 널방에는 동벽, 북벽, 서벽에 가깝고 남벽에서는 멀리 떨어지도록 돌관대가 설치되었다. 관대의 크기는 길이 1.85~2미터, 너비 2.495~2.505미터, 높이 0.21미터이다.

널길은 평천장이며 앞방 천장은 궁륭고임 위에 2단의 평행고임을 얹은 궁륭평행고임, 널방 천장은 궁륭고임 위에 4~5단의 평행고임을 올린 궁륭평행고임이다. 널방 천장의 평행고임은 1~3단 동북 및 동남 모서리에서 한 단이 겹치게 쌓아 북쪽에서는 4단, 그 외의 방향에서는 5단이 되게 만들었다. 두 차례 이상 도굴을 당한 까닭에 조사 당시 무덤 안에서는 아무런 유물도 수습되지 않았다. 무덤 칸의 벽과 천장에 회를 바르고 그 위에 벽화를 그렸으며 널길과 이음길은 벽에만 그림을 그렸다. 벽화의 주제는 생활 풍속이다.

덕흥리벽화분은 무덤 칸 벽과 천장고임 하단에 목조 가옥의 기둥, 두공, 도리를 그려 넣은 다음 그 안에 생활 풍속을 묘사하여 무덤 칸 안을 죽은 이의 내세 생활공간으로 상정하였음을 나타냈다.^{그림3~4} 널길 동벽에는 남쪽부터 차례로 연꽃이 핀 연못과 문지기 괴물, 남녀 인물을 그렸다. 연못 남쪽

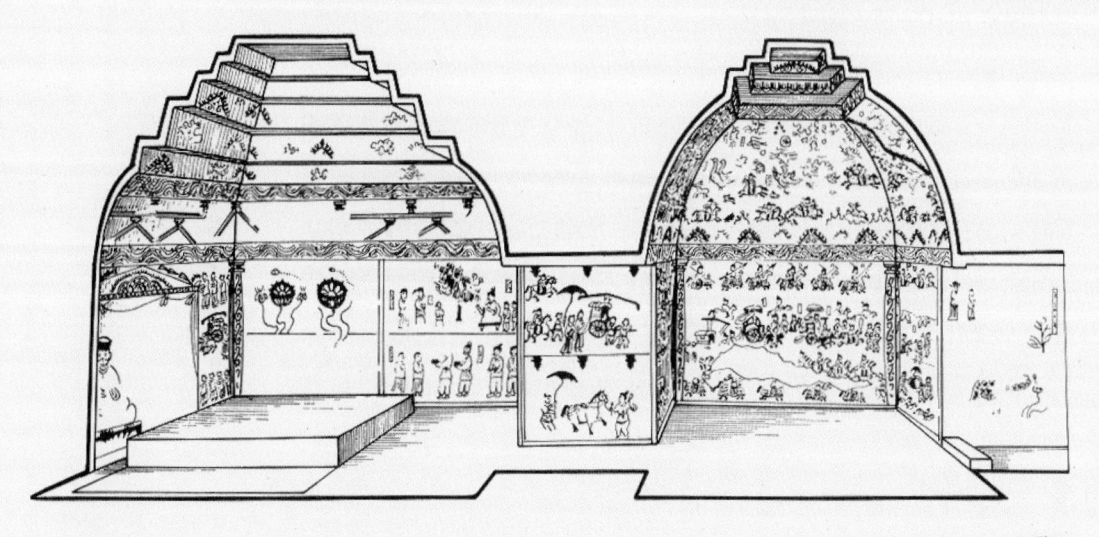

그림3　덕흥리벽화분 벽화 투시도. 동쪽에서 서쪽으로 본 모습.
그림4　덕흥리벽화분 벽화 투시도. 서쪽에서 동쪽으로 본 모습.

위에는 세로로 길게 '童□□端〔 〕□道者□□□笑'라는 묵서를 썼다.[42] 문지기 괴물은 눈을 부릅뜨고 아가리를 크게 벌린 채 혀를 길게 내밀었다.

서벽에는 가장 남쪽에 양손에 창 하나씩을 'X'자로 엇갈리게 비껴들고 정면을 향해 쪼그리고 앉은 자세의 괴물 머리 문지기를 그렸다. 눈을 부릅뜨고 입을 크게 벌려 소리를 지르며 위협하는 듯한 느낌을 준다. 괴물 형상 문지기 남쪽 머리 위에 '태세재기유이월이일신유(太歲在己酉二月二日辛酉)'● 성관차타호대길리(成關此墮戶大吉吏)'■라는 내용의 묵서가 있다. 괴물 문지기 북쪽에 혀를 길게 빼문 괴물이 하나 그렸는데, 동벽의 것과 형상이 비슷하다. 이 괴물의 북쪽 벽 모서리 가까운 곳에 나무를 사이에 두고 두 사람이 서 있다.

앞방 북벽 동측과 동벽, 남벽 동쪽에는 무덤 주인을 주인공으로 한 대규모 행렬, 남벽 서쪽에는 주인공이 막부(幕府)▲ 업무를 보는 장면을 묘사했다. 5열로 편성된 대행렬은 여러 대의 우차(牛車)와 철기(鐵騎),◆ 호위 시종, 고취악대로 구성되었다. 행렬의 한가운데에서 세 대의 마차와 우차가 앞으로 나아가고, 그 앞을 기마대가 인도하고 있다. 우차 행렬의 좌우 바깥은 중무장한 철기대(鐵騎隊)가 보호하고 있다. 남벽 동쪽에 그려진 우차 행렬 전체의 인도자는 기수들 바로 뒤에서 오른손에 쇠뇌♣를 높이 든 채 말을 타고 앞으로 나아가고 있다. 머리 위의 묵서 '계현령패헌노(薊縣令掛軒弩)'♠를 통해 이 인물이 유주의 소재지이던 계현 현령(縣令)임을 알게 한다.

앞방 동벽에 그려진 중심 행렬의 인도자인 사마❖의 머리 위에는 '진

● 해석하면, "육십갑자(六十甲子)의 기유년(409년) 2월 2일 신유일(양력 3월 4일)"이라는 뜻이다.

■ 해석하면, "마무리하여 무덤을 닫고, 크게 상서롭게 하는 관리"라는 뜻이다. 이하의 뜻은 불분명하다.

▲ 비상시 고급 무관이 설치하는 임시 관청.

◆ 갑주로 무장한 말과 기병.

♣ 방아쇠 형태의 발사 장치가 달린 활. 여러 개의 화살을 연달아 쏠 수 있다.

♠ 해석하면, "계의 현령이 노(弩)를 들고"라는 뜻이다.

★ 관원이나 병졸을 통솔하는 벼슬아치.

❖ 해석하면, "자사인 진의 신하인 사마"라는 뜻이다.

그림5

그림6

그림5 덕흥리벽화분 앞방 남벽 벽화
모사선화.
그림6 덕흥리벽화분 앞방 북벽 벽화
모사선화.

□〔칙〕사사마(鎭□〔勅〕史司馬)'♣라는 묵서가 있다. 마차와 우차의 행렬 중 검은 말이 끄는 수레 위에는 '어사도종시(御使導從時)'♥라는 묵서가 있어 수레에 탄 인물이 어사(御使)임을 알 수 있다. 검은 소가 끄는 수레 앞에 '사군출유시(使君出遊時)'■라는 묵서가 있어 무덤 주인 진(鎭)이 이 수레에 타고 있음을 알게 한다. 제일 뒤의 차일(遮日)을 친 수레 뒤에는 색동치마를 입은 시녀들이 따르고 있어 수레 속의 인물이 무덤 주인의 부인임을 미루어 짐작할 수 있다. 북벽 동쪽에도 소가 끄는 수레와 호위 인물들이 묘사되었다.

앞방 남벽 서쪽의 위아래로 나뉜 공간에는 주인공이 거느리던 막부의 관리들이 표현되었다.^{그림5} 위쪽 가운데에는 이들이 장사(長史),▲ 사마 등임을 알게 하는 '진□〔부장〕사〔사〕마 삼군전군록사□ 조첨사제조직〔리〕 고명기지(鎭□〔府長〕史〔司〕馬 參軍典軍錄事□ 曹僉史諸曹職〔史〕 故銘記之)'♣라는 묵서가 네 줄로 나뉘어 쓰여 있다.

● 해석하면, "어사가 이끌고 좇을 때"라는 뜻이다.
■ 해석하면, "나리께서 행차하실 때"라는 뜻이다.
▲ 막부에 둔 벼슬아치.
♣ 해석하면, "진의 막부에 둔 장사, 사마, 참군, 전군, 녹사, ㅁ조, 첨사, 제조 등 여러 벼슬아치의 이름을 기록하여 둔다"라는 뜻이다.

그림7

그림8

앞방 서벽에는 유주 자사에게 배례하러 온 유주(幽州)의 계현(薊縣) 현령(縣令) 및 13군 태수를 묘사하였고, 북벽 서쪽에는 무덤 주인인 유주 자사 진과 시종들을 나타냈다.^{그림6~7} 이들을 안내하는 두 사람의 '통사리(通事吏)'[●]들과 계현 현령, 13군 태수 곁에는 소속과 지위를 밝히는 묵서가 쓰여 있다.

앞방 북벽 서쪽에는 무덤 주인 유주 자사 진이 장방 안 평상 위에 앉아 13군의 태수 및 장군으로부터 하례를 받는 장면을 그렸다. 도포를 입고 정좌한 무덤 주인은 오른손에 깃털 부채를 들었고, 머리에 대신이 쓰는 청라관(靑羅冠)을 썼다. 청라관은 왕과 상급 관인이 머리에 쓰는 내관 위의 덧관이다. 나(羅)의 색깔로 지위가 구분된다. 무덤 주인 뒤의 낮은 병풍 너머에는 악기를 연주하거나, 큰 부채를 부치는 남녀 시종들이 주인의 머리보다 작게 묘사되었다. 무덤 주인 앞의 좌우에서 보고하거나 지시를 받는 이들도 대귀족과의 신분 지위상의 차이를 나타내기 위해 주인공보다 작게 그려졌다. 위계를 보이기 위한 표현법이 적용된 경우이다.⁴³

앞방 북벽 상단 가운데에는 가로로 긴 장방형 공간(0.497~0.505미터×0.215~0.228미터)을 구획하여 그 안에 황색 칠을 한 뒤 14행 154자의 묵서 묘지명을 썼다.^{그림8} 묵서 묘지명의 원문과 해석은 다음과 같다.⁴⁴

□□郡信都「縣」[■]都鄕□甘里

釋加文佛弟子□□氏鎭仕

位建威將軍「國」小大兄尤將軍

龍驤將軍遼東太守使持

東「夷」校尉幽州刺史鎭

七十七薨「叭」永樂十八年

歲在戊申十二月辛酉朔十五日

酉成遷移玉柩周公相地

그림7 덕흥리벽화분 앞방 북벽 서쪽 및 서벽 벽화 유주 자사 진과 13군 태수.
그림8 덕흥리벽화분 앞방 북벽 상단 묵서 묘지명.

● 벼슬 이름, 소식과 안내를 맡은 관리.
■ 「　」은 정확히 읽는 데 어려움이 있는 경우를 가리킨다.

子擇日武王「選」時歲使一

良葬送之後富及七世子孫

番昌仕宦日遷移至侯王

造藏萬功日煞牛羊酒肉米粲

不可盡置旦食鹽豉食一京記

「之後」世寓寄無彊

　　"□□군 신도현 도향 □감리 사람으로 석가문불(釋迦文佛)의 제자인 □□씨 진(鎭)은 역임한 관직이 '건위장군 국소대형 우장군 용양장군 요동태수 사지절 동이교위 유주자사(建威將軍 國小大兄 尤將軍 龍驤將軍 遼東太守 使持節 東夷校尉 幽州刺使)'였다. 진은 77세로 죽어 영락 18년 무신년(戊申年) 초하루가 신유일(辛酉日)인 12월 25일 을유일(乙酉日)에 (무덤을) 완성하여 영구를 옮겼다. 주공(周公)이 땅을 보고 공자(孔子)가 날을 택했으며 무왕(武王)이 때를 정했다. 날짜와 시간의 택함이 한결 같이 좋으므로 장례 후 부(富)는 7세에 미쳐 자손이 번창하고 관직도 날마다 올라 자리는 후왕(侯王)에 이르기를…. 무덤을 만드는 데 만 명의 공력이 들었고, 날마다 소와 양을 잡아서 술과 고기, 쌀은 먹지 못할 정도이다. 아침에 먹을 간장을 한 창고분이나 두었다. 기록하여 후세에 전한다. 무덤을 찾는 이가 끊이지 않기를…."

　　덕흥리벽화분 앞방 천장 궁륭고임은 해와 달, 60여 개의 별자리, 별자리 신앙과 관계된 상상 속의 존재들과 사냥 장면 등으로 장식되었다.[45] 그림9~11 앞방 천장고임 동쪽 하부, 남쪽 및 서쪽의 하부 한쪽은 사냥 장면으로 채워졌다. 사냥터에서는 산을 넘나들며 말을 달리는 기사들이 활로 사슴과 호랑이의 목을 겨누는가 하면, 사냥꾼들에 둘러싸인 멧돼지며 노루가 숨을 곳을 찾

그림9 덕흥리벽화분 앞방 천장 벽화 모사복원도.

그림10

그림11

그림10 덕흥리벽화분 앞방 천장고임 동쪽
벽화 하늘세계.
그림11 덕흥리벽화분 앞방 천장고임 서쪽
벽화 하늘세계.
그림12 덕흥리벽화분 앞방 천장고임 서쪽
벽화 견우와 직녀.
그림13 덕흥리벽화분 앞방 천장고임 북쪽
벽화 지축과 천마.

그림12

그림13

고자 이리 뛰고 저리 뛴다. 사냥터의 배경을 이루는 산과 나무는 두꺼운 종이를 오려 놓은 듯 표현되었으며, 기마 사냥꾼과 짐승들보다 작게 그려졌다.

천장 궁륭고임 위쪽에 배치된 선인(仙人)과 옥녀(玉女), 기이한 새와 짐승들은 상상과 관념이 어우러진 존재들이라고 할 수 있다. 천장고임 동쪽에는 비어(飛魚), 청양(靑陽),● 양수(陽燧)■ 등이 묘사되었다. 남쪽에는 선인, 부귀(富貴),▲ 길리(吉利),◆ 견우(牽牛), 직녀(織女), 성성(猩猩)♣ 등이 그려졌다. 천장고임 서쪽에는 선인, 옥녀, 천추(千秋),♠ 만세(萬歲)★ 등이 표현되었다. 북쪽에는 지축(地軸),❖ 천마, □작(□雀), 벽독(辟毒),● 박위(博位),■ 하조(賀鳥),▲ 영양(零陽),◆ 훼원(喙遠)// 등이 묘사되었다. 천장석에 가까운 천장고임 제일 윗부분에는 별자리가 그려졌다.

전체적으로 천장 궁륭고임 위쪽 공간은 해와 달, 별자리, 기이한 존재들로 가득 채워진 별스런 세계이다. 동쪽은 하늘을 나는 날개 달린 물고기인 비어, '양수지조 이화이행(陽燧之鳥 履火而行)'♣ 곧 두 발로 불을 밟고 크게 날개짓하는 불새 양수를 만날 수 있는 곳이다. 서쪽에서는 오른손에 연꽃 줄기를, 왼손에 당(幢)♠을 쥔 선인, 오른손에 연봉오리를, 왼손에 번(幡)★을 쥔 옥녀와 마주칠 수 있다. 천장 궁륭고임 서쪽에는 장수(長壽)에 대한 소망이 형상화된 천추와 만세가 자리 잡고 있다.

천장 궁륭고임 남쪽은 왼쪽 위에서 오른쪽 아래를 향해 대각선을 이루

● 맑고 밝은 봄기운에서 비롯된 상상 속의 상서로운 동물.
■ 불꽃에서 비롯된 상상 속의 새.
▲ 부귀에 대한 소망을 담은 상상 속의 동물.
◆ 상서로움에 대한 소망을 형상화한 동물.
♣ 사람의 말을 알아 듣고 사람의 말도 한다는 전설 속의 동물.
♠ 천년을 살고 싶은 소망에서 비롯된 상상 속의 새.
★ 만년을 살고 싶은 소망에서 비롯된 상상 속의 새.
❖ 땅을 지탱하는 중심 기둥을 형상화한 동물.
● 독을 물리치는 능력을 지니려는 소망에서 비롯된 상상 속의 동물.
■ 바르고 그른 것을 잘 알려는 소망에서 비롯된 상상 속의 동물.
▲ 도를 깨치려는 소망에서 비롯된 상상 속의 새.
◆ 도를 깨치려는 소망에서 비롯된 상상 속의 동물.
// 신이한 능력을 지닌 상상 속의 새.
♣ 해석하면, "양수라는 새가 불을 밟고 간다"라는 뜻이다.
♠ 깃발의 일종으로 부처와 보살의 위신과 공덕을 나타내며 악한 존재나 세력을 굴복시키는 데에도 쓰이는 상징물.
★ 깃발의 일종으로 앞에 나오는 당과 같다.

며 흐르는 은하수를 경계로 두 부분으로 나뉘었다. 은하수 동쪽에는 직녀, 선인, 부귀, 길리, 서쪽에는 견우와 성성, 사냥 장면이 표현되었다. 1년에 한 번 허용된 만남을 마치고 견우와 직녀가 헤어지는 장면이 화면의 중심을 이룬다.^{그림12}

천장 궁륭고임 북쪽은 묘지명, 북두칠성과 북극성, 지축, 천마, 벽독 등으로 구성되었다. 북두칠성 아래에 몸의 양 끝에 사람 머리가 달린 네발짐승 모습으로 묘사된 지축은 땅이 제자리에 있도록 하는 땅의 중심축을 사람 머리의 짐승으로 형상화한 것이다. 황색 띠 안에 세로로 '지축일신양두(地軸一身兩頭)'•라는 묵서가 있다.^{그림13}

천장 궁륭고임 제일 위에는 삼각형 구간 사이에 세 잎 무늬를 넣어 위의 평행고임과의 경계를 삼았다. 천장 평행고임 1단 측면에는 꽃잎무늬를 잇달아 그렸고, 2단 밑면에는 기하문을, 측면에는 삼각형 화염문을 배치하였

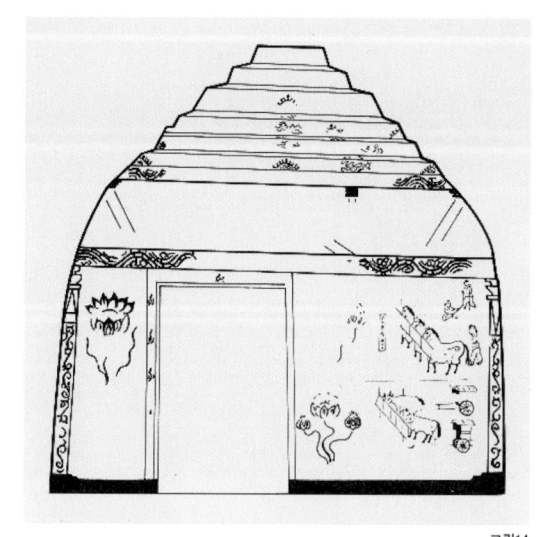

그림14

그림15

그림14 덕흥리벽화분 널방 남벽 벽화 모사선화.
그림15 덕흥리벽화분 널방 남벽 서쪽 벽화 마구간.

다. 천장석에는 활짝 핀 연꽃을 그렸으나 꽃잎의 끝부분만 남은 상태이다.

이음길 동벽과 서벽에는 주인 부부의 출행 장면을 묘사하였다. 널방 남벽의 서쪽에는 왼편에 연못을 오른편에 마구간과 외양간을 위아래로 나누어 표현하였다.^{그림14~15} 마구간에는 나란히 선 채 건초를 먹고 있는 세 마리의 말을 그렸다. 구유가 말의 가슴팍 높이로 설치되어서 세 마리의 말 모두 고개를 숙이지 않고도 구유에 주둥이가 닿는다. 말들은 어깨와 엉덩이가 두툼한

• 해석하면, "지축은 한 몸에 머리가 둘이다"라는 뜻이다.

그림16   그림17

데 비해 네 다리는 짧고 가늘다.

　나란히 서서 건초 먹기에 열중하는 말들의 왼편 공간에 '차시□전구양마자(此是□前厩養馬子)•'라는 묵서가 쓰여 있다. 한 사람이 말 몸을 손보아주려는 듯 말 뒤에 서 있고, 다른 두 사람은 마구간 안쪽에 앉아 건초를 모으고 다듬는 일을 하고 있다. 통 좁은 바지와 짧은 소매 저고리를 입은 것으로 보아 모두 말 돌보기를 도맡아 하는 이 집 하인들인 듯하다.

　외양간에는 두 마리의 소가 구유에 담긴 여물을 먹는 모습을 나타냈다. 털빛이 같은 두 마리의 소는 마구간의 말들과 마찬가지로 몸은 두텁고 다리는 가늘다. 여물 먹기에 바쁜 두 소의 뒤쪽에 수레 두 대가 놓여 있다.

　널방 동벽에도 연못이 보이며, 불교 행사인 칠보공양(七寶供養) 장면이 보인다.^{그림16} 동벽의 연못 한가운데에서는 큰 연꽃이 두 송이 피어올랐는데, 붉은색의 연꽃잎 테두리가 두껍다. 칠보공양이 이루어지고 있는 동벽 남쪽 상단 중앙에는 큰 나무를 중심으로 우측에 칠보 행사의 주관자로 보이는 머리에 검은 두 뿔 책을 쓴 인물이 평상 위에 무릎 꿇고 앉아 두 손을 앞으로 내밀고 있다.

그림16 덕흥리벽화분 널방 동벽 벽화 연못.
그림17 덕흥리벽화분 널방 서벽 벽화 마사희(馬射戲).

● 해석하면, "마구간에서 말을 돌보는 사람"이라는 뜻이다.
■ 해석하면, "이 사람은 중리도독으로 칠보 행사를 주관한다. 음악과 음식이 저절로…"라는 뜻이다.
▲ 습기를 피하고 짐승의 피해를 방지하려고 여러 개의 나무 기둥을 세우고 그 위에 본체 건물을 올린 창고.

나무 우측의 인물들 뒤 위쪽에 '차인위중읍도독전지칠보자연음락자연
음식유□지번□□□□(此人爲中裏都督典知七寶自然音樂自然飮食有□之燔□□
□□)'■이라는 묵서가 있다.[46] 나무 좌측에는 작은 시동 한 사람, 그 뒤에 시
종과 시녀가 나란히 서 있다. 하단에는 네 명의 남자가 북쪽을 향해 서 있으
며 이들의 맞은편에 여인 둘이 서 있는 장면이 그려졌다.

널방 서벽에는 마사희(馬射戲) 장면, 고상창고(高床倉庫)▲ 등이 그려졌
다.[그림17] 마사희는 말을 타고 달리면서 화살을 쏘아 과녁을 통과시키는 놀이
로 기마 궁술을 중요시했던 고구려에서 훈련 겸 운동의 일종으로 성행했던
것으로 보인다.[47] 머리에 검은 두건을 쓴 기마인물(騎馬人物) 아래로 달리는
말 위에서 상체를 뒤로 돌려 과녁을 향해 활을 겨냥하는 인물이 보인다. 여
러 명의 기마인들 사이로 심판원과 기록원을 담당한 사람들의 모습이 묘사
되었다. 마사희 장면 하단에는 엉켜 있는 가지에 손가락같이 그려진 잎이
달린 나무에 묶인 말과 그 곁에 서 있는 마부가 묘사되었다. 화면 오른쪽 상
단에는 고구려 사회에서 애용되던 고상창고가 표현되었다.

널방 북벽 가운데에는 무덤 주인이 평상 위에 앉아 있는 모습이 묘사되
었다.[그림18] 머리에 청라관을 쓰고 손에는 깃털 부채를 든 무덤 주인 곁에 검은
책이나 검은 두건을 쓴 문무 시종들이 서 있다. 무덤 주인 곁의 평상 하나가
더 놓일 만한 다른 공간에는 아무것도 묘사되지 않았다. 장방 바깥, 북벽의
서측에 말과 마부, 시종들이 표현되었고, 동측에 차양이 있는 우차
와 시녀들이 그려졌다. 이로 보아 평상 위 빈 공간은 무덤 주인
의 부인 자리이다. 무덤이 조성되고 무덤 주인이 묻힐 당시
부인은 살아 있었던 듯하다.

무덤 주인의 부인을 태운 것으로 보이는 우차
행렬 중의 시녀들은 차양이 가려진 우차의 좌우
에서 열을 이루고 있다.[그림19] 올린 머리를 한 여

그림18 덕흥리벽화분 널방 북벽 벽화 모사선화.　　90　**91**

그림19 덕흥리벽화분 널방 북벽 벽화
수레 행렬.

그림20
그림21

그림20 **덕흥리벽화분 앞방 천장고임 밑면.**

그림21 **덕흥리벽화분 널방 천장고임 밑면.**

자들이 좀 더 크게 그려지고, 머리를 올리지 않은 어린 시녀들이 보다 작게 그려졌다. 시녀들은 모두 긴 저고리에 주름치마 차림이다. 치마 밑으로 바지의 아랫단이 보인다.

널방 천장고임에는 두공과 도리가 그려지고, 사이사이에 연꽃과 변형 운문, 세모꼴 화염문 등이 배치되었다. 벽과 천장고임의 경계, 궁륭고임과 평행고임 사이에 묘사된 도리 안에는 변형 운문이 그려졌고, 아래쪽 도리와 위쪽 도리 사이에는 '人'자 두공이 묘사되었다. 평행고임 각층 위에는 운문과 화염문이 교대로 그려졌다. 3층과 4층 천장고임 밑면에는 각각 변형 운문과 세 잎 꽃무늬가 표현되었다. 천장 뚜껑돌에 활짝 핀 연꽃을 그렸던 흔적이 일부 남아 있다.^{그림20~21} 이상에서 살펴본 덕흥리벽화분의 묵서명 및 벽화 제재들이 무덤 칸의 어디에 어떻게 배치되었는지를 알기 쉽게 정리하면 〈표1〉, 〈표2〉와 같다.

위치/방향		방위(널방 안벽을 기준으로 한 방향)				모서리	주제
		동벽(왼쪽)	남벽(앞쪽)	서벽(오른쪽)	북벽(안쪽)		
널길	천장						
	벽	동벽: 수문장, 인물, 연못		서벽: 수문장, 괴물, 인물, 나무			생활 풍속
앞방	천장	연꽃					
	고임	해, 별자리[목성, 비어오성(飛魚五星)], 기금이수(비어, 청양, 양수), 사냥	남두육성, 별자리[화성, 남극노인성(南極老人星), 심방육성(心房六星)], 직녀성, 견우성, 은하수, 견우 직녀, 선인, 기금이수(부귀, 길리, 성성), 사냥	달, 별자리[금성, 선후오성(仙后五星)], 관색칠성(貫索七星), 선인 옥녀, 기금이수(천추, 만세)	북두칠성, 별자리[토성, 수성, 삼태육성(三台六星)], 기금이수(지축, 천마, □작, 벽독, 박위, 하조, 영양, 훼원), 묘지명		하늘 세계
	벽	대행렬	행렬, 막부 관리, 봉물	13군 태수 배례	무덤 주인 행렬	기둥	생활 풍속
이음길	천장						
	벽	동벽: 무덤 주인 부인 출행		서벽: 무덤 주인 출행			생활 풍속
널방	천장	연꽃					
	고임	장식문, 두공, 도리, 보, 활개	장식문, 두공, 도리, 보, 활개	장식문, 두공, 도리, 보, 활개	장식문, 두공, 도리, 보, 활개		하늘 세계
	벽	연못, 칠보공양	연못, 마구간, 외양간	마사회, 누각, 고상창고, 말, 마부	무덤 주인, 시종, 우교차(牛轎車)	기둥	생활 풍속

〈표1〉 덕흥리벽화분 벽화 제재의 구성과 배치

- 이 13군은 유주에 속하며 딸린 현은 75개이다. 주의 치소는 광계요 치금의 치소인 연국에서 낙양까지 2,300리요. 도위가 하나인데 13군을 아우른다.
- 6군 태수가 내조하여 하례할 때 안내 맡은 관리.
- ▲ 분위장군연군태수가 내조할 때.
- ◆ 범양내사가 내조하여 유주 일을 의논할 때.
- ♣ 어양태수가 내조하여 유주 일을 의논할 때.
- ♠ 상곡태수가 내조할 때.
- ★ 광녕태수가 내조할 때.
- ❖ 대군내사가 내조하여 □□□.
- ○ 제군태수 안내를 맡은 관리.
- □ 〔북평〕태수가 내조할 때.
- △ 요서태□가 □조할 때.
- ◇ 창〔 〕태수가 내조하여 유주 일을 의논할 때.
- ✛ 요동태수가 내조할 때.
- ✿ 현토태수가 내조□□.
- ☆ 낙랑태수가 내□□□.
- ❀ □□□□□□□□.

위치/방향		방향(널방 안벽을 기준으로 한 방향)			
		동벽(왼쪽)	남벽(앞쪽)	서벽(오른쪽)	북벽(안쪽)
널길	천장				
	벽	동벽(왼쪽): 童□□端[ ]□道者□□□笑		서벽(오른쪽): 太歲在己酉二月二日辛酉成關此[ ]戶大吉吏	
앞방	천장				
	고임	①飛魚□象 ②靑陽之鳥一身兩頭 ③陽[ ]之鳥 [ ]火而行	①仙人之蓮 ②吉利之象 ③牽牛之象 ④□□之象 ⑤富貴之象 ⑥猩猩之象	①千秋之象 ②萬歲之象 ③玉女之幡 ④玉女之擘 ⑤仙人持幢	①地軸一身兩頭 ②天馬之象 ③[ ]雀之象 ④辟毒之象 ⑤博位之猗頭生四耳[ ]有得自明在於右 ⑥賀鳥之象學道不成背角樂 ⑦零陽之象學道不成頭生七□ ⑧喙遠之象 묘지(墓誌): □□郡信都「縣」都鄕□廿里/釋加文佛弟子□□氏 鎭仕/位建威將軍「國」小大兄尤將軍/龍壤將軍遼東太 守使持/節東「夷」校尉幽州刺史鎭/年七十七薨「叭」 永樂十八年/太歲在戊申十二月辛酉朔十五日/乙酉成 遷移玉柩周公相地/孔子擇日武王「選」時歲使一/良葬 送之後富及七世子孫/番昌仕宦日遷移至侯王/造藏萬 功日煞牛羊酒肉米粲/不可盡量且食鹽鼓食一京記/「 之後」世寓寄無疆
	벽	①鑛□[勅史司馬 ②御使導從時 ③治中別駕 ④使君出遊時	동측(왼쪽): 薊縣令[ ]軒弩 서측(오른쪽): 鑛□[府長]史[司]馬/參 軍典軍錄事□/曹僉史 諸曺職[吏]/故銘記之	상단(上端): ①此十三郡屬幽州部縣七十五州 治廣薊今治燕國去洛陽二天三百 里都尉一部并十三郡● ②六郡太守來朝時通事吏■ ③舊威將軍燕郡太守來朝時▲ ④范陽内史來朝論州時◆ ⑤魚陽太守來論州時✦ ⑥上谷太守來朝賀時◆ ⑦廣寧太守來朝賀時★ ⑧代郡内史來朝□□□◇ 하단(下端): ①諸郡太守通使吏○ ②比平太守來朝賀時▫ ③遼西太□□朝賀時△ ④昌[ ]太守來論州時◇ ⑤遼東太守來朝賀時✪ ⑥玄兎太守來朝□□□◊ ⑦濼浪太守來□□□☆ ⑧□□□□□□□□◈	
이음길	천장				
	벽				
널방	천장				
	고임				
	벽	①此人爲中裏都督典知七寶自然 音樂自然飮食有[ ]之燔□□□□ ②此人與七寶俱生是故偷[ ]知之 ③此二人太廟作食人也 ④此二人持刀恃衛七寶[ ]時 ⑤此二人持菓□食時	此是□前厩養馬子	①此爲西[ ]中馬射[ ]人 ②射[ ]注記人	

〈표2〉 덕흥리벽화분 묵서명의 위치와 내용

묘지명 및 벽화 제재의 분석

평양권 벽화고분 가운데 가장 이른 시기의 두방무덤은 4세기 말에 제작되는 평양역전벽화분(平壤驛前壁畵墳)이다.[48] 그러나 이 무덤은 천장부가 남아 있지 않아 천장 구조를 알 수 없다. 덕흥리벽화분은 천장부가 확인되는 전형적인 두방무덤 가운데 가장 이른 시기의 벽화고분이다.

　　이 고분이 궁륭고임 위에 평행고임을 더한 천장 구조의 두방무덤이라는 사실도 주목된다. 두방무덤인 감신총(龕神塚)이나 약수리벽화분에서 볼 수 있듯이 5세기 전반에 축조된 평양권 벽화고분 가운데 궁륭고임 위에 삼각고임을 얹은 경우는 확인된다. 그러나 덕흥리벽화분과 같은 천장 구조의 사례는 아직까지 발견되지 않았다. 따라서 천장 구조로 볼 때 덕흥리벽화분은 이전이나 이후의 벽화고분들과 구분되는 유적인 셈이다.

　　앞방 북벽 상단 묵서 묘지명 내용을 사실로 받아들인다면 덕흥리벽화분의 무덤 주인인 진은 4세기 후반이나 말에 중국의 현 요녕성(遼寧省, 랴오닝 성), 하북성(河北省, 허베이 성), 산서성(山西省, 산시 성)에 걸쳐 설치되었던 유주의 자사를 역임한 인물이다.* 77세에 생을 마친 진은 음력으로 408년(영락 18년) 12월 25일 현 남포시 덕흥리의 산 구릉에 마련된 무덤에 묻혔다. 묘지명은 무덤 주인 진이 생시에 칠보공양 등의 불교 행사를 치르면서 불교적 내세 삶을 기원하던 불교 신자였다고 전한다. 동시에 중국 위·진 시대 풍수지리에 의해 장지를 결정하는 장지풍수관(葬地風水觀)에 바탕을 둔 상지(相地),■ 택일(擇日), [선]시([選]時), 곧 무덤 자리를 보고 장례 일시를 정하는 등의 절차를 밟았던 집안의 인물이었음도 알려준다.

　　묵서 묘지명에 나오는 영락 18년 무신년(戊申年)은 408년이다. 그러나 초하루가 신유일(辛酉日)인 12월 25일 을유일(乙酉日)은 양력으로 409년

● 빈장(지위가 높거나 중요한 인물이 죽었을 때 정식 장례 이전 일정한 기간 동안 시신을 관에 둔 채 고인을 애도하는 관습이 있었는데 이것을 빈장(殯葬)이라고 한다. 왕은 햇수로 3년째에 장례를 치른다.]의 기간 등을 고려하지 않은 채, 주인공이 408년 사망한 것으로 보고 진이 태어난 해를 단순 계산으로 추정하면 332년(고구려 고국원왕 2년, 동진 성제 함화 7년)이 된다.

■ 풍수지리에서 땅의 위치와 생김새로 길흉을 판단하는 일.

그림22 덕흥리벽화분 널길 서벽 벽화 모사선화 문지기.
그림23 산동 기남한묘(沂南漢墓) 앞 방 북벽 중단 화상(畫像) 탁본 괴수.

그림22   그림23

1월 26일이다. 이때는 고구려 광개토왕(廣開土王, 374~413)의 시대이다. 진의 출생지로 명기된 신도현을 북한의 연구자들은 『고려사』「지리지」3의 '가주 본고려신도군(嘉州 本高麗信都郡)'이라는 기사에 의거하여 평북 운전·박천 일대로 본다.[49] 이와 달리 한국, 중국 및 일본의 연구자들은 『진서』晉書 「지리지」(상)에 보이는 '기주 안평국 신도현(冀州 安平國 信都縣)'에 관한 기사를 근거로 신도현이 하북의 안평(安平)▲에 있었다고 주장한다.[50]

성씨(姓氏)가 확인되지 않는 □鎭은 신도현이 속한 □□郡에서 태어났다. 성씨도 출신 군도 제대로 알려지지 않은 진이 고구려 땅에서 태어났는지, 현재의 중국 요녕성 안평 일대에서 태어났는지를 둘러싸고 논쟁이 펼쳐졌다. 논쟁은 진이 처음부터 고구려인이었는지, 선비족 모용씨가 세운 전연 및 후연에서 활약하다가 고구려로 망명했는지에 대한 논의와 직접적으로 연결되어 있다. 더불어 고구려가 한때 중국의 하북성 및 산서성 일부까지 포괄한 유주를 설치한 적이 있는지 여부와도 관련되어 있다.◆ 근래의 연구는 덕흥리벽화분의 무덤 주인 진을 북중국 동부의 지배권이 전진(前秦)에서 후연으로 옮겨지던 시기에 고구려로 망명 온 북중국 왕조의 관료였을 것으로 추

▲ 284년 이후에는 장락(長樂).
◆ 이와 관련하여 중국 남북조 시대에 남북의 왕조들이 '교치(僑置)'라는 형태로 상대국 영역까지 포함한 반 허구, 반 실제의 행정 체계를 꽸던 사실이 참고된다. 이 묘서명에 등장하는 유주가 실제의 영역과 관념상의 영역을 조합한 결과물일 수도 있는 것이다. 이에 대해서는 전호태, 앞의 글, 2003 참조.

그림24

그림25

정하고 있다.[51]

널길 서벽의 괴물 머리 문지기는 위치와 자세, 무덤 폐쇄를 알리는 묵서로 보아 무덤을 지키는 괴수인 진묘수(鎭墓獸)의 한 유형으로 해석할 수 있다. 중국 한~위·진 시대 화상석묘 및 벽화고분에 등장하는 괴수(怪獸)들을 연상시킨다. 기남한묘에 묘사된 각종 무기를 들고 춤추는 모습의 괴수와 자세, 이미지 등에서 매우 가깝다.[52] 그림22~23

널길 동벽의 연못과 남녀 인물, 서벽의 나무와 두 남자는 각각 특정한 의미를 지닌 행사와 관련된 듯이 보인다. 앞방의 묘지명이나 널방의 칠보공양 장면 등과 연결시키는 것도 가능할 듯하다. 그러나 널길 벽의 이 그림이 불교 행사의 한 장면이라고 해도 구체적인 내용은 확인하기 어렵다.

앞방 북벽 동측에서 동벽, 남벽으로 이어지는 대행렬은 규모와 내용에서 안악3호분 회랑에 그려진 대행렬과 비교된다.그림24~25 안악3호분의 대행렬은 화면에만 250명가량의 인물이 등장하는 대규모 출행도로 무덤 주인공의 생전 위세를 잘 드러낸다. 이와 달리 덕흥리벽화분의 대행렬은 중무장한 개마창기병(鎧馬槍騎兵)들의 호위 아래 이루어지는 행사임에도 유주 자사라는 고위직을 지낸 무덤 주인의 위세가 실감 나게 그려졌다고 보기 어렵다.

행렬도의 등장인물들 가운데 무덤 주인의 수레 앞과 뒤에 배치된 시종들과 행렬 왼쪽 기마인물들은 부분적으로 겹쳐 그려졌다. 이와 달리 행렬의 오른쪽 기마인들과 좌우 바깥쪽의 창기병들은 각기 독립적으로 묘사되어 수레 행렬을 호위하는 인물들의 수가 상대적으로 적어 보인다. 비록 남녀 시종들과 기마인물, 창기병, 소가 끄는 여러 대의 수레가 화면 가득 그려졌음에도 이 행렬도에는 반드시 필요한 인물과 기물만 표현된 듯이 보이는 것도 이 때문일 것이다.

주목되는 것은 행렬의 방향이다. 행렬 전체가 무덤의 입구 방향을 향하고 있는 까닭이다. 이는 안악3호분 회랑의 대행렬이 널방을 감싸면서 북쪽

그림26 **덕흥리벽화분 앞방 서벽 벽화 13군 태수 부분.**

으로, 이어 서쪽으로 향하는 것과 대비된다. 근래의 연구는 이를 한대 화상 석묘에서 적극 채택된 사후 선계를 향한 행렬 관념이 수용된 결과로 이해하고 있다.[53]

앞방 남벽 서측에는 무덤 주인 진이 장사, 사마 등 막부의 관리들을 거느리고 업무를 보는 장면이 묘사되었다. 이어지는 앞방 서벽과 북벽 서측의 유주 13군 태수 배례도의 사실성을 뒷받침하려는 의도를 담은 그림이라고 하겠다. 유주의 수현(首縣)인 계현 현령 및 13군 태수가 유주 자사 진에게 배례하는 장면 역시 가상인지 실제인지의 여부로 논쟁이 될 수 있다.

화면에 등장하는 13군 태수는 모두 얼굴에 가면을 쓴 것처럼 표정이 없다.[그림26] 화가의 표현 기량이 충분치 않아 인물의 성격을 읽어낼 수 없을 정도로 무표정한 얼굴이 되었을 수 있다. 그러나 개성을 드러낼 필요가 없었거나 개성 드러내기가 터부시되었던 시대적 흐름으로 말미암은 현상으로 보는 것이 더 타당할 듯하다.[54]

앞방 북벽 서측에 그려진 무덤 주인과 남녀 시종들의 모습은 관념상의 금기가 화가의 회화 작업에 어떤 영향을 미쳤는지를 잘 보여준다. 화면에는 무덤 주인 진에게 보고하거나 지시를 받아쓰는 인물들, 주인을 위해 악기를 연주하거나 긴 부채를 살랑거리는 남녀 시종들이 주인의 머리보다도 작게 그려졌다. 화가가 대귀족인 주인과 시종들 사이의 신분의 차이를 나타내기 위한 위계적 표현법으로 이들 인물을 묘사한 데서 비롯된 현상이다.

앞방 천장 궁륭고임에 그려진 하늘 세계는 별자리 신앙과 직결된 관념의 형상화 결과라는 점에서 주목되는 경우이다. 천장 궁륭고임 동쪽 및 남쪽, 북쪽 하부에 묘사된 사냥 장면은 구성과 내용에서 고구려의 다른 고분벽화의 사냥도와 뚜렷이 다른 점은 없다. 그러나 천장 궁륭고임 상부의 별자리 및 상상 속의 신성한 존재들의 세계와 별다른 구분 없이 한 공간 안에 자리 잡고 있다는 점에서 일상 속의 사냥을 재현한 그림으로 보기 어렵게 한다. 더욱이 앞방의 벽과 천장고임 사이를 가로지르는 도리 위의 삼각화염문은 벽화의 사냥 장면이 이 세상의 행사가 아닐 수 있음을 시사하고 있다.•

앞방 천장 궁륭고임 동쪽 상부에 묘사된 별자리와 운문 사이의 비어, 청양, 양수, 북쪽 상부의 벽독, 박위, 하조, 영양, 훼원 등이 천지자연(天地自然)에 대한 『산해경』적 인식의 산물일 것이라는 지적은 여러 차례 제기되었다.[55] 실제 '학도불성배각락□(學道不成背角樂□)'■이라는 하조, '학도불성두생칠□(學道不成頭生七□)'▲이라는 영양 등은 특별한 효능을 바라고 붙잡으려 애썼던 『산해경』의 신이한 짐승들을 연상시킨다.

천장 궁륭고임 남쪽 견우 옆의 성성도 『산해경』에 소개되는 신이한 짐승으로 사람의 말을 알아듣고 사람처럼 말하며, 잡아먹으면 귀가 밝아진다고 한다.[56] 벽화의 새와 짐승들이 『산해경』적 사고와 관련이 있다는 위의 견해가 사실임을 뒷받침하는 사례라고 하겠다.[57] 주목되는 것은 이런 존재들이 하늘 세계의 일원으로 그려졌다는 사실이다. 이는 이런 신이한 새와 짐승들

• 김일권은 이를 '천상수렵도'라고 명명하였다(김일권, 앞의 책, 2008, 67쪽). 박아림은 덕흥리벽화분의 수렵도가 둔황석굴 285굴 및 249굴 천장부에 그려진 수렵도와 내용과 기법에서 유사한 점이 많음을 지적하며 양자 사이의 교류 가능성을 제시하였다. 이는 수렵도에 부여된 의미의 이해에도 도움이 된다는 점에서 주목되는 견해이다[박아림(朴雅林), 「고구려 벽화와 감숙성(甘肅省) 위진 시기(둔황 포함) 벽화 비교 연구」, 『고구려연구』高句麗研究 16, 고구려연구회, 2003, 161쪽].

■ 해석하면, "도를 배워 깨치지 못하면 등에 뿔이…"라는 뜻이다.

▲ 해석하면, "도를 배워 깨치지 못하면 머리에 일곱 개의…"라는 뜻이다.

이 본래는 신(神)으로 인식되던 존재였을 것이라는 추정이 진실일 수 있음을 강하게 시사한다.[58]

앞방 천장 궁륭고임 남쪽에 그려진 은하수는 고구려 고분벽화에 처음 등장하는 것으로 견우직녀설화(牽牛織女說話)와 관련 있다고 할 수 있다. 그러나 남두육성(南斗六星)◦ 등의 별자리가 함께 표현된다는 사실도 고려하면 벽화의 은하수는 5세기 초 고구려의 천문 지식을 구체적으로 드러내는 것이기도 하다. 벽화의 견우와 직녀는 5세기 전후의 동아시아 유적, 유물에서 회화적으로 생생하게 표현한 특별한 사례에 속한다.[59]

직녀와 함께 묘사된 부귀와 길리는 천장 궁륭고임 서쪽의 천추, 만세와 함께 상서로운 관념의 형상화를 보여주는 좋은 사례이다. 이런 그림들은 인간이 세상 삶에서 누리기를 원하는 부귀, 길리, 천추, 만세 등이 선인의 삶터이기도 한 하늘 세계 운행의 원리와 관련이 있다는 믿음을 확인시켜준다. 천장 궁륭고임 서쪽에 연꽃 줄기를 손에 쥔 채 하늘을 나는 모습으로 등장하는 선인과 옥녀는 벽화 속 하늘 세계에 신선 신앙이 깊이 배어있음을 알게 한다.[60]

앞방 천장 궁륭고임 북쪽 상부의 북극성, 북두칠성과 함께 그려진 일신 양두(一身兩頭)의 지축은 조형적으로뿐 아니라 관념적으로도 순천 천왕지신총(天王地神塚) 벽화에 등장하는 지신(地神)과 통하는 존재이다.[61] 지축의 동쪽에 묘사된 천마는 안악1호분 벽화에 그려진 천마 추정 짐승과 달리 몸에 날개가 달려 있지 않다. 조형상 경주 천마총(天馬塚) 출토 장니(障泥)■의 천마 그림과도 맥이 닿는다.

앞방 천장 궁륭고임 상부 제일 위쪽에 표현된 64개의 별자리들은 방위별로 배치된 흔적이 뚜렷하다.▲ 바로 아래에 펼쳐진 선인, 옥녀, 신이한 새와 짐승의 세계와도 연결되어 있다. 정교한 천문 관측의 결과임을 드러내기 위해 거리 및 밝기에 따라 별의 크기를 달리하였고 별의 위치 및 별 사이의

◦ 국자 모양의 여섯 개의 별로 이루어진 남쪽 하늘의 별자리로 장수를 주관한다. 북두칠성과 형태가 비슷하다.

■ 말을 탄 사람의 옷에 흙이 튀지 않도록 말의 안장 양쪽에 늘어뜨린 가죽이나 천.

▲ 김일권, 앞의 논문, 2010, 59~60쪽; 박현주는 일부 기금이수도 방위 개념이 부여된 상태로 배치, 묘사된 것으로 보았다(박현주, 앞의 논문, 2006, 37~38쪽).

관계를 확인할 수 있도록 배치하고 묘사했다.[62] 앞방 천장석을 장식한 활짝 핀 연꽃은 '석가문불 제자'를 자임한 무덤 주인 진의 불교 신앙과 관련된 표현이다.

앞방과 널방 사이 이음길 동벽과 서벽에 그려진 행렬은 각각 무덤 주인 진과 그의 부인을 주인공으로 삼았음이 확실하다. 두 행렬 모두 앞방 행렬도와 지향점은 같을 수 있다. 그러나 동벽과 서벽의 그림이 서로 대응된다는 점에서 두 행렬은 앞방 행렬과 구분된다.

널방 동벽 남쪽에 묘사된 칠보공양도는 동벽 북쪽과 남벽 동쪽 및 서쪽 일부에 걸쳐 그려진 연지도(蓮池圖)와 연결된 장면이다. 주인공이 칠보공양 행사의 주관자인 중리도독(中裏都督)일 때 열었던 것으로 묘사된 이 행사는 현세구복과 영원한 내세 삶에 대한 소망을 동력으로 삼았다고 보아야 할 것이다.◆ 5세기 전후의 고구려 고분벽화에 묘사된 '칠보공양'의 유일한 사례라는 점에서 주목될 필요가 있는 장면이다.

널방 남벽 서쪽에 묘사된 마구간과 외양간, 앞방 서벽의 마사희, 말 매기, 고상창고 사용 장면은 무덤 주인 진의 집 안채에서 이루어지는 일상이다. 현세 생활 중의 놀이와 휴식의 순간을 그려낸 것이기도 하고 내세 삶에서 재현되어야 할 모습이기도 하다. 널방 북벽에 무덤 주인 진만 홀로 그려진 데에서도 이런 점이 잘 드러난다. 부인이 아직 내세 삶의 공간으로 오지 않았음에도 현세에서의 일상이 그려진 것은 재현에 대한 강한 의지의 표현으로 해석할 수 있다.

널방 북벽의 동측과 서측에 그려진 남녀 시종들은 같은 남포 지역 벽화고분인 감신총 벽화 등장인물들과 달리 고구려 고유의 의복 문화를 연상하게 하는 복식을 갖추었다.[그림27~28] 국내성 지역 고분벽화에서 보는 것과 같은 원점(圓點)무늬 바지와 저고리, 치마 차림은 아니다. 그러나 끝이 허리 아래로 내려오는 긴 저고리, 통 좁은 바지, 주름치마 등에서 고구려 고유 복식의

◆ 여호규는 칠보공양 행사의 주관자인 중리도독을 무덤 주인 진과는 다른 인물로 보았다(여호규, 앞의 논문, 2009, 190쪽).

그림27

그림28

특징을 읽을 수 있다.[63]

그림27 **덕흥리벽화분 널방 북벽 벽화 시녀 행렬.**
그림28 **감신총 앞방 북벽 동쪽 벽화 시녀 모사화.**

  흑건(黑巾)이나 책, 나관(羅冠)•을 머리에 쓴 남자들과 머리를 올리거나 내린 상태의 여인들에게서도 고구려적 이미지가 묻어난다. 안악3호분 벽화의 등장인물들과 비교하면 덕흥리벽화분 벽화에서는 인물 복식의 고구려화가 뚜렷이 나타난다. 5세기 전반에 제작된 평양권 벽화에 보이는 뚜렷한 변화 중의 하나라고 하겠다.[64]

  널방의 벽과 천장고임은 앞방에서와 같이 도리로 경계지었다. 주목되는 것은 앞방과 달리 널방의 천장고임은 '人'자 두공과 삼각화염문, 운문 등으로 장식되었다는 사실이다. 벽면의 칠보공양도, 연못, 천장석의 활짝 핀 연꽃을 아울러 고려하면 장식문 중심의 천장고임은 널방 전체가 내세 공간임을 나타내기 위한 것일 수도 있다. 널방은 지상과 천상이 구분되어 묘사된 앞방과는 다른 성격의 공간으로 인식되고 장식되었다고 하겠다.

• 삼국시대에 관인이나 귀인 계층이 쓰던 비단 관모(官帽).

덕흥리벽화분과 5세기 전후의 고구려

덕흥리벽화분이 축조된 5세기 초 동아시아의 국제 관계는 여전히 오호십육국 시대라는 북중국 분열기의 영향을 받고 있었다. 선비족 모용씨의 연과 국경이 맞닿았던 고구려 역시 북중국 정세가 격렬한 변화를 겪을 때마다 이에 적절히 대응해야 한다는 과제를 안은 상태였다. 다행히 소수림왕(小獸林王, ?~384), 고국양왕(故國壤王, ?~391) 시대에 착실하게 진행된 체제 정비에 힘입어 광개토왕 시대의 고구려는 동아시아의 정세 변화를 주도할 세력 가운데 하나가 되어 있었다.

광개토왕은 즉위 이후 군사·외교 측면에서뿐 아니라 사회·문화 분야에서도 적극적인 자세로 정책을 입안하고 추진해 나갔다. 평양을 영토 남쪽의 중심 도시로 개발하면서 불교 신앙의 새로운 거점으로 삼은 일은 사회·문화 분야에서 광개토왕이 실행에 옮긴 국가 차원의 사업 중 하나이다. 덕흥리벽화분과 관련하여 주목되는 것은 4세기 말 고구려가 요동 진출에 성공했다는 사실이다.[*] 고구려가 영토화한 이 지역에는 위·진 시대까지 중국 세력의 동북 거점 도시이던 양평(고구려 요동성, 현 요양)도 포함되어 있기 때문이다.

요동성 일대에는 후한~위·진 시대에 다수의 벽화고분이 축조되었다. 요동성은 북중국에 오호십육국 시대가 시작된 뒤에도 한(漢) 문화가 잘 남아 있던 곳이기도 하다. 357년 묵서명이 있는 안악3호분을 비롯하여 태성리3호분, 요동성총(遼東城塚) 등 초기 고구려 벽화고분들이 무덤 구조상 이 지역의 벽화고분들과 닿아 있음은 잘 알려진 사실이다.[65] 4세기 말 요동성 일대가 고구려 영토가 되자 4세기 중엽부터 고구려에 영향을 미치던 한계 장의 미술 전통도 고구려 문화의 일부가 되었다.

새롭게 고구려의 영역이 된 요동 지역은 한계 문화가 성했던 곳일 뿐 아니라 오호십육국 시대에 크게 세를 떨친 불교 신앙이 활발했던 지역이기

---

[*] 근래의 연구는 고구려가 요동을 영토화한 시기를 광개토왕 즉위 이전인 380년대 후반으로 추정한다(임기환, 「고구려의 요동 진출과 영역」, 『고구려발해연구』 45, 고구려발해학회, 2013, 77~110쪽).

도 하다. 고구려에 불교가 전해진 4세기 후반 요동 지역에는 승려들의 포교 활동이 활발히 이루어지고 있었던 것으로 보인다.● 벽화고분인 요동성총의 요동성도(遼東城圖)에 육왕탑(育王塔)■이 크게 그려진 것도 요동성이 요동 지역 불교 신앙의 중심지로 떠올랐음을 확인시켜준다.▲

덕흥리벽화분의 벽화 구성에서 눈길을 끄는 첫 번째 요소는 불교 신앙 및 문화와 관련된 내용이다. 묘지명에서 무덤 주인 진이 스스로를 석가모니불(釋迦牟尼佛)의 제자로 자임했듯이 연못, 칠보공양 행사 장면이 벽화의 주요한 제재로 등장한다. 앞방과 널방 천장석을 장식한 활짝 핀 연꽃까지 감안하면 무덤 주인과 그 일족의 불교에 대한 관심과 신앙은 상당한 수준에 이른 듯이 보인다.

다음으로 주목되는 것은 무덤 칸의 벽과 천장석에 불교적 제재들이 높은 비중을 지니며 그려졌으나 앞방 천장고임 벽화는 신선 신앙과 관련된 제재 중심으로 구성되었다는 사실이다. 하늘 세계의 사람들이 연봉오리 달린 가지를 쥐고 있거나 연화반을 받쳐 들고 있음에도 불구하고 이들 곁의 묵서명에는 '선인', '옥녀'라고 쓰여 있다. 즉, 이들이 불교의 비천으로 관념되고 묘사된 존재들은 아니라는 것이다. 그렇다면 이들이 손에 쥔 연꽃 줄기나 연화반은 어떤 의미를 지닌 것일까?

잘 알려진 것처럼 오호십육국 시대 후기 북중국에서 불교는 주류 종교 신앙이었다.◆ 그러나 백성의 일상을 포함한 북중국 사회·문화 전반에도 불교적 관념이나 사고가 영향을 미치고 있었는지는 판단하기 어렵다. '격의불교(格義佛教)'◆라는 용어에서도 미루어 짐작할 수 있듯이 노장적 개념이나

● 전연을 멸망시킨 직후 전진(前秦)의 부견(苻堅)이 고구려에 승려 순도(順道)와 불상, 경문을 보낸 때가 372년이다〔『삼국사기』 권18, 「고구려본기」高句麗本紀 6, 소수림왕(小獸林王) 2년 6월조〕. 396년 동진(東晉)의 백족화상(白足和尙) 담시(曇始)가 경율(經律) 수십 부를 가지고 요동에 와서 교화하고 405년에 돌아갔다는 『승전』僧傳의 기사도 요동 지역 불교 활동과 관련하여 참고가 된다〔가마다 시게오(鎌田茂雄) 저, 신현숙(申賢淑) 역, 『한국불교사』, 민족사(民族社), 1988, 29쪽〕.

■ 인도의 아소카왕이 석가모니를 기려 세웠다는 8만 4,000개의 불탑.

▲ 요동성총의 축조가 5세기 초에 이루어졌을 것으로 보는 시각을 참조할 필요가 있다 (전호태, 앞의 논문, 2011, 18~19쪽).

◆ 불도징(佛圖澄)이 활약했던 4세기 전반 후조(後趙)에는 사원만 893개소에 이르렀다고 한다〔가마다 시게오 저, 정순일(鄭舜日) 역, 『중국불교사』, 경서원, 1985, 58~59쪽〕.

유교적 사고가 불교 이해의 틀, 매개를 제공하는 현상이 상당 기간 지속되었다.

비천이 선인, 옥녀와 굳이 구별되지 않았을 수도 있고, 불교적 깨달음이나 불교의 낙원인 정토(淨土)를 상징하지 않는 상태에서 연꽃이 등장할 수도 있었다. 이런 상황이 일정 기간 유지되었다면 불교의 정토와 불사(不死)의 선계 사이를 나누는 관념적 경계가 뚜렷했는지도 불확실하다. 실제 무덤 주인 진의 묘지명은 석가문불 제자를 자처하는 주인공의 내세 삶터로 정토를 언급하지는 않는다. 장례 후 부(富)가 7세 자손에 미치고 무덤을 찾는 이가 끊이지 않기를 바랄 뿐이다.

그렇다면 덕흥리벽화분 널방 벽화의 주요 제재인 칠보공양 행사에는 어떤 소망이 담겨 있었을까? 내세 공간의 성격과 관련이 깊었을 것으로 추정되는 무덤 칸 천장석의 연꽃에는 실제 어떤 의미가 주어졌을까? 널방 북벽에 묘사된 무덤 주인 진과 시종들은 주인공이 머물게 된 내세 삶터의 일상을 누리고 있는 것일까? 이곳이 내세 삶터가 맞다면 주인공은 과연 어떤 내세에 와 있는 것일까?

357년 묵서명으로 잘 알려진 안악3호분도 앞방 천장석에 활짝 핀 연꽃이 그려져 주목받았다. 안악3호분의 연꽃은 4세기 중반 고구려에 불교가 알려졌는지의 여부를 가늠하게 하는 벽화 제재로 의미를 부여 받았다.[66] 그러나 무덤 주인으로 추정되는 동수의 묵서명에 불교와 관련된 언급은 포함되어 있지 않았다. 무덤 주인이 그려진 장소도 앞방의 서쪽 곁방 서벽뿐이었다.

한~위·진 시대의 중국에서 죽은 이의 혼, 곧 조상신은 사당 서쪽 공간에 모셔졌으며 제사상도 이곳에 차려졌다.[67] 혼전(魂殿)♣으로 불리던 이 공간은 무덤 칸에서도 재현되어 서쪽 방벽에 초상이 그려지고 그 앞에 제사상이 설치되었다. 안악3호분의 서쪽 곁방도 이런 혼전에 해당한다.[68] 덕흥리벽화분 앞방 북벽 서측 무덤 주인의 그림과 그 앞의 돌제단도 혼전의 흔적이

♠ 도교의 용어와 개념으로 석가여래의 가르침을 설명하는 불교.
♣ 혼을 모시는 전각.

다. 그러나 덕흥리벽화분 널방 북벽에 그려진 무덤 주인의 초상은 동벽의 칠보공양도와 이어지는 공간에 묘사되어 있다는 점에서 혼전의 그것으로 보기 어렵다.

안악3호분에서 무덤 주인이 꿈꾸던 내세는 현세가 재현된 세상이다. 벽화 내용으로 볼 때 불교의 정토 삶은 전혀 비치지 않았고 승선을 전제로 한 불사(不死)의 선계 삶도 묘사되지 않았다. 이와 달리 덕흥리벽화분에서는 선인과 옥녀, 진금기수(珍禽奇獸)로 가득한 하늘, 칠보공양이 이루어지는 지상, 일상의 삶이 계속되는 세계가 모두 그려졌다. 선인과 옥녀의 세상은 선계이고 칠보공양으로 꿈꾸는 세계는 불교의 낙원이다. 일상의 삶이 재현되는 곳은 현세 같은 내세이다.

묘지명으로 보아 332년경 태어난 '진'은 전연, 전진, 후연, 북위, 고구려가 서로를 잇고 견제하고 제압하려 애쓰던 시대에 젊은 시절을 보냈다. 이 인물은 전연, 후연, 고구려를 활동 무대로 삼았다. 강국들이 잇달아 섰다가 무너지는 현장뿐 아니라 사람과 종교, 문화가 모여 거대한 물줄기가 되고 작은 물줄기로 나뉘어 흐르는 모습도 직접 보고 겪었을 것이다.

여러 시대, 여러 종류의 문화가 뒤섞였던 양평(襄平) 일대가 고구려의 영토로 편입되던 4세기 말 덕흥리벽화분 무덤 주인 '진'은 고구려 광개토왕의 신하였다. 묘지명의 내용으로 볼 때 진에게 위·진 시대 이래 중국에서 유행하던 장지풍수관과 오호십육국 시대에 크게 확산된 불교 신앙은 병렬이 가능한 관념 세계였다. 양평 일대도 이런 이질적인 관념이 혼재하던 지역이었음에 틀림없다.

광개토왕 시대 고구려의 평양 일대는 낙랑 문화와 불교문화가 혼합되던 곳이었다. 낙랑 문화는 고조선 시대의 토착 문화에 중국 한~위·진 문화가 더해지면서 만들어졌다. 여기에 서아시아 및 내륙 아시아·북중국의 불교문화가 더해지면서 평양은 고구려에서도 문화 색채가 특별한 도시로 바뀌고 있었다. 국내성의 토착 문화와는 성격이 다른 고유의 문화를 지니고 있으면서도 새로운 외래문화의 세례를 강하게 받던 특이한 지역이었다. 광개토왕은 평양에 불교 사원들을 대거 창건할 것을 명해 평양을 새로운 성격의 문화가 자리 잡은 도시로 탈바꿈시켰다.•

남포는 기본적으로 평양 문화권의 일부이지만 지역적으로나 생활권상으로나 평양과는 일정하게 구별되는 곳이기도 하다. 남포는 중국의 산동 지역, 고구려의 요동 지역과 평양을 잇는 수로 교통의 마지막 길목이었다. 남포는 문화가 나고 드는 출입구이자 평양 방어의 최종 관문으로서의 기능도 지니고 있었다. 덕흥리벽화분의 무덤 주인 진은 고구려 중앙정부로부터 이곳에 보내져 이 지역을 관할하다가 세상을 뜬 인물이다. 그의 무덤도 이 일대에 조성되었다.

안악3호분의 무덤 주인인 '동수'의 사례에서도 확인되듯이 고구려 중앙정부는 북중국에서 망명한 고위 인물들에게 옛 낙랑·대방 지역 한계 주민들을 지배·통제하는 역할을 맡겼다.[69] '진'도 그런 역할을 부여받은 인물이다.[70] 진이 담당한 남포 일대는 고구려가 평양 개발을 시도하기 이전부터 평양의 관문 역할을 담당하던 곳이다.

5세기 초에 제작된 감신총 벽화는 광개토왕 시대에도 남포 일대에 초기 도교 및 불교가 혼합된 문화와 관념이 존재했음을 보여주는 좋은 사례로 평가된다. '진'이 남포 일대의 관리자로 보내졌을 때, 이곳에는 요동성 일대에서 유행하던 불교가 전해진 뒤 일정한 시간이 흐른 상태였다. 요동성 지역의 불교는 진에게도 낯설지 않은 종교 신앙의 세계였음이 틀림없다.

이와 관련하여 주목되는 것은 덕흥리벽화분 등장인물들의 복식에서 확인되는 고구려화 현상이다.[71] 남포 지역 5세기 전반의 이른 시기 벽화고분인 감신총 벽화의 인물들이 한계 복식 문화에 익숙한 모습으로 그려진 것과 비교할 때 더욱 그렇다. 덕흥리벽화분 인물 복식에서 고구려적 특징이 두드러

• 『삼국사기』 권18, 「고구려본기」 6, 광개토왕 2년 8월조: 장종진은 광개토왕대에 이미 평양 천도가 결정되었다고 보았다(장종진, 「5세기 전후 국제 정세와 고구려 평양 천도의 배경」, 『한국고대사연구』 61, 한국고대사학회, 2011, 221~260쪽).

진 이유는 무엇일까? 이런 현상과 진에게는 이미 익숙했던 불교 신앙은 어떤 관련이 있을까? 그럼에도 벽화 구성에서 승선적 내세 관념을 반영하는 제재의 비중 역시 높은 것은 무엇 때문일까?

이에 대한 답을 찾으려면 무덤 주인 진의 종교·문화적 정체성, 광개토왕 시대 고구려 사회의 지향성, 남포 일대 문화 동향 등의 문제를 동시에 검토할 필요가 있다. 진은 전연 혹은 후연에서 고구려로 망명한 인물로 추정된다. 위·진 시대 한계 문화도 몸에 익히고 불교라는 새로운 종교 신앙도 받아들인 상태에서 고구려 왕의 신하가 되었을 가능성이 높다. 진이 한계 주민들의 비중이 적지 않은 남포 지역의 관리를 맡게 되었을 때 고구려는 불교 신앙 확산을 국가정책의 하나로 삼고 있었다. 이로 볼 때 광개토왕의 신하 진이 묘지명에서 자신을 불교도로 내세운 것은 자연스런 현상이다.

그런데 묘지명에서 내세우는 장지풍수 역시 진에게는 익숙한 관념 체계였다. 무덤 주인의 입장에서는 하늘이 정한 가장 좋은 때인 천시(天時)에 맞추어 좋은 터에 음택(陰宅)▪을 마련해야 후손에게 덕이 되고 본인은 선계에서 새 삶을 누릴 수 있다. 진은 이런 믿음에 어긋나는 장례를 치르고 싶지 않았다. 국가에서는 불교 신앙을 앞에 내세우고 있었으나 진에게는 위·진 시대에 널리 퍼진 관념 체계도 불교 신앙과 동일한 가치와 의미를 지녔던 것이다.

남포는 주민 구성이나 입지 조건으로 보아 평양에 비해 문화적으로 더 개방적이고 나아가 이국적인 면도 지니고 있던 곳이다. 이런 사회 분위기도 덕흥리벽화분 벽화 구성과 관련하여 주목되어야 한다. 문화적 스펙트럼이 넓게 펼쳐진 사회에서는 다양한 관념과 신앙 체계가 혼재하거나 병렬될 수 있다. 남포도 그런 지역 가운데 하나였을 것이다. 덕흥리벽화분 벽화가 관념과 신앙의 혼재 상태를 보이면서도 고구려적 색채 또한 어느 정도 뚜렷이 드러나는 것도 이 때문이 아닐까? 남포 일대에 형성된 다양한 문화색으로 말

▪ 죽은 자의 집인 '무덤'을 이르는 말.

미암아 가능한 현상으로 보아야 하지 않을까?

남포 덕흥리벽화분에서 발견된 408년 묵서 묘지명은 무덤 주인 진이 석가문불의 제자이면서 중국의 위·진 시대에 유행한 장지풍수도 중시한 인물임을 알려준다. 덕흥리벽화분에는 칠보공양을 포함한 불교 의례를 행하는 장면과 선인, 옥녀들이 노니는 선계 삶의 모습, 현세의 삶이 재현된 내세 삶의 현장도 함께 그려졌다. 이런 벽화의 구성으로 볼 때 무덤 주인 진은 충돌될 수 있는 여러 유형의 내세관을 동시에 지니고도 모순을 느끼지 않는 인물이다.

고구려 중앙정부는 전연이나 후연 출신으로 고구려에 망명한 '진'으로 하여금 한계 주민의 비중이 높았던 남포 일대를 관리하도록 하였다. 평양의 관문으로 이국적인 문화의 출입구이기도 했던 남포는 문화색이 다양한 곳이었다. 이곳의 관리자가 된 진도 여러 종류의 문화와 종교 신앙의 혼재 혹은 병렬 상태에 익숙했다.

덕흥리벽화분은 신앙과 문화의 병렬 상태를 알리는 벽화 구성에도 불구하고 고구려식 복식 문화에 익숙한 인물들도 보여준다. 이는 남포를 포함한 평양 일원에 불교를 확산시키는 한편 고구려식 통치체계를 확립하려는 중앙정부의 의도, 광개토왕 시대 고구려의 관리로 남포 지역에 내려온 무덤 주인 진의 불교 신앙과 승선적·계세적(繼世的) 내세관, 한계 문화에 대한 애착, 남포 지역에 존재하던 다양한 문화색이 어우러지는 과정이자 결과이다.

2부

중기, 넓은 세상과 다양한 세계

중기 고구려 벽화고분의 특징

평양은 고구려의 서울이 되기 이전부터 국가 차원의 개발이 진행된 도시이다. 광개토왕 시대에 평양에는 새로운 불교 사원들이 창건되었고 서역(西域)이나 중국에서 온 승려들이 이곳에서 불교 신앙에 대해 가르쳤다. 혼란스런 북중국에서 피난 오거나 망명해온 한인이나 호족, 고구려의 대외 정복 전쟁을 통해 확장된 영토의 백성들이 평양에 들어와 살게 되면서 평양은 다양한 문화가 섞이는 곳이 되었다. 불교는 출신지와 종족 계통이 다른 사람들을 하나로 묶는 신앙 체계가 되었고, 이들에게 문화적 자양분을 제공하였다. 그런 흐름이 있는 도시 평양이 고구려의 새 서울이 된 것이다.

천도 이후, 평양 일원에는 다수의 벽화고분이 축조되었다. 돌방무덤이 새로운 무덤 양식으로 자리 잡은 안악 지역이나 대동강 하구 남포 지역에도 벽화고분이 다수 만들어졌다. 400년 가까이 고구려의 서울로 번영을 누렸던 국내성, 첫 수도 졸본(卒本)에도 벽화 제작이 가능한 돌방무덤이 잇달아 축조되었다.

평양과 국내성을 중심으로 불교 신앙이 유행하고 불교문화가 고구려 사회에서 새롭고 중요한 흐름의 한 줄기가 되자 고분벽화에도 그 영향이 미치게 되었다. 불교적 깨달음, 불교의 낙원을 상징하는 연꽃이 벽화의 주요한 제재로 자리 잡았다. 불교문화의 일부로 서역에서 전해진 우주역사(宇宙力士)*에 대한 관념 등도 벽화의 새로운 제재로 받아들여졌다.

전성기 고구려에서 불교 신앙은 새롭고 강력한 종교적, 문화적 흐름이 되었다. 그럼에도 불구하고 전통적인 종교 신앙 역시 주요한 줄기의 하나로 남았다. 이런 사실은 벽화고분의 벽화 구성에서도 확인된다. 생활 풍속 장면들은 전성기 고분벽화에서도 제재로서의 비중이 높다. 5세기 중엽과 후반 축조된 평양, 안악, 집안 지역 벽화고분 가운데에는 사신도의 비중이 높아진 사례도 발견된다. 이는 이 시기 고구려인에게 음양오행론에 바탕을 둔 관념 체계도 적지 않은 영향과 비중을 지니게 되었음을 의미한다.

5세기 중후반의 고분벽화는 이 시기의 고구려에 현실보다 더 나은, 그러면서도 현실과 질서 및 체계의 차이가 거의 없는 내세를 꿈꾸는 사람이 있는가 하면, 불사의 신선 세계에서의 새로운 삶을 구하는 사람도 있었음을 알게 해준다. 고분벽화는 또한 현실과는 완전히 다른 새로운 세계, 곧 불교의 여래(如來)*가 주관하는 정토를 새 삶터로 삼으려고 애쓰던 사람이 있었고, 청룡(靑龍),▲ 백호(白虎),◆ 주작(朱雀),♣ 현무(玄武)♠라는 사신(四神)에 의해 보호되는 하늘 세계에서 내세 삶을 누리고 싶어 하던 사람도 있었음을 후세 사람들에게 알게 한다. 전성기의 고구려 사회는 다양한 색채의 내세관이 공존하던 곳이었다. 중기 벽화고분의 벽화가 여러 갈래의 구성 방식을 보이는 것도 이 때문이다.

• 하늘 세계를 받치는 거인. 그리스신화에 나오는 거인 신 아틀라스(Atlas)에 해당함.
■ 완전한 깨달음을 얻어 윤회의 세계에서 자유로운 존재.
▲ 해가 지나는 하늘 동쪽의 일곱 개 별자리를 형상화한 동방의 수호신.
◆ 해가 지나는 하늘 서쪽의 일곱 개 별자리를 형상화한 서방의 수호신.
♣ 해가 지나는 하늘 남쪽의 일곱 개 별자리를 형상화한 남방의 수호신.
♠ 해가 지나는 하늘 북쪽의 일곱 개 별자리를 형상화한 북방의 수호신.

안악 2호분

개요

안악2호분은 1949년 4월 발견되어 5월 19일부터 발굴 조사가 이루어졌다. 그러나 1차 조사 자료는 한국전쟁 기간에 원고 일부 외에는 대부분 없어졌다. 1957년 5월, 과학원 고고학및민속학연구소 자료편찬실은 유적 재조사를 통해 무덤의 도판 자료를 다시 만들고 원고도 일부 새로 썼다.[1] 발굴 조사 당시 안악2호분은 마을 사람들에 의해 '함박뫼'로 불렸다. 발굴을 통해 도굴자들이 널길 입구를 막은 판석 상부를 깨고, 널방 입구 돌문을 완전히 파괴하면서 무덤 안으로 들어갔음을 알게 되었다.

널길 안에서 관못 30여 개와 각종 토기의 파편, 썩은 관재 조각이 여러 점 수습되었다. 널방 안에서는 아무런 유물도 발견되지 않았고, 돌로 만든 관대만 발견되었다. 도굴자들이 널방 안의 유물들과 함께 관을 들어내 널길에 놓고 관을 해체한 뒤 껴묻은 다른 물건들도 훔쳐갔던 까닭이다. 널길에서 수습된 유물 가운데 일부는 한국전쟁 시기에 분실되었다.

안악2호분은 안악1호분 북쪽 약 400미터 지점의 나직한 언덕 위에 자리 잡았다. 자연 구릉의 남쪽 일부를 파내고 무덤 칸을 쌓았으며 널길은 남쪽으로 냈다.^{그림1~2} 이런 까닭으로 널길 바닥은 지표면과 거의 일치하나 널방 바닥은 지표면보다 아래에 만들어졌다. 무덤 방향은 서쪽으로 약 5도 정도 기운 남향이며, 널길은 널방 남벽 동쪽으로 치우쳐 설치되었다.

안악2호분은 화강암과 석회암을 무덤 축조 재료로 사용한 외방무덤이다. 널방 동벽에 작은 감이 덧붙여졌으며 서벽에는 잘 다듬은 화강암 판석으로 만든 돌관대가 벽에 붙여 놓았다. 널방의 벽과 천장부를 돌로 쌓아올린 뒤 6~10센티미터 두께로 석회를 발랐으며 그 위에 그림을 그렸다. 널방 바닥 역시 전부 석회를 다져 덮었다. 천장 구조는 2단의 평행고임 위에 3단의 삼각고임을 얹은 평행삼각고임이다. 널방 네 벽과 천장고임이 상하좌우로 완만한 곡선을 이루며 올라가도록 축조되었다. 조사 당시의 봉토 둘레는 약 95미터, 북쪽은 높이가 약 3.5미터, 남쪽은 높이가 약 5미터였다. 널길의 길이는 2.23미터, 입구 너비는 1.6미터, 입구 높이는 1.7미터이다. 널방 입구 문 너비는 1.35미터·문 높이는 1.55미터이고, 널방 바닥 동벽 길이는 3.44미터, 서벽 길이는 3.47미터, 남벽 길이는 3.41미터, 북벽 길이는 3.42미터이다. 벽 높이는 2.77미터, 바닥부터 천장 높이는 3.77미터이다. 널방 안에 설치된 감의 너비는 0.65미터, 높이는 0.34미터, 깊이는 0.435미터이며, 널방 바닥에서 감의 턱까지의 높이는 0.42미터, 널방 동벽 남단에서 감의 남단까지의 거리는 0.62미터이다.

안악2호분 널길 양 벽, 널방 네 벽과 천장은 벽화로 장식되었다.[2] 회벽 위에 그려진 벽화의 주제는 생활 풍속이다. 송연묵 외에 다양한 광물성염료를 사용하여 흑색, 주색, 청색, 녹색, 황색, 백색으로 벽화를 채색하였으며 주색 계통도 적색, 주색, 홍색, 자색이 한눈에 확인 가능할 정도로 색을 나누어 썼다. 벽화 작업에 참여한 화공들은 채색 농담(濃淡)의 변화에도 능숙하

그림1

그림1 　안악2호분 외경.
그림2 　안악2호분 실측도.

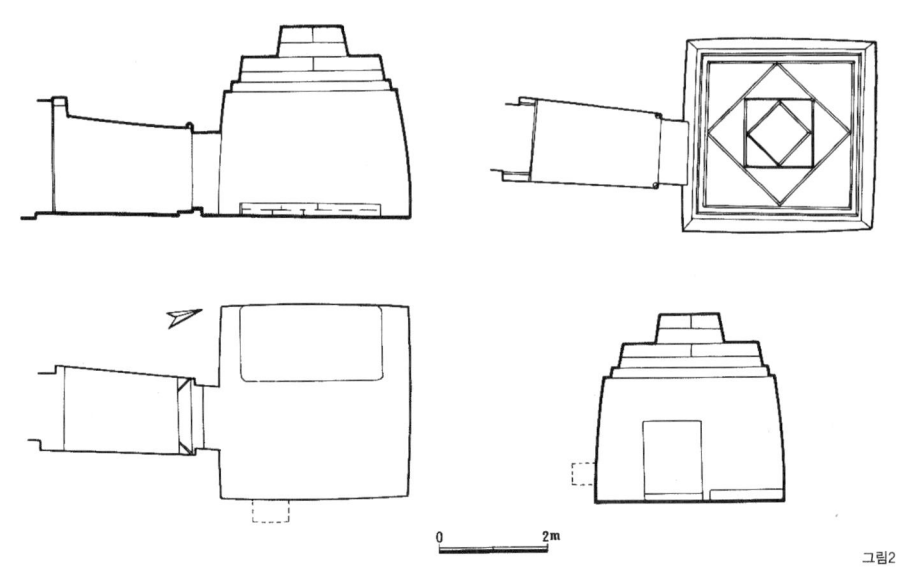

0　　　　2m

그림2

며 필선의 구사도 자유롭다. 주선(朱線)으로 대상의 외양을 그리고 채색하
거나 같은 방식을 적용한 다음, 가는 묵선(墨線)으로 형상을 더 뚜렷이 나타
내는 기법을 적용한 부분도 있고 강한 묵선 위주의 기법으로 대상을 나타낸
부분도 있다. 윤곽을 넣지 않고 채색만으로 마무리한 부분도 보인다.

널방 벽 모서리, 벽과 천장부의 경계에는 목조 가옥의 기둥과 두공, 도
리를 그리고 천장부에는 위로 올라가면서 동자주, 도리, 소로를 잇달아 장식
하여 널방 안이 목조 가옥의 내부처럼 보이게 하였다.[그림3] 특히 눈길을 끄는
것은 기둥과 두공, 도리 안에 변형 운문, 연엽당초문, 삼각 띠무늬 등등의
각종 장식문을 그려 넣어 무덤 안을 화려하고 아름다운 공간으로 재탄생시
켰다는 점이다.

널길 좌우의 동벽과 서벽에는 남에서 북으로 나란히 줄지어 선 창병의
행렬과 수문장에 해당하는 무인 한 사람씩을 그렸다.[그림4] 널방 남벽의 좌우,
곧 널방 문에 의해 동서로 나뉜 두 벽에는 갑주로 몸을 가리고 손에 무기를
든 문지기 장수를 1인씩 묘사하였다.[그림5] 문 위의 띠벽에는 허공을 나는 2인
의 비천을 그렸다. 남벽의 서측 벽 무사는 눈을 부릅뜨고 이를 악물었다. 험
한 표정의 이 무사는 오른손으로 둥근 고리 큰 칼을 높이 치켜들어 함부로
무덤 안에 들어오는 자를 내려치려는 듯한 자세이다. 남벽 동측 벽 무사는

그림4

그림3 안악2호분 널방 모서리 벽화.
그림4 안악2호분 널길 동벽 벽화 모
사선화.

그림3

그림5 안악2호분 널방 남벽 벽화 모
사선화.
그림6 안악2호분 널방 남벽 동쪽 벽
화 문지기.

그림5

오른손으로 긴 창을 세워 잡은 채 널방 문쪽의 동향에 주의를 기울이는 기색
이다.^{그림6} 격렬한 몸짓과 험한 얼굴의 맞은편 무사는 달리 자세가 정적이고
표정도 차분하지만 나름의 긴장과 진지함을 유지하고 있다. 두 무사가 머리
에 쓴 투구는 운두(雲頭, 키)가 높고 꼭대기에 깃털 장식이 있으며 차양이 둘
린 종류이다. 갑옷은 쇠미늘로 엮은 것으로 목을 보호할 수 있게 깃을 높였
다. 깃이 마주치는 곳에 끝이 방울처럼 된 세 개의 삼각형 장식이 있다.

　　널방 동벽 북측 벽화는 완전히 박락되고 남측 벽화의 일부만 남아 있
다.^{그림7} 일제강점기 운모 채광 시굴 작업을 이유로 고분 봉토 동쪽 북면을 굴
착한 뒤 방치한 까닭에 이곳으로 빗물이 흘러들면서 회벽이 박락된 것으로
추정되고 있다. 벽 상부에 북벽 방향으로 날아가는 2인의 비천, 하부에 3인
의 공양자 상이 남아 있다.^{●그림8} 2인의 비천 가운데 보다 잘 남아 있는 앞의
비천을 보면 머리에 보관을 썼고 어깨에는 영락이 걸쳤으며 손에는 연화반

을 받쳐 들었다. 보관 둘레로 자줏빛 원광이 빛나고 연화반 위와 아래로 연꽃 줄기가 두 가닥씩 뻗어 나와 뒤로 흐른다. 비천의 상체로부터 흘러 나와 나부끼는 긴 천의(天衣) 자락, 하반신의 치마와 가지런히 드러난 맨발, 부드럽게 미소 띤 얼굴, 산화공양을 위해 한 손으로 연꽃잎을 날리는 듯한 모습에서 상당한 수준에 올라 있던 고구려 불교미술의 주소가 잘 드러난다. 아래쪽의 두 공양자 역시 비천처럼 산화공덕을 행하는 중인 듯 손에 연화반을 받쳐 들었다. 연화반에서는 연꽃 줄기가 뻗어 나와 비스듬히 흐르는 듯 묘사되었다.

널방 서벽 벽화는 전돌길을 나타내기 위해 가로로 길게 그은 띠로 화면이 위아래 둘로 나뉘었다.[■] 전돌길 위의 공간에는 여인과 시녀, 시동들로 이루어진 열네 명의 인물 행렬이 그려졌다.[그림9] 아래쪽 그림은 거의 박락되어 화염문류의 장식문 흔적만 일부 남아 있다. 인물 행렬은 가운데 크게 그려진 귀부인을 중심으로 구성되었다. 귀부인은 털모자처럼 보이는 모자를 머리에 쓰고 긴 주름치마 위에 검은빛 두루마기를 걸치고 두 손은 가지런히 모아 공수의 자세를 취한 채 북쪽을 향해 걷고 있다. 그 뒤로 시녀와 아이들 5인이 두 무리를 이루어 부인을 뒤따르며 모자를 쓴 네 명의 귀부인들이 그 뒤를 잇고 있다.[그림10]

귀부인의 앞에서 한 시녀가 이들을 맞고 있다. 귀부인 일행과 약간 떨어진 북측 끝 가까운 곳에 화려한 머리 장식과 넓은 소매 저고리, 긴치마와 앞치마가 눈에 띄는 세 여인이 나란히 선 채 10인의 행렬을 맞고 있다. 5인의 시녀와 아이들 가운데 뒤의 무리 2인은 시녀로 보인다. 바지 위에 치마를

● (122쪽) 채병서, 『안악 제1호분 및 제2호분 발굴보고』, 1958(과학원 고고학및민속학연구소, 『유적발굴 보고』 IV), 과학원출판사에서는 공양자 2인으로 보고하였으나, 해당 부분 사진 도면에는 벽화가 흐려진 부분에서 희미하게나마 1인의 공양자가 더 확인된다. 조선유적유물도감편찬위원회 편, 『조선유적유물도감』 5(고구려 편 3), 외국문종합출판사, 1990 수록 모사선화와 사진 도면에서도 이를 확인할 수 있다.
■ 채병서, 『안악 제1호분 및 제2호분 발굴보고』, 1958(과학원 고고학및민속학연구소, 『유적발굴 보고』 IV), 과학원출판사에서는 공간 구분을 위한 두터운 선 정도로 언급하고 있으나 수산리벽화분, 용강대묘, 삼실총 등 5세기 중엽 전후 제작된 고분벽화에 등장하는 공간 구분선은 대개의 경우 장식문 띠처럼 표현된 전돌길이다. 고구려 고분벽화의 전돌길에 대해서는 전호태, 『고구려 고분벽화 읽기』, 서울대학교출판부, 2008 참조.

덧입고 그 위에 황색 바탕에 붉은 점무늬가 장식된 두루마기를 걸쳤다. 앞무리를 이루는 아이들 셋 가운데 앞의 2인은 붉은 점무늬 저고리와 검은 점무늬 바지를 입었고 뒤의 여자아이는 바지와 주름치마, 붉은 점무늬 두루마기를 걸쳤다. 두 번째 남자아이가 고개를 돌려 뒤를 돌아보며 누나로 보이는 여자아이와 이야기를 나누며 걷는 듯 보인다. 행렬의 분위기를 나타내려는 화가의 재치 있는 처리가 돋보인다.

널방 북벽 한가운데에는 주인공 부부가 자리 잡은 장방을 그렸다.^{그림11} 그러나 장방 안 평상 위에 정면을 향해 나란히 앉아 있어야 할 귀족 부부 가운데 동쪽의 무덤 주인은 모습이 남아 있지 않다. 장방 좌우의 공간은 동벽과 서벽의 경우와 같이 위아래를 나누는 선과 띠에 의해 화면이 둘로 나뉘었다. 장방 서측 띠 위와 아래의 공간에는 서벽의 귀부인과 시녀 행렬을 연상시키는 인물 행렬이 묘사되었고 동측에는 동벽 공양자들과 같은 복장의 인물들이 그려졌다.^{그림12} 위와 아래 두 줄을 이룬 14인의 여인 행렬 가운데 아랫줄의 인물들은 희미한 흔적만 남아 있고 윗줄의 6인만 모습이 뚜렷하다. 장방을 향해 나란히 선 여섯 명의 여인은 주름치마에 황색 두루마기를 덧입고 두 손은 앞에서 모아 손목을 쥔 공수 자세이다. 두루마기의 허리께에 맨 남색 허리띠가 눈에 띈다. 옷차림새와 인물상의 크기, 자세 등으로 보아 여섯 명의 여인은 시녀인 듯하다. 동벽의 공양자 4인 가운데 제일 앞의 인물은 형체의 일부만 남았다. 공양자들은 머리에 검은 책을 썼으며 소매가 넓고 품이 여유가 있는 두루마기를 걸쳤다. 모두 두 손을 올려 앞에 모은 공손한 자세이다.

장방은 북벽 가운데 커다랗게 그렸다. 누런 바탕에 먹선과 붉은 선으로 화살 깃무늬를 넣은 기둥을 세운 다음 여러 단의 기둥머리를 역계단식으로 더하고 그 위의 모서리에 세로로 자른 세모꼴 화염문, 그 곁에 세모꼴 화염문을 넣어 좌우 두 개의 기둥 부분을 완성하였다. 장방 덮개의 가운데에 커다란 화염문을 넣고 아래의 가로대 부분에는 여러 개의 화염문을 더하였다.

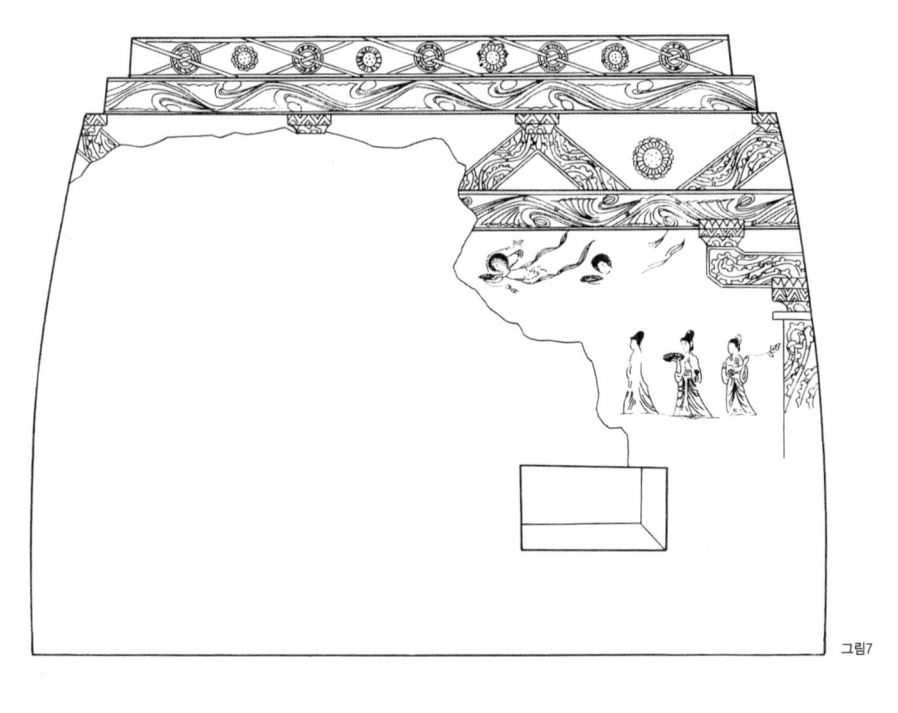

그림7

그림8

그림7 안악2호분 널방 동벽 벽화 모사선화.   그림8 안악2호분 널방 동벽 벽화 부분 공양 행렬.

그림9

그림10

그림9　안악2호분 널방 서벽 벽화 모사선화.　　　그림10　안악2호분 널방 서벽 남쪽 상부 벽화 행렬.

그림11 인야13호묘 묘실 북벽 벽화의 모사도.　　　그림12 인야13호묘 묘실 북벽 벽화 부분 사진.

그림12

그림11

그림13 **안악2호분 널방 천장고임 북측 벽화.**

유막(帷幕)을 위로 걷어 올린 장방 내부는 양식화한 화염문을 벽지무늬처럼 상하좌우로 가득 채워 넣었다. 무덤 주인 부부는 화려하게 장식된 평상 위에 신상처럼 정면을 향해 앉았는데 남자 주인의 모습은 박락되었다. 북벽 하부 벽화 역시 전혀 남아 있지 않다.

널방 천장고임은 목조 가옥의 부재인 동자주와 소로, 도리 등으로 공간이 나뉘었고, 부재의 내부와 나뉜 공간들은 여러 종류의 화려한 무늬로 장식되었다. 벽 최상단 천장고임 경계 바로 아래 그려진 도리 위 '人'자형 동자주사이 역삼각형 공간에는 활짝 핀 연꽃이 한 송이씩 배치되어 그 위 공간에서 어떤 분위기가 펼쳐질지 예고한다.^{그림13} 평행고임 1층은 반규문으로 채워진 북측 이외 나머지 세 면은 연엽당초문으로 장식되었다. 평행고임 2층은 능형 격자로 퀜 보륜과 사이사이 공간의 연꽃문으로 장식되었다. 그 위의 삼각고임 각층은 밑면과 측면이 모두 장식되었다. 삼각고임 각층의 측면은 위아래 둘로 나눈 뒤 아래에 도리, 위의 한가운데에 소로를 그려 목조건축의 천

장부 높은 곳을 쳐다보는 느낌이 들게
하였다. 삼각석 밑면의 세모꼴 경계에
도 넓은 띠를 넣어 도리의 아랫부분을
보는 듯 느껴지게 하였다. 도리 측면에
연엽당초문을 넣었을 경우 아랫면에는
조운문의 일종인 돌기 달린 운문을 넣
는 식으로 변화를 주되 두 개의 삼각석
이 한 조를 이루게 하였다. 결과적으로
천장고임 각층의 장식문도 정교한 고
분 건축설계의 일부였다고 하겠다.

그림14 **안악2호분 널방 천장 벽화.**

　삼각고임 제1층 밑면에는 가운데 활짝 핀 세 겹 꽃잎 연꽃문을 평면도
로 커다랗게 넣고 세 모서리에 꽃줄기의 일부가 달린 반쯤 핀 연꽃을 측면도
로 한 송이씩 배치하였다. 삼각고임 제2층 밑면에는 가운데 활짝 핀 단엽 연
꽃문을 평면도로 그리고 역시 모서리마다 반쯤 편 연꽃을 측면도로 묘사하
였다. 삼각고임 제3층 밑면에는 가운데 커다랗게 이중고리띠무늬 형상의 보
륜만 넣어 이제까지의 연꽃문 중심 배치에 변화를 주고 있다. 커다란 천장
석 한가운데에는 삼각고임 제1층 밑면에서 보였던 것과 같은 활짝 핀 대형
연꽃을 그렸는데, 꽃잎이 네 겹이며 씨방의 씨도 일일이 표현하였다. 천장석
네 모서리에는 반쯤 핀 연꽃 송이를 측면도로 배치하였다. 꽃줄기는 생략하
였다. 전체적으로 안악2호분 널방 천장은 활짝 핀 연꽃에 초점을 둔 연꽃의
세계라고 할 수 있다.^{그림14}

무덤 구조와 벽화 제재의 분석

1949년 안악에서 발견되어 조사된 3기의 벽화고분 가운데 357년 묵서 묘지명이 있는 안악3호분은 축조 재료가 석회암이다. 손도끼로 재목을 다듬어내는 것과 같은 방식으로 천장 고임석 면이 다듬어졌으며, 고임석 사이나 모서리 아귀가 정확히 들어맞지 않는 부분만 백회로 메웠다. 무덤 칸의 벽과 천장을 돌벽인 채로 두고 그 위를 벽화로 장식하였다.* 이와 달리 안악1호분과 안악2호분은 석회암과 화강암을 축조 재료로 쓰고 무덤 칸의 벽과 천장석 벽면에 석회를 바른 뒤 그 위에 그림을 그렸다. 안악1호분이 4세기 말 축조되었음을 감안하면 사실상 한 고분군에 속하는 3기의 무덤에서 시기에 따른 무덤 축조 재료 및 벽화 제작 기법상의 변화가 나타난 셈이다.

안악3호분 축조에 사용된 석회암은 중국 한대에 산동과 서주 일대에서 화상석묘의 재료로 널리 사용되었다. 산동 서부의 태산산맥(泰山山脈, 타이산 산맥) 일대에서 채취 가능한 석재이다. 지역에 널리 분포하는 암석을 무덤 축조 재료로 사용한 경우이다. 석회암 지대는 안악 일대에서도 찾을 수있으나 이 지역에서 보다 쉽게 채취할 수 있는 암석은 화강암이다. 그럼에도 안악3호분 축조에는 석회암이 기본 재료로 사용되었다. 다른 논고에서 언급하였듯이 안악3호분은 석재의 선택뿐만 아니라 다듬는 기법까지 중국의 후한 시대에 축조된 산동 기남한묘와 크게 다르지 않다.³ 후한 산동 화상석묘 조성과 관련된 경험이 안악3호분 축조에 적용되었음을 짐작할 수 있다.

안악3호분과 달리 안악1호분과 안악2호분 축조에는 석회암과 화강암이 모두 사용되었다. 화강암이 무덤 축조 재료에 더해진 셈인데, 이는 축조 재료의 토착화 과정을 보여주는 사례이다. 지역에서 보다 쉽게 구할 수 있는 석재가 축조 재료에 포함되는 데에서 미루어 짐작할 수 있듯이 안악 지역에서도 흙무지돌방무덤이라는 새로운 형식의 무덤 축조 방식이 수용된 뒤 서

• 안악3호분의 축조 재료 및 벽화 기법에 대해서는 전호태, 「고구려 안악3호분 재론」,
『한국고대사연구』 44, 한국역사연구회, 2006 참조.

서히 지역 나름의 고분 문화가 성립되기 시작한 것으로 보인다. 안악2호분보다 늦은 시기의 유적인 평정리1호분 축조 재료는 화강암이다.

3기의 벽화고분 가운데 가장 시기가 이른 안악3호분은 앞방에 두 개의 곁방이 달리고 회랑까지 덧붙은 여러방무덤이다. 이와 달리 안악1호분은 순수한 외방무덤이며, 안악2호분은 퇴화 단계의 감이 덧붙어 있는 외방무덤이다. 안악3호분과 다른 두 벽화고분을 비교할 때 구조상 공통점은 천장 짜임을 평행삼각고임으로 올렸다는 것뿐이다. 결국 안악1호분 축조 단계에 안악3호분의 평면구조는 수용되지 않았고 천장 짜임 방식은 승계된 셈이다. 구조상 안악1호분의 축조 방식은 보다 늦은 시기의 안악2호분에 대부분 적용되었다. 다만, 안악2호분의 경우 널방 네 벽과 천장고임이 상하좌우로 완만한 곡선을 이루며 올라가도록 축조된 점이 안악1호분과 다르다.• 토목공학적인 측면에서 시기가 내려오면서 천장과 벽체의 하중을 효과적으로 분산시키는 쌓기 기술이 상당한 수준에 올라섰고 현장 작업에도 적용되었음을 알게 하는 부분이다.

의장 행렬이나 기마 행렬 중심으로 널길 벽화를 구성한 사례는 4~5세기 전반까지의 평양 및 안악 지역 생활 풍속 계열 고분벽화에서 비교적 쉽게 찾아볼 수 있다. 안악2호분 널길 벽화의 창을 세워 든 무인 행렬도 이러한 일반적인 흐름과 닿아 있는 경우이다. 눈길을 끄는 것은 실물대에 가깝게 크게 그려진 두 사람의 갑주무사(甲胄武士)이다. 두 갑주무사는 널방 남벽에 묘사된 갑주무사들과 같은 차림새인데, 5세기 전반까지 평양과 안악 지역 고분벽화에는 보이지 않던 존재이다. 이들은 벽화 구성과 관련한 새로운 흐름을 반영하는 벽화 제재라 할 수 있다.

• 발굴보고서인 채병서, 『안악 제1호분 및 제2호분 발굴보고』, 1958(과학원 고고학및민속학연구소, 『유적발굴 보고』 Ⅳ)에 따르면 안악2호분은 널방 평면도상 완곡도가 동벽 3.5센티미터, 서벽 6.5센티미터, 남벽 서쪽 3.5센티미터, 남벽 동쪽 1.5센티미터, 북벽 7센티미터이며, 단면도상 완곡도는 동벽, 서벽, 남벽이 각각 18센티미터, 북벽이 20센티미터이다. 반면에 안악1호분 널방에 대해서는 널방 벽선에 "약간의 완곡이 지워졌다"는 정도의 언급이 있을 뿐이다. 발표된 무덤 칸의 평면도와 입면도로 보아 안악2호분 널방 벽선과 비교하면 안악1호분 널방 벽선의 완곡도는 대단히 낮아 뚜렷이 느껴지지는 않을 정도이다.

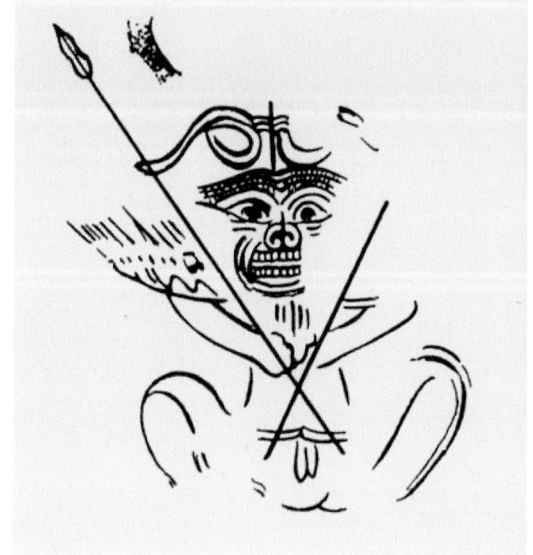

그림15
그림16

그림15 **덕흥리벽화분 널길 서벽 벽화 모사선화 문지기.**
그림16 **안악2호분 널방 남벽 서쪽 벽화 문지기.**

널길 벽화 제재의 구성과 관련하여 주목되는 변화의 첫 사례는 408년 기년묘지명(紀年墓誌銘)이 있는 덕흥리벽화분이다. 덕흥리벽화분 널길 양 벽에는 다른 제재들과 구별되는 크기로 괴물 수문장이 묘사되었다.^{그림15} 사람 모습의 이 괴수는 눈을 부릅뜨고 입을 크게 벌려 소리 지르면서 두 손에 잡은 창 두 자루를 배 앞에서 'X'자로 교차시킨 채 엉거주춤한 자세로 정면을 향해 서 있다. 머리 위쪽의 묵서명을 읽지 않더라도 무덤 안으로 더 이상 들어오지 말라고 경고하고 있음을 알 수 있다.

덕흥리벽화분 외에 5세기 전후 다른 벽화고분의 널길 벽화에 괴물 수문장은 등장하지 않는다. 5세기 중엽을 전후하여 평양·안악 일대와 집안 지역 벽화고분의 널길 벽이나 널방 앞 벽에 해당하는 남벽, 서벽의 널방 문 좌·우 벽에서 실물 크기의 수문장이나 역사, 수문괴수 등이 모습을 드러낸다.[4] 안악2호분 널길 벽의 두 갑주무사도 이와 같은 흐름과 닿아 있는 존재라고 하

겠다.^{그림16}

널방 남벽의 동쪽 벽과 서쪽 벽에 등장하는 두 사람의 문지기 장수는 표정이나 자세, 크기, 무장 상태 등에서 널길 동벽과 서벽의 문지기 장수들과 같다. 널길과 이어지는 널방 문의 위치가 서쪽으로 치우쳐 좌·우벽 화면의 크기가 달라지는 바람에 갑주무사의 크기가 서로 다르게 되었을 뿐이다. 오히려 벽화가 잘 남아 있는 남벽 갑주무사들의 무장 상태와 자세를 통해 널길 좌·우벽 무사들의 갑주 형태와 무기의 종류, 자세 등을 역추적할 수 있다. 널방 남벽의 사례로 보아 널길 좌·우벽의 두 무사도 각각 창을 세워 들고 아래로 비껴 찬 둥근 고리 큰 칼을 칼집에서 막 뽑으려는 자세를 취하고 있었을 가능성이 높다.

널방 남벽 벽화에서 정작 주목되는 것은 문틀 위의 가로로 펼쳐진 공간에 그려진 2인의 비천이다.^{그림17} 손에 연화반을 받쳐 들고 몸을 비스듬히 세운 자세로 하늘을 나는 두 비천은 얼굴을 동쪽으로 향하고 있다. 벽화 구성상 두 비천이 동벽 상부의 두 비천과 이어지는 존재임을 짐작할 수 있다. 5세기 중엽 전후의 평양·안악 지역 고분벽화에 비천이 그려진 사례는 안악 2호분이 유일하다.

고분벽화에 처음 등장함에도 불구하고 비천을 그리는 필선이 세련되며 비천이 자아내는 분위기가 자연스럽고 우아한 것은 화공이 비천의 이미지에 익숙하고 비천을 그린 경험을 쌓은 상태였기 때문일 것이다. 고구려에서 고국양왕이 불교를 국교로 지정하고 "불교를 믿어 복 받으라"는 왕명을 내린 지 이미 반세기 이상 흘렀음을 고려하면 충분히 가능한 일이다.⁵ 광개토왕의 명령으로 5세기 초 평양 지역에 아홉 개의 사원이 건축되었다면 이때부터 사원 장엄(莊嚴)의 경험이 지속적으로 쌓였을 것임은 되물을 필요도 없다고 하겠다.⁶

5세기 고분벽화에 비천이 등장하는 다른 사례는 집안의 장천1호분 벽화

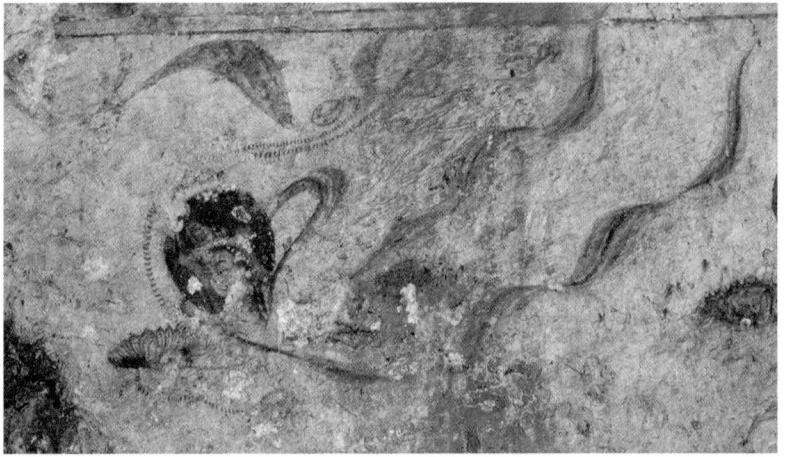

그림17

그림18

를 들 수 있다. 두방무덤인 장천1호분의 축조 시기는 5세기 중엽 전후로 추정된다. 이 고분의 앞방 천장고임 벽화에 여러 명의 비천이 묘사되었다.^{그림18} 앞방 천장고임 동쪽 하단에 그려진 예불(禮佛) 장면의 일부로 모습을 드러내는 비천들도 상체를 거의 드러내고 천의를 날리며 하늘을 나는 상태이다. 하지만 안악2호분 벽화의 비천처럼 세련되게 묘사되지는 않았다.⁷ 안악2호분의 비천이 비교적 받침이 넓은 연화반을 받쳐 든 것과 달리 장천1호분의 비천은 여래를 찬양하며 공덕을 쌓는 자세이며 어린아이와 같은 분위기를

그림19
그림20

그림21

그림19 송죽리벽화분 벽화 마부.
그림20 안악2호분 널방 동벽 벽화 공양자.
그림21 안악2호분 널방 서벽 북쪽 벽화 마중 나온 세 여인.
그림22 감신총 앞방 벽화 여인.

그림22

보다 강하게 드러낸다. 비천을 그린 필선도 약간 뻣뻣하고 강세의 변화도 거의 없다. 이런 대비를 통해서도 안악2호분의 비천은 불교 비천 묘사의 충분한 경험, 산화공양하는 비천에 대한 익숙한 인식이 전제된 상태에서 그려진 사례라 할 수 있다.

널방 동벽 상부의 비천들은 아래쪽의 공양 인물 행렬과 함께 널방 내부에 강한 불교적 분위기를 불러일으키는 존재이다. 널방 남벽의 비천들보다 훨씬 세련된 필선으로 묘사된 두 비천은 화공의 대상 형상화 능력이 이미 완숙한 단계에 이르렀음을 알게 한다. 화면 속 비천들은 같은 시기 중국 남북조 불교미술에 등장하는 비천들보다 세련미에서 오히려 앞섰다고도 볼 수 있을 정도로 자세와 표정이 자연스럽다. 비천의 얼굴에서 풍기는 온화함은 안악2호분 벽화보다 이른 시기에 제작된 송죽리벽화분의 마부를 연상시킨다.●그림19 5세기 전반의 늦은 시기에 안악 지역 일부 화공들은 안악2호분 벽화의 비천을 출현시킬 수 있는 정도의 인물 묘사력을 갖추고 있었다고 하겠다. 두 비천의 앞에서도 다른 비천이 날고 있음은 첫 번째 비천의 머리 위로 천의의 끝자락이 표현된 데에서도 확인할 수 있다.

널방 동벽 남측 중간 부분에 행렬을 이룬 채 북쪽을 향해 걷는 공양자들도 복식과 표정에서 불교 의례에 참여하려는 사람들 특유의 종교적인 분위기가 묻어난다.그림20 행렬 두 번째 인물이 손으로 받쳐 든 연화반은 위의 첫 번째 비천이 받쳐 든 것과 크기나 형태, 그릇에 올린 연꽃잎의 형상에서 큰 차이를 보이지 않는다. 그릇에서 뻗어 나와 허공을 흐르는 듯한 연줄기와 봉오리도 같다. 공양자들이 걸친 소매가 넓고 옷자락이 여러 차례 겹치며 주름지고 끝자락이 바닥에 질질 끌릴 정도로 폭이 풍성한 두루마기는 공양 행사를 위한 특별한 복장으로 보아야 할 것이다.

널방 서벽의 인물 행렬은 북벽을 향한 귀부인 중심의 10인과 이들을 맞는 시녀 1인 및 여인 3인으로 구성되었다. 널방 벽화의 구성 방식으로 보아

● 2002년 9월 7~21일에 걸쳐 발굴된 송죽리벽화분은 5세기 전반 축조되었을 것으로 추정되고 있다. 나카지마 기미치카, 「북한 고고학의 최신 성과」, 부산대학교, 2002년 10월 8일 강연 참조.

동벽의 비천 및 공양자들처럼 서벽의 귀부인과 아이들, 시녀들의 행렬도 북벽 가운데 있는 장방을 최종 도달점으로 삼고 있다. 흥미로운 것은 아이들을 동반한 귀부인은 누구이며, 이들을 맞는 세 여인은 누구인지이다. 세 여인은 귀부인이나 아이들과 달리 저고리, 바지 혹은 저고리, 바지에 치마와 두루마기를 더하는 고구려의 일상복 차림이 아니다. 저고리와 치마 차림이나 소매가 넓은 저고리는 맞여밈이며 긴치마 위에 U자 무늬가 들어간 앞치마가 더해졌다.그림21 비슷한 형태의 앞치마는 남포 감신총 벽화의 예복 차림 여인에게서도 발견된다.•그림22 모아 쥔 두 손에는 예식용으로 보이는 천 혹은 수건을 걸쳤다. 머리는 풍성한 올림머리이다. 북쪽을 향해 걸어오는 행렬을 맞는 여인들이라는 점에서 널방 북벽의 장방으로 대표되는 세계에 소속된 이들로 해석된다.

널방 북벽 가운데를 차지하는 장방 안에는 두 사람의 자리가 마련되었다. 하지만 부인의 모습만 보이고 남자 주인의 형상은 남아 있지 않다. 부인의 모습으로 보아 부부 모두 신상처럼 정좌한 상태로 묘사되었을 것이다. 동벽의 비천 및 공양자 행렬, 서벽의 인물 행렬이 북벽 장방 좌우까지 이어진 것으로 보아 이 세상을 떠난 주인 부부는 조상신과 같은 존재로 인식되어 제사와 공양, 의례의 대상이 되었다고 할 수 있다. 문제는 무덤에 묻힌 주인 부부가 널방 벽에 조상신이 된 것처럼 묘사되었으나 실제 어떤 존재로 인식되었느냐이다. 널방 남벽부터 시작된 비천들의 산화공양, 동벽에서 북벽으로 이어지는 공양자 행렬은 불교와 직결되었음이 확실하다. 그럼에도 여인들이 마중하는 서벽의 인물 행렬이 행진이 의미하는 바는 뚜렷이 드러나지 않는다. 천장고임 벽화를 검토한 뒤 이에 대해 살펴보기로 하자.

안악2호분 널방 천장고임과 천장석은 장식문으로만 채워졌다. 평행고임과 삼각고임의 측면이나 밑면 일부를 장식한 연엽당초문은 이 시기 이후 크게 유행하는 불교계 장식문으로 중국 남북조 불교미술의 흐름과 관련이

• 감신총은 서왕모가 등장하는 벽화고분이라는 점에서 안악2호분과 관련하여 주목될 필요가 있다. 감신총 벽화에 대해서는 전호태, 『고구려 고분벽화 연구』, 사계절, 2000 참조.

그림23

깊다. 고구려에서는 5세기 고분벽화 장식문으로 나타나기 시작하는데 안악 2호분 벽화는 이 새로운 흐름을 이끄는 자리에 있다고 할 수 있다. 조운문, 혹은 둥근 돌기가 달린 변형 운문은 오랜 역사적 발전 과정을 거친 것으로 그 조형은 중국 고대미술에서 찾아볼 수 있다.[8] 안악2호분 벽화에서 조운문 의 종류는 누운 'S'자 꼴로도, 세모꼴을 잇달아 엇갈리게 넣어 만들어낸 톱 니무늬꼴로도 표현된다. 널방 벽 상부의 'ㅅ'자 꼴 동자주 안에서는 톱니문 보다는 누운 'S'자 꼴이 더 자주 나타난다.

　　널방 북벽 평행고임 1층을 장식한 반규문은 한쪽 끝이 용머리꼴로 마무 리되는 것이 특징이다. 역시 중국 한대 장식미술에서 쉽게 찾아볼 수 있는 무늬이다. 안악2호분 반규문과 같은 종류의 장식문으로 한대 미술과의 연결 고리가 뚜렷한 것을 안악3호분 앞방 천장고임 벽화에서도 찾아볼 수 있다.[9] 안악3호분 벽화 장식문의 일부가 안악2호분으로도 이어짐을 짐작하게 하는 좋은 사례이다.

　　평행고임 2층의 능형 격자에 꿴 보륜문은 형태상 중국 한대에 유행한 천벽문(穿璧文)에서 비롯되었다고 보아야 할 것이다.[그림23] 천벽문은 옥벽(玉 璧)에 깃들어 있다는 재생성, 불멸성에 기대어 만들어진 장식문이다. 불로 장생(不老長生)과 승선을 추구하던 한대 사람들에게 무척 매력적인 장식이 어서 사후 공간인 무덤 내부 장식에 특히 선호되었다.[10] 천보륜문(穿寶輪文) 이라고 할 수 있는 능형 격자에 꿴 보륜문에도 유사한 관념이 투사되었다고 해석해도 무리는 아니다.[그림24] 삼각고임 3층 삼각석 밑면의 보륜문에도 불교

그림23 중국 섬서성(싼시성) 수덕현 에서 출토한 화상석 천벽문(穿璧文). 그림24 안악2호분 널방 천장고임 벽 화 천보륜문.

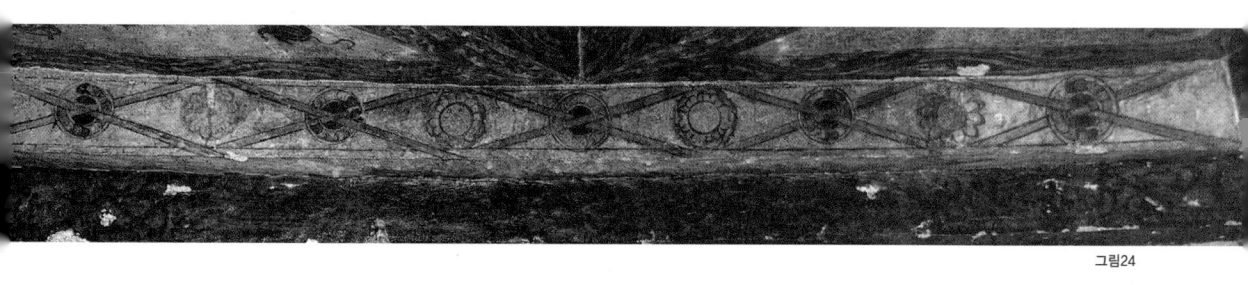

그림24

적 깨달음을 나타내는 상징으로서의 성격과 옥벽문에 담겨 있던 재생과 불사의 관념이 겹쳐 있다고 보아야 하지 않을까?

여러 종류의 장식문이 지닌 상징성과 문화적 계통성도 주요한 의미를 지니지만 안악2호분 널방 천장고임 벽화에서 가장 중시되어야 할 것은 아무래도 연꽃문일 듯하다. 먼저 주목되는 것은 삼각고임 2층 각 삼각석 밑면에 그려진 세 송이의 연꽃과 화염보주(火焰寶珠)이다.^{그림13 참조} '보주(寶珠)'는 용왕의 뇌에서 나왔다고도 하고 마갈어(磨竭魚, Makara)●의 뇌에서 나왔다고도 한다.■ 원하는 모든 것을 낼 수 있을 뿐 아니라 일체의 번뇌와 고통에서 헤어나게 해주는 신통력을 지닌 물건이다.▲ 불교에서 보주는 궁극적인 깨달음을 나타내기도 하고, 깨달은 자의 거처인 정토의 상징으로 쓰이기도 한다. 널방 천장고임 서측 삼각석 밑면을 장식한 보주는 상서롭고 강한 기운의 흐름을 나타내는 화염(火焰)에 둘러싸였다. 보주는 그 안이 셋으로 나뉘었으나 별다른 장식이 더해지지는 않았다. 다른 세 방향 삼각석 밑면의 평면 연꽃들 역시 둥근 연밥 내부가 셋으로 나뉘었다. 그런데 각각의 연밥 내부 공간은 채색되거나 특정한 무늬가 넣어졌으며 농담이나 무늬에 의해 세 공간이 모두 구분되도록 장식되었다. 깨끗한 상태인 화염보주의 구획된 공간들과 대비된다. 이들 사이에 의미를 부여할 수 있는 어떤 함수관계가 성립하

● 불경에 소개된 거대한 물고기.
■ 「問曰 摩尼寶珠於玻璃金銀車栗瑪瑙琉璃珊瑚琥珀金剛等中 是何等寶 答曰 有人言 此寶珠出於龍王腦中〔묻기를 마니보주(摩尼寶珠)는 파리(玻璃), 금은, 자거(車栗), 마노(瑪瑙), 유리(琉璃), 산호(珊瑚), 호박(琥珀)과 금강(金剛) 가운데에서 어떤 보배에 해당하는가 하니, 답하되 어떤 이가 이르기를 이 보주(寶珠)는 용왕의 뇌에서 나온 것이다.」, 『대지도론』大智度論 권59(『대정신수대장경』大正新修大藏經 권25, 478항); "…汝識珠名字不 知珠生出處不 知珠力耐不 答言 不知 不言 此珠磨竭大魚腦中出 魚身長二十八萬里 此珠名曰金剛堅也〔그대는 이 구슬 이름을 아는가 모르는가, 이 구슬이 난 곳을 아는가 모르는가, 이 구슬의 능력을 아는가 모르는가? 답하기를, 모릅니다 하니, 이 구슬은 마갈(磨竭)이라는 큰 물고기의 뇌수에서 나왔는데, 그 물고기의 몸 길이는 28만 리다. 구슬 이름은 금강견이다.」, 『잡보장경』雜寶藏經 권7(『대정신수대장경』권25, 480항).
▲ "…無有定色淸徹輕妙 四天下物悉悉照現 如意珠義如先說 是寶常能出一切寶物 衣服飮食隨意所欲盡能與之 亦能除諸衰腦病苦等〔…일정한 형상이 없으며, 맑고 사무치고 가볍고 묘하여서 사천하(四天下)의 물건들이 모두 다 환히 나타난다. 여의주(如意珠)라는 뜻은 앞에서 말한 것과 같다. 항상 온갖 보물과 의복과 음식 등을 바라는 대로 모두 다 주며 또한 모든 쇠뇌(衰腦)와 병고(病苦)를 없애준다.」, 『대지도론』 권59(『대정신수대장경』 권25, 478항).

는지는 확실치 않다.

천장석 중심부의 화려한 평면연꽃을 포함하여 삼각고임의 연꽃들, 널방 벽 상부 동자주들 사이의 연꽃까지 안악2호분 널방 벽 상부부터 천장고임, 천장석에 이르는 공간은 말 그대로 연꽃의 세계이다. 널방 벽의 비천과 공양자들이 산화공양을 위해 손에 받쳐 든 연화반까지 고려하면 널방 벽화에서 제재로서의 연꽃이 지니는 비중은 압도적이라고 할 수 있다.

불교에서 연꽃이 깨달음, 정토, 여래를 의미하고 상징한다는 사실을 감안하면 안악2호분 널방 내부는 연화장세계(蓮華藏世界)*를 나타낼 수도 있고, 무덤 주인 부부가 꿈꾸던 내세의 불교적 낙원일 수도 있다. 여전히 남는 문제는 널방 북벽 장방 안의 주인 부부가 고구려의 전통적인 계세적 내세관이나 승선관(昇仙觀)과 관련지을 수 있는 신상형 정좌 자세를 취하고 있으며, 널방 서벽 귀부인과 아이, 시녀들의 행렬이 불교 의례와 관련되지 않은 것으로 보이는 여인들의 마중을 받는다는 사실이다. 이들의 행렬과 마중하는 자들이 담아내는 사고와 인식이 불교와는 구분되는 신앙, 관념과 관련되었을 가능성도 배제할 수 없기 때문이다. 이 시기의 지역 문화 및 사회 상황을 살펴보면서 이에 대한 사고를 정리해보는 것도 의문에 대한 답을 얻는 방법의 하나일 수 있을 듯하다.

5세기 고구려의 지역 문화와 안악2호분

안악고분군이 자리 잡은 안악 일대는 후한 말 요동을 장악한 공손씨에 의해 대방군이 설치되었던 곳이다. 공손씨의 멸망 이후에도 대방군은 삼국시대의 위(魏)가 관할하였으며 자연스레 조위(曹魏)의 뒤를 이은 진(晉)의 동방 군현 가운데 하나로 남았다. 313년 평양을 중심으로 세력을 유지하던 낙랑군이 고구려의 지배 아래 들어갔다. 뒤이어 대방군이 고구려의 영역에 편입되었다. 314년의 일이다. 요동인 장통을 중심으로 세력을 모아 고구려군에 적극 저항했던 낙랑의 지배 세력은 왕준의 인솔 아래 천여 가(家)가 요동의 새로운 지배자 모용외의 휘하로 들어갔다.[11] 고구려는 낙랑 지역에서 남녀 이천여 구를 포로로 잡아 국내성 지역으로 보냈다.[12] 이로써 낙랑 지역의 기존 사회 문화 질서는 크게 흔들렸고 궁극적으로는 재편될 수밖에 없었다.

314년 대방군에 진입한 고구려군은 낙랑군에서와 같은 지배 세력의 적극적인 저항을 받지 않았다.[13] 이미 낙랑 지역에서 군사적 저항이 시도되었으나 아무런 성과를 거두지 못하였고 오히려 그 후유증으로 낙랑의 토착 질서가 뿌리째 흔들리는 것을 보았기 때문일 수 있고 대방군 지배 세력의 토착 기반이 상대적으로 약하여 충분한 군사력 동원이 여의치 않았던 까닭일 수도 있으나 군사적 충돌에 대한 기록이 전하지 않는 것으로 보아 고구려의 대방군 접수는 비교적 순조롭게 이루어진 듯하다. 물론 대방 지역에서도 고구려군의 진주로 말미암은 정치·사회질서의 변화가 뒤따르고 이 와중에 적지 않은 유민이 발생했을 것은 불문가지이다. 4세기 초 고구려가 낙랑·대방을 고구려 땅에 편입하는 과정에서 발생한 유민들 가운데 일부가 남쪽의 백제로 흘러들고, 더 멀리는 신라로까지 옮겨 간 사실은 관련 역사 기록을 통해서도 간간이 드러나기 때문이다.[14]

비록 남방으로 영역을 개척하고 확장하는 데에는 성공하였지만 고구려의 주된 관심은 서방의 요동 방면에 있었다. 그러나 4세기 내내 요동과 요서 지역을 둘러싼 정치 환경은 변화가 극심하였다. 이런 까닭에 고구려는 4세기 전반까지 낙랑·대방 지역에 대한 정치·사회적 지배력 역시 충분히 관철시키지 못하였다.* 고구려가 전연으로부터 망명한 동수와 같은 거물급 망명객을 옛 대방군 지역에 보내 한계 토착 세력들을 통제하도록 한 것도 이런 까닭이다. 이전의 고구려 본토에서 가동되던 행정 체제가 일정한 기간 동안은 새로 편입된 영역이자 백제와 맞닿은 변경 지대이던 대방 지역에까지 관철되지는 않았던 것이다.

고구려의 낙랑·대방 고지(故地) 경영 방식에 대한 근래의 연구는 낙랑·대방 영역화 과정의 차이, 이로 말미암은 차별적인 지배 방식, 남방 경영의 단계적 변화 등에 주목한다.[15] 실제로 두 지역의 유적·유물에 대한 고고학적 조사 결과는 이러한 이해와 인식이 타당성 있다는 사실을 뒷받침해준다. 고구려의 영역으로 편입된 뒤에도 옛 대방군 지역에서는 기존의 벽돌무덤 축조가 계속되고 기년명 벽돌 제작도 중단되지 않는다. 이와 달리 낙랑군의 치소가 있던 평양 대동강 남안의 낙랑 구역에서는 벽돌무덤 구역에서 고구려식 흙무지돌방무덤이 축조되며 기년명 벽돌도 더 이상 제작되지 않는다.[16] 낙랑 지역에서는 보수성이 강한 기존 묘제(墓制)와 장의 문화 전통이 끊기는 한편, 대방군 지역에서는 상당 기간 이어진다. 주목되는 현상이라고 하겠다.

4세기 초의 정치적 격변을 기점으로 낙랑·대방 지역에서 펼쳐지는 이와 같은 사회질서의 흐름은 안악고분군의 3기 벽화고분 사이에 나타나는 공통점과 차이점, 안악2호분의 구조와 벽화 구성을 이해하는 데에 큰 도움이 된다. 안악3호분 묵서 묘지명의 주인공 동수는 전연의 고위 관리를 지냈지만 한 문화에 익숙하고 유교적 소양을 갖추고 있던 한족 출신 인물이다. 오호십육국 시대의 특징인 잦은 전란 속에서 후한 중기 산동, 서주 지역의 사족(士族) 사회가 자신이 새롭게 몸담은 땅에서 다시 구현되는 날을 머릿속에 그리고 있었을지도 모른다.

그러나 현실은 그런 소망과는 다르게 돌아가고 있었다. 전연의 왕위 계승을 둘러싼 권력투쟁 와중에 주군을 잘못 택했던 동수는 망명길에 오를 수밖에 없었다.* 다행스럽게도 망명국 고구려에서는 한계의 이 거물급 망명객

• 고구려의 낙랑·대방 경영 방식에 대해서는 임기환, 「4세기 고구려의 낙랑·대방 지역 경영」, 『역사학보』 147, 역사학회, 1996(『고구려정치사연구』, 한나래, 2004 재수록), 김미경, 「고구려의 낙랑·대방 지역 진출과 그 지배 형태」, 『학림』學林 17, 연세대학교사학연구회, 1996를 비롯하여 여러 편의 논고가 발표되었다. 가장 최근의 연구 성과로는 여호규, 「4세기 고구려의 낙랑·대방 경영과 중국계 망명인의 정체성 인식」, 『한국고대사연구』 53, 한국역사연구회, 2009가 있다. 연구자들 대다수는 낙랑·대방 영역화 직후 일정 기간 동안 고구려가 직접 지배 체제 수립에 나서지 않았던 것으로 이해하고 있다.

이 자신에게 익숙한 세계의 관리자가 될 수 있는 기회를 허락해주었다. 고구려 중앙정부의 배려로 동수는 옛 대방군의 안악 일대에 새롭게 터를 잡았다. 축조 기법과 재료, 장식문을 비롯한 벽화 제재 등에서 중국 후한 시대의 기남한묘와 비교되는 안악3호분이 축조될 수 있었던 것도 이런 저간의 사정 때문이다.[17] 안악3호분은 4세기 초부터 안악을 포함한 옛 대방군 지역이 겪던 정치·사회질서 변화를 확인시켜주는 문화적 산물인 셈이다.

안악1호분은 357년 기년 묵서 묘지명이 있는 안악3호분보다 늦은 시기에 축조된 벽화고분이다.▲ 4세기 말에 축조된 안악1호분에서 주목되는 것은 순수한 외방무덤이라는 사실이다. 안악3호분이 회랑이 덧붙은 여러방무덤인 것과 달리, 안악1호분은 대방군 시대 벽돌무덤 축조 전통의 연장선상에서 검토할 수 있는 외방무덤이다. 축조 재료도 석회암에 화강암이 더해져 안악3호분과 차이를 드러낸다. 하지만 천장 짜임은 안악3호분의 평행삼각고임을 그대로 잇고 있어 안악3호분 축조의 경험이 일정 부분 안악1호분 축조에 작용하고 있음을 알 수 있다. 무덤 축조 재료로 화강암을 더한 것은 재료의 현장화라는 측면을 강하게 지닌다. 외방무덤으로의 구조적 변화는 무덤 주인의 사회적 위상과 경제력, 외방 중심 벽돌무덤 축조 전통의 영향이라는 측면을 동시에 지닌다. 여러 방과 회랑이라는 안악3호분의 구조적 특징은 널방 북벽의 성곽도로 대체되었다고 할 수 있다.

무덤 구조상 안악1호분 벽화는 구성이 단출해질 수밖에 없다. 의장 행렬 외에 사냥이 더해졌으나 무덤 주인 부부의 가내 생활과 관련된 부속 시설들은 생략되었다. 널방 천장고임에는 안악3호분에서는 보이지 않던 신화나 전설상의 기이한 새와 짐승들이 다수 등장한다. 연꽃문이 대거 그려진 것도 안악3호분 벽화와 차이를 보이는 부분이다.

■ 주군으로 모셨던 모용인이 왕위 계승 전쟁에서 패하자 동수, 송황(宋晃) 등은 망명을 택할 수밖에 없었다. 당시 요동의 전연에서 급히 망명하기에 가장 적합한 나라는 고구려였다. 동수의 파란만장한 삶에 대한 정리는 전호태,「역사의 블랙홀, 동수묘지」,『고대로부터의 통신』, 푸른역사, 2003 참조.

▲ 안악1호분의 발굴 경위, 무덤 구조와 벽화 내용 등은 채병서,『안악 제1호분 및 제2호분 발굴보고』, 1958(과학원 고고학및민속학연구소,『유적발굴보고』 Ⅳ), 과학원출판사 참조.

사냥은 한대 화상석(畫像石)과 고분벽화에서도 심심치 않게 나타나는 회화 제재이다. 낙랑의 벽돌무덤인 채협총(彩篋塚) 널방 판벽 그림에도 사냥도가 등장한다. 안악1호분에서는 사냥 장면이 풍경화적 요소를 뚜렷이 드러내며 널방의 한쪽 벽 대부분을 차지할 정도로 비중이 높아졌다. 벽화 구성에서 고구려적 특징이 나타나는 과정으로 볼 수 있다.

천장고임에 보이는 신화·전설상의 기금이수(奇禽異獸)들도 일정한 문화사적 의미를 지닌다. 안악1호분 널방 천장고임에는 동아시아 승선(昇仙) 신앙과 관련이 깊은 기금이수들이 천장고임에 일정한 간격을 두고 규칙적으로 배열되었다. 안악 지역을 중심으로 나름의 승선 신앙 체계가 존재했음을 짐작하게 한다.[18] 중국 왕조의 군현이던 시기에 전해졌을지라도 시간의 흐름에 따라 토착적인 소화와 재창조 과정을 거친 결과물일 수 있다.

안악1호분 벽화에서 가장 눈길을 끄는 것은 연꽃과 연꽃을 연상시키는 장식문을 규칙적으로 배열했다는 사실이다. 하늘을 나타내는 천장고임의 해와 달을 제외하면 안악1호분에 구현된 하늘 세계는 연꽃과 그 상징물의 세상이라고 할 수 있다. 천장부 평행고임 2층이나 삼각고임 1층 측면의 신화적인 새와 짐승들도 연꽃으로 상징되는 세계의 구성원으로 인식될 수 있다. 널방 벽화의 구성으로 볼 때, 안악1호분 벽화의 주제는 생활 풍속이나 무덤 주인 부부와 그 일족들이 상정한 내세 삶은 상금서수(祥禽瑞獸)들과 함께할 수 있는 연꽃의 세계라고 해도 과언이 아니다.

이와 같은 이해를 바탕으로 안악2호분의 구조와 벽화 구성, 이를 통해 짐작되는 5세기 후반 안악 지역 문화의 성격에 대해 살펴보기로 하자. 안악2호분은 안악1호분이 만들어진 뒤 반세기 정도 지난 시점에 축조되었다. 5세기 중엽 전후 고구려는 동북아시아의 패권국가로 전성기를 구가하고 있었다. 평양은 동북아시아를 대표하는 국제도시가 되었으며 동아시아를 관류하던 불교문화가 크게 번성하는 곳이기도 했다. 평양 시가에서 불교 사원을 찾기는 그리 어렵지 않았고, 특정한 귀족의 저택에서 불교 의례가 행해진다는 소식을 접하는 것도 낯설지 않았다. 5세기 평양 지역 고분벽화의 주요 제재로 연꽃문이 즐겨 택해지는 것도 이런 사회·문화적 흐름의 연장선상에서 이해할 수 있다.[19]

안악1호분을 통해서도 드러나듯이 4세기 말경에는 안악 지역에서도 불교는 죽은 이의 내세 공간인 고분 내부 장식에 큰 영향을 끼치고 있었다. 물론 불교적 내세에 대한 충분한 이해가 전제되었는지 여부는 명확히 알 수 없다. 하지만 연꽃으로 상징되는 내세, 새로운 삶의 공간에 대한 사회적 관심이 높아지면서 고분벽화 제재 구성도 영향을 받게 되었음은 확실하다. 안악1호분 벽화에서 확인되는 상이한 종교 문화 요소의 혼재는 이로 말미암은 과도기적 현상의 일부라고 할 수 있다.

안악2호분은 석회암과 화강암을 무덤 축조 재료로 쓴 전형적인 외방무덤이다. 안악1호분과 다르지 않다. 널방 동벽 하부에 작은 감이 달린 점에서 안악1호분과 차이를 보이나 동벽의 감은 곁방이나 딸림방 같은 별도 공간의 퇴화형이 아니라 특정한 필요에 따라 설치된 시설에 가깝다. 안악2호분이 안악1호분과는 다른 계통의 무덤 형식과 닿아 있다는 증거로 볼 정도의 시설은 아닌 것이다. 안악2호분에서 확인되는 벽체 및 천장고임, 흙무지의 무게를 분산시키기 위한 곡선형 벽 쌓기는 4세기 말 이래 계속된 토목공학적 기술 발전의 결과라고 할 수 있다.

지역 문화의 전개 양상과 관련하여 주목되는 것은 안악2호분 벽화 제재와 구성 방식이다. 안악3호분 이래 확인되는 안악 문화의 공통 주제, 곧 생활 풍속은 안악2호분 벽화 구성에도 그대로 적용되었다. 그러나 벽화 제재별 비중이나 구성 방식은 안악1호분 벽화와 뚜렷한 차이를 보인다. 널길에는 실물에 가까운 크기로 문지기 신장이 묘사되며 널방 벽에는 종교적 목적의 의례를 위한 행렬들만 그려진다. 반면 일상생활과 관련된 제재들은 보이지 않는다. 널방 벽 상부 및 천장고임 벽화 제재로 연꽃의 비중은 대단히 높아졌으나 승선적 사고와 깊은 관련이 있는 상금서수들은 전혀 등장하지 않는다. 한편 널방 안을 기둥과 두공, 도리 등으로 장식하여 목조 가옥의 실내처럼 여겨지게 하는 기법은 안악2호분에도 적용되었다.

안악2호분 벽화에서는 무덤 주인 부부가 누리던 현세의 삶이 보다 높은 수준과 방식으로 내세에서 재현되어야 한다는 기존의 계세적 내세관이 거의 드러나지 않는다. 풍족한 의식주, 높은 지위와 권력에 초점을 둔 현세적 삶의 모습은 더 이상 재현되지 않는다. 이를 대신한 새로운 삶이 소망되고 묘사된다. 안악2호분 벽화에서 비천과 공양자들은 무덤 주인 부부가 꿈꾸던 새로운 삶의 실체를 드러내는 주요한 매개 고리이자 그 자체이다. 벽화는 안악2호분 무덤 주인 부부가 전통적 관념에 바탕을 둔 신상처럼 그려졌어도 내세에 비천과 공양자들의 산화공양을 받는 존재로 태어나고자 했음을 보여준다.

안악2호분 널방 천장고임에는 하늘 세계를 나타내는 장치로서 해와 달도 등장하지 않는다. 연꽃만으로 새 삶의 공간과 성격을 드러내고 있다. 연꽃으로 덮인 세계란 결국 불교적 낙원, 보다 구체적으로는 정토일 수밖에 없다. 벽화로 그려진 연꽃 세계가 불교에서 말하는 수없이 많은 정토 가운데 어떤 정토인지는 잘 드러나지 않는다. 특정한 정토가 고려되지는 않았을 가능성도 있다. 불교에 대한 이론적 이해가 깊지 않은 상태에서는 여래도 구별되지 않고 정토도 특정한 곳으로 상정되지 않는 것이 일반적이다. 평범한 불교도에게는 육도(六道)*의 하나인 '천계(天界)'와 윤회(輪回)에서 벗어난 세계인 '정토'가 구별되어 인식되지 않을 수 있다. 이 역시 결코 이상하지 않은 일반적인 신앙 양상의 하나라고 할 수 있다.

널방 서벽의 인물 행렬과 이들을 맞는 여인들은 언뜻 보기에 그 정체성이 모호하다. 5세기 말의 작품인 남포 쌍영총 벽화의 인물 행렬은 불교 사원

• 선악의 업으로 말미암아 돌게 되는 여섯 개의 세계. 지옥, 아귀, 축생, 아수라, 인간, 천상으로 구분된다.

을 향한 공양 의례 행렬이다. 일행을 인도하는 승려와 행사의 주인공인 귀부인, 제일 앞에서 향로를 머리에 받쳐 이고 가는 시녀를 통해 이런 사실이 잘 드러난다. 수산리벽화분의 주인 부부 행렬은 제일 앞에서 재주 부리기에 여념이 없는 놀이꾼들의 존재로 말미암아 귀족부부의 바깥나들이가 이루어지고 있음을 확인하게 한다. 그러나 안악2호분 벽화의 행렬은 어떤 목적으로 움직이는지가 잘 드러나지 않는다. 더욱이 널방 서벽 벽화에서처럼 행렬을 마중하는 사람들까지 그려진 예는 두 고분벽화를 포함하여 고구려의 다른 고분벽화에서는 찾아볼 수 없다.

장의 미술에서 행렬을 마중하는 사람들까지 그려진 예는 중국 한대의 화상석에서 찾아볼 수 있다. 무덤 주인이 주인공인 거기(車騎) 행렬을 역정(驛亭)*의 장졸(將卒)들이 마중하거나, 고각거루(高閣巨樓)까지 갖춘 큰 건물 앞에서 의관을 갖춘 인물들이 행렬 주인공 일행을 맞는 장면이 그것이다. 한대의 화상석에서는 거의 빠지지 않는 제재 가운데 하나이다. 이와 같은 마중 장면에서 거기 행렬은 무덤 주인의 승선을 위한 긴 여정 속에 있는 것으로 해석되기도 하고, 무덤 주인에게 제사 지내기 위해 사당과 무덤으로 향하는 후손들의 행차로 이해되기도 한다.■ 어떤 견해가 보다 사실에 가까운지는 장면이나 그 배경 상황, 곧 제재 구성 방식 전반을 검토하는 과정에서 드러날 수밖에 없다.

한대 화상석의 사례를 감안하면서 안악2호분 널방 서벽과 북벽 벽화를 한꺼번에 살펴보자. 널방 서벽 귀부인 중심의 인문 행렬에 무덤 주인 부부 가운데 한 사람, 곧 북벽 장방 안의 부인이 포함되어 있지 않음은 거의 확실하다. 고중세(古中世) 회화에서 한 화면에 서로 다른 시점의 행위나 장면을 나타내 같은 인물이 반복적으로 등장하게 한다거나 장면의 흐름 속에 주인

• 역참, 역.

■ 신립상(信立祥)은 화상석묘나 사당의 거기 행렬들을 무덤 주인이 지하묘실에서 나와 사당으로 제사를 받으러가는 모습으로 이해한다(신립상, 『한대화상석종합연구』漢代畫像石綜合硏究, 문물출판사, 2000; 김용성 한역, 『한대 화상석의 세계』, 학연문화사, 2005). 이와 달리 필자는 대부분의 거기 행렬이 무덤 주인의 승선을 위한 긴 여행을 나타낸다고 본다(전호태, 『중국 화상석과 고분벽화 연구』, 솔, 2007). 기존의 통설적 견해도 필자의 이해와 크게 다르지 않다.

공이나 주요 인물을 반복적으로 표현하는 사례는 자주 보인다. 그러나 안악 2호분 널방 서벽 행렬은 귀부인이 세 아이를 데리고 걷고 있다는 점에서 행렬 주인공을 북벽 장방 안의 여주인과 동일시하기는 어렵다. 귀부인 중심의 인물 행렬은 어떤 의례나 만남을 위해 장방이 있는 북벽을 향해 나아가는 중이다. 이들은 목적지 바로 앞에서 장방이 나타내는 세계에 속한 세 여인과 시녀의 마중을 받고 있다.

　　널방 서벽 귀부인 중심 행렬이 북벽을 향한 이유는 무엇일까? 그 이면에는 어떤 의미가 숨어 있을까? 북벽 장방의 주인 부부는 비천과 공양자들에게서 산화공양을 받는 존재로 다시 태어났다. 본래 비천의 산화공양 대상은 깨달은 자인 여래이다. 비천이 천계의 존재임을 감안하면서 공양의 대상을 설정한다면 깨달음이 예정된 자인 보살일 수도 있다. 대승불교에서 여래는 자신의 정토가 있다. 중생 구제를 위해 깨달음을 통한 '완전한 자유' 상태 되기를 유보한 관음보살(觀音菩薩)이나 미래불(未來佛)인 미륵보살(彌勒菩薩) 같은 이도 자신의 정토가 있다. 그렇다면 무덤 주인 부부는 보살의 경지에 이른 것일까? 그러나 북벽 장방 안과 바깥에서 보살로 장엄된 흔적이나 분위기는 읽혀지지 않는다. 장방과 그 안의 무덤 주인 부부만 놓고 본다면 5세기 다른 고분벽화의 유사한 제재와 다른 점을 찾기 어렵다. 안악2호분 널방 북벽 장방 안에 그려진 무덤 주인 부부는 결국 어떤 존재로 이해해야 할까?

　　『유마경』維摩經의 주인공 유마힐(維摩詰), 곧 유마거사(維摩居士)는 재가(在家)의 성자로 문수보살(文殊菩薩)을 비롯한 여러 보살들과 깨달음의 도리에 대한 의견을 주고받는 수준의 인물이었다.▲ 보살에 가까운 존재였던 셈이다. 대승불교에서 유마거사는 재가 수행의 모범이 되었다. 출가하여 교단에 속하지 않아도 불자로서 수행이 가능하다는 견해를 뒷받침할 수 있는 상징적인 인물로 여겨졌다. 유마힐은 출가하지 못한 채 세속의 먼지 속에 뒹

▲ 『유마경』 속의 유마힐은 보살들의 물음에 답하면서 깨달음에 대한 구체적인 깨우침
　을 줄 정도로 깨우침이 깊은 인물로 그려진다.

굴 수밖에 없는 불교 신도들에게는 큰 위안이 되는 존재였다. 둔황(敦煌) 막고굴(莫高窟)을 비롯하여 여러 곳 석굴사원의 장식과 사원 장엄에 유마거사가 등장한 것도 이 때문이다. 유마거사는 본래 깨달음이 깊은 재가 신자였으므로 불교미술 작품에서도 평범한 인물로 그려진다. 대화하는 상대로 문수보살이 그려진다든가, 『유마경』의 특정한 장면이 묘사되는 가운데 특정한 인물이 유마거사임이 확인되는 식이다. 안악2호분 널방 북벽 장방 안 무덤 주인 부부 중의 무덤 주인에게 이 유마거사에 대한 관념이 투영되었을 수 있다. 그럴 경우, 시녀와 여인들의 마중을 받는 널방 서벽 귀부인과 아이들 중심 행렬의 의도는 자연스럽게 해석될 수 있다. 살아 있을 때에도 일상적인 접촉이 있던 무덤 주인과의 만남, 뒤이은 깨달음의 설법 청취가 행렬 인물들의 목적일 수 있는 것이다. 물론 귀부인과 아이들은 무덤 주인의 또 다른 부인과 아이들일 수도 있고 인척일 수도 있다.

장방 안의 무덤 주인 부부가 신상처럼 묘사된 것은 전래의 관습이 작용한 때문으로 보인다.[*] 이런 표현의 이면에는 재래의 계세적 내세관에 바탕을 둔, 죽으면 조상신의 세계로 돌아가 그 일원이 된다는 관념이 살아 숨 쉬고 있을 가능성도 있다. 계세적 내세관에 더해지거나 전래의 관념과 치환되기 쉬운 승선적 사고가 행렬과 장방 안 부부의 모습 속에 자연스럽게 녹아 있을 수도 있다. 재래 관념의 생명력이나 불교의 토착 문화 흡수력, 혹은 혼합력을 고려하면 그럴 가능성도 배제할 수 없다.

안악2호분 벽화 전체를 일별하고 제재의 구성 방식과 제재별 비중을 함께 한 번 더 살펴본다면 안악2호분 벽화가 생활 풍속을 주제로 삼은 불교적 의례 장면의 재현에 가깝다는 사실을 충분히 인지할 수 있다. 신상처럼 표현되었지만 무덤 주인 부부는 죽은 뒤 비천의 산화공양을 받을 만한 존재로 다시 태어나 깨달음의 법을 설파하며 살게 되기를 소망하며 실제 그런 삶을 누리고 있다는 것이다. 사실 그런 존재로서 정체성이 어떤 것이며 새 삶의 터

• 고구려 재래의 계세적 내세관과 고분벽화 속 신상형 정좌상의 관계에 대해서는 전호태, 1부 「생활풍속계 고분벽화의 전개와 계세적 내세관」, 『고구려 고분벽화 연구』, 사계절, 2000 참조.

가 어디인지는 명확하지 않다. 비천이 등장하지만 유마거사와 같은 존재인지, 또 한 번의 세속 생활인지, 보살의 지위를 얻었는지, 육도의 천계나 그 너머의 정토에 왕생하였는지를 벽화 몇 장면만으로 짚어내기는 어렵다. 그럴 가능성이나 개연성을 논의할 수밖에 없는 것이다.

안악2호분의 무덤 구조와 벽화는 5세기 중엽 고구려의 종교·문화적 상황 및 안악과 같은 지역사회의 문화적 동향을 이해하는 데에 큰 도움이 된다. 4세기 말부터 국가적 차원에서 장려되고 정책적 뒷받침까지 받은 불교는 반세기 사이에 고구려의 새로운 주류 종교 신앙이 되었다. 기존의 내세관이 중심적 위치에서 밀려나게 할 정도로 사회·문화 전반에 깊은 영향을 미쳤다. 불교의 국가 종교화 정책의 출발지였던 국내성 지역에서는 연꽃 장식문 고분벽화 제작이 한 시대의 유행이 되었다. 5세기 전반 고구려의 새 서울이 된 평양 일대에서는 귀부인들이 주도하는 불교 의례 행렬이 거리의 풍경처럼 인식되고 고분벽화의 제재로도 그려질 지경이 되었다. 결국 중앙 문화의 흐름에서 한 발짝 비켜나 있던 안악과 같은 지역사회에도 불교 신앙의 유행으로 말미암은 문화 변동의 물결이 밀려왔고 고분벽화에도 그 흔적이 남게 되었다. 안악2호분 벽화가 그 증거인 것이다.

대방군의 영역이던 안악은 고구려에 편입된 뒤에도 상당한 기간 동안 고구려식 행정 편제 대상에 포함되지 않았다. 고구려 중앙정부는 대방군의 기존 지배 세력과 문화를 완전히 해체하기보다는 전연 출신 동수와 같은 망명객을 지역 관리자로 임명하여 새 영역의 주민과 사회가 무리 없이 고구려의 일부가 되는 징검다리 역할을 맡게 하였다. 동수의 묘지명이 있는 안악3호분의 구조와 벽화에 고구려적 색채가 강하게 드러나지 않은 것도 이런 까닭이다. 4세기 말 백제의 북진을 막아내고 오히려 공세를 취할 수 있게 된 상태에서 안악 지역의 고구려화는 한 걸음 더 진전된 것으로 보인다. 안악1호분 축조에 벽돌무덤의 전통과 안악3호분에서 시작된 새로운 흙무지돌방무덤적 요소가 동시에 담긴 것도 이러한 흐름과 관련하여 해석할 필요가 있다. 안악1호분 벽화에 생활 풍속 제재가 압축적으로 묘사되고 신화·전설상의 기금이수들이 연꽃 장식 세계의 일부처럼 그려지는 것도 안악의 문화전통이 변화 도상에 있음을 잘 드러낸다고 할 수 있다.

안악2호분 벽화는 안악 문화가 최종적으로는 고구려 중앙 문화의 흐름에 합류하여 그 한 가지가 되었음을 보여준다는 점에서 주요한 사회·문화사적 의미를 지닌다. 처음 국내성 지역을 중심으로 확산되었던 불교문화가 수도 이전에 따라 평양을 중심으로 재차 파급의 범위를 넓혀 나갔다. 결국 이전까지는 일정한 자립성을 유지하던 지역 문화의 중심부까지 영향력을 침투시켰던 것이다. 5세기 중엽에는 상당한 기간 고구려의 변방으로 남아 있던 안악 지역도 새 수도인 평양을 중심으로 펼쳐지던 문화 활동의 영향권 안에 들어오게 되었다. 물론 지역 문화 특유의 요소들, 지역성과 관련된 부분은 안악2호분 벽화에서도 읽어낼 수 있고 짚어낼 수 있다. 그러나 큰 흐름에서 볼 때 5세기 중엽 이후의 안악 문화는 평양 문화권이라는 틀에서 살펴보는 것이 보다 자연스러울 수 있다.

4세기 초부터 안악을 포함한 대방군 지역은 정치·사회뿐 아니라 문화적으로도 큰 변동을 겪었다. 출발은 정치 질서의 커다란 변동에서부터이다. 낙랑군에 이어 대방군까지 영역화한 고구려는 대방군의 옛 땅에 곧바로 고구려식 행정 체제를 이식시키지 않았다. 전연 출신 동수와 같은 망명객을 지역 담당 관리로 임명하여 이런 지역의 주민들이 과도기적 지배 체제를 거치며 고구려 사회에 적응할 수 있도록 하였다. 안악3호분은 동수와 같은 망명객이 지니고 있던 문화와 의식의 반영물이라는 성격을 강하게 지닌다.

동수와 같은 인물들이 지역 행정을 담당하던 시대가 지난 뒤 안악 지역과 같은 대방군 고지는 고구려식 행정 체제 아래 들어간다. 안악 지역은 변방으로서의 성격을 유지하면서 서서히 고구려 중앙 문화의 영향권 아래 들어간다. 안악1호분은 그런 과도기에 안악 지역 문화가 어떠한 상태에 있었는지를 알게 하는 훌륭한 역사 자료이다. 안악1호분은 대방군 시대의 문화 전통과 망명객 관리 시대의 문화 변동이 어우러져 빚어낸 작품이다. 옛 전통과 새 문화 요소가 적절히 섞여 있다. 벽화 제재 구성으로 판단할 때 안악1호분에는 계세적 내세관과 승선관, 불교적 내세관이 기묘한 방식으로 뒤섞여 있다고 할 수 있다.

5세기 중엽을 전후하여 고구려에서는 새 서울 평양을 중심으로 국내성 중심의 북방 문화와 평양 중심의 남방 문화가 본격적으로 통합되기 시작한다. 그 와중에 지역 단위 소문화권도 평양 문화권에 편입되는 현상이 나타난다. 다른 지역에 비해 평양과 가까운 곳에 있으면서 일정한 독자성을 유지하던 안악 지역 문화도 이 시기에 이르러 평양 문화권의 일부가 된다. 안악2호분은 이런 지역 단위 문화의 변동 과정과 내용을 읽어내는 데에 큰 도움이 된다.

안악2호분 벽화는 5세기 중엽을 전후하여 안악 지역에도 불교의 전생적(轉生的) 내세관과 관련된 인식이 장의 미술에까지 영향을 미쳤음을 짐작하게 한다. 국내성과 평양 일대 고분벽화에 풍미하였던 천계전생(天界轉生), 정토왕생(淨土往生)을 꿈꾸는 직접적인 표현들이 안악 지역 고분벽화 제재 구성에도 영향을 끼쳤다. 안악2호분 벽화가 이를 확인시켜준다. 안악2호분은 안악고분군을 이루는 3기의 흙무지돌방벽화무덤 가운데 축조 시기가 가장 늦다. 안악을 중심으로 한 지역 문화의 마지막 단계, 곧 안악 문화의 평양 문화권으로의 편입 과정을 보여주는 유적이다. 그런 점에서 안악2호분은 고구려 문화사 연구에서 일정한 의의를 지니는 유적이라고 할 수 있다.

수산리벽화분

개요

수산리벽화분은 1971년 사회과학원 고고학연구소 조사단에 의해 발굴되었다.[20] 발굴 당시의 행정지명은 평안남도 강서군 수산리였으나 현재는 남포특별시 강서구역 수산리이다. 수산리는 옛 평안남도 강서군, 용강군, 온천군이 만나는 곳이다. 세 군은 행정구역 재편에 따라 현재는 각각 남포특별시에 속한 구역이 되었다. 수산리벽화분의 동쪽 4킬로미터 지점에 강서고분군(江西古墳群)이 있으며, 동남쪽 4킬로미터 지점에 약수리벽화분이 있다. 서쪽으로 8킬로미터 거리에 마영리벽화분(麻永里壁畵墳)이 있고 남쪽 12킬로미터 거리에 쌍영총과 용강대묘(龍岡大墓)가 있다.

수산리벽화분은 수산리 소재지 서남쪽 4킬로미터 지점에 있는 고정산 남쪽 자락 끝의 구릉 위 남으로 약간 경사진 곳에 자리 잡은 흙무지돌방벽화무덤이다. 널길과 널방으로 이루어진 외방무덤으로 무덤 방향은 남향이다.[그림1] 무덤의 흙무지는 바닥에서 네모지게 올라간 방대형이나 남쪽 경사면으로 흙

그림1

그림1　수산리벽화분 외경.
그림2　수산리벽화분 실측도.

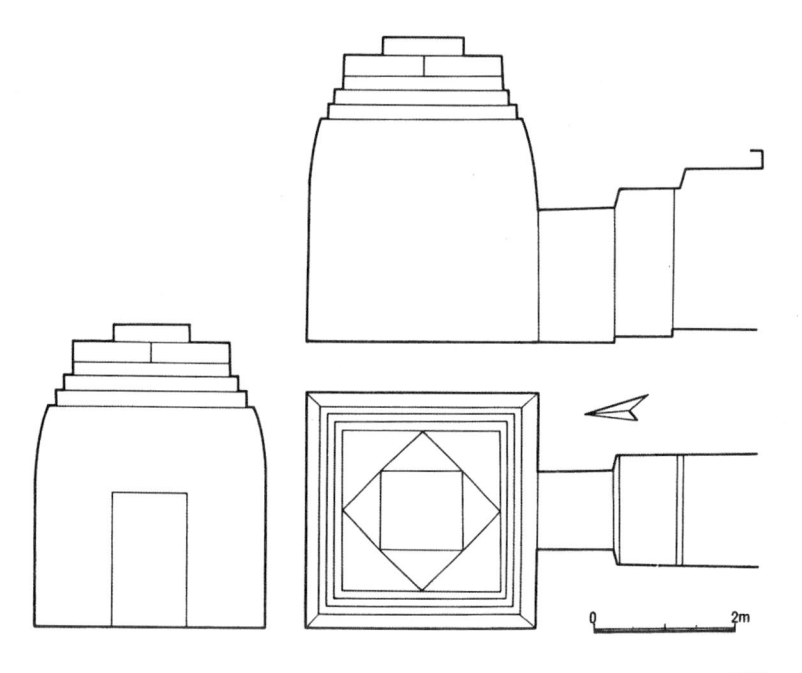

0 　　　　　　　　2m

그림2

이 흘러내려 원형을 유지하고 있지는 않다.

수산리벽화분 무덤길 천장은 두께 26~28센티미터 정도에 길이가 1미터 이상인 세 개의 커다란 판석으로 덮었다. 무덤길이 끝나는 가장 바깥쪽의 첫 번째 천장석 끝 지점에 막돌과 흙을 섞어 쌓아 무덤 출입을 막았다. 두 번째 천장석은 첫 번 것보다 약간 낮게 놓였는데, 첫째 돌과 둘째 돌이 맞닿은 지점 바로 아래에 나무로 문틀을 만들고 높이 230센티미터 정도의 화강암 판석을 세웠다. 발굴 당시 화강암 돌문은 윗부분이 깨진 채 바깥으로 25도 정도 기울어져 있었다. 이 돌문 안쪽에서 은도금한 쇠관못 한 개가 부러진 상태로 발견되었다. 이 돌문을 지나 두 번째 천장석과 세 번째 천장석이 만나는 지점에 두 번째 돌문이 설치되었다. 세 번째 천장석도 두 번째 것보다 약간 낮게 놓였다. 두 번째 돌문이 설치된 자리에도 문틀이 있다. 문틀 나무에는 붉은 바탕에 검은색으로 운문을 장식하였다. 이 문의 안쪽으로 다시 좁은 무덤 안길이 이어지고 바로 널방 입구가 나타난다. 널길과 널방 벽은 납작한 화강암으로 쌓았다. 무덤 칸 벽의 돌 틈은 석회를 섞은 진흙으로 메운 다음 그 위에 고운 석회를 발랐다. 널방 안 석회의 두께는 2~3센티미터 정도이다.

널길의 전체 길이는 4.5미터인데, 높이와 너비는 바깥, 가운데, 안쪽이 각각 다르다. 세 길 중 바깥은 너비 1.6미터·높이 2.38미터, 가운데는 너비 1.5미터·높이 2.1미터, 안쪽은 너비 1.02미터·높이 1.8미터이다. 널방은 길이 3.2미터, 너비 3.2미터, 높이 4.1미터이고, 벽면의 높이는 3미터이다.^{그림2} 널방의 천장 구조는 3단의 평행고임 위에 2단의 삼각고임을 얹은 평행삼각고임이다. 천장 뚜껑돌은 파괴된 상태였고 삼각고임돌도 일부는 깨져 있었다. 널방 바닥에서 심하게 썩은 인골 조각과 쇠관못 여러 점이 수습되었다. 널방 벽과 천장을 장식하고 있는 벽화의 주제는 생활 풍속이다. 수산리벽화분은 평양, 남포, 안악 지역의 다른 고구려 벽화고분들과 함께 2004년 7월

그림3 수산리벽화분 널길 동벽 벽화
문지기 장수.
그림4 수산리벽화분 널방 모서리 벽
화 목조 가옥의 골조.

그림3   그림4

1일 유네스코 세계문화유산으로 등재되었다.*

널길 좌우의 동벽과 서벽에는 날이 생생한 창과 칼로 무장한 문지기 장
수를 묘사하였다. 동벽의 문지기 장수는 누런 두루마기에 허리띠를 졸라맨
채 오른손에는 날이 시퍼런 둥근 고리 큰 칼을 치켜들었고 왼손에는 깃발이
달린 긴 창을 세워 들었다.그림3 둥근 고리 큰 칼은 칼등은 검게, 칼날은 희게
나타내 날이 잘 갈려 예리함을 드러냈다. 모자를 쓰지 않아 상투가 그대로

• 중국 강소성(江蘇省, 장쑤성) 소주(蘇州, 쑤저우)에서 열린 제28차 유네스코세계유
산위원회(2004. 6. 28~7. 7)에서 북한의 고구려 고분군과 중국의 '고구려의 수도와
왕릉, 그리고 귀족의 고분'이 동시에 세계문화유산으로 등재되도록 결의되었다. 이
때 등재된 북한의 고구려 고분은 벽화고분 16기를 포함한 다섯 개 지역 63기이다.
평양권의 16기 고구려 벽화고분에 대해서는 전호태, 「북한 소재 고구려 고분벽화의
보존과 관리 방안 연구」, 『한국고대사연구』 35, 한국고대사학회, 2004 참조.

드러난 이 장수는 팔소매를 걷어붙인 채 눈을 부릅뜨고 이와 잇몸이 다 보이
도록 이를 악문 채 치켜든 칼을 내리치려 한다. 코밑에서 좌우로 길게 귀밑
까지 뻗쳐 나온 수염이 이 무덤에 잠든 이에게 해를 끼치려는 사악한 존재에
대한 문지기 장수의 분노를 그대로 보여주는 듯하다. 서벽의 문지기 장수는
흔적만 남은 정도이다.■

　　널방 네 벽 모서리와 벽 상단에는 기둥, 두공, 도리, 활개를 그려 널방
내부가 집 안처럼 보이게 하였다.그림4 목조 가옥의 골격 내부를 연꽃문이나
변형 운문 등으로 화려하게 장식하여 고구려 귀족 저택의 분위기를 잘 살려
놓았다. 널방 입구에서 좌우로 나뉜 남벽의 동측과 서측에는 머리에 검은 책
을 쓴 인물들을 그렸다. 서측에 그린 것은 대가 구부러진 양산을 받쳐 든 시
종과 양산을 받은 채 걷는 귀족 남자이다. 머리에 나관을 쓰고 긴 두루마기
를 입은 귀족 남자는 무덤 주인으로 추측된다. 양산외 둥근 테두리에는 꽃
장식이 달렸다. 동측에는 누런 양산을 쥐고 밖으로 나가는 남자를 그렸다.
이 남자는 모자를 쓰지 않았으며 머리를 아래로 내린 듯이 보인다. 남벽의
위쪽에는 도리와 활개, 도리를 잇달아 그리고 ‘人’자 모양 활개 아래에 하늘
세계를 받치는 자세의 역사를 묘사하였다.그림5 ‘人’자 바깥 좌우에는 활짝 핀
연꽃과 조운문을 그렸다. 다른 세 벽도 벽 위쪽은 남벽처럼 제재가 선택적으

■ 필자의 1차 평양 고구려 유적 조사 기간(2004. 6. 8~6. 15) 중 2004년 6월 13일 현
　장 조사 당시 수산리벽화분 널방 입구와 닿은 널길 서벽의 문지기 장수는 두터운 염
　분층에 의해 완전히 가려진 상태였다(전호태, 「북한 소재 고구려 고분벽화의 보존과 관
　리 방안 연구」, 『한국고대사연구』 35, 한국고대사학회, 2004). 1974년 북한에서 중간보
　고서가 나올 당시만 해도 문지기 장수의 형상을 눈으로 짚어낼 수 있었을 것이다.

로 묘사되었다.

　　동벽과 서벽은 위와 아래 두 줄의 도리 사이에 활개와 두공을 넣은 도리
층, 검고 흰 네모진 전돌을 서로 엇갈리게 두 줄로 놓아 만든 길을 경계로 위
아래로 나넌 주 화면층으로 구분할 수 있다. 동벽의 경우, 주 화면의 위쪽에
는 인물 행렬과 이들을 맞이하는 사람, 아래쪽에는 무덤 주인을 주인공으로
한 큰 행렬을 묘사하였다.[그림6] 위쪽 남편 끝의 무릎을 꿇고 두 손을 모아 소매
안에서 맞잡은 채 보고하는 듯한 인물과 북편의 두 손을 소매 안에 넣은 채
나란히 서서 남편의 인물을 내려다보는 두 인물은 상하 관계임이 확실하다.
하지만 모두 머리에 검은 외뿔 책을 쓰고 누런색의 긴 두루마기를 입었다는
점에서는 신분상 큰 차이가 없는 듯이 보이기도 한다.

　　아래쪽 행렬은 널방의 안벽인 북벽을 향하고 있다. 선두에 선 악대(樂隊)
를 시작으로, 기수, 무덤 주인이 탄 우차, 여인들로 구성되었다. 악대의 제일
앞에는 큰북을 메고 가는 두 사람과 이들 사이에서 북을 두드리는 사람이 있
고, 그 뒤에 큰 나팔을 부는 사람들이 따른다.[그림7] 그 뒤에 깃발을 든 사람들이
따르고 이어 무덤 주인이 탄 수레가 나타난다. 마지막으로 허리 아래 내려오

그림6　수산리벽화분 널방 동벽 벽화
인물 행렬.
그림7　수산리벽화분 널방 동벽 벽화
악대.

그림6 　　　　　　　　　　　　　　　　　　　　　　　　　　　　그림7

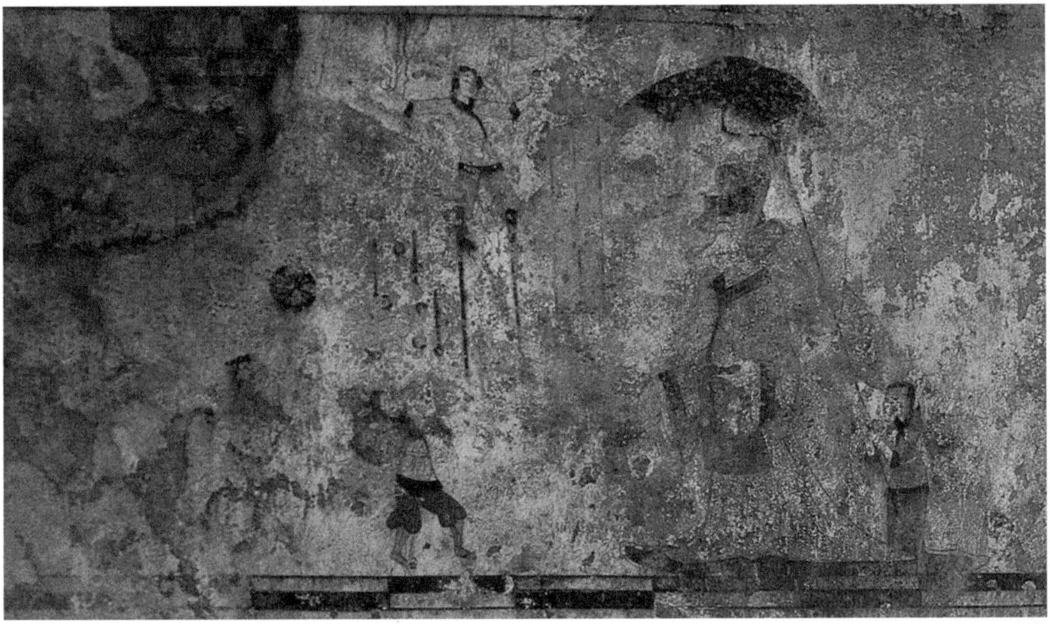

그림8

그림9

그림8 **수산리벽화분 널방 서벽 벽화 주인 부부 나들이 행렬 중 곡예를 보는 주인의 모습.**

그림9 **수산리벽화분 널방 서벽 벽화 주인 부부 나들이 행렬 중 여인들 모습.**

는 긴 저고리와 주름치마를 입은 여인들이 등장한다. 동벽의 도리층에도 '人' 자 형태의 활개 안쪽 세모꼴 공간에 하늘 세계를 떠받치는 자세의 역사를 그렸다. '人'자 바깥 좌우에 표현된 활짝 핀 연꽃과 조운문도 묘사하였다.

널방 서벽의 주 화면층 위쪽에는 나들이 도중 곡예를 관람하는 귀족 부부와 남녀 시종들의 행렬이 그려졌으며, 아래쪽에는 인물들의 행렬이 묘사되었다.^{그림8~9} 벽면 남쪽의 곡예 장면부터 보면 제일 남쪽에 북쪽을 향해 엉거주춤 선 채 살이 많은 바퀴를 공중에 던져 올려 굴리는 재주꾼이 있다. 이 사람은 머리에 검은 외뿔 책을 썼고, 소매가 좁고 짧은 진황색 저고리에 통이 좁은 연황색 바지를 입었다. 다리에는 검은 행전(行纏)*을 쳤다. 그의 앞에 두 다리를 약간 벌려 무릎을 살짝 굽히고 엉덩이를 뒤로 뺀 자세로 하늘을 쳐다보며 끝에 둥근 고리가 달린 막대 세 개와 둥근 고리 다섯 개를 번갈아 던져 올리고 받는 재주꾼이 있다. 이 사람은 머리에 검은 외뿔 책을 썼고, 소매가 좁고 짧은 진황색 저고리에 통이 좁은 자주색 바지를 입었다. 다리에는 누런 행전을 쳤다. 두 재주꾼에게서 약간 거리가 떨어진 곳, 화면상으로는 두 번째 재주꾼의 위쪽에 사람 키 높이의 나무다리 위에 올라서서 몸의 균형을 잡고자 두 팔을 좌우로 크게 벌린 채 앞으로 걸어 나오는 묘기를 보여주는 세 번째 재주꾼이 그려졌다. 이 사람은 소매가 좁고 짧은 연황색 저고리에 통이 좁은 진황색 바지를 입었으며, 다리에는 검은 행전을 쳤다. 머리는 양쪽으로 갈라 귀밑까지 내려오게 한 다음 중간을 동여매 밑 부분을 둥글게 했으며 모자는 쓰지 않았다. 세 재주꾼 모두 깃과 끝동, 도련*에 검은색의 넓은 선을 넣은 긴 저고리를 걸쳤고 허리께를 흰 띠로 묶었다.

재주꾼들 바로 앞에 서 있는 주인은 머리에 나관을 썼으며, 소매가 넓고 끝자락이 땅에 닿는 긴 두루마기를 걸쳤다. 이 겉옷의 깃, 끝동, 도련에는 검은색의 선이 더해졌다. 주인의 바로 뒤에서 진황색 저고리와 자주색 바지 차림의 시동이 대가 긴 일산을 비스듬히 세워 들어 주인의 머리 위를 가리

- 바지를 입을 때 정강이에 감아 매는 천.
- 저고리나 두루마기 자락의 맨 밑 가장자리.

고 있다. 재주꾼들과 시동에 비해 주인이 지나치게 크게 그려져 마치 거인과 난쟁이가 함께 서 있는 것처럼 보인다. 이것은 화공이 사람들의 신분 지위의 차이를 나타내기 위해 계급 비례적 묘사법을 사용한 때문이다.[21] 주인과 긴 나무다리 재주를 보여주는 재주꾼 사이에 직명이나 장면을 설명하기 위해 위아래로 길고 네모진 두 줄 띠가 구획되었으나 글은 쓰여 있지 않다. 일산을 든 시동 뒤에는 머리에 검은 두건을 쓴 한 남자가 서 있는데, 주인과 비슷한 크기로 그려졌다. 점무늬가 있는 저고리와 바지 차림이며 바지의 통이 매우 넓다. 머리에 검은 두건을 썼지만 옷차림과 묘사된 크기로 보아 이 남자 역시 귀족임을 알 수 있다. 이 남자의 머리 앞쪽에도 위아래로 길고 네모진 두 줄 띠가 구획되었으나 역시 글은 쓰여 있지 않다.

검은 두건을 쓴 남자 뒤에는 무덤 주인의 부인으로 보이는 인물이 그려졌다. 부인은 이마와 볼, 입술을 붉은 연지와 곤지로 장식하였고, 아름다운 무늬로 장식된 저고리와 색동 주름치마를 입은 채 두 손을 맞잡고 서 있다. 저고리의 옷깃, 끝동, 도련에는 무늬를 아름답게 수놓은 붉은 선을 댔는데, 이 선들이 좁고 가파르게 내려온 어깨선과 어우러지면서 고구려 여인이 입던 저고리의 멋을 한껏 드러낸다. 두 손을 맞잡는 것은 고구려인의 오랜 관습 가운데 하나이다.● 부인의 머리 앞쪽에도 위아래로 길고 네모진 두 줄 띠가 구획되어 있으나 글은 쓰여 있지 않다. 부인의 바로 뒤에 양산을 비스듬하게 세워 들어 부인의 머리 위를 가리고 있는 어린 시녀가 서 있다. 앞의 시동처럼 매우 작게 그려졌으며 긴 저고리와 흰 주름치마 차림이다.

양산을 든 어린 시녀 뒤에는 부인과 비슷한 크기로 묘사된 여인 둘과 그보다 작게 그려진 여인 한 사람이 나란히 서 있다. 셋 다 긴 저고리와 주름치마 차림인데, 저고리 색은 다르다. 앞에서부터 각각 검은색, 붉은색, 연황색 저고리를 입었다. 이 세 사람의 여인 앞에도 각각 위아래로 길고 네모진 두 줄 띠가 구획되어 있으나 글은 쓰여 있지 않다. 세 여인 뒤에는 소매 안에

● 두 손을 배 앞에 올려 왼손으로 오른쪽 손목을 잡는 이런 자세는 중국의 역사서에 '반공(半拱)'으로 지칭된 고구려인의 습성 가운데 하나이다("立則半拱 詭拜曳一脚 行步如走(서 있을 때는 두 손을 모아 잡고, 무릎 꿇을 때는 한쪽 다리를 길게 뺐으며 달리듯 빠른 걸음으로 걸었다.", 『위서』魏書 권100, 「열전」列傳 제86, 고구려전(高句麗傳)].

서 두 손을 모아 쥔 채 공손한 자세로 서 있는 두 여인이 나란히 그려졌다. 둘 다 진황색 긴 저고리와 주름치마 차림이다. 앞의 여인들에 비해서는 상대적으로 작게 그려졌으며 나란히 붙어 서 있어 귀족 부인들을 모시는 시녀임을 짐작하게 한다. 행렬도에 등장하는 여인들은 모두 입술과 이마, 볼을 붉은 연지와 곤지로 장식했다.

　　아래쪽 그림을 남쪽부터 보면 제일 앞에 대가 구부러진 검은 양산을 받쳐 든 두 시종이 걸어가고 말고삐를 쥔 마부가 몸을 돌려 앞발을 든 말을 달래려 애쓰고 있다. 말 뒤로 검은 외뿔 책을 머리에 쓴 남자 여덟 명이 약간씩 떨어진 상태로 나란히 서 있다. 첫 번째와 다섯 번째 남자는 누런색 두루마기를 걸쳤고 다른 남자들은 자주색 두루마기를 입었다. 각 남자의 머리 앞에도 위아래로 길고 네모진 두 줄 띠가 구획되어 있으나 글은 쓰여 있지 않다. 서벽의 도리층에도 '人'자 형태의 활개 안쪽 세모꼴 공간에 하늘 세계를 받치는 자세의 역사, '人'자 바깥 좌우에 활짝 핀 연꽃과 조운문을 그렸다.

　　널방의 안벽인 북벽은 도리층과 주 화면층 가운데 주 화면의 중심부에 커다란 귀족 저택의 안채가 표현되면서 위아래의 층 구분이 없다. 반면에 건물 바깥은 두 줄의 전돌길에 의해 위와 아래의 두 층으로 나뉜다. 다른 생활 풍속계 고분벽화처럼 북벽 가운데에는 귀족 저택의 안채 깊숙한 곳에 나란히 앉아 남녀 시종의 시중을 받는 무덤 주인 부부를 그렸다.^{그림10~12} 북벽 한가운데 커다랗게 그려진 우진각지붕•의 기와집은 용마루 양쪽 끝에 치미(鴟尾)▪를 올린 아름다운 건축물이다. 주인 부부는 이 건물 안 한가운데 놓인 평상 위에 나란히 앉아 있다. 붉은색 옷을 입은 주인은 서쪽에 앉았고 부인은 동쪽에 앉았다. 병풍을 둘러친 평상 위의 부인은 정면을 향해 앉은 남편을 향해 고개를 돌리고 무언가 말하는 중이다. 부인의 옷차림은 서벽 행렬도와 같이 검은색 긴 저고리와 색동치마 차림이다. 입술과 이마, 볼을 붉은 연지와 곤지로 장식하였다.

• 네 개의 추녀마루가 동마루에 몰려 붙은 지붕.
▪ 전통 건물의 용마루 양쪽 끝머리에 얹는 장식 기와.

그림11~12 그림10의 부분.

그림10 수집되었을 당시 화면 하단 운제의 앙쪽에 그려진 난간의 세부.

그림10

그림11

그림12

서쪽의 무덤 주인 곁에는 검은 두건을 쓰고 저고리와 바지 차림인 남자 세 명이 대가 길고 구부러진 부채를 들고 서 있다. 부채 위와 둘레에 연봉오리 상태를 막 벗어난 연꽃과 운문이 표현되었다. 남자 시종들은 누런색이나 자색 저고리에 점무늬가 있는 연황색 바지 차림이다. 부인 곁에는 검은색 및 자색 저고리에 주름치마 차림인 시녀 두 명이 공손한 자세로 서 있다.

　　두 줄의 전돌길로 위아래로 화면이 나뉜 기와집 바깥에는 남녀 시종이 그려졌다. 건물 바깥 서쪽의 위층에 머리에 검은 두건을 쓴 남자 두 사람이 묘사되었고, 아래층에 긴네모꼴(직사각형) 쟁반에 음식을 담아 집 안으로 들여가는 남자 세 사람이 그려졌다. 동쪽 위층에는 긴 저고리와 주름치마 차림의 여인 둘이 서 있고, 아래층에는 저고리와 주름치마 차림 여인 셋이 다리가 있는 소반에 음식을 담아 집 안으로 들여가고 있다. 음식을 나르는 세 여인 가운데 앞의 여인은 상 위에 둥근 것을 놓았고, 그 뒤의 여인은 상에 짐승의 뒷다리로 보이는 것을 올렸다. 북벽 도리층에도 'ㅅ'자 형태의 활개 안쪽 세모꼴 공간에 하늘 세계를 받치는 자세의 역사, 'ㅅ'자 바깥 좌우에 활짝 핀 연꽃과 조운문을 표현하였다.

　　그런데 널방 북벽의 경우, 무덤의 발굴 조사 이후 보존 환경이 제대로 유지되지 않은 때문인지 벽면 가운데 부분의 벽화가 대부분 사라졌다. 부인의 옷자락 끝부분과 평상의 한쪽 끝 정도만 확인된다. 무덤 주인 부부와 주인 곁의 남자 시종 세 사람, 이들이 들고 있던 부채 가운데 두 개는 그림이 남아 있지 않다. 2004년 및 2005년의 현장 답사 당시 수산리벽화분 널방 서벽 행렬도 인물들 주변이 온통 붉은곰팡이가 번진 자국으로 채워진 점, 벽체와 석회층 사이가 크게 벌어져 북한의 문화재 담당자들이 정기적으로 벌어진 틈의 공기를 주사 방식으로 뺀다고 증언했다. 이로 보아 유적 발굴 이후 어느 시점에 북벽 가운데 부분의 석회층이 통째로, 혹은 조각조각 벽체에서 떨어져 내리면서 벽화도 훼손된 것으로 보인다.• 천장고임에도 벽화를 그렸을 수 있으나 발굴 조사 당시 벽화는 확인되지 않았다.

무덤 구조와 벽화 제재의 분석

수산리벽화분은 외방무덤이다. 널길이 무덤 입구의 가운데에 나 있고, 널길 입구부터 널방 입구에 이르기까지 점차 좁아지며 아래로 단을 지며 낮아진다. 널방 벽 상부에서 궁륭고임처럼 약간씩 안으로 휘어들어가다 평행고임을 올리고 그 위로 삼각고임을 올린 평행삼각고임 천장 구조를 하고 있다. 구조적인 측면에서 후기 외방무덤의 전형적인 요소를 어느 정도 갖춘 경우에 해당한다.[22] 무덤 축조 재료, 특히 널길 천장과 널방 천장 짜임에 사용된 석재들이 비교적 잘 다듬어진 긴네모꼴 판석 형태인 것도 중기에서 후기 외방무덤으로 넘어가는 단계의 특징을 잘 드러내준다. 무덤 구조와 축조 재료로만 보면 수산리벽화분은 후기 벽화고분 출현 전의 어떤 시기에 축조되었다고 볼 수 있다.

벽화 제재의 선택과 구성으로 볼 때 수산리벽화분은 전형적인 생활 풍속계 벽화고분이다. 평양권 초기 고분벽화의 가장 큰 특징이지만 중기를 고비로 주류적 입지를 잃게 되는 생활 풍속이라는 주제가 선택되어 그려진 경우이다. 그러나 벽화 제재의 구성 방식은 초기 고분벽화와 차이를 보인다. 제재별로 나누어 살펴보면 아래와 같다.

널길 동벽과 서벽에 묘사된 칼과 창을 손에 쥔 문지기 장수는 중기 고분벽화에 자주 등장하는 무덤 지킴이이다. 408년 묘지명이 있는 덕흥리벽화분 널길 벽의 괴물 모습 문지기 장수를 잇는 존재이다. 투구와 갑옷 차림으

● 2005년 고구려 유적 남북공동조사단(2005. 7. 19~7. 30)의 남측 고구려연구재단 소속 연구원으로 수산리벽화분을 조사하였다(2005. 7. 27). 당시 수산리벽화분 널방 북벽의 안채 내부 그림은 대부분 벽에서 떨어져나간 상태였다. 널방 벽에서 채색 석회층과 널방 벽 사이에 공기층이 형성되어 석회층이 널방 안쪽으로 크게 부풀어 오르는 현상이 확인되었다. 널방 동벽의 부풀어 오름 현상이 가장 심했다. 당시 필자는 북한 문화재 담당자들에게 널방 내부 온습도의 안정성을 확보하기 위한 최소한의 조치가 우선적으로 취해져야 함을 강조하였다(고구려연구재단 편, 『평양 일대 고구려유적』, 2005).

로 긴 칼과 긴 창을 비껴 세워 든 안악2호분 문지기 장수 등과 맥락상 서로 닿아 있다.그림13~14 집안권 중기 벽화고분인 삼실총, 장천1호분 등에도 실물 크기로 묘사된 문지기 장수들이 등장한다.

널방 서벽 전돌길 위쪽의 무덤 주인 부부 곡예 관람 장면은 초기 고분 벽화인 안악3호분 회랑 대행렬도의 '칼춤' 관람, 팔청리벽화분(八淸里壁畵墳) 및 약수리벽화분 행렬도의 '곡예' 관람을 잇는 그림이다.그림15 집안권 중기 벽화고분인 장천1호분 백희기악도(百戱伎樂圖)의 곡예 관람 장면 역시 내용상 수산리벽화분 곡예 관람과 맥락이 닿는 그림이다. 안악3호분 벽화에 보이는 두 사람의 칼춤은 기본적으로 무용의 한 종류로 분류된다. 하지만 행렬 진행 중 주인공에게 보이는 여러 가지 재주의 하나인 점에서 곡예의 한 종목으로 넣을 수도 있다.[23] 팔청리벽화분과 약수리벽화분 행렬도의 곡예는 고취악대의 반주가 이루어지는 가운데 주인이 탄 우차 앞에서 펼쳐진다. 수산리벽화분의 곡예에 보이지 않는 격검(擊劍) 재주와 긴 막대를 던져 올리는 재주가 선보인다. 장천1호분 백희기악도에 등장하는 곡예 장면에는 손재주와 공중 바퀴 돌리기는 보이지만 높은 나무다리 타기 재주는 보이지 않는다. 대신 키 큰 나무를 이용한 원숭이 가면 놀이가 선보이며 주인과 손님의 관심은 이 재주에 쏠려 있다. 이로 보아 수산리벽화분 등에 곡예 장면이 그려질 당시 고구려 사회에서 귀족 집안의 초청으로 곡예 관람이 이루어질 때에는 기본적으로 시연되던 종목이 몇 가지 있으며 지역이나 시기에 따라 세부 구성에 변화가 있었음을 짐작할 수 있다.

곡예 관람 중인 행렬의 여인들을 포함하여 널방 벽에 그려진 여인들은 하나같이 이마와 볼, 입술을 붉은 연지와 곤지로 장식하였다. 곡예 관람 행렬의 귀족 부인은 목에 붉은 띠를 둘렀고 귀족 부인과 그 뒤의 여인들은 저고리의 깃, 끝동, 도련에 검은 선(襈)을 댄 뒤 붉은 선을 한 줄 덧댔다.그림16 귀족 부인이 걸친 저고리의 선에는 정교한 장식문이 더해졌다. 언뜻 보면 중국

그림13

그림14

그림15

그림13 안악2호분 널방 남벽 벽화 문지기 장수.

그림14 약수리벽화분 널방 남벽 벽화 문지기 역사.　　　그림15 팔청리벽화분 널방 서벽 벽화 곡예.

그림16 그림17

그림16 **수산리벽화분 널방 서벽 벽화**
귀부인.
그림17 **쌍영총 널방 북벽 벽화 안채**
의 귀부인.

한대의 조운문이나 초화문(草花文)을 연상시키기도 한다. 시녀들을 포함하
여 여인들이 입은 긴 저고리는 어깨선이 가파르게 내려와 옷을 입은 여인들
의 자태에 세련됨과 아름다움을 더해준다. 또한 벽화 속 여인들과 남자 시종
들의 저고리는 하나같이 깃을 오른쪽으로 여미는 오른 여밈이다.

　　초기 고분벽화 생활 풍속도에서 여인들이 얼굴을 붉은 연지외 곤지로
장식하는 관습이 있었는지를 확인하기는 어렵다. 안악3호분이나 덕흥리벽
화분, 감신총 벽화에서 입술에 붉은 연지를 바른 여주인과 시녀들은 심심치
않게 찾아볼 수 있다. 그러나 진사(辰砂)*를 원료로 한 진홍색 연지로 화장
한 것처럼 보이지는 않는다. 더욱이 이런 고분벽화에는 입술연지 화장이 확
인되지 않게 그려진 인물들도 적지 않게 등장한다. 집안권 고분벽화의 경우

　● 수은으로 이루어진 황화광물. 점판암, 혈암, 석회암 속에서 나며 수은의 원료, 붉은
　색 안료(顔料), 약재로 쓴다.

에도 붉은 입술연지를 한 여인이 몇 사람 보일 뿐이다. 이런 흐름을 감안하면 수산리벽화분에 벽화가 그려질 즈음 고구려 여인의 얼굴 화장법에 뚜렷한 변화가 있었다는 해석도 가능하다.

이마와 볼, 입술에 붉은 연지와 곤지 화장을 한 여인은 쌍영총 벽화에서도 찾아볼 수 있다.[그림17] 널방 북벽의 안채 건물 한가운데 남편과 나란히 앉은 부인이 그 주인공이다. 벽화가 훼손되어 얼굴 세부는 확인되지 않으나 이마와 볼, 입술의 붉은 연지, 곤지는 아직 뚜렷이 남아 있다. 또한 흑백사진과 모사선화로만 남은 쌍영총 널길 벽 행렬도 중의 세 여인은 볼과 입술에 붉은 연지 화장을 하였다. 모사선화로는 쌍영총 널길 벽의 여인들이 눈두덩에도 붉은 연지를 얇게 발라 현대 여성들 사이에 널리 행해지는 '아이섀도(eye shadow)'를 한 것처럼 보이기도 한다. 수산리벽화분과 쌍영총, 안악2호분 벽화의 제작 시기가 비슷할 것으로 판단됨을 고려하면 수산리벽화분에 등장하는 여인 얼굴의 붉은 연지와 곤지는 중기 고분벽화가 그려지던 시기 고구려 사회에 어느 정도 유행하던 화장법을 알게 하는 좋은 사례라 할 수 있다. 그러나 안타깝게도 안악2호분 벽화에 등장하는 비천과 공양자들의 입술은 붉은 연지를 바른 듯이 보이지만 볼이나 이마에 붉은 연지, 곤지를 넣었는지는 명확하지 않다.

널방 안벽인 북벽 기와집 안의 주인 부부는 주인이 서쪽, 부인이 동쪽에 앉아 있으며 주인은 정면상, 부인은 주인 쪽을 향해 약간 몸을 틀고 고개를 돌린 반정면상이다. 무덤 칸의 앞방이나 널방 벽에 주인 부부의 모습을 그려 넣는 것은 초기의 생활 풍속계 고분벽화부터 확인된다.[24] 그러나 방이나 벽의 방위, 부부의 위치 등의 세부적인 면까지 자세히 살펴보면 시기와 지역에 따른 차이가 나타난다. 초기 고분벽화인 안악3호분에서 무덤 주인 부부는 앞방 서쪽 곁방의 안벽인 서벽에 그려졌다. 무덤 주인이 남쪽 곁 부인의 오른쪽에 배치되었고 부인이 정면향의 남편을 향해 몸을 약간 틀고 고

그림18

그림19

개도 돌렸다.

역시 초기 작품인 덕흥리벽화분에는 널방 안벽인 북벽의 서쪽에 무덤 주인이 정면 좌상으로 그려졌다. 그러나 동쪽의 평상 위에 모습을 드러내야 할 부인은 그려지지 않아 수산리벽화분과의 비교가 어렵다. 약수리벽화분의 경우, 주인 부부는 널방 안벽인 북벽 상단 도리 위에 한 평상 위에 나란히 정면을 향해 앉은 모습으로 그려졌다.^{그림18} 남편이 부인의 오른쪽에 앉았고 부인은 남편의 약간 뒤쪽에 몸이 반쯤 가려지도록 앉았다. 평상 곁에 주인 부부의 시종들이 작게 그려졌다. 약수리벽화분의 무덤 주인 부부는 수산리벽화분에서처럼 안채의 주인공으로 당당하게 많은 남녀 시종들의 시중을 받으며 부엌에서 내오는 음식을 즐기는 존재가 아니다. 주인 부부는 평상 바깥에 작게 그려진 현무가 지켜주는 존재이다.

쌍영총 벽화에서도 주인 부부는 널방 안벽인 북벽에 등장한다. 쌍영총 벽화의 주인 부부는 북벽 가운데 커다란 장방 안에 묘사된 안채 건물의 한가운데 평상 위에 정면을 향해 나란히 앉았다.^{그림19} 주목되는 것은 다른 고분벽화와 달리 부인이 남편 오른쪽에 앉았다는 사실이다. 화면 속 주인공들은 각각 여러 사람의 남녀 시종들의 시중을 받고 있다. 이런 점에서 수산리벽화분의 주인 부부와 크게 다르지 않다. 그러나 뚜렷한 차이점도 있다. 쌍영총에서도 주인 부부는 장방 바깥에 묘사된 쌍현무(雙玄武)의 지킴을 받는 존재라는 것이다.

제작 시기로 보아 수산리벽화분과 큰 차이가 없을 것으로 보이는 천왕지신총에서도 무덤 주인 부부는 널방 안벽인 북벽에 묘사되었다. 쌍영총과 달리 천왕지신총 벽화에서는 부인의 오른쪽에 남편이 표현되었다. 앞의 다른 고분벽화와 다르게 부인은 정면을 바라보고 있으나 남편은 부인 쪽으로 몸을 틀고 고개를 돌린 상태이다. 부부가 약간 떨어져 서로 다른 평상에 앉아 있는 점까지 함께 고려하면 천왕지신총 벽화는 남편보다는 부인에게 무게감이 주어진 경우이다. 천왕지신총은 널방 천장고임에 천왕(天王), 지신, 천추, 만세 등을 그렸다. 하지만 벽면을 온통 연꽃문 장식으로 채우다시피 하고 제한된 공간에만 주인 부부 가내 생활 장면 등등을 넣은 경우에 해당한다. 벽화 제재의 배치 및 구성 방식으로 보아 천왕지신총 주인 부부는 불교의 전생적 내세관을 배경으로 정토왕생을 추구한 사람들이었을 가능성이 높다.

위의 몇몇 고분벽화에 보이는 무덤 주인 부부 표현 위치와 방식은 약간씩 차이가 있다. 그러나 안악3호분 정도를 제외하면 무덤 주인 부부들은 불교적 내세 삶을 추구하거나 사신의 보호를 받는 내세 생활을 꿈꾸고 소망한다. 수산리벽화분 무덤 주인 부부 그림에서는 이런 측면이 뚜렷이 드러나지 않는다.

수산리벽화분 널방 북벽 주인 부부 생활 장면 곳곳에 보이는 붉은 연꽃 및 연봉오리들도 눈길을 끄는 제재 가운데 하나이다. 안채 건물 안의 빈 공간 이곳저곳에 떠 있는 것처럼 묘사된 줄기 달린 연꽃 및 연봉오리들은 건물의 장식문도 아니고, 사람들이 손에 쥔 것도 아니다. 자세히 살펴보면 이들 연꽃과 연봉오리들은 빈 공간에 규칙적으로 그려져 화면 전체의 밀도를 조절하는 역할을 한다. 유사한 사례를 집안권 중기 고분벽화인 장천1호분 벽화에서 찾아볼 수 있다. 장천1호분 앞방 백희기악도에서는 작은 연봉오리들이 화면의 빈 곳마다 그려져 마치 하늘에서 연봉오리들이 뿌려진 것 같은 느낌을 준다.[그림20] 이 경우도 연봉오리들은 화면 밀도를 고르게 하는 제재이다.[25] 이런 연봉오리들은 장천1호분 앞방 예불 공양도를 비롯하여 곳곳에 보인다. 평양권 중기 고분벽화인 천왕지신총 널방 북벽 주인 부부 생활도의 배경을 이루는 연속귀갑형(連續龜甲形) 연꽃 장식문에도 위의 고분벽화에 보이는 연꽃, 연봉오리와 유사한 기능이 주어졌다.[그림21] 물론 천왕지신총 벽화의 장식문은 벽지처럼 보이기도 한다. 하지만 실내외에 균일하게 그려졌다는 점에서 화면의 밀도를 조절하는 제재에 해당한다.

그림20 **장천1호분 앞방 북벽 벽화 백희기악도 중 오현금(五絃琴) 연주와 춤.**

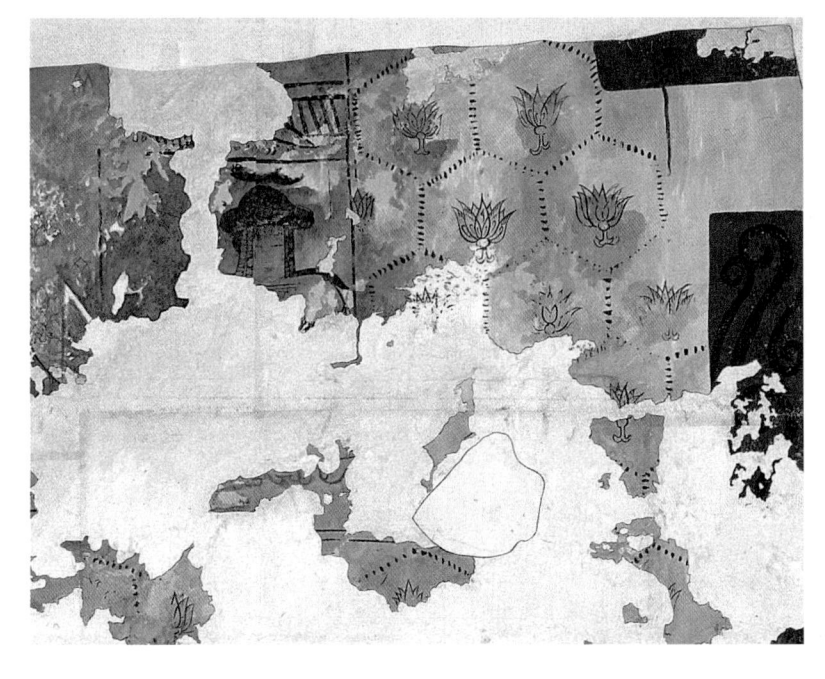

그림21 천왕지신총 널방 북벽 벽화
무덤 주인 부부 모사도.

　　수산리벽화분 널방 벽화에서 주목되는 또 하나의 제재는 벽의 상부
'人'자 소슬 밑 세모꼴 공간의 우주역사이다.^{그림22} 널방 서벽 상부 도리층의
역사는 전면을 향해 두 다리를 좌우로 넓게 벌리며 엉덩이를 낮추고 무릎을
구부린 자세로 몸을 세우고 두 팔을 좌우로 벌려 비스듬하게 뻗어 올라간 소
슬의 한쪽 면을 손으로 받쳐 든 자세이다. 널방 북벽 상부 도리층의 역사는
머리와 몸을 한쪽 방향으로 튼 채 한쪽 다리는 얼굴 방향으로 내뻗으며 무릎
을 구부리고, 다른 쪽 다리는 뒤로 빼 무릎을 바닥에 대다시피 하면서 두 팔
로 소슬 좌우의 면을 받쳐 들었다. 두 자세의 우주역사는 다른 화면에서도
번갈아 나타난다.

　　고구려 미술에서 두 팔로 하늘 세계를 받치는 역사를 형상화한 사례는
주로 중기 고분벽화에서 발견된다. 평양권 중기 벽화고분인 대안리1호분
(大安里一號墳) 널방 벽 모서리에는 두공 부분을 받쳐 든 우주역사가 등장한

그림24 **삼실총 제2실 벽화 우주역사.**

다.^{그림23} 모서리의 자색 기둥을 대신한 역사는 커다란 상투를 그대로 드러낸 채 얼굴을 정면으로 향하고 두 팔로 두공 부분을 받쳐 들었다. 벽화가 훼손되어 보이지 않는 몸의 다른 부분과 두 다리는 수산리벽화분이나 다음에 볼 삼실총 벽화의 정면향 역사와 비슷하게 표현되었을 것이다.

집안권 중기 고분벽화인 삼실총의 우주역사는 제2실과 제3실의 세 벽면에 한 사람씩 묘사되었다. 삼실총 벽화의 역사는 한 벽면을 통째로 차지할 정도로 크게 그려졌다.^{그림24} 삼실총의 우주역사는 두 다리는 기마 자세이고 두 팔로는 도리를 받쳐 들었다. 역사들은 하나같이 눈이 크고 코가 오뚝하며 허리는 날씬하고 팔과 다리는 굵다. 어떤 역사들은 두 다리에 각각 한 마리씩 혹은 팔에 뱀이 감겼다. 몸에서는 상서로운 기운이 강하게 뻗어 나온다. 우주적 무게를 견뎌내며 받쳐 들고 있음을 나타내려는 듯 역사들은 두 눈을 부릅뜨고 이를 악물었다.

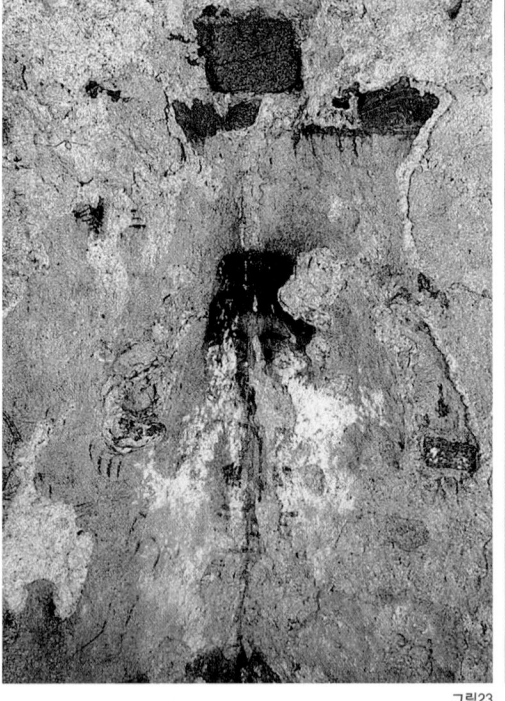

그림22

그림23

그림25

그림22 수산리벽화분 널방 동벽 상단 벽화 우주역사.
그림23 대안리1호분 널방 모서리 벽화 우주역사.
그림25 장천1호분 앞방 천장고임 벽화 우주역사.

삼실총 벽화와 비슷한 시기의 작품인 장천1호분 벽화에도 우주역사가 여럿 등장한다. 장천1호분 벽화의 역사들은 앞방 천장고임 각 모서리의 삼각석 측면에 그려졌다.^{그림25} 평행삼각고임인 앞방 천장고임 각 모서리의 1·3·5층 삼각석에 한 사람씩 세 사람, 네 모서리 전체에 모두 열두 사람이 묘사되었다. 장천1호분 벽화 우주역사들의 자세나 생김은 삼실총 역사들과 비슷하다. 벽화의 역사는 두 다리를 좌우로 벌리고 엉덩이가 땅에 닿을 정도로 무릎을 굽혀 버틴 자세로 두 팔로 힘껏 위를 받치고 있다. 사력을 다하고 있는 듯 부릅뜬 두 눈은 왕방울처럼 튀어나왔고 힘껏 이를 악무는 바람에 아랫입술이 가려졌다. 두 다리와 두 팔의 근육은 크게 부풀었고 발꿈치는 바닥에 깊숙이 박히다시피 하고 발가락은 위로 들렸다. 장천1호분 벽화의 역사들은 어떤 면에서는 삼실총 역사보다 더 사실적으로 생생하고 과장되게 그려졌다.

수산리벽화분 널방 벽 상단의 우주역사들은 삼실총이나 장천1호분 벽화의 우주역사처럼 이국적인 얼굴을 지니지도 않았고 날씬한 허리에 울룩불룩한 근육질의 인물도 아니다. 벽화의 훼손으로 말미암아 얼굴 생김이나 몸 세부의 묘사 방식을 제대로 알기 어려우나 남아 있는 선으로 보아 허리는 불룩하고 팔과 다리의 근육이 특별히 발달한 상태는 아니다. 대안리1호분 널방 벽 모서리의 역사는 이런 역사들과도 구별된다. 벽화의 역사 가운데 한 사람은 남아 있는 얼굴의 세부로 추측해볼 때 눈이 큰 코카서스 계통이다. 그러면서도 벽 모서리에 그려지던 기둥을 대신한 존재라는 점에서 다른 고분벽화의 우주역사와 다르다. 이런 점들을 함께 고려할 때 수산리벽화분 널방 벽 상단의 우주역사는 중기 고분벽화의 흐름 안에 있으면서도 다른 고분벽화의 우주역사와는 구별되는 존재라 할 수 있다.

수산리벽화분 널방 벽 상단 도리층에 그려진 활짝 핀 연꽃도 주목해야 할 벽화 제재 가운데 하나이다.^{그림26} 활짝 핀 8엽 2겹의 복숭아꼴 꽃잎에 넓은 씨방, 구슬꼴 꽃씨들을 지닌 이 연꽃들은 소슬 사이의 역삼각형 공간마다

그림26

그림27

그림28

그림26 수산리벽화분 널방 상단 벽화 연꽃.
그림27 안악2호분 널방 상단 벽화 연꽃.
그림28 용강대묘 널방 벽 상단 벽화 연꽃 송이.

한 송이씩 그려졌다. 연꽃 좌우에는 조운문이 하나씩 묘사되었다. 소슬 사이 역삼각형 공간에 활짝 핀 연꽃을 한 송이씩 그려 넣는 경우는 안악2호분에서도 확인된다. 안악2호분 널방 벽 상단의 연꽃은 수산리벽화분의 것과 종류는 비슷하나 좀 더 화려하고 세련되게 그려졌다.^{그림27}

용강대묘에서는 널방 상단의 도리층 소슬 사이의 공간이 좁아 역삼각형일 경우에는 꽃봉오리 상태를 막 벗어나는 상태의 커다란 연꽃 송이를 넣고, 공간이 넓어 중간에 'I'자 두공을 넣어 화면이 좌우 두 개로 나눌 수 있는 경우 각 화면에 한 개씩의 연꽃 송이를 묘사하였다.^{그림28} 활개 사이의 공간에 연꽃 장식을 넣은 사례에 해당한다. 쌍영총의 경우 벽 상단의 소슬 사이 공간에 꽃병을 한 개씩 묘사한 점에서 차이를 보인다. 하지만 소슬 사이 공간이 장식을 위해 활용된다는 점에서는 수산리벽화분과 다르지 않다. 이처럼 벽 상단에 도리층을 만들고 활개 사이의 공간을 장식을 위한 화면으로 활용한다는 점에서 수산리벽화분은 벽화 제작 시기가 비슷한 다른 중기 벽화고분들과 공통점을 지니고 있다.

수산리벽화분의 널방 벽 모서리와 상단부를 장식한 기둥, 두공, 도리, 활개가 여러 가지 무늬로 장식된 점도 눈여겨볼 부분이다.^{그림29} 고분벽화가 제작되는 시기와 지역에 따라 차이를 보이기 때문이다. 평양권의 경우, 기둥이나 두공, 도리에 장식문을 넣는 사례는 초기 생활 풍속계 벽화고분인 덕흥리벽화분에서 확인된다. 덕흥리벽화분 앞방과 널방에 그려진 기둥, 두공, 도리는 둥근 돌기들이 달린 초운문으로 장식되었다.^{그림30} 반면 덕흥리벽화분 벽화보다 제작 시기가 빠른 안악1호분과 좀 더 늦은 시기 작품인 감신총의 기둥, 두공, 도리 그림에서는 장식문이 확인되지 않는다. 두 고분벽화의 기둥과 도리 등은 실제의 목조 가옥처럼 자색으로 채색되었을 뿐이다. 집안권의 초기 벽화고분인 각저총(角觝塚)과 중기 벽화고분인 무용총(舞踊塚), 삼실총, 장천1호분도 벽화에 보이는 기둥과 도리에도 아무런 장식문이 들어가

그림29

그림30

그림31

그림32

그림33

있지 않다.

　　그러나 집안권 중기 고분벽화의 하나인 환문총(環文塚) 벽화에서는 장식문을 넣은 기둥, 두공, 도리를 볼 수 있다.[그림31] 환문총 널방의 기둥과 두공, 도리는 진황색 바탕에 복숭아꼴로 디자인된 변형 운문으로 장식되어 벽면 가득 그려진 동심원문과 어울리며 두드러져 보이는 효과를 낸다. 집안권과 달리 평양권 중기 고분벽화에서는 기둥과 두공, 도리, 활개 등에 장식문을 넣은 사례를 자주 찾아볼 수 있다. 용강대묘 벽화의 기둥과 도리 등에는 비교적 단순한 형태의 초운문이 장식되었다. 대안리1호분 벽화의 기둥, 도리에서도 초운문 계통 장식문의 존재가 확인된다. 쌍영총 벽화의 경우, 기둥과 두공, 활개는 자색으로 채색되었지만 도리는 비교적 복잡한 형태의 초운문, 동심원이 들어 있는 연속마름모꼴 무늬 등으로 장식되었다.[그림32] 안악2호분 벽화의 기둥, 두공, 도리 등은 수산리벽화분의 것보다 세련되며 다양한 무늬들로 장식되었다. 안악2호분은 널방 천장고임 전체가 화려한 연꽃 및 연봉오리, 동심원문으로 장식된 것으로 잘 알려졌는데, 기둥 및 도리 등의 장식도 마찬가지로 화려하다. 안악2호분 널방 상단의 첫 번째 도리를 장식한 연잎꼴 넝쿨문은 5세기 고분벽화의 장식문 가운데 가장 눈에 띄는 것 가운데 하나이다.[그림33]

　　수산리벽화분 널방 기둥, 두공, 도리의 장식문은 초운문과 연속 삼각문, 원문, 연꽃 송이 등을 교대로 넣되 기둥 전체와 두공, 도리, 활개의 일부에는 주색 바탕에 검은색으로 무늬를 넣고 다른 일부의 두공, 도리와 활개는 초운문과 용운문(龍雲文)을 얽어 넣어 장식함으로써 신구·강약의 조화, 안정감과 변화를 동시에 주고 있다. 선의 흐름에도 긴장과 이완이 적절히 섞이는 등 수산리벽화분 널방 기둥과 도리 등에 묘사된 장식문에서는 매우 독특한 미감이 느껴진다. 한 시대의 회화적 노력과 성취가 잘 나타나는 경우라고 하겠다. 이상에서 살펴본 무덤 구조와 벽화 내용, 구성 방식, 제재 묘사에

그림29 **수산리벽화분 널방 모서리 벽화 기둥과 두공.**
그림30 **덕흥리벽화분 널방 모서리 벽화 기둥과 두공.**
그림31 **환문총 널방 모서리 벽화 기둥과 두공.**
그림32 **쌍영총 널방 천장고임 벽화 도리.**
그림33 **안악2호분 널방 천장고임 벽화 도리.**

적용된 기법 등을 모두 고려하면 수산리벽화분의 축조 및 벽화 제작 시기는 5세기 후반의 늦은 시기로 볼 수 있다.

5세기 평양 문화의 전개 방향과 수산리벽화분

고구려가 평양으로 천도한 427년 이후, 평양은 동북아시아 정치와 문화의 중심으로 크게 번성하였다. 436년 북위에 의해 북연의 수도 용성(龍城)이 함락될 당시 고구려가 보여준 과감한 대응은 북위로 하여금 고구려를 동북아시아 패자로 인정할 수밖에 없게 하였다.[26] 동북아시아 패권국가로서의 지위가 확실해지면서 고구려의 새로운 수도 평양의 대내외적 입지도 확고해졌다. 동북아시아 패권국가 고구려의 수도 평양은 5세기 동아시아에 4강 시대가 열리면서 가장 큰 혜택을 보게 된 도시라고 해도 과언이 아니다.

412년 광개토왕을 이은 장수왕은 491년까지 79년이라는 오랜 기간 왕위에 있으면서 고구려가 동아시아 세력균형의 한 축을 담당하도록 이끌었다. 이전과는 다른 차원에서 전개된 국제 관계와 세력권에 대한 강력한 통제력에 힘입어 장수왕 통치 시기의 고구려는 정치, 경제, 사회, 문화 등 제 측면에서 전성기를 누릴 수 있었다. 5세기 중엽을 전후한 시기에 집안 및 평양, 안악 일대에서 다수의 벽화고분이 축조될 수 있었던 것도 이러한 사회적 환경에 힘입은 바 컸다.

북위의 북중국 통일과 고구려의 동북아시아 패권 확보로 4강 시대가 열리면서 동아시아 국제 정세는 안정기에 접어들었다. 439년 북량(北涼)이 멸망하자 고구려의 평양에서 중국의 북조(北朝) 국가인 북위를 거치거나 초원지대의 유연(柔然)을 거쳐 중앙아시아에 이르는 길은 동서 교류의 교통로로 더 활발하게 이용되었다. 고구려가 내륙 실크로드나 북방의 초원 길(steppe road)를 거쳐 서아시아와 인도에서 비롯되어 중앙아시아로 이어지는 문화 전파의 흐름에 적극적으로 참여할 수 있게 된 것이다.

이런 역사·문화적 환경에 힘입어 5세기 중엽 전후 고구려에는 불교문화라는 이름 안에 포함된 다양한 기원과 내용을 지닌 서방 문화들이 흘러들었다. 외래의 새로운 문화는 고구려 사회에 소개되는 데에 그치기도 하고 받아들여져 소화되어 재창조되기도 했다. 하늘 세계를 받치는 우주역사라는 신화적 존재에 대한 인식과 이미지도 5세기 중엽 고구려에 소개된 다양한 외래 문화 요소 가운데 하나이다.

중국의 오랜 신화·전설에도 우주역사로 상정할 만한 존재가 등장한다. 전한(前漢) 장사(長沙) 마왕퇴1호한묘(馬王堆一號漢墓) 출토 백화(帛畵)•의 '우강(禺疆)'▪이 그에 해당한다.[27] 동아시아에서 우강은 우주역사의 모습으로 이미지화하여 묘사되거나 인구에 회자되지 않았다. 하지만 불교의 전래와 함께 들어온 새로운 관념의 영향으로 우강이 재해석되고 재조형될 여지는 얼마든지 있었다. 수산리벽화분의 역사는 이런 가능성과 관련하여 주목되는 존재이다.

안정된 국제 정세를 배경으로 문화 교류가 더욱 활발해지자 중국의 남북조를 풍미하던 불교미술이 고구려에서 불교문화가 보다 빠른 속도로 확산하는 데에 한몫했을 것이다. 5세기 중엽을 전후하여 집안 지역에서는 연꽃 장식 벽화고분이 크게 유행한다. 이와 달리 평양 일대에서는 그런 현상이 상대적으로 약하게 나타난다.[28] 그럼에도 평양 및 안악 지역 중기 벽화고분에서 연꽃이 널방 벽 상단 및 천장고임을 장식하는 매우 중요한 제재로 등장하는 점은 이런 흐름과 관련하여 주목된다. 특히 평양형으로 명명할 수 있는 복숭아꼴 꽃잎과 구슬꼴 연씨를 지닌 연꽃은 북조 석굴사원을 장식한 연꽃 양식과 비교할 필요가 있다.

5세기 초 고구려가 평양으로 천도하려고 사전 정지 작업에 들어가 마침

• 비단에 그려진 그림.

▪ 사람 얼굴에 새 몸뚱이 형상을 한 북극의 신. 큰 자라 열다섯 마리로 땅을 받쳐들게 한 뒤 이를 지켜보는 역할을 맡았다.

내 평양 천도를 단행했을 때, 고구려 사회의 새로운 과제는 평양을 중심으로 한 보다 보편적인 성격의 고구려 문화를 창출해내는 것이었다. 427년까지의 수도이던 국내(집안) 지역은 고구려를 세운 예맥(濊貊) 사회의 전통과 관습에서 비롯된 원고구려 문화의 중심이었다. 이런 사실을 고려할 때 새로운 수도인 평양은 고구려인이라는 정체성을 바탕으로 한 보편성 높은 범(凡)고구려 문화의 산실이 될 필요가 있었다. 동북아시아 패권국가로서의 지위를 확보한 고구려는 백성들로 하여금 부족이나 종족을 넘어서는 고구려인, 초원 제국이나 중국과 구별되는 별개의 천하를 이룬 고구려 사람이라는 인식과 자부심을 가지게 하는 것이 급선무였다. 제국 수준으로 성장한 고구려의 백성이 이전과는 다른 차원의 정체성을 지니지 않고서는 동아시아의 강국으로서의 지위도 하루아침에 잃게 될 가능성이 높았기 때문이다.

다양한 종족과 사회를 아우른 국가가 국가의 규모와 성격에 적합한 정체성을 확립하고 유지하는 데에 실패할 경우, 국가를 유지하려는 구심력보다 국가에서 떨어져 나가려는 원심력이 강해진다. 그러면 내부에서 일어나는 일시적인 혼란이나 외부로부터의 단순한 충격에도 쉽게 와해되고 소멸될 수 있다. 실제로 강력한 힘을 발휘하면서 외연을 확장하던 초원 제국들이 제국의 정체성을 확립하기 이전에 왕위 계승을 둘러싸고 강력한 권력투쟁을 겪으면 그 후유증으로 혼란과 분열에 빠지기 쉽다. 그런 상태의 제국은 오래지 않아 역사의 무대에서 사라질 수밖에 없다. 북중국의 오호십육국 시대에 초원 지역과 북중국의 나라들이 조서으로 명멸하는 과정을 생생히 지켜보았던 고구려의 지배층이 제국 고구려가 맞닥뜨린 국가적, 사회적 과제가 무엇인지 인식하지 못했을 리 없다. 보편성 높은 고구려 문화를 성립시키는 것은 5세기 고구려 사회의 시급하고 절대적인 과제였다.

이미 수백 년에 걸쳐 다양한 문화와 지배 세력을 경험한 도시라는 점에서 평양은 보편성이 높은 문화가 성립하고 펼쳐져 나가는 중심이 되기에 적합한 곳이었다. 잠시 현도군(玄菟郡)•의 영역이 된 적은 있어도 국내성 지역은 예맥 사회의 정치·문화의 중심지라는 위상을 수백 년간 유지했다. 반면에 평양은 뿌리가 서로 다른 문화가 들어오고 나가기에 쉽고 실제 그래 왔던 곳이다. 장수왕과 측근들은 국내성에 뿌리를 둔 귀족들의 강력한 반대를 무릅쓰고 천도를 강행하였다. 이런 까닭에 평양이 제국 고구려의 수도로 확고한 위상을 갖게 하기 위해서도 빈번한 대외 교류, 외래문화의 수용 및 확산, 지역 문화와 중앙 문화의 교류가 평양을 중심으로 이루어지게 할 필요가 있었다. 즉, 평양이 문화의 호수 겸 큰 샘이 되게 함으로써 평양을 중심으로 고구려 문화의 정체성이 확립되고 확산되게 하는 전략이 필요했던 것이다. 5세기 고구려 중앙정부가 전략적 차원에서 문화 정책을 입안하고 추진해나갔다면, 고구려 중기 벽화고분의 하나인 수산리벽화분은 그 흐름의 일단을 읽어내는 데에 매우 유용한 자료일 수 있다.

고구려의 중기 벽화고분은 무덤 구조와 벽화 구성을 통해 평양 천도가 이루어진 이후에도 고구려 주요 지역의 문화는 개별적이고 독자적인 흐름을 유지했음을 잘 드러낸다. 평양과 남포 일대에서는 두방무덤과 외방무덤이 모두 축조되었다. 한편 평양권 안에서도 별개의 지역 문화권을 이루고 있던 안악 일대에는 외방무덤이 주로 만들어졌다. 같은 시기 집안권에서는 돌무지무덤 및 돌방무덤에 속한 여러 유형의 무덤들이 축조되었다.[29] 두 개의 외방무덤이 널길 입구 연결 통로로 나란히 연결된 통구12호분(通溝十二號墳)이나 세 개의 널방이 이음길로 연결되어 1기의 무덤으로 완성된 삼실총 등의 이형(異形) 무덤들은 집안권 중기 벽화고분의 구조적 다양성을 잘 보여준다. 무덤 구조로만 보아도 중기 벽화고분 시대의 고구려에서는 적어도 세 갈래의 지역적 흐름이 존재했음을 짐작할 수 있다.

외방무덤인 수산리벽화분은 이와 같은 큰 흐름 안에 존재하던 작은 갈래들을 짚어내는 데에 도움이 되는 경우이다. 평양 일대 중기 벽화고분 가운

• 기원전 108년 고조선을 멸망시킨 전한(前漢) 무제가 세운 네 개의 군 가운데 하나.
가장 북쪽에 설치되었다고 한다.

데 벽화의 주제가 생활 풍속인 무덤들은 대다수가 두방무덤이다. 이와 달리 벽화의 주제로 생활 풍속과 사신이 선택된 무덤들의 구조는 주류가 외방무덤이다. 평양 일원에서 생활 풍속과 사신이 벽화 주제인 두방무덤으로 5세기 후반 축조된 것은 대안리1호분과 쌍영총 정도를 들 수 있을 뿐이다. 5세기 후반의 늦은 시기로 갈수록 사신이 고분벽화의 유일한 주제로 선택되는 경향이 강했던 점을 감안하면 외방무덤이 무덤 구조의 주류로 부상하는 것은 당연한 현상이라고 할 수 있다. 중기 후반 외방 구조의 벽화고분에서 생활 풍속계 벽화 제재의 비중이 급격히 낮아짐은 잘 알려진 사실이다. 그런데 수산리벽화분은 외방무덤임에도 사신이 전혀 등장하지 않는다.

중기 벽화고분의 벽화 주제는 지역 문화의 특징과 고구려 문화 전반의 흐름을 동시에 읽을 수 있게 한다. 평양과 남포 일원에서는 생활 풍속, 생활 풍속과 사신, 장식문을 벽화 주제로 삼은 여러 유형의 벽화고분들이 보인다. 이와 달리 안악 지역 벽화고분에서는 앞 시기에 이어 생활 풍속만 벽화 주제로 선택된다. 집안 지역에서는 고분벽화의 주제로 생활 풍속, 생활 풍속과 장식문, 장식문이 선호된다. 중기 고분벽화에서도 생활 풍속이 가장 관심 있는 주제이지만 연꽃 중심의 장식문이 벽화 주제로 새로 유행함을 알 수 있다. 사신이 주요한 제재 겸 주제의 일부로 등장하는 것도 중기 고분벽화에서 확인되는 특징적 현상 가운데 하나이다. 비록 주제의 구성 요소가 될 정도로 비중이 높지는 않으나 사신은 집안 지역 중기 고분벽화에서도 주요한 제재의 하나이다.

벽화의 주제 및 제재 구성이라는 측면에서 볼 때 수산리벽화분은 평양 지역 생활 풍속계 고분벽화의 전통을 잇고 있다. 그러나 여러방무덤에서 두방무덤으로 이어지는 생활 풍속계 벽화고분의 주류적 흐름과는 연결되지 않는다. 평양권 중기 벽화고분 가운데 무덤 구조와 벽화 주제가 잘 맞아 떨어지는 수산리벽화분과 유사한 사례는 오히려 안악 지역의 안악2호분이다. 그럼에도 두 벽화고분이 벽화 제재 구성 방식에서는 미묘한 차이를 보이고 있어 주목된다.

안악2호분 벽화는 생활 풍속이 주제이지만 내용은 예불 공양에 초점이 맞추어졌다. 때문에 무덤 주인공의 내세관은 전통적인 계세관이 아니라 불교의 전생관일 것으로 해석된다. 이와 대조적으로 수산리벽화분 벽화 제재들은 생활 풍속에서 크게 벗어나지 않는다. 널방 서벽의 주인 부부 나들이 행렬도 예불 공양이 아닌 곡예 관람을 위한 것으로 묘사되었다. 두 고분이 무덤 구조와 벽화 주제상 가장 가까우면서도 벽화 제재의 구성 방식에서 이런 차이를 보이는 이유는 무엇일까? 언뜻 제재 구성 방식 서로 달라 보이나 그 이면에 서로 통하는 부분은 없을까?

널길 벽의 문지기 장수, 무늬로 장식된 널방 벽의 목조 가옥 구조 그림, 널방 벽 상단 도리층의 연꽃 장식 등은 세부적 표현 방식의 차이는 있어도 벽화 제재의 선택과 배치라는 면에서는 두 고분이 같다. 심지어 널방 안벽인 북벽에 부부 가내 생활도를 배치하고, 북벽 앞의 동벽과 서벽을 인물 행렬 위주로 화면 구성을 시도한 것조차 두 고분은 닮았다.

그러나 제재 구성에서 표현 기법까지 두 고분벽화의 차이점도 적지 않다. 수산리벽화분 널방 벽 도리층 소슬 사이에 묘사된 우주역사가 안악2호분에는 등장하지 않는다. 안악2호분 널방의 소슬 그림 사이 세모꼴 공간은 빈 채로 두었다. 수산리벽화분에 묘사된 우주역사는 집안 중기 고분벽화의 우주역사들처럼 코카서스계도 아니고 근육질도 아니다. 오히려 전한 마왕퇴1호한묘 출토 백화에 표현된 '우강'이나 남북조 시대 중국 석굴사원에 보이는 난쟁이 역사 주유(侏儒)와 더 닮았다. 수산리벽화분의 우주역사가 북중국을 관통하는 내륙 실크로드의 한 지점으로부터 들어온 관념이자 형상일 가능성을 시사하는 부분이다.

널방 북벽에 묘사된 주인 부부와 주변 인물들이 자아내는 분위기도 두

고분 사이에 차이가 있다. 안악2호분의 주인 부부는 다른 생활 풍속계 고분 벽화 주인공들처럼 평상 위에 정좌한 모습이나 장방 바깥 좌우의 남녀 인물들 가운데 동쪽의 남자들은 동벽에 등장하는 공양자들과 같은 복장을 하고 있다. 널방 동벽의 두 비천과 공양자들은 산화공양을 위해 손에 연화반을 받쳐들었다. 이런 사실을 감안하면 안악2호분 무덤 주인 부부가 꿈꾸는 내세 삶터는 연화장세계와 같은 불교적 낙원임을 짐작할 수 있다.[30] 안악2호분과 달리 수산리벽화분의 주인 부부는 널찍한 기와집 안에 설치된 장방 안에 나란히 정좌한 상태로 남녀 시종들의 시중을 받고 있다. 음식상을 든 남녀 시종들의 존재는 내세 삶터에서의 주인 부부의 생활이 생전과 크게 다르지 않음을 시사한다. 내세에 산화공양을 받는 존재가 되고 싶은 안악2호분 주인 부부와는 달리 수산리벽화분의 주인 부부는 이 세상에서 귀족으로서의 삶을 내세에도 누리고 싶어 한다고 하겠다.

그런데 여기서 눈길을 끄는 것은 수산리벽화분 널방 북벽 주인 부부 생활 장면 곳곳에 등장하는 연꽃과 연봉오리들이다. 기본적으로 화면 밀도를 조절해주는 효과가 두드러진 제재이나 왜 연꽃과 연봉오리인지 묻고 대답할 필요가 있기 때문이다. 안채 공간 곳곳의 연꽃과 연봉오리들을 벽 상단 도리 층에 그려진 커다란 연꽃과 연관지어볼 경우 해석의 방향은 명확해진다. 안채 건물 안에 그려진 연꽃과 연봉오리들은 무덤 주인 부부의 불교에 대한 인식의 일단을 드러내는 장치일 수 있다는 것이다. 산화공양을 받는 정토 삶의 주인공을 바라지는 않았을 수 있다. 그렇더라도 수산리벽화분 주인 부부에게 이미 관습적으로 받아들여진 상태이던 계세적 내세 삶에 대한 관념에 막연하나마 불교적 내세에 대한 소망이 덧씌워졌을 가능성도 있지 않을까?

수산리벽화분과 안악2호분 무덤 구조와 벽화 구성에서 읽어낼 수 있는 이와 같은 공통점과 차이점은 평양을 중심으로 추진되던 범고구려 문화의 정립 과정과 내용의 일단을 어느 정도 드러낸다. 평양 천도를 계기로 고구려가 국가 차원에서 사회·문화적 보편성을 지닌 정체성 확립을 시도하였다면 그 첫 번째 단추 꿰기는 고구려적 정체성의 틀을 제시하는 일이었을 것이다. 장수왕대에 본격적으로 펼쳐지며 대내외에 과시된 고구려적 천하관(天下觀)은 바로 이 고구려적 정체성의 실체이자 이념적 표현이라고 할 수 있다.[31]

두 번째 단추는 고구려적 천하관의 기원과 함께 현재의 구심점을 제시하는 일이었을 것이다. 이는 고구려 성왕론(聖王論) 정립으로 명명될 수 있다. 건국 시조인 동명성왕(東明聖王, B.C. 58~B.C. 19) 주몽(朱蒙)을 '일월지자(日月之子)'로 설명하며 신격화하고 고구려의 주요 도시에 등고신(登高神)과 부여신(夫餘神)을 위한 사당을 세워 국가 신앙의 중심지로 부상시키는 등 일련의 주몽 신앙 장려 정책이 펼쳐진 것도 성왕론 정립의 일환이라고 해야 할 것이다. 동명성왕 주몽을 출발점으로 삼는 고구려의 성왕론은 고구려인으로 하여금 주몽의 후예인 고구려 왕을 성왕으로 인식하고 받드는 것을 당연하게 여기도록 만들 수 있다. 고구려 왕의 전제권이 이념적으로 뒷받침 받을 수 있게 되는 셈이다.

세 번째 단추는 고구려적 천하관의 핵을 이루는 성왕론과 당시 동아시아를 관류하던 보편적 이념이자 문화로서의 불교 신앙이 공존할 수 있는 이론이나 개념을 개발하고, 관철시키는 일이다. 불교에서 제시하는 세속의 전법제왕(轉法帝王)인 전륜성왕(轉輪聖王)• 이론이 이에 해당할 것이다. 현재로서는 고구려에 관한 문헌 기록 어디에도 전륜성왕론이 언급되고 있지 않다. 하지만 5세기 작품인 환인의 미창구장군묘(米倉溝將軍墓) 벽화는 이에 대한 답을 주는 사례라고 할 수 있다. 여러 가지 정황으로 볼 때, 미창구장군묘는 첫 수도 졸본(현재의 환런)에 있던 시조 묘를 장수왕대에 개축한 것일 가능성이 높다.[32] 주목되는 것은 이 무덤의 벽화 주제가 연꽃 장식문이라는 사실이다. 건국 시조 주몽을 정토왕생한 존재, 불교적 깨달음에 이른 인물로

상정하고 묘사하는 것은 고구려 시조왕을 내세에는 윤회의 굴레에서 자유로
운 존재가 될 현세의 제왕인 전륜성왕과 동일시한다는 인식과 관련되었다고
할 수 있다.

　네 번째 단추는 성왕론 확산에 방해가 될 수 있는 귀족들의 신화적 전
승들을 재정비하는 일이었을 것이다.[33] '일월지자, 하백지손(河伯之孫)'인 주
몽과 그 후예 고구려 왕들과 어깨를 나란히 할 수 있는 신화적 전승들이 고
구려 안에 계속 남아 있다면 성왕론에 바탕을 둔 고구려적 천하관은 정립되
기 어렵다. 신라 건국 시조 박혁거세(朴赫居世)의 천강설이 국가의 공식적인
시조 전승으로 자리 잡으면서 사로육촌(斯盧六村)*의 시조 전승에 변화가
왔듯이 고구려에서도 성왕론에 근거한 시조 숭배가 공식화되면서 하늘과 연
관된 시조 전승을 지닌 귀족들은 자의 반 타의 반 전승 내용을 재정리할 수
밖에 없었을 것이다.

　수산리벽화분은 고구려에서 위와 같은 이념 작업이 국가적 차원에서
펼쳐지는 와중에 출현한 작품이다. 평양으로 옮겨 온 중앙정부가 고구려적
천하관을 중심으로 사회 문화적 정체성 확립에 적극 나서면서 평양이나 안
악에 성립했던 기존의 지역 문화적 흐름은 점차 약화되었을 것이다. 이미 고
국양왕 시절부터 정책의 방향이 잡혀 있었고 광개토왕대의 정지 작업을 거
쳐 장수왕대에 본격적으로 펼쳐진 고구려적 천하관은 고구려 사회 전반에
영향을 미칠 수밖에 없었다. 내세관에 근거해 구성되고 그려지는 고분벽화
조차 이러한 흐름에서 자유롭기는 어려웠다고 보아야 할 것이다. 문제는 국
가적 차원에서 추진된 고구려적 정체성 확립 정책, 이를 뒷받침하기 위한 이
념 및 신앙 논리가 문화 전반에 스며들어 관념 체계 일반을 바꾸기까지 어느
정도 시간이 걸리며 지역에 따른 편차는 어느 정도인가 하는 점이다.

　이미 지적하였듯이 고구려 중기 고분벽화는 선호되는 벽화 주제로 볼
때 집안권과 평양권 사이에 차이가 있다. 하지만 벽화 제재 구성의 흐름으로

　　　● 삼한 시대 진한(辰韓)의 소국인 사로국(斯盧國)을 구성했던 여섯 개의 촌락.

보면 공통점도 있다. 연꽃 장식문이 벽화 제재로서 비중이 높아지는 현상은 남북의 두 문화권 모두에서 확인되나 벽화 주제가 될 정도로 선호되는 곳은 집안권이다. 두 문화권 모두에서 벽화 제재로 사신의 비중이 높아지는 현상이 보이지만 주제의 일부로까지 중시되는 곳은 평양권이다. 생활 풍속계 제재가 후퇴하는 현상은 두 문화권 모두에서 확인된다. 그런데 아예 장식문 등으로 대체되는 곳은 집안권이다. 이로 볼 때 5세기에 들어서면서 국가 차원에서 적극적으로 추진된 고구려 문화 전반의 변화가 한두 세대 안에 문화권별 전통이나 관습, 개성이 퇴색될 정도로까지 전면적으로 진행되지는 않았음을 짐작할 수 있다.

5세기 중엽을 전후하여 고구려의 남북 문화권에서 선호도가 떨어지던 생활 풍속계 제재가 수산리벽화분에서는 벽화 주제로 선정된 이유도 여기에서 찾아야 할 듯하다. 범고구려 문화의 정립과 확산을 위해 국가 주도로 사회·문화 변혁 운동이 전개되었다. 그러나 문화 저변의 크고 작은 흐름들이 일거에 방향을 틀어 한 곳으로 모이지는 않았다. 집안권, 평양권이라는 문화권별 전통이나 평양 지역, 안악 지역이라는 소문화권별 개성은 상당한 기간 동안 고유의 색깔을 유지했을 가능성이 높다. 시간이 흐름에 따라 변화는 진행되었을 것이고, 변화의 속도와 폭은 지역에 따라 차이가 있었을 것이다. 하지만 오히려 보다 작은 갈래의 흐름 가운데에는 자기 색깔이 더 강해지는 경우도 있었을 수 있다. 수산리벽화분은 그런 작은 갈래의 고집스런 흐름을 보여주는 사례가 아닐까?

수산리벽화분의 벽화는 평양 지역 생활 풍속계 고분벽화의 흐름을 잇는 거의 마지막 작품이다. 5세기 후반에 평양 일원에서도 연꽃 장식문이 주요한 벽화 제재의 하나로 떠오르고 심지어 연꽃 장식문을 벽화 주제로 삼는 사례까지 나타난다. 그럼에도 수산리벽화분의 무덤 주인은 생활 풍속을 벽화 주제로 선택하면서 가장 아름답고 화려하게 장식한 목조 가옥의 기둥과 두공, 도리를 그림으로 남겼다. 주인 부부 나들이 행렬 중의 귀부인과 여인들도 5세기 고분벽화 인물도 가운데 가장 섬세하고 수준 높은 필치로 묘사되었다. 아마 사신이 벽화의 제재 가운데 하나로 채택되었어도 수산리벽화분의 벽화를 담당한 화가들은 다른 중기 후반 고분벽화 사신에 전혀 밀리지 않는 작품을 남겼을 것이다.

안악2호분은 안악권의 지역 문화적 흐름이 결국은 평양 지역 문화의 새로운 흐름에 합류하는 과정을 보여주는 좋은 사례에 해당한다.[34] 수산리벽화분은 평양 지역을 관류하던 새로운 문화적 흐름 안에 한시적이나마 기존의 전통과 개성을 유지하려는 작은 갈래의 흐름이 존재했음을 알게 하는 귀중한 사례라 할 수 있다. 물론 수산리벽화분 널방 도리층에 그려진 연꽃, 벽에 표현된 작은 연꽃과 연봉오리들은 무덤 주인이 5세기 평양 문화의 주요한 흐름을 완전히 외면하거나 거부한 것은 아님을 보여준다. 벽화 제재로서 연꽃문의 비중을 보아도 무덤 주인이 불교적 내세에 대한 기본적 관심은 유지하고 있었음을 알 수 있다. 그러나 벽화 내용과 구성으로 볼 때 수산리벽화분의 무덤 주인이 내세 인식의 무게 추는 여전히 전통적인 계세적 내세관에 기울어 있다. 이런 점에서 수산리벽화분은 고구려가 국가적 차원에서 추진한 고구려적 정체성의 확립과 범고구려 문화의 정립, 이를 위한 지역 문화의 통합 등의 시대적, 사회적 과제가 5세기 후반 늦은 시기에도 여전히 현재진행형이었음을 짐작하게 하는 시대적 지표 유적이라고 하겠다.

무덤 구조와 벽화 구성, 회화 기법 등을 아울러 살펴볼 때 수산리벽화분은 5세기 후반의 늦은 시기 작품이다. 전형적인 외방무덤이면서 벽화 주제는 생활 풍속이다. 5세기 중엽을 전후하여 고구려 고분벽화에서 생활 풍속이 벽화 주제로 선호되지 않게 된 점을 감안하면 수산리벽화분 무덤 주인이 내세를 위한 자신의 안식처를 생활 풍속계 제재로 장식하게 했다는 사실은 주목할 가치가 있다.

5세기 전반 동북아시아 패권국가로서의 지위를 내외로부터 인정받은 고구려는 지역 패권을 유지하고 대내적 구심력을 높이기 위해서도 고구려적 정체성을 확립하여 백성들로 하여금 고구려인으로서의 의식과 자부심을 지니게 하려 하였다. 국가적 차원에서 고구려적 천하관을 확립하고 범고구려 문화를 정립하여 이를 확산시키기 위한 제반 정책을 펼쳐 나간 것도 이 때문이다. 5세기 중엽을 전후하여 집안권 및 평양권 중기 고분벽화에 불교와 관련된 제재의 비중이 극히 높아지는 것도 이러한 흐름과 관련이 깊을 것이다.

그러나 국내성 시대에 시작되어 평양 천도 후 본격화한 국가적 차원의 종교 이념 및 문화 개혁 정책에도 불구하고 고구려 주요 문화중심지에 자리 잡고 있던 전통, 관습, 개성이 일거에 변화된 것 같지는 않다. 중앙정부 주도의 문화 통합 시책에 대한 반응은 대문화권, 소문화권 별로 시기에 따라 차이를 보인 듯하다. 수산리벽화분은 평양권 안에서조차 기존의 전통적 관념과 사고를 유지하려는 작은 갈래의 흐름이 5세기 후반 늦은 시기까지 존재했음을 알게 한다. 수산리벽화분의 주인공은 오랜 역사를 지닌 고구려인의 계세적 내세관을 여전히 유지하려던 인물이다. 물론 연꽃이 벽화 제재 구성에서 적지 않은 비중을 지니는 것으로 볼 때, 수산리벽화분의 주인공도 5세기 후반의 고구려 사회를 관류하던 불교 신앙과 관념에 눈길을 주고 관심을 기울인 것은 사실인 듯하다.

쌍영총

개요

439년 북위의 북중국 통일을 기점으로 동아시아의 국제 질서는 4강 중심의 세력균형 상태에 들어갔다.[35] 고구려는 동북아시아 내의 여러 세력을 통제하는 동시에 중국의 북조와 남조, 내륙 아시아의 유연을 상대로 4강 외교를 펴나감으로써 균형 잡힌 국제 질서의 한 축으로서 역할을 잘 감당할 필요가 있었다. 이를 위해서는 강대한 국력을 유지할 수 있어야 했고, 이를 가능케 하는 사회적 기반을 마련해야 했다. '고구려'라는 이름으로 사회를 통합할 필요가 있었던 셈이다.

491년까지 장수왕의 치세는 계속되었고 동아시아 4강의 하나로서 고구려의 지위는 흔들리지 않았다. 장수왕의 뒤를 이은 문자명왕 시대에도 동북아시아 패권국가로서 고구려의 입지는 굳건했다. 이로 보아 사회 통합에 바탕을 둔 국력 유지라는 고구려의 시대적 과제는 어느 정도 달성되었다고 할수 있다. 그렇다면 고구려의 사회 통합 노력과 과정은 문화의 흐름과 내용에도 영향을 주었을까? 만약 고구려의 사회 통합이 문화에도 영향을 끼쳤다면 그 증거는 어디서 찾을 수 있을까?

5세기 중엽 이후 축조된 고구려 벽화고분, 특히 평양권 벽화고분은 이런 의문과 관련하여 주목된다. 무덤에 묻힌 이의 내세관, 종교관이 벽화의 제재 구성과 내용에 큰 영향을 끼치지만 이 역시 시대의 흐름과 무관하기 어렵기 때문이다. 이런 점을 감안할 때 벽화고분의 구조나 벽화 내용 분석을 통해 한 시대의 사회와 문화를 읽어내는 작업은 나름의 의미와 가치를 지닌다고 할 수 있다.[36]

쌍영총은 일찍부터 고구려 중기 벽화고분을 대표하는 유적의 하나로 주목되었다.[37] 벽화의 제재 구성과 표현 기법에서도 5세기 고구려 회화의 흐름을 잘 보여준다는 지적을 받았다.[38] 이런 견해와 연구 성과를 감안하며 쌍영총 벽화의 제재와 배치 등을 잘 살펴본다면 이 유적이 5세기 고구려 문화의 동향과 어떤 관련이 있는지도 일정 부분 밝혀낼 수 있을 것이다.[39]

쌍영총은 남포시 용강군 용강읍(옛 지명: 평안남도 용강군 일련지면 안성동, 평안남도 용강군 지운면 진지동)에 있는 고구려 시대 흙무지돌방벽화무덤이다.[40] 1913년 9월 하순 일본인 학자 세키노 다다시(關野貞) 일행에 의해 발굴되기 앞서 안성동장(安城洞長)에 의해 내부가 확인되었다.[41][그림1] 1914년 9월 8일부터 11월 18일 사이에 오바 쓰네키치(小場恒吉), 오타 후쿠조(太田福藏) 등에 의해 벽화의 모사 작업이 이루어졌다. 제작된 모사도는 조선총독부박물관(朝鮮總督府博物館, 현 국립중앙박물관), 도쿄대학, 도쿄예술대학에 나누어 보관되었다. 1916년부터 1920년까지 조선총독부에 의해 주요 고구려 고분이 수리되고 보호시설이 설치될 때 무덤 입구 부분의 수리가 행해졌다. 1930년 벽화의 훼손 부분에 석회가 칠해졌다. 벽화의 다른 부분이 긁혀 나갔음이 확인되어 무덤 문의 보강 작업도 이루어졌다.[42]

그림1

그림2

그림1 **발견 및 조사 당시 쌍영총 외형.**

그림2 **쌍영총 실측도.**

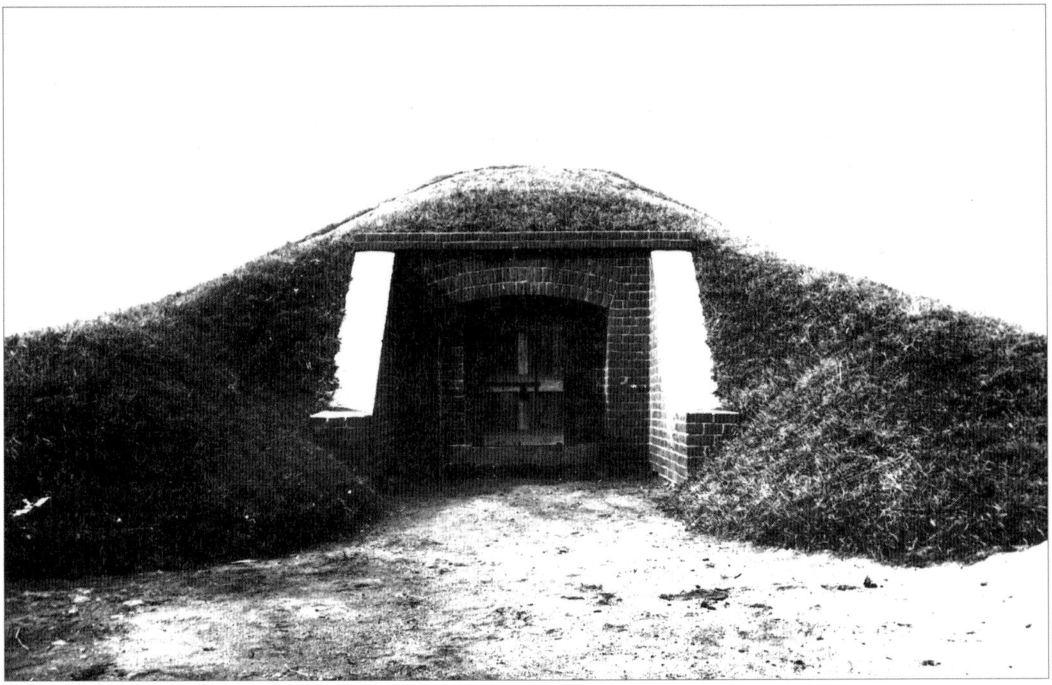

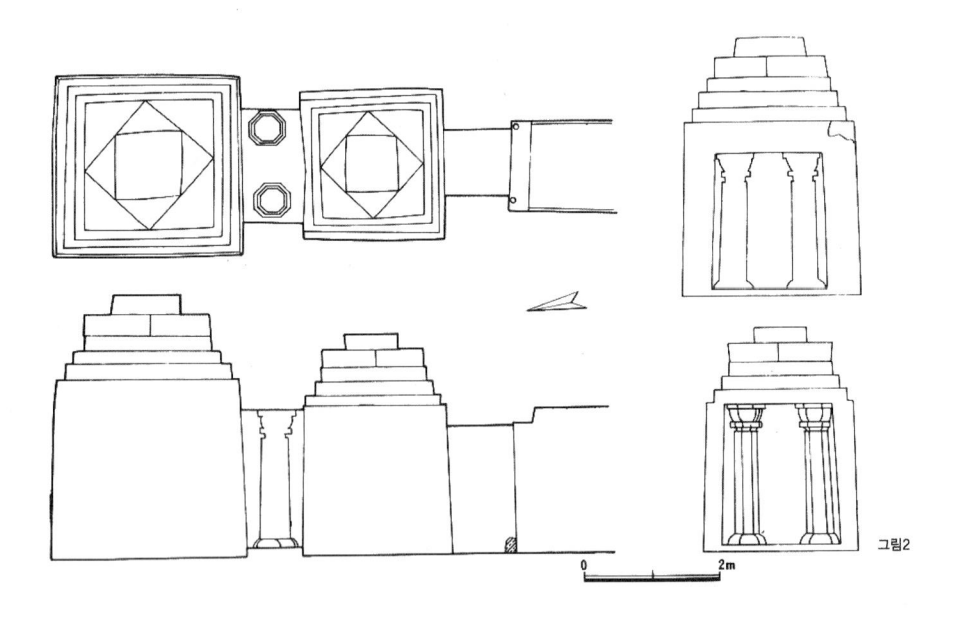

　　쌍영총은 용강읍 소재지 북쪽 구릉 위에 자리 잡았으며 무덤 칸은 반지
하에 축조되었다.[43] 무덤 서북쪽 500미터 지점 언덕 위에 용강대묘가 있다.
쌍영총은 발견 당시 소재지 행정지명을 따라서 진지동1호분으로 불렸다. 발
굴 조사를 통해 앞방과 널방 사이의 이음길에 두 개의 팔각 돌기둥이 세워졌
음을 알게 되면서 쌍영총이라는 이름이 붙여졌다. 팔청리벽화분의 앞방과
널방 사이에 세워진 돌기둥이 한 개인 것과 대비된다. 2004년 7월 유네스코
세계문화유산으로 등재되었다.

　　쌍영총은 무덤 방향이 서쪽으로 기운 남향이다. 널길, 앞방, 이음길, 널
방으로 이루어진 두방무덤이다. 앞방과 널방의 길이×너비는 각각 2.32미터
×2.27미터, 2.77미터×3.01∼2.94미터이다.[그림2] 널길은 무덤 앞방의 한가운
데에 나 있고 무덤 칸의 벽과 천장은 넓은 판석을 주된 축조 재료로 삼아 쌓
아올려졌다. 무덤 널길 천장은 평천장이며 앞방과 널방 천장은 각각 3단의

그림4 쌍영총 널길 서벽 벽화 기마
인물.

평행고임 위에 2단의 삼각고임을 올린 평행삼각고임이다. 무덤 안에는 곱게
회를 입혔고 그 위에 벽화를 그렸다. 벽화의 주제는 생활 풍속과 사신이다.

쌍영총은 조사 당시 무덤길이 심하게 훼손되고 앞방 동벽과 서벽, 널방
동벽에는 도굴 구멍이 크게 뚫린 상태였다.[그림3] 때문에 널길 동벽과 서벽에
그려졌던 우차, 기마대, 악대를 포함한 60여 명의 남녀 인물들은 조사 당시
에도 보존 상태가 매우 나빴다. 널길 벽화는 조사 이후의 부실한 뒤처리까지
더해지면서 모사도로만 그 일부 형상이 남겨졌다.[44] 널길 벽의 인물 행렬 가
운데 서벽의 기마인물 1인은 벽화 조각의 상태로 수습되어 조선총독부박물
관에 보존되었다. 이 기마인물 벽화 조각은 이후 국립중앙박물관 보존과학
실에서 결실(缺失) 부분을 포함하여 복원, 보존 처리되었다.[45][그림4]

널길 북쪽 끝 양 벽에 묘사되었던 문지기 역사도 지금은 남아 있지 않
다. 남아 있는 모사도로 보아 실물 크기로 묘사된 역사들은 두 눈을 부릅뜨
고 윗니가 드러내며 크게 소리 지르면서 무덤의 침입자를 향해 칼을 뽑아 내

리치려는 듯한 모습이다.[46] 널길 동벽 역사의 두 눈은 한쪽으로 모인 황색과 검은색의 이중동심원 눈동자로 말미암아 튀어나올 듯하고 붉은 입술 밑으로 잇몸까지 드러낸 이빨들이 선명하다. 허락 없이 무덤 안에 들어온 이를 노려보며 벽력같은 큰 소리를 내는 순간임을 알 수 있다.[그림5] 역사는 오른손으로 칼집을 잡고 왼손으로는 칼자루를 잡은 채 칼을 막 뽑으려 한다. 커다란 눈, 우뚝한 코, 귀와 턱 밑의 구레나룻, 건장한 체격 등 고구려 고분벽화에 여러 차례 등장하는 서역계 역사의 여러 가지 특징을 모두 갖춘 존재이다.[47] 역사는 모자를 쓰지 않고 맨 머리를 그대로 드러냈다. 역사가 쥐고 있는 둥근 고리 큰 칼의 손잡이 고리에는 손목에 휘감아 묶는 끈이 달려 있다. 타원형 손잡이 고리 안에 별도의 장식이 있고 손잡이는 황색 바탕에 묵선으로 평행줄 무늬를 넣은 모습으로 묘사되었다.

널길 서벽의 역사도 동벽의 역사처럼 눈이 크고 둥글며 눈동자까지 표현되었다. 역사의 코는 우뚝하며 귀와 턱 밑의 구레나룻이 짙어 서역계 인물로 그려졌음을 짐작하게 한다. 눈을 부릅뜬 이 역사는 오른쪽 어깨에 긴 창을 걸쳤다. 희미하게 그려진 손의 자세로 보아 어깨에 걸친 창을 손으로 잡아 앞으로 내려 겨누려는 듯하다. 긴 창의 날과 등을 구분하는 선을 뚜렷이 하여 날이 잘 선 상태임을 한눈에 알 수 있게 하였다. 상투를 틀지 않고 머리를 뒤로 내려 묶었다.

모사선화로 남은 널길 동벽의 남은 남녀 인물들은 얼굴선이 곱고, 어깨가 좁고 가파르게 내려와 매우 여성스러운 느낌을 준다.[48][그림6] 특히 머리에 관모(冠帽)● 형태의 모자를 쓴 남자와 마주 보되 두 줄을 이루며 나란히 서 있는 긴 저고리 잔주름치마 차림의 세 여인은 보는 이의 눈길을 끄는 존재이다. 여인들은 올린 머리에 수건을 두르고 볼에는 연지를 했으며 입술은 붉게 칠하고 눈두덩에도 색조 화장을 한 갸름한 얼굴의 인물들로 각각의 개성이 드러나도록 표정과 얼굴선이 묘사되었다. 개마(鎧馬)■를 탄 무사는 갑주

● 벼슬아치들이 쓰던 모자.
■ 투구와 갑옷을 입힌 말.

그림5
그림6

로 무장하고 깃발이 달린 장모(長矛)를 비스듬히 세워 들었다. 무사를 표현한 필선은 힘이 있으면서도 부드럽고 세련되게 흐른다.

　귀부인을 태운 것으로 보이는 수레는 주황색 곡개(曲蓋)*로 덮였고 옆에는 창이 나 있다. 수레 전체는 커다란 평산개(平傘蓋)로 가려졌다. 수레 뒤에는 시녀가 따르며 마부는 수레를 끄는 황소 왼쪽에 서서 수레와 함께 앞으로 나아간다. 널길 서벽의 기마무사는 새 깃 두 개가 장식된 절풍(折風)■을 머리에 썼으며 오른손에는 채찍을 쥐고 왼손으로는 고삐를 거머쥐었다. 발은 등자(鐙子)에 걸쳤다. 널길 천장에는 굵고 붉은 선으로 운문을 그려 넣었다. 이 운문은 상서로운 기운의 표현이라고도 할 수 있다.

그림5　쌍영총 널길 동벽 벽화 문지기 역사[守門力士] 모사도.
그림6　쌍영총 널길 동벽 벽화 인물 행렬 모사선화.

● 귀족이 쓰는 수레 위에 올린 둥근 덮개.
■ 고구려 귀족 남자가 머리에 쓰던 고깔 모양의 모자.

앞방과 널방의 벽 모서리, 벽과 천장의 경계 부분에는 자색의 기둥과 도리, 보를 그려 넣어 무덤방 안이 목조 가옥의 내부처럼 보이게 하였다. 앞방 남벽의 동쪽 및 서쪽 벽에 그려진 문지기 두 사람은 황색 저고리, 검은 물방울무늬가 찍힌 붉은 바지 차림으로 입구 쪽을 향해 마주 보듯이 서 있다. 두 문지기는 머리에 책을 썼으며, 끈을 턱 아래에서 묶어 모자를 고정하였다. 긴 저고리의 허리께에 두른 끈을 배 앞에서 묶었고, 발에는 코끝이 두툼하게 올라온 커다란 신을 신었다.

앞방 동벽에 청룡, 서벽에 백호가 묘사되었는데, 벽면의 사실상 유일한 제재로 그려졌다. 청룡은 엉덩이와 꼬리의 일부가 도굴 구멍으로 말미암아 완전히 훼손되었으나 전체적인 윤곽은 확인된다.[그림7] 청룡은 혀를 길게 빼문 채 머리를 약간 위로 쳐들고 두 발을 앞으로 내딛으며 앞방 입구 쪽으로 나아간다. 목과 몸통의 굵기와 굴곡에 변화가 보여 5세기 전반제작된 고분벽화의 청룡과 구분된다.[49] 화가는 청룡의 어깨 근처에서 띠를 이룬 날개털들이 끝이 모이면서 칼날처럼 날카롭게 뒤로 뻗어 나가게 표현하여 청룡이 강한 기운을 지닌 신수(神獸)▲임을 드러내려 했다.

백호가 그려진 서벽의 훼손 정도는 동벽에 비해 더 심하다. 백호의 몸체 일부와 네 다리 정도만 확인 가능하다. 서벽의 백호 역시 두 앞발을 앞으로 내딛으며 앞방 입구, 곧 남쪽으로 나아간다.[그림8] 몸의 각 부분의 굵기와 굴곡에 변화가 있다. 화가는 백호임을 나타내기 위해 목과 몸통, 다리 부분에 비늘이 아닌 물결 형태의 얼룩무늬를 표현하였다. 상서로운 기운을 나타내는 날개털들이 몸 곳곳에서 뻗어 나온다.

앞방 천장고임에는 연꽃문, 꽃병무늬, 화염문, 운문와 같은 각종 장식문과 서조를 그렸고, 천장석에는 활짝 핀 연꽃을 묘사하였다.[그림9] 앞방 천장고임 제1층 측면은 상서로운 기운을 나타낸 간결한 운문, 제2층 측면은 운문 사이에 서조, 제3층 측면은 자연스럽게 옆으로 흐르는 듯한 인동잎무늬

그림7

그림8

그림9

그림7　　**쌍영총 앞방 동벽 벽화 청룡.**
그림8　　**쌍영총 앞방 서벽 벽화 백호.**
그림9　　**쌍영총 앞방 천장고임 벽화 장식문 및 천장석 벽화 연꽃.**
그림10　**쌍영총 이음길의 두 팔각기둥.**　　　　　　　그림10

로 장식하였다. 천장고임 제2층 측면의 새들은 모두 머리를 화면의 왼쪽으로 향했으나 자세는 다양하다. 동측, 서측, 북측에 세 마리씩 표현되었고 남측에는 두 마리가 묘사되었다.

앞방 천장고임 제4층 삼각석 측면은 마치 꽃병에서 피어난 듯이 묘사된 줄기 달린 연봉오리들로 장식되었다. 중심 줄기에서 'Y'자 꼴로 좌우로 가지가 나뉘어 나가면서 인동잎을 이루고, 인동잎 아래로 또 하나의 작은 가지가 뻗어 나가고 그 끝에 꽃받침이 달린 연봉오리가 묘사되었다. 집안 계열 연꽃 표현의 특징이라고 할 수 있는 가지와 꽃받침, 잎맥 등이 평양 계열 연꽃 표현의 주요 요소라고 할 수 있는 구슬문과 함께 그려졌다.[50]

앞방 천장석의 연꽃은 꽃잎 끝이 찌를 듯이 날카롭게 뻗었고, 꽃잎에 잎맥과 꽃술이 표현된 집안 계열식 연꽃이다. 그러나 씨방에 커다란 구슬문을 넣고 씨방을 둘러싼 끝이 둥근 속 꽃잎 안에 다시 한 개씩의 구슬문을 넣어 꽃술 표현을 대신하는 등 평양 계열식 연꽃의 특징도 지니고 있다. 전체적으로 집안 계열식 연꽃 표현에 평양 계열식 표현을 더한 사례라고 하겠다.

앞방과 널방 사이에 세워진 두 개의 팔각 돌기둥도 벽화로 장식되었다.[그림10] 기둥의 몸통에는 포효하며 하늘로 치솟는 용을 그렸고 기둥머리와 주춧돌에는 연꽃을 묘사하였다. 기둥머리의 연꽃은 복엽(複葉)으로 마름모 꼴에 가까운 꽃잎 안에 잎맥이 표현되었다. 주춧돌의 연꽃은 속꽃잎이 한 겹 더 있는 세 겹 꽃잎 연꽃으로 꽃잎 안에 구슬문을 넣었다. 기둥 그림 모사도에는 기둥의 팔각 면 가운데 기둥과 벽이 만나는 안쪽 한 면의 벽화가 모사되지 않았다.

널방 동벽에 비교적 또렷하게 남아 있던 공양 행렬도 역시 발굴 이후 벽화 퇴색이 계속되어 이제는 인물의 흔적만 확인 가능하다. 향을 사른 연기가 피어오르는 향로를 머리에 받쳐 든 여인, 화려한 가사(袈裟)와 장삼(長衫) 차림에 석장(錫杖)•을 세워 든 승려를 앞세운 귀족 부인이 앞뒤로 여섯

• 승려가 짚고 다니는 지팡이.

그림11-1

그림11-1, 2　쌍영총 널방 동벽 벽화
공양 행렬 모사도.

그림11-2

명의 시종을 거느린 채 공양 나들이에 나선 모습이 표현되었다.^{그림11} 행렬 주
인공인 귀부인은 장식문을 넣은 붉은 선을 댄 긴 저고리에 잔주름치마를 입
고 있다. 묘사된 크기에서뿐 아니라 복장에서도 다른 인물들과 구별된다.

　행렬 제일 앞의 향로를 머리에 인 시녀는 긴 연청색 저고리에 흰 주름
치마 차림이며, 승려 뒤의 여인도 같은 복식을 하였으나 저고리의 선에 무늬

가 장식된 점이 다르다. 귀부인의 뒤를 따르는 다섯 인물 가운데 앞의 세 인물은 긴 점무늬 저고리에 폭이 넓은 점무늬 바지 차림으로 저고리와 바지의 바탕색이 앞뒤, 위아래가 서로 다르게 묘사되었다. 뒤의 두 인물은 장식문이 없는 저고리와 바지 차림이다.

그림12 쌍영총 널방 서벽 벽화 장방.

널방 동벽 행렬도에는 사람의 크기로 신분과 지위를 나타내는 위계적(位階的) 인물 묘사법이 적용되었다. 인물의 모습과 자세는 앞 시기 고분벽화보다 세련된 상태이다.[51] 묘사된 인물의 크기로 보아 승려의 사회적 지위는 검은빛에 가까운 두루마기와 잔주름치마를 걸친 귀족 부인의 신분을 넘어서지 못한다.[52] 귀족 부인과 시종들 몇은 소매 속이나 바깥으로 두 손을 가슴께로 올려 맞잡은 채 걷고 있다. 공양 행렬의 인물들은 무덤 주인 부부가 그려진 널방 북벽을 향하고 있다.

널방 서벽 벽화는 북쪽으로 치우쳐 커다란 구멍이 뚫리는 바람에 심하게 훼손되었다.그림12 본래는 한가운데 커다란 장방이 그려지고 그 안에 인물들이 묘사되었을 것이다. 그러나 조사 당시에는 장방의 일부, 장방 안에 놓였던 평상의 한쪽 부분, '士'나 '工'으로 읽히나 글자와 그 위를 덮은 반원꼴 무늬들로 가득한 장막의 흔적 일부만 남아 있었다. 장방 기둥은 자색의 막대처럼 가늘게 표현되었으며 주두 부분에도 별다른 장식이 없어 널방 북벽의 장방과는 구분된다.

널방 남벽 상단의 '人'자 소슬 사이에 서로 마주 보도록 그려진 암수 주작은 비교적 형체가 잘 남아 있다.그림13 두 날개를 크게 펼쳐 날아오르려는 듯

그림13

그림14

그림13 **쌍영총 널방 남벽 상단 벽화 암수 주작.**
그림14 **쌍영총 널방 북벽 벽화 무덤 주인 부부 및 쌍현무.**

한 자세이나 제한된 공간으로 말미암아 크기가 작게 묘사되었다. 몸체 각 부분이 어색하게 이어졌던 앞 시기 고분벽화 속 주작과는 차이를 보인다.[53]

널방 북벽에는 장방 안 기와집에 앉아 남녀 시종들의 시중을 받는 무덤 주인 부부와 쌍현무가 그려졌다.[그림14] 장방의 기둥은 넓고 높으며 내부가 'V'자 형태의 붉은색, 파란색, 노란색 화살깃무늬로 장식되었다. 장방의 지붕 가운데에는 봉황으로 보이는 큰 새가 앉아 있다. 장방 안에 묘사된 기와집 서쪽에 다시 작은 기와집이 덧대어 표현되었다. 두 기와집 지붕 한가운데에는 화염문이 그려졌다. 주인 부부는 큰 기와집 한가운데 나란히 놓인 두 개의 평상 위에 각각 앉아 있다. 두 사람이 신었던 목이 긴 가죽 신발은 평상 아래 나란히 놓여 있다. 기와집 안의 무덤 주인은 두 손을 배 앞에서 마주 잡고 정좌한 채 정면을 바라보고 있다. 머리에 검은 책을 쓰고 그 위에 나(羅)로 만든 덧관을 둘렀다.[54] 얼굴이 분홍빛이며 연지를 바른 듯 입술이 매우 붉다. 무덤 주인의 오른쪽에 앉은 부인은 얼굴 세부가 뚜렷하지 않으나 뺨에 연지를 찍어 얼굴이 돋보이도록 화장한 상태이다.

무덤 주인 부부가 앉은 평상 아래로 계단이 묘사되었으며 계단 아래에는 세 줄 전돌길이 좌우로 길게 이어진다. 부인이 앉아 있는 평상 서쪽에 문이 설치되었고, 그 바깥에 저고리와 치마 차림의 두 시녀가 서 있다. 주인이 앉은 평상 동쪽에서는 머리에 흑건을 쓴 저고리와 바지 차림의 한 시종이 무릎을 꿇은 채 주인에게서 어떤 지시를 받고 있다. 시종 아래에 한 시녀가 가마로 보이는 기구의 두 손잡이 부분을 잡고 서 있다. 장방 바깥 동쪽에는 음식물과 관련된 것으로 보이는 기구들이 잇달아 놓였다.

장방 바깥 한쪽 옆, 곧 북벽 동쪽에 조그맣게 그려진 쌍현무의 거북 머리와 다리는 길짐승의 그것처럼 묘사되었다. 반면 거북 목 앞부분에 묘사된 비늘은 파충류 특유의 넓은 것으로 위에서 아래로 겹이 지고 몸체를 덮은 귀갑(龜甲)●의 무늬는 크고 뚜렷하다. 무덤 주인 부부의 수호자로 묘사되었으

● 거북의 등딱지.

그림15 **쌍영총 널방 천장고임 벽화**
장식문. 해, 달, 별자리.

나 북벽 벽화의 제재 구성에서 쌍현무가 지니는 비중은 상대적으로 낮다고
할 수 있다.

널방 천장고임 1층 측면에는 연속마름모무늬에 둘러싸인 이중동심원
문들, 2층 측면과 3층 측면에는 상서로운 기운의 흐름을 나타내는 구름 사
이로 별자리를 묘사하였다.^{그림15} 천장고임 2층 동쪽에는 화면 남편에 세 개의
별들로 이루어진 별자리 두 개를, 북편에는 운문 사이로 떨어진 한 개의 별
과 세 개의 별로 이루어진 누운 'V'자 꼴 별자리를 표현하였다. 동쪽 별자리
들은 동쌍삼성(東雙三星)으로 해석된다.[55] 천장고임 3층 서쪽의 남편에도 세
개의 별들로 이루어진 별자리 두 개가 보인다. 동쪽과 대비되는 서쌍삼성(西
雙三星)으로 이해되는 별자리이다. 천장고임 2층 남쪽 여섯 개의 별로 이루
어진 별자리는 남두육성을 나타낸 것이다. 천장고임 3층 북쪽 일곱 개의 별

방향	널길	앞방			쌍기둥	이음길	널방		
		벽	천장고임	천장석			벽	천장고임	천장석
동	[동]인물 행렬, 문지기 역사	자색 기둥과 도리, 보 / 청룡	운문, 서조, 인동무늬, 꽃병무늬	연꽃	[동]연꽃, 용	[동]기둥과 벽 사이 좁음	공양 행렬	연속마름모무늬와 이중동심원, 구름, 동·서쌍삼성, 남두육성, 북두칠성, 인동문, 해, 달	연꽃
남		문지기 2인					상단: 암수 주작		
서	[서]인물 행렬, 문지기 역사	백호			[서]연꽃, 용	[서]기둥과 벽 사이 좁음	자색 기둥과 도리, 보 / 장방 생활		
북		[열린 공간]					무덤 주인 부부 장방 안채 생활, 쌍현무		

〈표1〉 쌍영총의 벽화 구성

로 이루어진 별자리는 북두칠성이다. 천장고임에 그려진 모든 별은 내부가 ‘人’자 무늬로 장식하였다. 널방 천장고임 4층 측면에는 앞의 앞방 천장고임 3층 측면에서와 같이 인동잎을 묘사하였다. 제5층 측면에는 상서로운 기운의 흐름을 나타냈다. 널방 천장석 한가운데에는 활짝 핀 연꽃을 그렸다.

널방 천장 제4층에 해당하는 삼각고임 1층 동측과 서측 밑면에는 해와 달을, 남측과 북측 밑면에는 2층 밑면과 같은 강한 기운의 흐름을 묘사하였다. 붉은빛 해안의 삼족오(三足烏)의 공작형 벼슬은 끝이 나비의 더듬이처럼 크게 말렸으며 접은 날개의 끝은 몸 바깥으로 힘 있게 뻗어 나왔다. 엎드린 달 속의 두꺼비는 머리를 왼편으로 틀고 입에서 상서로운 기운을 화염처럼 뿜어낸다. 2층 밑면에는 강한 기운의 흐름을 세모꼴로 모아 나타냈다.

널방 천장석의 연꽃은 앞방의 연꽃과는 다르게 표현되었다.[56] 꽃잎은 씨방 둘레의 속꽃잎까지 8엽 5겹이다. 바깥 꽃잎 끝은 뾰족하나 몸체는 부드럽고 둥근 맛을 내는 호선(弧線)으로 처리되었으며 잎맥은 있으나 꽃술은 생략되었다. 더듬이꼴이나 구슬꼴 꽃술이 표현되던 자리에는 꽃봉오리꼴 8엽 3겹의 꽃잎을 그렸으며 씨방 부분이 좁아지고 씨방을 둘러싼 둥근 속꽃잎 역시 크기가 축소되었다. 속 꽃잎 안의 구슬문은 생략되었다. 이와 같은 형태의 연꽃은 5세기 집안 및 평양 계열 연꽃 그림 가운데 보이지 않던 것이다. 이상에서 살펴본 쌍영총 벽화 구성을 알기 쉽게 정리하면 〈표1〉과 같다.

무덤 구조와 벽화 제재의 분석

쌍영총은 두방무덤이며 널길이 앞방 입구의 한가운데 나 있다. 무덤 축조 재료는 한쪽 면을 편평하게 다듬은 넓은 판석과 길고 네모지게 다듬은 판석들이다. 무덤 앞방과 널방은 정사각형에 가깝고 천장 구조는 앞방과 널방 모두 3단의 평행고임 위에 2단의 삼각고임을 올린 평행삼각고임이다. 앞방과 널방 사이에 두 개의 커다란 팔각 돌기둥을 세워 두 공간이 뚜렷이 나누어지게 하였다.

딸린 방이나 곁방이 달린 앞방 혹은 직사각형 퇴화형 앞방이 달린 두방무덤들과 달리 쌍영총은 정사각형 앞방을 지닌 전형적인 두방무덤이다. 직사각형 앞방의 좌우 곁방이 사라지고 정사각형의 가운데 부분만 남은 상태의 앞방을 널방 앞에 달고 있는 셈이다. 쌍영총의 앞방에 이어진 이음길과 널방 부분을 제외한 무덤 구조는 수산리벽화분과 크게 다르지 않다. 쌍영총과 수산리벽화분이 축조 시기에 큰 차이가 없음을 알 수 있다.

두방무덤인 쌍영총과 외방무덤인 수산리벽화분 가운데 어느 고분이 먼저 축조되었는지 여부를 가리기 쉽지 않다. 두 고분이 시기의 앞뒤를 따지게 하는 구조적인 특징을 나누어 지닌 까닭이다. 쌍영총의 두 방 사이를 나누는 돌기둥이 5세기 이전부터의 전통을 이은 것이라면, 수산리벽화분은 벽 상부가 궁륭고임처럼 안으로 휘어들며 올라가도록 축조된 점이 이전 시기부터의 건축적 흐름과 닿아 있다고 판단할 수 있다.

쌍영총이 보여주는 정제된 모습의 두방무덤을 통해 쌍영총은 고구려에서 두방무덤이 축조되는 하한선인 5세기 말에 출현 가능한 작품이라 판단할 수 있다. 고구려에서 커다란 판석을 위주로 축조되는 고분들이 주로 5세기 중반 이후에 나타난다는 점도 함께 고려하면 쌍영총은 5세기 후반의 어떤 시기에 축조되었다고 볼 수 있다. 여기에 벽화 제재의 구성과 배치, 기법 등에 대한 분석과 판단을 더한다면 쌍영총 축조 시기에 대한 보다 구체적이고 설득력이 높은 안을 제시할 수도 있다.

쌍영총 벽화의 주제는 생활 풍속과 사신이다. 5세기 중반 고구려 고분 벽화의 주제로 선호되던 불교 관련 장식문도 아니고 고구려 초기 벽화의 공통된 주제이자 중기 벽화에서도 채택되던 생활 풍속도 아니다. 5세기에 들어서면서 제재로서의 비중을 높여가던 사신이 주제로 택해진 경우도 아니다. 더욱이 쌍영총 벽화에서 사신은 무덤의 앞방과 널방에 나뉘어 표현되었다. 5세기로 편년되는 고구려 고분벽화에서 사신이 무덤 칸의 두 방에 나뉘어 묘사된 다른 사례는 아직 확인되지 않는다. 쌍영총의 축조 시기와 관련 있는 이런 특징들을 염두에 두면서 벽화 제재와 구성에 대해서 좀 더 자세히 살펴보기로 하자.

널길 동벽과 서벽에 그려진 남녀 인물, 우차, 기사(騎士), 철기 등은 무덤 주인 부부를 주인공으로 한 행렬도에 등장하는 제재들이었던 것으로 보인다. 이어지는 앞방 벽화 제재의 배치 방식으로 볼 때 생활 풍속계 고분벽화의 주요한 제재이기도 한 이런 인물들이나 기물이 대거 널길 벽에 등장한 것은 쌍영총 벽화 전체의 제재를 구성하고 배치하는 과정에서 비롯된 듯하다. 덕흥리벽화분과 같은 생활 풍속계 벽화고분에서 널길 벽에 행렬의 일부나 인물들, 우차, 기사를 배치하는 것은 자연스런 현상이라 할 수 있다.

쌍영총의 경우, 널길 벽의 생활 풍속계 제재는 널길에서 이어지는 앞방 동벽과 서벽에 청룡, 백호가 묘사된다는 점에서 달리 해석될 여지를 지닌다. 청룡, 백호가 무용총이나 삼실총처럼 무덤방의 천장고임에 묘사되지 않고 벽면에 그려지게 되자, 앞방 벽에 배치될 수도 있었던 행렬도가 적절한 표현 공간이 확보되지 못해 널길 벽으로 옮겨진 것일 수도 있기 때문이다. 이와 관련하여 6세기 작품인 개마총 벽화에서 사신이 널방 벽의 주인공이 되자 행렬도가 천장고임으로 옮겨져 그려지는 사례가 참고될 수 있다.

앞방 입구에 가까운 널길 북측 끝부분의 동벽과 서벽에는 두 사람의 문지기 역사가 실물 크기로 그려졌다. 이 실물 크기 문지기 역사는 5세기 중엽 전후 고구려 사회·문화의 동향과 관계가 깊은 존재이다. 불교가 고구려에 전래되어 사회 여러 분야에 영향을 끼치면서 나타난 현상 중에 하나로 볼 수 있기 때문이다. 동아시아 회화에서 신분과 지위에 구애받지 않게 인물을 표현한 것은 인간의 본질적 평등을 전제하는 불교의 인간관에 영향을 받은 결과라고 할 수 있다. 위계적 표현에서 자유로운 상태로 묘사된 인물은 고구려 벽화에서는 5세기 중엽경 제작된 작품에서 주로 확인된다.[57] 불교적 내세관을 바탕으로 벽화 제재가 선택되고 구성되면서 나타난 현상이다. 장천1호분, 수산리벽화분, 안악2호분 벽화의 문지기들이 모두 실물 크기로 묘사된 것도 고구려 사회에 불교가 널리 퍼져 내세관에까지 영향을 미친 결과라고 하겠다.

무기를 손에 쥔 역사(力士)의 모습으로 그려진 문지기는 수산리벽화분 널길 동벽과 서벽에서도 발견된다.[58] 수산리벽화분에 등장하는 문지기도 쌍영총 벽화에서와 같이 눈을 부릅뜨고 잇몸과 이빨이 드러나도록 입을 크게 벌려 소리를 지르면서 무덤에 함부로 들어온 자를 제압하려는 모습이다. 다만, 쌍영총 벽화에 비해 작게 그려져 널길 두 벽 사이의 공간을 지배할 정도로 위압적인 느낌을 주지는 못한다. 쌍영총 벽화의 문지기 역사와 비슷하게 실물 크기로 그려졌으면서 평복(平服)에 무기를 손에 쥔 인물은 오히려 6세기 작품인 통구사신총에서 찾을 수 있다. 역시 널길 벽에 그려진 이 문지기는 불교 회화의 신장(神將)을 떠올리게 하는 존재로 몸이 근육질이고 피부가 검붉으며 눈을 부릅뜨고 입을 크게 벌려 소리 지르는 모습이다.[59] 문지기를 묘사하는 기법, 문지기의 옷차림, 자세, 화면에서의 크기 등을 아울러 살펴볼 때 쌍영총 벽화의 문지기 역사는 수산리벽화분과 통구사신총 사이에 있다고 할 수 있다.

앞방 남벽의 동쪽 벽과 서쪽 벽에 묘사된 문지기 두 사람은 실물 크기로 그려졌지만 의관을 제대로 갖추었으며 손님을 맞는 자세로 서 있다. 이런 점에서 두 문지기는 널길 벽의 두 역사와 구분된다. 무덤 칸의 입구 양쪽에 손님을 맞는 공손한 자세로 마주 보며 선 두 사람의 문지기는 5세기 중반의 작품인 장천1호분 벽화에서도 볼 수 있다. 그러나 장천1호분 벽화의 문지기는 앞방에서 널방으로 이어지는 공간, 곧 앞방의 경계 지점인 앞방 동벽에 그려진 점에서 쌍영총 벽화와 차이를 보인다. 쌍영총 벽화에서 문지기들은 널길 벽과 앞방 남벽에 잇달아 그려졌고, 각각의 역할이 구분되어 다른 고분벽화와 차이를 보인다. 문지기들의 배치 방식으로 볼 때, 쌍영총에서 내세 공간은 앞방 남벽에서부터 시작된다고 할 수 있다.

앞방 동벽의 청룡과 서벽의 백호는 각각 벽면에 가득차게 그려졌다. 고구려 고분벽화에서 사신에 해당하는 신수가 벽면 가득 그려지는 사례들은 주로 6세기에 이루어진 것으로 고분벽화에서 확인된다.[60] 5세기 고분벽화 가운데 사신이 벽면에 크게 묘사되는 다른 사례로는 수렵총(狩獵塚), 덕화리1호분(德花里一號墳) 및 덕화리2호분(德花里二號墳) 정도를 들 수 있다. 5세기 후반 축조된 수렵총에서 사신은 벽면에 매우 크게 그려지지만 생활 풍속계 제재와 함께 등장한다. 쌍영총 벽화와 차이를 보이는 부분이다. 5세기 말 작품인 덕화리1호분과 덕화리2호분 벽화에서 사신 가운데 청룡과 백호, 주작은 화면의 유일한 제재로 벽면에 크게 그려지며, 현무는 상부의 무덤 주인 행렬도와 함께 묘사된다. 덕화리1호분과 덕화리2호분은 쌍영총과 달리 외방무덤이다. 두 무덤에서 사신은 널방 네 벽에 동시에 묘사된다. 이런 점에서 사신이 앞방과 널방에 나뉘어 표현되는 쌍영총 벽화와는 차이를 보인다. 이로 볼 때 쌍영총 벽화에서와 같이 사신이 벽면에 크게 그려지는 것은 5세기 후반부터의 현상이나 고분벽화에 따라 제재의 배치와 구성 방식에서는 차이가 있음을 알 수 있다.

　　앞방 천장고임과 천장석을 장식한 제재들 가운데 눈길을 끄는 것은 서조, 인동문(忍冬文), 연꽃문이다. 흐르는 구름을 따라 한 방향으로 날아가거나 서 있는 서조들은 운기화생(雲氣化生)● 관념과 관련 있는 존재들로 이해된다. 이런 존재는 중국의 한대 이래의 선가적(仙家的) 사고 및 회화적 전통과 닿아 있다고 할 수 있다.[61] 인동문은 6세기 고분벽화에 자주 등장하는 제재다. 쌍영총 벽화는 출발 단계의 인동문 양식을 읽게 하는 좋은 사례이다.

　　천장고임의 측면 및 밑면에 묘사된 연꽃은 주로 봉오리나 반쯤 편 상태의 것이다. 꽃의 받침, 줄기, 잎과 함께 그려져 살아서 꽃피는 순간의 연꽃을 나타내려는 화가의 의지를 잘 드러낸다. 이러한 표현의 배경에는 연화화생(蓮花化生)■ 관념이 강하게 배어 있다.[62] 따라서 천장고임 연꽃과 연봉오리가 흐르는 구름, 서조와 함께 자아내는 회화적, 관념적 효과는 상서로운 기운의 빠른 흐름 속에 이루어지는 화생(化生)▲의 세계라고 할 수 있다.

　　앞방의 천장석에 그려진 활짝 핀 연꽃은 표현 방식과 구성 요소, 결과에서 널방 천장석의 연꽃과 비교되는 제재이다. 앞방 천장석 연꽃은 전체적으로 집안 계열식 표현이 바탕에 깔려 있고 평양 계열식 표현이 그 위에 더해진 것이다. 5세기로 편년된 다른 고분벽화의 연꽃에서는 볼 수 없는 유형이다. 이런 형태의 연꽃은 6세기에 제작된 후기 고분벽화에서 찾아볼 수 없는 사례로 쌍영총과 다른 벽화고분을 뚜렷이 구별하게 한다.

　　앞방과 널방 사이 이음길에 세워진 두 개의 팔각기둥은 쌍영총의 구조적 특징이기도 하고 고분에 대한 특정한 이미지를 강하게 심어주는 구조물이기도 하다. 고구려 벽화고분 가운데 무덤 구조물의 하나로 무덤 칸 속에

● 상서로운 기운에서 탄생하는 것.
■ 연꽃에서 탄생하는 것.
▲ 특정한 기운이나 존재로부터 탄생하는 것.

그림16

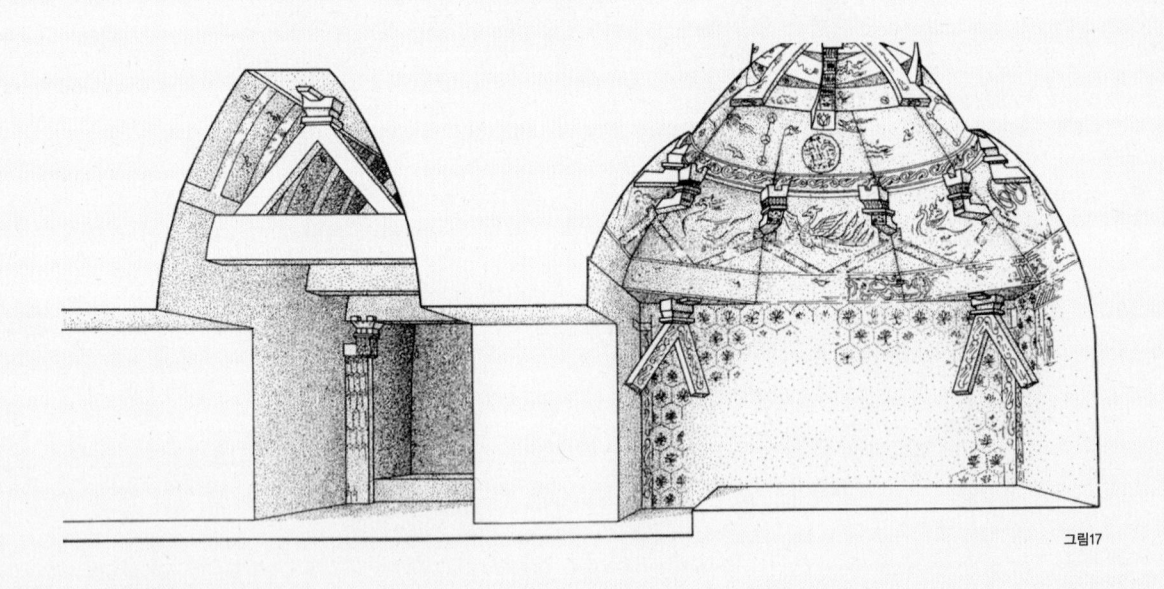

그림17

그림16 쌍영총 널방 구조와 벽화 구성.
그림17 천왕지신총 무덤 구조와 벽화 구성.

돌기둥을 세운 유적은 마선구1호분(麻線溝一號墳)을 포함하여 여러 사례가 확인된다. 그러나 쌍영총의 두 팔각기둥처럼 구조물로서의 기능에 더하여 기둥과 받침, 주두를 모두 여러 종류의 회화 제재로 아름답게 장식하여 고분 벽화 구성의 빼놓을 수 없는 부분이 되게 하지는 못하였다.

앞방과 널방의 벽과 모서리, 천장고임 일부를 장식한 기둥과 보, 도리 그림은 두 방 사이에 세워진 실물 기둥으로 말미암아 실재하는 목조 가옥의 뼈대처럼 인식된다.[그림16] 두 개의 팔각기둥이 쌍영총을 내세 공간의 가옥으로 재탄생하게 하는 데에 큰 역할을 하는 셈이다. 쌍영총의 팔각기둥과 목조 가옥의 뼈대그림이 자아내는 시각적 접합 효과는 무덤 칸 천장고임의 목조건축 부재 장식 그림과 실제 설치한 석재 건축 부재를 효과적으로 연결시켜 일종의 착시 현상을 일으킨 천왕지신총과 비교할 수 있다.[63][그림17] 5세기 중엽 축조된 천왕지신총 무덤 칸 안에서 천장 부분의 복잡한 건축 구조가 재현되었다면 쌍영총에서는 두 팔각기둥이 공간을 구분하고 벽화 제재 배치를 통해 중심적 구조물로 기능과 역할을 부여받아 충분한 효과를 자아내고 있다는 점에서 눈길을 끄는 경우라고 하겠다.

두 팔각기둥에 그려진 기둥을 감싸 오르는 모습의 용은 내용상 하늘로 치솟아 올라가는 존재로 무덤에 묻힌 이의 내세 공간에 대한 관념의 표현이라고도 볼 수 있다. 내세를 하늘 속의 어떤 공간으로 상정하고 있으며 죽은 이의 영혼이 그런 공간으로 옮겨 가려면 용과 같은 특정한 신수의 도움을 받을 필요가 있는 것이다.• 물론 기둥 받침이나 주두를 장식하는 연꽃문, 천장고임 연꽃이나 연봉오리의 존재도 함께 고려하면 죽은 이가 가고자 하는 내세는 불교에서 말하는 전생적 내세이거나 윤회로부터 벗어난 정토일 수 있다.

널방 남벽의 동쪽 벽과 서쪽 벽에는 모서리를 장식한 기둥과 주두 그림 외에 다른 제재가 더해지지 않았다. 벽 상부의 좁은 공간, 곧 소슬 사이에 조

• 시조왕 주몽이 "용의 머리를 딛고 하늘로 올라갔다"는 광개토왕릉비의 구절은 주몽 왕이 살아서 하늘로 올라갔음을 강조하면서 시조왕과 고구려 왕실에 대한 신성 관념을 높이기 위한 것이다. 고구려인의 승천 관념과 관련하여 주목되는 내용이다.

그맣게 그려진 암수 주작이 남벽의 유일한 제재이다. 사신이 제재로 선택된 고분벽화에서 주작은 사신의 보호를 받는 공간의 입구에 배치되는 것이 일반적이다. 장천1호분 앞방 동벽 남측 벽과 북측 벽에 두 사람의 문지기가 그려지고 천장고임에 암수 주작이 묘사된 것이 그런 예이다.

그런데 쌍영총의 경우, 문지기는 앞방 남벽에 그려진 반면, 주작은 널방 남벽 상부에 표현되었다. 두 개의 팔각기둥을 공간 구분의 경계로 본 까닭에 널방 남벽 천장고임을 주작 표현의 적절한 위치로 삼았다고 하더라도, 이는 무덤 입구에 대한 인식과 표지(標識)에 혼란을 준다. 만약 이러한 제재 배치 방식에 대한 합리적인 이해를 시도한다면 문지기 두 사람이 배치된 앞방 남벽부터 암수 주작이 그려진 널방 남벽까지를 내세의 입구에 해당하는 과도적인 공간으로 설정했다는 해석 정도일 것이다.

널방 동벽에 배치된 벽화 제재는 가사와 장삼 차림의 승려를 앞세운 귀족 부인의 공양 행렬이다. 주인 부부 장방 생활도가 묘사된 북벽을 향한 행렬의 주인공은 예불 공양 행사의 주체인 귀족 부인이다. 벽화에서 인물 행렬은 생활 풍속의 제재이다. 그러나 쌍영총 행렬도의 경우, 목적이 예불 공양이라는 점에서 내용상 벽화의 주제가 생활 풍속에서 장식문으로 옮겨 가는 과도기적 성격을 지닌 것으로 이해되어야 할 것이다.* 예불 공양을 위한 행렬은 안악2호분 벽화에도 보이지만 승려를 동반한 사례는 아직까지는 쌍영총이 유일하다. 동벽의 예불 공양 행렬도는 덕흥리벽화분의 칠보공양 행사도에서 시작된 불교 행사 관련 표현이 무용총의 설법도, 장천1호분의 예불도, 안악2호분의 산화공양도와 예불 공양 행렬도를 거쳐 쌍영총으로 이어지는 일련의 과정을 잘 보여준다고 해야 할 것이다. 그림18

널방 서벽의 장방도는 인물이 그려졌음을 추정케 하는 상서로운 기운의 표현 흔적에도 불구하고 그 내용을 알 수 없어 더 이상의 해석이 어렵다. 안악3호분 앞방 서쪽 곁방의 서벽과 남벽에 각각 장방이 묘사되고 그 안에

• 김정희는 이 행렬이 중국 북위 시대에 시작되어 크게 유행했던 사원 불전(佛殿) 안에서의 행향의식(行香儀式)이나 망자(亡者)를 천도(薦度)하기 위한 등공양(燈供養)이 목적이었을 것이며 행렬 선두의 시녀가 머리에 인 것은 등(燈)으로 보아야 한다는 견해를 제시하였다[김정희, 「쌍영총 벽화와 인물행렬도」, 2012(문명대 외, 『고구려 고분벽화』, 사단법인 한국미술사연구소, 2012)].

그림18 안악2호분 널방 동벽 벽화 예불 공양 행렬.

무덤 주인 부부를 나누어 표현된 사례, 감신총 앞방 동쪽 감 동벽에 장방과 무덤 주인, 서쪽 감 서벽에 장방과 신상을 그려진 경우, 천왕지신총 널방 북벽에 두 채의 기와집이 나란히 묘사되고 그 안에 각각 귀족 남자와 여자가 표현된 사례는 있다. 그러나 쌍영총처럼 널방 북벽과 서벽에 각각 장방이 그려지고 그 안에 무덤 주인 부부와 알 수 없는 인물상이 묘사된 다른 사례는 확인되지 않는다. 서벽 장방 안에 감신총 서쪽 감 서벽에서와 같이 신상형 인물이 묘사되었을 수도 있다. 하지만 그림의 흔적이 거의 안 보이는 상태에서 더 이상의 추정은 보류하는 것이 좋을 듯하다. 장방 안의 '士'나 '工'으로 읽히는 글자들과 그 위를 덮은 반원꼴 무늬들은 감신총, 산성하332호분(山

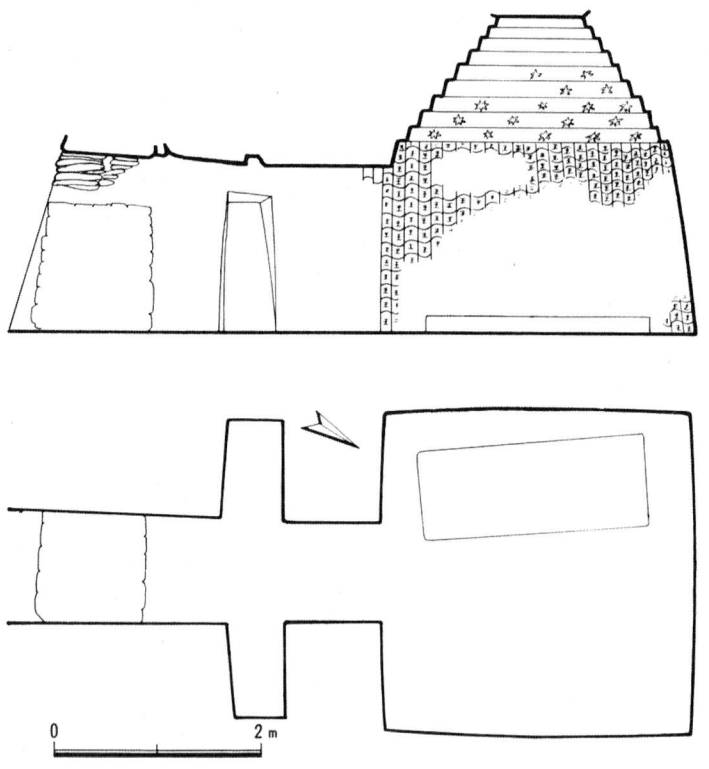

그림19 **산성하332호분 벽화 투시도.**

- 박아림은 이런 형식의 장식문을 병풍이나 휘장과 관련된 것으로 보았다(박아림, 「고구려 벽화의 장식 문양과 금장(錦帳)의 표현」, 『고구려발해연구』 43, 고구려발해학회, 2012).

城下三百三十二號墳), 미창구장군묘 등의 고분벽화에서 확인되는 '王'자 유운문(流雲文)과 같은 계통의 장식문일 것으로 추정될 뿐이다.●그림19

널방 북벽의 무덤 주인 부부 장방 생활도는 표현 기법과 제재 구성에서 주목할 만한 요소를 몇 가지 지니고 있다. 벽면의 크기를 고려할 때 장방 속 기와집 안에 그려진 무덤 주인 부부는 작은 편이다. 그러나 이 귀족 부부 주변의 남녀 시종들과 가마의 크기까지 감안하면 무덤 주인 부부가 신분과 지위가 높은 존재로 인식되고 묘사되었음을 알 수 있다. 또한 귀족 부인 곁에 시녀들이 드나드는 출입문이 작게 묘사되었고 무덤 주인 부부는 정좌상이다. 이로 보아 부부가 머물고 있는 기와집은 귀족 저택의 깊숙한 곳에 자리 잡은 안채이자 죽은 이의 위패(位牌)■와 영정(影幀)▲을 모신 혼전이다. 장방 바깥 벽면 서쪽의 쌍현무는 장방 생활도 속 무덤 주인 부부가 그려진 혼전의 기능을 부여 받은 곳을 더욱 뚜렷이 드러낸다. 쌍영총에는 생활 풍속계 벽화 제재 구성에서 확인되는 혼전 개념과 표현이 여전히 잘 남아 유지되고 있는 셈이다.[64]

수렵총 널방 북벽의 쌍현무처럼 널방 북벽에 그려진 쌍현무는 무덤 주인 부부를 지키는 신수이다. 천장고임에서 벽으로 내려왔지만 쌍영총 벽화의 쌍현무는 제재로서의 비중이 그리 높지는 않다. 덕화리1호분 및 덕화리2호분 벽화의 현무가 화면의 2분의 1 이상을 차지하며 사실상 벽면의 중심 제재로 묘사된 것과 대비된다.그림20 쌍영총 벽화가 그려질 당시 고구려 사회에서 현무에 대한 신앙이 무르익지 않은 까닭일 것이다.

널방 천장고임 및 천장석 벽화에서 주목되는 것은 해와 달, 별자리, 인동문과 연꽃문이다. 천장고임 측면에 배치된 별자리들은 동서남북 방위별로 동·서쌍삼성과 남두육성, 북두칠성의 순으로 그려졌다.[65] 해와 달은 천장고임 삼각석 밑면에 묘사되었는데, 입에서 강한 기운을 뿜어내는 달두꺼비는 쌍영총 벽화에서만 찾아볼 수 있는 독자적인 기법으로 그려졌다.[66] 5세기 고

■ 죽은 사람의 이름을 적은 나무패.
▲ 제사나 장례를 지낼 때 위패 대신 쓰는 사람의 얼굴을 그린 족자.

그림20 **덕화리1호분 널방 북벽 벽화**
인물 행렬 및 현무.

분벽화의 달두꺼비 표현에서 가장 늦은 시기에 완성된 양식에 해당한다. 별들 사이의 구름은 빠르게 흐르는 상서로운 기운이라는 이미지를 바탕에 깔고 그려졌다. 앞방 천장고임 벽화에서와 같이 운기화생의 효과를 염두에 둔 표현이지만 운기 사이에 서조와 같은 생명체가 묘사되지는 않았다. 때로 별자리가 하늘 세계의 어떤 생명체로 모습이 바뀌기도 한다는 사실을 감안하면 구름이 운기화생의 표현임을 굳이 부정할 필요는 없을 듯하다.

천장고임의 인동문은 앞방 천장고임 벽화에서와 같은 방식으로 표현되었다. 이 인동문은 6세기 고분벽화 장식문으로 이어지는 제재이다. 널방 천장고임 및 천장석 벽화에서 가장 주목되는 것은 활짝 핀 연꽃이다. 집안 계열식 표현과 평양 계열식 표현이 기계적으로 결합된 앞방 천장석 연꽃과 달리 널방 천장석 연꽃은 남북 두 계열의 표현 양식이 서로 녹아들어 새로운 형태로 재탄생된 경우에 해당한다.^{그림21~22}

　이상에서 살펴본 무덤 축조 재료와 무덤 구조의 특징으로 볼 때 쌍영총은 5세기 후반의 축조물이다. 벽화의 주제 및 제재 구성, 배치 등의 측면에서도 5세기 중엽 이전의 작품으로 보기는 어렵다. 5세기 중엽이나 후반에 제작된 장천1호분, 수산리벽화분, 안악2호분 벽화 제재들의 표현 기법, 양식, 벽화 구성 내 개별 제재의 비중 등을 쌍영총 벽화와 비교해보면 작품 제작 시기는 더 후대로 볼 수 있다. 청룡, 백호가 벽면에서 지니는 비중, 예불 공양 행렬의 배치 등에서 이런 점이 두드러진다. 벽면에서 지니는 쌍현무의 비중 등을 비교할 경우, 쌍영총 벽화는 덕화리1호분 및 덕화리2호분 벽화보다 제작 시기가 늦기 어렵다.

　이런 점에 더하여 고려되어야 할 것은 쌍영총 벽화에는 하나의 무덤 안

그림21　**쌍영총 앞방 천장석 벽화 연꽃.**

그림22　**쌍영총 널방 천장석 벽화 연꽃.**

그림21　　　　　　　　　　　　　　　　그림22

에 서로 다르면서도 양식상의 발전 과정을 보여주는 두 유형의 연꽃 표현이 동시에 나타난다는 사실이다. 고구려에서 연꽃을 주제로 한 벽화고분은 5세기 중엽에 대거 등장한다. 남북 연꽃 표현 양식의 통합은 5세기 후반의 늦은 시기에 추진되고 성과를 거둔다. 이런 과정과 결과가 쌍영총 벽화에 반영되었다고 하겠다. 이런 사실을 함께 고려할 때 쌍영총은 5세기 말에 축조, 제작되었다고 보는 것이 가장 타당할 듯하다.

5세기 후반의 고구려 문화와 쌍영총

439년 북위가 북량을 멸망시켰다. 북위에 의해 북중국이 통일된 것이다. 이로써 동아시아에서는 북조의 북위, 남조의 송(宋), 내륙 아시아 초원 지대의 유연, 동북아시아의 고구려를 각 지역의 패권국가로 삼은 4강 시대가 열렸다. 세력균형에 바탕을 둔 4강 시대가 열리자 남북조 국가들과 유연, 고구려가 중심이 된 각 세력권 내의 크고 작은 나라들, 동아시아 4강 세력권을 하나의 단위로 한 소문화권, 동아시아 혹은 서아시아, 인도를 하나의 단위로 한 대문화권 사이에서 인적, 물적 교류가 활발해졌다. 실크로드와 초원의 길을 따라 동서남북의 역사와 경험, 관념과 산물들이 이전보다 쉽게, 대량으로 흐를 수 있게 된 것이다. 남겨진 유적이나 유물로 볼 때 고구려는 이러한 정세 변화에 능동적으로 대처했고, 사회적 조건을 적극적으로 활용했다.[67]

427년의 천도로 고구려에서는 평양 시대가 열렸다. 비록 상당 기간 정지 작업이 진행된 뒤 이루어진 천도였지만, 고구려에서 평양 천도는 큰 사건이었다. 450년 가까운 국내성 시대를 끝내고 대동강변의 평양으로 수도를 옮김으로써 고구려가 나라로 서고 성장했던 땅은 고구려 제2의 중심으로 남게 되었다. 고조선과 낙랑의 역사를 안고 있는 평양 일대가 고구려의 새 중심지가 된 것이다. 국내성 일대와 평양 지역은 지리적 입지뿐 아니라 역사적 경험이나 문화적 환경에서 뚜렷한 차이점을 지닌 곳이었다.[68] 고구려 왕실과 중앙정부는 평양을 새 수도로 삼는 데에는 성공했지만 국가 차원에서 해결해야 할 정치·사회·문화적 과제들을 껴안은 채 평양 시대의 개막을 선언한 것이나 마찬가지였다.

439년부터 동아시아 4강 시대가 본격적으로 열리자, 고구려는 동아시아 중심 국가 사이의 세력균형을 유지하는 동시에 평양 천도로 말미암은 국내의 제반 갈등을 극복하기 위해 적극적인 대외 교류와 내부의 사회·문화적 통합에 나선다. 이는 동아시아에서 이루어지는 주요한 사회·문화적 흐름에 참여함으로써 대내외적 돌발적인 사태에 대응하고 국가경쟁력도 향상시킬 수 있으리라는 판단이 그 바탕에 깔려 있었기 때문일 것이다. 장수왕대에 고구려의 사절이 북위, 송, 유연으로 빈번히 파견된 것도 이와 관련지어 이해할 필요가 있다.[69]

평양 천도 이후 더욱 활발해진 대외 교류에 힘입어 고구려에는 서아시아, 인도, 중국의 남북조로부터 다양한 문화가 흘러들었다. 그중 높은 비중을 지녔던 것이 불교문화이다.[70] 5세기 중엽 고구려에서 크게 유행하는 연꽃 장식 벽화고분도 이러한 문화적 흐름의 산물이다. 그러나 잘 알려졌듯이 5세기 중엽을 풍미했던 연꽃 장식 벽화고분은 고구려의 새 수도 평양 일대가 아닌 옛 중심 국내성 지역에서 출현했다. 이는 고구려에 전해진 새로운 관념이나 인식, 이에 바탕을 둔 형상화 작업이 지역 문화와 결합하면 문화의 지역화를 초래함을 보여준다. 5세기 중엽 전후 고구려에서 우선적으로 해결되어야 했던 사회적 과제가 통합 문화의 창안과 확산이었음을 짐작케 하는 좋은 사례라고 하겠다.

평양 천도를 전후하여 고구려에서는 고구려적 천하관을 바탕으로 성왕론을 제시하고, 왕실 중심으로 시조 전승을 정리하는 등의 작업을 추진하였다.[7] 이는 고구려적 정체성의 틀을 새롭게 짜 이를 고구려 사회의 기초로 삼음으로써 사회적 통합성을 높이고 문화적 보편성을 확대하기 위해서였다. 새 수도 평양은 이러한 제반 정책이 추진되고 실현되어 그 효과를 확인하는 중심이었다. 쌍영총은 국가적 차원에서 이루어지던 사회 통합과 문화 기반 확대 작업이 구체적으로 어떤 열매를 맺고 있었는지를 짚어낼 수 있게 한다. 실제로 벽화 제재의 구성과 양식 검토를 통해 이런 작업이 가능한지 확인해보기로 하자.

쌍영총 앞방과 널방 천장석에 묘사된 것은 활짝 핀 연꽃이다. 앞방의 연꽃은 집안식 표현 위에 평양식 표현이 더해진 것이고, 널방의 연꽃은 두 지역 특유의 표현을 바탕으로 출현한 새로운 양식의 것이다. 이는 일정한 시간의 흐름 속에 단계적으로 진행되기 마련인 표현 양식상의 변화가 한 공간에서 발견되는 경우에 해당한다. '시간의 흐름'이 대단히 빨라서 두 가지 표현 양식 사이에 시차가 거의 없음을 전제로 하지 않으면 이해하기 어려운 현상이다. 이를 평양 천도 이후 진행된 고구려 지역 문화의 통합, 혹은 평양 중심 문화의 성립이 5세기 중엽 이후 속도가 빨라졌다는 증거의 하나로 해석해도 무리는 아닐 듯하다.

쌍영총의 앞방과 널방에는 사신이 나누어 배치되었으며 사신을 이루는 각 신수가 묘사된 자리에는 차이가 있다. 벽화 제재로서 사신이 지닌 화면 속 비중도 서로 다르다. 청룡과 백호는 앞방 동벽과 서벽에 가득차게 그려진 화면 속 유일한 제재이다. 반면 주작은 널방 남벽 상부의 작은 공간에 배치되었고, 현무는 널방 북벽 무덤 주인 부부 장방 생활도 바깥 서쪽에 작게 그려졌을 뿐이다. 게다가 각각 한 쌍으로 묘사되었다. 앞방에서 청룡과 백호는 벽화의 주제를 확인시켜주는 존재이다. 그러나 널방에서 주작과 쌍현무는 벽화의 제재 가운데 하나일 뿐이다. 앞방과 널방을 나누어 살펴볼 때 쌍영총의 사신은 벽화의 주제이기도 하고 아니기도 하다. 이는 5세기 중엽을 고비로 고구려 고분벽화의 주제가 생활 풍속 및 장식문에서 사신으로 옮겨 가면서 벽화 주제가 뒤섞이는 현상과 맞물린다. 쌍영총 벽화에서 이런 시대적 흐름이 그대로 드러난다고 하겠다. 문화 전반의 변화를 겪으면서 내세관도 혼합되고 재정리될 수 있다는 해석을 가능하게 하는 사례이다.

쌍영총 널방 벽화의 주제와 관련된 생활 풍속계 제재들도 위의 분석 및 이해와 관련되어 주목된다. 널방 동벽에 묘사된 귀족 부인 공양 행렬도는 화면의 유일한 제재이다. 인물 행렬이라는 형식을 취하고 있다는 점에서 생활 풍속계 제재로 분류된다. 널방 북벽의 무덤 주인 부부 장방 생활도 역시 생활 풍속계 제재로 널방 전체를 혼전으로 인식하게 한다. 그러나 널방 벽화 제재를 천장고임 및 천장석 제재들과 연결시켜 이해해보면 단순히 생활 풍속계로 규정하기 어려워진다. 실제 널방 벽화는 불교적 내세관에 바탕을 두고 구성되었으며 불교적 장식문에 무게중심이 두어졌기 때문이다. 사신에 속하는 두 신수, 곧 주작과 현무도 벽화의 여러 제재들 중의 하나이다. 벽화 제재 및 구성에서 확인되는 이와 같은 형식과 내용 사이의 괴리 현상은 벽화 주제의 변화, 그 바탕에 있는 내세관의 혼합과 혼란에서 비롯되었다고 할 수 있다. 5세기 중엽 이후, 고구려 사회·문화 전반의 흐름과 관련하여 이해할 필요가 있는 현상이다.

이상의 검토에서도 알 수 있듯이 벽화 제재의 구성과 화면 속 비중만 고려할 경우 쌍영총 벽화의 주제는 생활 풍속과 사신이다. 하지만 벽화 제재의 성격과 내용을 중심으로 살펴보면 쌍영총 벽화의 주제는 불교적 장식문에 가깝다. 5세기 고분벽화에서 확인되는 세 가지 주제가 쌍영총 벽화에서 모두 확인되는 셈이다. 주목되는 것은 이와 유사한 사례를 비슷한 시기의 다른 벽화고분에서는 찾아보기 어렵다는 사실이다. 수산리벽화분은 벽화의 제재 구성 및 내용상 생활 풍속이 벽화 주제이다. 안악2호분 벽화의 주제는 형식상으로는 생활 풍속이고, 내용상으로는 불교적 장식문이다. 이 두 고분에서 사신은 벽화 제재로 등장하지 않는다.

쌍영총은 위의 두 고분보다 늦은 시기에 축조되었다. 때문에 벽화의 구성과 내용에 평양을 중심으로 펼쳐진 5세기 사회·문화의 가장 늦은 시기의 흐름도 담겨졌을 가능성이 매우 높다. 잘 알려진 것처럼 5세기 중엽 동아시아에서는 불교문화가 풍미했다. 고구려 국내성 지역에서 연꽃문 벽화고분이 크게 유행한 것도 이 때문이다. 평양 일대에도 많은 불교 사원이 건립되었으며 귀족들이 주도하는 공양 행사도 잦았다.

그러나 평양 지역에는 낙랑 시대 이래의 문화적 전통이나 종교 관념이 여전히 사회 저류의 한 갈래로 남아 있었고 일정한 영향력을 유지하고 있었다.[72] 음양오행설에 바탕을 둔 사신 신앙 역시 그런 갈래의 하나이다. 고구려에서 계세적(繼世的) 내세 신앙은 지역 문화에 관계없는 종교 관념이다. 이런 사실까지 감안하면 5세기 후반의 평양 지역에는 계세적 내세 신앙, 사신 신앙, 불교적 전생관(轉生觀)이나 왕생관(往生觀)이 공존하고 있었다고 보아야 한다.

평양 천도와 동아시아 4강 시대의 개막을 계기로 고구려는 정체성의 틀을 새롭게 짜고 지역 문화를 통합하여 범고구려 문화를 정립시키기 위해 적극적으로 나서게 된다. 국가적 차원에서 이루어진 이런 노력은 5세기 중엽 이후 성과가 나타나기 시작한 듯하다. 벽화고분은 그런 과정과 결과를 보여주는 가장 좋은 증거물이라고 할 수 있다.

쌍영총 벽화의 주제가 형식과 내용에서 차이를 드러내는 것은 5세기 중엽 이후의 고구려 사회에 다양한 갈래의 내세관이 있었으며 이를 표현하는 방식도 일정치 않았음을 보여준다. 서로 다른 양식의 연꽃이 한 공간에 등장하고 사신이 분산되어 화면상 비중을 달리하여 묘사된 데에서도 이런 면이 잘 드러난다. 화면에 따라 인물 묘사 기법의 세련도에 편차가 있는 것도 각 화면을 담당한 화가 개개인의 역량에 차이가 있고 대상이 어떻게 인식되도록 그릴 것인가에 대한 사회적 합의가 충분히 이루어지지 않은 데에서 비롯된 현상일 수 있다.

쌍영총 벽화에는 5세기에 유행하던 주요한 제재가 모두 등장하고 화면에서 적지 않은 비중을 차지하도록 묘사되었다. 그럼에도 벽화 구성상의 통일성이 약한 것은 주제 설정과 표현의 밑그림이라고 할 수 있는 체계적 사고와 관념이 바탕에 깔려 있지 않은 때문이라고 할 수 있다. 이 역시 5세기 중엽 이후 고구려 사회에 다양한 관념과 신앙, 문화 요소가 혼재되된 상태에서 범고구려 문화의 정립이 시도되었음을 반증하는 것일 수 있다. 이는 평양을 중심으로 문화의 부분적 통합이 이루어지고 이의 확산이 추진되고 있었으나 그 정도가 국내성 지역을 포함한 고구려 사회 전반에 미칠 수 있었는지에 대해 의문을 던지게 한다.

앞의 안악2호분 및 수산리벽화분 분석에서 언급하였듯이 5세기 중엽 이후 5세기 말에 이르는 기간에 고구려적 정체성을 재확립하고 범고구려 문화를 정립시키기 위한 국가적 차원의 노력은 계속되었다.[73] 그러나 현재까지 확인, 분석된 역사 자료에 근거할 때 그 성과가 고구려 사회 전체에 영향을 미칠 정도였는지는 확언하기 어렵다. 쌍영총 벽화의 구성과 내용도 이런 점을 잘 보여준다고 할 수 있다. 5세기 말 고구려 문화의 수준과 대내외적 영향력을 가늠하려면 새로운 자료의 발굴과 함께 기존 자료의 분석 결과도 적극적으로 상호 연결시킬 필요가 있다. 그 날줄과 씨줄 사이에서 더 새롭고 깊은 해석의 가능성을 찾아내는 작업이 시도되어야 한다.

무덤 구조와 벽화 구성, 내용 등을 아울러 살펴볼 때 쌍영총은 5세기 말 축조된 유적이다. 쌍영총은 잘 정비된 두방무덤으로 벽화 주제는 형식상 생활 풍속과 사신이지만 내용상으로는 불교적 장식문이다. 이렇듯 벽화의 주제가 형식과 내용에서 차이를 보이고 5세기에 고구려에서 유행하던 모든 종류의 내세관과 연관된 제재들로 벽화가 구성된 사례를 쌍영총 외의 다른 벽화고분에서는 찾아보기 어렵다.

평양 천도와 동아시아 4강 시대의 개막을 계기로 고구려는 국가적 차원에서 정체성을 재확립하고 사회 전체를 아우르는 문화를 정립시키려 했다. 이를 위해 고구려는 대문화권 및 소문화권 단위의 국제 교류에 적극적으로 나섰으며 국가 내부 지역 문화의 통합도 지속적으로 추진하였다. 쌍영총 벽화는 이러한 국가적 차원의 노력이 고구려 문화 전반에 어떤 영향을 미치고 있었는지를 추정하게 하는 요소들로 채워졌다.

쌍영총 벽화에 대한 분석 결과는 5세기 중엽 이후 당대의 사회적, 문화적 과제를 해결하려던 고구려의 국가적 노력이 소기의 성과를 거두면서도 일정한 한계를 지녔음을 짐작하게 한다. 벽화 주제의 혼합 및 혼란, 제재 구성상의 일관성이나 통일성 부족에서 이런 점이 잘 드러난다. 체계적인 사고나 관념이 뒷받침되지 않은 쌍영총 벽화의 구성과 내용은 5세기 말에도 고구려에서는 사회와 문화를 통합하기 위한 작업이 계속되고 있었음을 알려준다. 고구려가 5세기 중엽을 고비로 평양을 중심으로 통합적 문화를 출현시키는 데에는 성공하였지만 이것을 사회 전반에 확산시켜 자리 잡게 할 정도까지는 이르지 못했을 가능성을 고려하게 한다.

삼실총

개요

널길로 이어지는 세 개의 널방, 우주역사가 묘사된 널방 벽. 언뜻 보기에 삼실총(三室塚)은 내부 구조뿐 아니라 벽화의 제재 및 구성에서도 5세기의 다른 벽화고분과 구별된다. 그러나 다양성을 특징으로 하는 이 시기 고구려 문화에 대한 이해를 바탕으로 개별 문화 요소를 살펴볼 경우, 삼실총 역시 다양한 유형의 5세기 고구려 고분 가운데 하나일 뿐이다.

오히려 삼실총과 관련하여 관심을 두어야 할 것은 5세기 고구려 문화라는 큰 틀 안에서 무덤 구조와 벽화가 지니는 문화사적 위치이다. 고구려가 5세기에 다양한 문화권과의 접촉 과정에서 제반 문화 요소를 받아들여 '범고구려 문화 시대의 개막'을 준비하고 있었다면,[74] 삼실총의 구조와 벽화는 그 과정을 밝혀주는 주요한 코드 가운데 하나가 될 수도 있기 때문이다. 삼실총은 과연 5세기 고구려 문화의 전개 방향과 내용을 이해하기 위한 주요한 코드의 하나로 자리매김될 수 있을까?

삼실총은 현 중국 길림성 집안시(지안시) 태왕향 우산촌에 있다.[75] 무덤은 통구평야의 중앙부로 뻗어 나온 우산의 남쪽 기슭 끝에 자리 잡았다. 옛 우산촌 5조(組)의 논밭 가운데 있다. 무덤의 북쪽 20미터 지점에 통화-집안 간 도로와 철로가 지나간다. 무덤에서 남쪽으로 250미터 지점에는 벽화고분이 포함된 오회분(五盔墳)이 있으며, 통구사신총을 비롯하여 각저총, 무용총 등의 벽화고분이 근처에 있다. 널길과 이음길로 세 개의 널방이 'ㄷ'자형으로 이어진 특이한 무덤 칸 구조로 말미암아 '삼실총'이라는 이름이 붙었다. 그림1 북한 측의 표기로는 '세칸무덤'이다. 중국은 1966년 집안 통구 고분군 전체의 분포 상황을 조사하고 무덤에 대한 편호 작업을 하면서 우산하묘구(禹山下墓區) 제2231호묘(JYM2231)로 무덤 분류 번호를 붙였다. 하지만 일반적으로 '삼실묘(三室墓)'라 일컫는다.[76]

1913년 일본인 세키노 다다시 일행에 의해 무덤이 조사되었다. 1935년 9월 및 1936년 9월 두 차례에 걸쳐 일본인 이케우치 히로시(池内宏)와 우메하라 스에지(梅原末治) 등에 의해 무덤 구조와 벽화 내용 등이 조사·실측·촬영되었다. 이후 무덤 문이 열린 채 방치되다가 1956년 봄 집안현 문화과에 의해 무덤 문이 닫혔다. 1961년 가을 무덤 문이 공식적으로 폐쇄되었으며, 1963년 6월 무덤 앞에 나무 설명 표지판이 세워졌다. 1972년 흙무지를 돋우고 무덤 문을 새로 손보는 등의 무덤 수리가 행해졌다. 1975년 5월 집안현문물보관소에 의해 벽화에 대한 재조사와 벽화의 화학적 보존 처리가 이루어졌으며 제1널방 바닥의 진흙이 제거되었다.[77] 이 과정에 고구려 유약 도기 8점, 사발 5점, 잔 1점, 네귀항아리 1점, 쇠못과 짐승 뼈 여러 점이 수습되었다. 1997년 재조사와 실측 보고 작업이 이루어져 무덤무지 둘레가 30미터, 높이 5미터로 측정되었다. 무덤의 외형은 밑이 네모진 상태에서 위로 좁혀가다가 끝이 살짝 잘린 듯이 마무리된 방대형이다. 2004년 7월 유네스코 세계문화유산에 등재되었다.

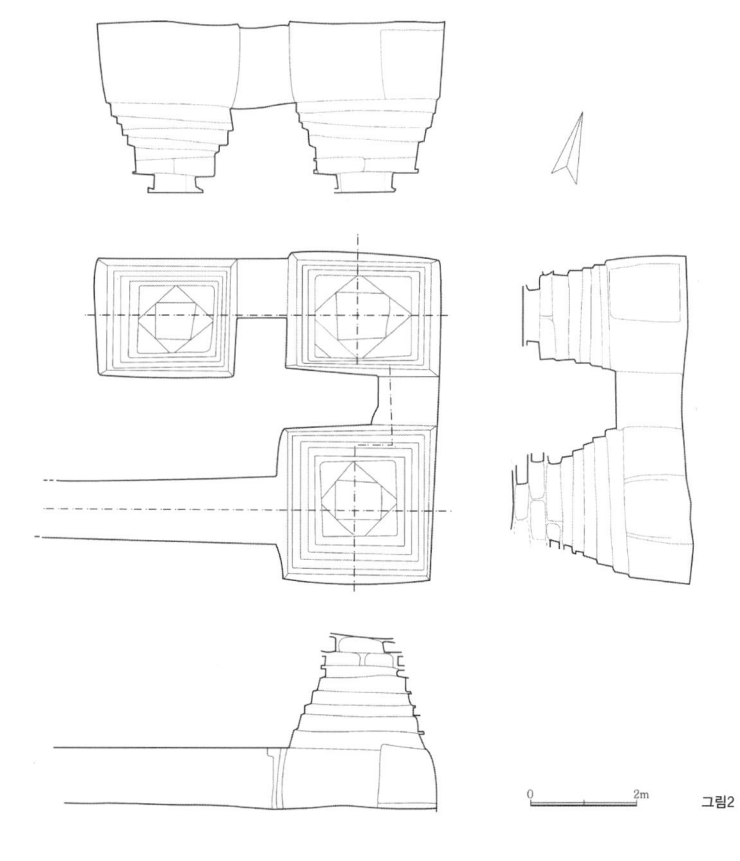

그림1

그림1 발굴 조사 당시의 삼실총 외관.
그림2 삼실총 실측도.

그림2

방향 (1실 기준)	제1널방				제2널방				제3널방			
	널길	벽	천장고임	천장석	이음길	벽	천장고임	천장석	이음길	벽	천장고임	천장석
동남 (좌)	행렬	위: 11인 행렬 아래: 사냥 기둥	얽힌 용무늬	?	문지기 장수	역사	쌍청룡, 상서 동물 연꽃, 화생, 천인 연속 운문	해 달 북두오성 남두육성	문지기 장수	역사	쌍청룡, 상서 동물 연속 운문	해, 달, 별자리
서남 (전)		문지기 장수 2인 기둥	쌍주작, 나무, 얽힌 용무늬			갑주무사	쌍주작, 상서 동물 연꽃, 화생, 천인 연속 운문			역사	쌍주작, 상서 동물 연꽃 연속 운문	
서북 (우)		공성(攻城) 기마전투 보병 격투 기둥	얽힌 용무늬		문지기 장수	역사	쌍백호, 상서 동물 연꽃, 화생, 천인 우두인신신(牛 頭人身神), 선인 연속 운문		역사	역사, 쌍사교미 (雙蛇交尾)	쌍백호, 상서 동물 연꽃 연속 운문	
동북 (후)		네 채의 집, 장방 무덤 주 인 부부와 시 종 7인, 기둥	쌍현무, 얽힌 용무늬			역사	쌍현무, 상서 동물 연꽃, 화생, 천인 연속 운문			역사	쌍현무, 상서 동물 연꽃, 백로탁어 (白鷺啄魚) 연 속 운문	

〈표1〉 삼실총의 구조와 벽화 구성

세 개의 외방무덤이 널길로 이어진 변형 외방무덤에 속하며 제1실을 기준으로 한 무덤 칸의 방향은 남으로 17도 기운 서향이다. 널길은 너비 1.2미터·길이 4.5미터·높이 1.2미터이며, 제1널방은 너비 2.7미터·길이 2.9미터·높이 3.1미터, 제2널방은 너비 2.1미터·길이 2.8미터·높이 3.1미터이고, 제3널방은 너비 2미터·길이 2.5미터·높이 3.3미터이다.^{그림2} 각 널방의 천장 구조는 평행삼각고임으로 제1널방은 5단의 평행고임 위에 2단의 삼각고임을, 제2널방은 4단의 평행고임 위에 2단의 삼각고임을, 제3널방은 5단의 평행고임 위에 3단의 삼각고임을 얹었다. 무덤 칸은 일정한 크기로 다듬은 장방형의 화강암 편석으로 쌓았으며 벽과 천장 면에 백회를 입히고 그 위에 벽화를 그렸다. 벽화의 주제는 생활 풍속과 사신이다. 각 널방의 네 벽 모서리와 벽 상단에는 적갈색 안료로 기둥과 두공, 도리를 그려 널방이 목조 가옥의 실내처럼 보이게 하였다. 벽화는 주선(朱線)과 묵선(墨線)으로 윤곽을 잡은 다음 채색하는 방식으로 그렸으며 장중하면서 고요한 느낌을 주는 짙은 갈색 계통을 주조로 하였다. 습기의 침투로 백회가 떨어져 나가거나 안료가 퇴색된 곳이 많아 벽화의 내용이 불확실한 곳이 많다. 삼실총 벽화의 구성과 내용을 알기 쉽게 정리하면 〈표1〉과 같다.[78]

무덤 구조와 벽화 제재의 분석

1) 제1실

널길

① 인물 행렬: 제1널방으로 들어가는 널길 좌우의 벽과 천장 면의 벽화는 극히 일부만 남아 있다.* 널길 남벽에 널방을 향한 인물 행렬의 일부가 남아 있으나 알아보기 어렵다.

② 별자리: 천장 면에 크고 작은 10여 개의 원이 남아 있는데, 별을 그린 것으로 추측된다.

널방 벽

① 행렬: 제1널방의 동남벽은 네모진 전돌이 깔린 가로로 길게 뻗은 길로 벽면을 위아래로 나누었다. 벽 윗면에는 무덤 주인 부부의 출행 장면을 나타냈다.[그림3] 열한 명으로 이루어진 행렬은 안벽인 동북벽을 향한다. 신분에 따라 사람의 크기가 다르다. 신분, 지위의 차이를 나타내기 위한 위계적 표현 사례라고 하겠다.[79] 양산을 받쳐 든 일곱 번째와 여덟 번째의 두 인물, 무엇인가를 받쳐 든 듯 혹은 길을 안내하는 듯이 오른손 바닥을 위로 젖힌 열한 번

• 이하 삼실총 벽화의 현상에 대한 설명은 왼쪽의 〈표1〉 작성 과정에서 참고한 보고 내용과 도면에 의한다.

236 **237**

그림3

그림4

째 인물 외에 모든 인물이 두 손을 가슴 앞에 올려 맞잡은 채 걷고 있다. 인물들이 걸친 저고리는 왼쪽 여밈이다. 대부분 고구려 특유의 점무늬 바지 혹은 점무늬 저고리 및 치마를 입었다. 행렬이 무덤 주인 부부의 저택 기거 장면이 묘사된 안벽(동북벽)을 향한 점, 생활 풍속계 벽화에서 널방 안벽은 저택의 안채이고 죽은 이의 내세 삶의 현장으로 인식된다는 점 등등을 함께 고려하면 이 행렬도는 생전 삶의 회고이자 내세 삶에 대한 소망이 겹쳐진 표현이라고 할 수 있다.[80]

② 사냥: 동남벽 아랫면에 일부 남아 있다. 기마인물이 매로 꿩 사냥을 하는

그림3 **삼실총 제1널방 동남벽 윗면 벽화 인물 행렬.**

그림4 **삼실총 제1널방 동남벽 아랫면 벽화 매사냥.**

모습과 다른 한 인물이 말을 달리며 활을 겨누는 장면 정도만 남아 있다. 매사냥은 매를 팔뚝에 올린 상태와 매를 날려 꿩을 쫓게 하는 순간이 한 장면처럼 그려졌다.^{그림4} 시간적 흐름에 따른 한 사건의 전개 과정을 한 화면에 동시에 표현하는 이시동도법(異時同圖法)이 적용된 경우이다. 이시동도법적 표현은 장천1호분 앞방 서북벽의 매사냥도와 오현금 연주에 맞춘 1인무 장면에서도 확인된다.⁸¹ 5세기 고구려 회화의 흐름과 관련하여 눈길을 모으는 부분이다.

③ 문지기 장수: 앞벽에 해당하는 서남벽, 곧 널방 입구의 좌·우벽에 실물 크기의 문지기 두 사람이 묘사되었다.^{그림5~6} 두 눈을 부릅뜬 검보랏빛 얼굴의 오른쪽 인물에게서는 이국적인 이미지가 묻어난다. 실물 크기의 표현에 인물의 성격을 드러내는 묘사가 더해졌다는 점에서 5세기 초반까지의 몰개성적 인물 표현 방식과 구별된다.⁸² 인물의 개성 표현은 장천1호분 벽화의 두 문지기의 얼굴과 자세에서 보다 두드러진다.⁸³^{그림7~8} 두 고분벽화가 제작되던 시기의 고구려에서 개인을 인식하는 방식이 이전과는 달라졌음을 시사하는 자료로 볼 수 있다. 벽화 전체의 구성과 내용을 함께 고려할 때, 이 문지기 장수는 불교의 천왕에 대한 인식과 관념으로부터 영향을 받아 그려졌을 가능성이 있다.

④ 공성(攻城): 성을 공략하고 방어하는 전투 장면은 고구려 고분벽화에서 유일하게 발견되는 것으로 서북벽에 그려졌다.^{그림9} 벽의 왼쪽 면에 성곽이, 오른쪽 면에 전투 장면이 묘사되었다. 성벽 바깥 오른쪽 위에서는 두 사람이 격투를 벌이고, 성벽 바깥의 벌판에서는 마면주(馬面胄)[●]와 마갑(馬甲)[■]으로 무장한 말을 탄 두 갑주무사가 긴 창을 휘두르며 서로 쫓고 쫓긴다. 화가는 대규모 인원이 격렬하게 맞부딪치는 공성전(攻城戰) 장면을 각각 두 사람씩 동원된 백병전과 기마전으로 간략히 정리하여 나타냈다. 이런 전투 장면의 일부일 수 있는 패배한 적의 목을 베는 순간이 통구12호분 북분(北墳) 널

● 말의 얼굴에 씌우던 투구.
■ 말의 몸을 감싼 갑옷.

그림5   그림6

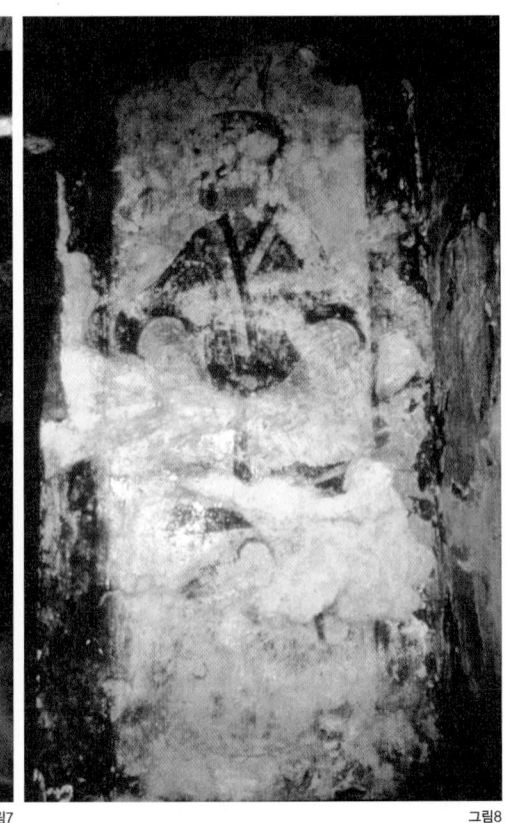

그림7   그림8

그림9

그림10

그림5~6 삼실총 제1널방 서남벽 벽화 문지기.

그림7~8 장천1호분 앞방 동북벽 벽화 문지기.

그림9 삼실총 제1널방 서북벽 벽화 공성전.

그림10 통구12호분 북분 널방 벽화 포로 참수.

그림11 삼실총 제1널방 동북벽 벽화 안채 생활.

방 벽화에 보인다.^{그림10}

⑤ 안채 살림: 안벽에 해당하는 동북벽에는 무덤 주인 부부와 남녀 시종, 이들이 지내는 네 채의 기와집이 묘사되었다.^{그림11} 벽의 남쪽 면부터 차례로 살펴보면, 남쪽 면의 첫 번째 기와집 안에는 황색 관을 쓴 여인이 두 손을 가슴에 모은 채, 북쪽 면을 향해 무릎 꿇고 앉아 있다. 집 바깥에는 한 사람의 시종이 서 있다. 두 번째 기와집은 2층집으로 아래층에 한 여인이 첫 번째 기와집에서와 같이 북쪽 면을 향해 무릎을 꿇고 앉아 있다. 두 여인은 무덤 주인의 처와 첩으로 추정된다. 세 번째 기와집에는 새 깃 꽂은 관을 쓴 남자가 남쪽을 향해 앉아 있다. 무덤 주인일 것이다. 네 번째 기와집은 2층집이며, 아래층에 두 사람의 시종이 무덤 주인 쪽을 향해 나란히 서 있다.

널방 안벽에 네 채의 기와집이 표현된 다른 사례는 아직 확인되지 않는다. 무용총, 각저총 등 생활 풍속을 나타낸 5세기의 다른 고분벽화에서 확인되듯이 안벽 화면은 무덤 주인 부부의 안채 생활 겸 내세 삶을 나타내는 공간으로 사용된다.[84] 삼실총 제1널방도 마찬가지로 보아야 할 것이다.

그림12 삼실총 제1널방 천장고임 벽화 얽힌 용무늬.

천장고임

① 쌍주작(雙朱雀) : 천장고임 벽화는 평행고임 제1단과 제2단, 제4단의 일부 면에만 남아 있다. 제2단의 앞면인 서남면에 마주 보는 두 마리의 주작이 그려졌다. 안쪽 면인 동북면의 쌍현무로 보아 평행고임 제2단에는 본래 전후 좌우 네 방향에 따라 사신이 묘사되었던 것 같다.[85] 암수가 짝을 이룬 것으로 보이는 주작의 모습이 비슷한 시기에 그려진 장천1호분 벽화의 주작보다 세련되었다. 무용총에서 주작을 표현할 때 장닭 형상이 채택된 것과 대비되는 공작형 주작이다.

② 쌍현무 : 제2단의 안쪽 동북면에 한 쌍의 현무가 남아 있다. 뱀과 거북으로 이루어진 현무는 그 자체로 암수 양성(兩性)의 기능을 갖춘 '완벽한' 존재이다.[86] 쌍주작에 대응되는 존재로 쌍현무를 표현한 것은 재생과 부활의 주체로서 현무가 지니는 자기 완결성에 대한 이해의 부족, 혹은 현무에 대한 인식이 미비한 상태에서 나타난 현상이다.[87]

③ 새 : 평행고임 제4단 앞쪽 서남면에는 봉황으로 보이는 새 한 마리가 표현

되었다.

④ 나무: 제2단 앞쪽 서남면 쌍주작 좌우에 두 그루의 나무가 그려졌다.

⑤ 얽힌 용무늬: 평행고임 제1단에는 일정한 간격으로 배치된 벽(璧) 형태의 둥근 고리를 통과하면서 서로의 몸을 얽은 용무늬가 묘사되었다.^{그림12} 벽에 대한 상서 관념이 바탕이 된 얽힌 용무늬이다.• 유사한 장식문이 6세기 집안 지역 고분벽화에서도 확인된다.[88] 동일 문화권 안에서 특정 제재에 대한 관념과 표현이 계승됨을 엿볼 수 있는 좋은 사례이다.

천장석

① 별자리: 그림의 흔적이 거의 남아 있지 않다. 별자리가 그려졌을 것으로 추측된다.

2) 제2실

이음길

① 문지기 장수: 제2널방으로 이어지는 이음길 두 벽에는 문지기 장수를 한 사람씩 그렸다. 문지기 장수는 모두 황색 투구와 홍색 갑옷으로 무장하였으며 손에는 긴 창을 잡았다.

널방 벽

① 갑주무사: 제2널방 네 벽에는 제1널방과 달리 우주역사와 장수를 그렸다. 제3널방의 이음길과 이어지는 제2널방 서남벽의 장수는 좌우로 뻗은 뿔 형태의 장식이 달린 투구와 목가리개가 달린 갑옷, 뾰족한 못이 박힌 전투용 신발로 무장하였다.^{그림13} 오른손으로 긴 창을 세워 들었고, 왼손으로는 둥근 고리 큰 칼을 칼집 채 잡고 허리께에 올린 상태이다. 광대뼈가 튀어나온 각

• 하야시 미나오(林巳奈夫)는 벽에 대한 상서 관념과 관련이 있는 표현으로 보고 있다 [하야시 미나오, 「무덤 속의 부부」墓中の夫婦, 『돌에 새겨진 세계—화상석이 이야기하는 고대 중국의 생활과 사상』石に刻まれた世界—畵像石か語る古代中國の生活と思想 제2장, 동방서점(東方書店), 1992]. 필자는 다른 글에서 얽힌 용무늬가 삼실총 제2널방 천장고임에 있는 것으로 설명하였다. 여기에서 제1널방 고임으로 수정한다(전호태, 「고구려 후기 사신계 고분벽화에 보이는 선·불 혼합적 내세관」, 『울산사학』 7, 1997).

그림13   그림14

그림13 **삼실총 제2널방 서남벽 벽화 문지기 장수.**

그림14 **삼실총 제2널방 서북벽 벽화 우주역사 모사도.**

진 얼굴, 부릅뜬 눈, 좌우 아래로 뻗어 나간 수염, 호통을 치는 듯 이를 드러 내며 입을 벌린 모습에서 특정한 공간을 지키는 자 특유의 기세가 잘 드러 난다.

② 우주역사: 서남벽 외의 세 벽에 그려졌다. 세 벽의 역사는 두 다리로 기 마 자세를 취하고 두 팔로는 들보에 해당하는 천장고임 아래쪽을 받쳐 들었 다. 역사들은 눈이 크고 코가 오뚝한 코카서스 계통의 얼굴, 인도 미술의 인 체 표현 방식이기도 한 날씬한 허리를 지녔다. 붉은빛 얼굴의 서북벽과 동북 벽 역사의 두 다리에는 각기 한 마리씩의 뱀이 감겼으며 온몸에서는 상서로 운 기운이 뻗어 나온다.^{그림14}

벽면을 가득 채우도록 그려진 이들 역사는 장천1호분 앞방 천장고임 삼 각석 각층의 네 모서리에도 등장하는 '우주를 떠받치는 역사'이다. 이들은 4~5세기에 많이 표현된 중앙아시아 석굴사원 벽화 및 중국 북위 시대 석굴 사원 조각 중의 주유와 비교될 수 있다. 기원전 2세기 중엽 축조된 마왕퇴

1호한묘 출토 백화의 역사와는 계통상 직접 이어지지 않는 것으로 보인다. 마왕퇴 백화의 역사는 『장자』莊子 「소요유」逍遙遊 편에 등장하는 곤붕(鯤鵬)* 설화 속 곤(鯤), 『열자』列子 「탕문」湯問 편의 우강을 나타낸 것으로 이해된다.[89] 뱀은 신화적 사유에서는 흔히 강한 생명력, 재생, 부활의 상징으로 읽혀진다. 역사의 다리를 감고 있는 뱀 역시 같은 의미를 지닌 존재로 보아야 할 것이다.

천장고임

① 사신(四神): 천장부 평행고임 제1단에는 전후좌우의 방향에 맞추어 쌍사신(雙四神)을 그렸다. 청룡과 백호는 무용총 널방 천장고임의 청룡, 백호보다 세련되었다. 다만, 몸통이 지나치게 가늘어 머리와 몸, 꼬리 부분의 구별이 어려운 점 등등은 비슷하다.[그림15] 이와 같이 표현 기법상 부분적으로 개선이 이루어지고, 청룡, 백호가 각기 쌍으로 표현되는 점은 인식의 부분적인 진전에도 불구하고 이들이 아직까지 신앙의 대상으로 충분히 자리 잡지는 않은 것과 관련이 있는 듯하다.[90] 암수 주작은 제1널방과 같이 공작형이다. 두 현무는 뱀이 서로를 한 번 감은 뒤 각기 자기가 휘감은 거북과 머리를 마주하게 그렸다.

② 서조와 짐승: 제3단의 서남면과 잇닿는 제4단의 다른 세 면은 기린, 천록(天鹿)■을 비롯한 여러 종류의 서조와 짐승으로 장식하였다.[그림16~17] 한때 가장 신령스러운 짐승의 하나로 꼽히던 기린은 서기가 갈기꼴로 뻗쳐 나오며 꼬리가 길고 풍성하게 묘사되었다. 외형상 장천1호분 벽화의 기린과 같은 계열로 사슴형에 가깝다.[91] 장천1호분 벽화에서는 암수가 짝을 이루어 주작과 함께 천장고임 1층에 등장하지만 삼실총에서는 천장고임 중간층에 한 마리만 배치되었다. 두 개의 흰 뿔이 날카롭게 뻗어 나간 흰 점박이 자색 사슴은 자세와 형태에서 기린과 비슷하다.

● 상상 속의 거대한 물고기와 새.
■ 하늘 세계의 사슴.

머리 형태로 뚜렷이 구분되는 새들 가운데 눈길을 끄는 것은 소머리 새와 사람 머리의 새이다. 소머리 새는 덕흥리벽화분의 벽화에 묘사된 길리와 부귀, 통구사신총 및 강서대묘 벽화의 짐승 머리 새와 비교된다. 사람 머리 새는 덕흥리벽화분 벽화의 천추, 만세, 무용총 및 천왕지신총 벽화의 사람 머리 새와 나란히 놓고 검토할 수 있다. 고구려 고분벽화에는 천추, 만세 계열로 이해될 수 있는 서조들이 다수 등장한다.[92] 이런 사실을 고려할 때 삼실총 벽화의 소머리 새 및 사람 머리 새에 부여된 관념 역시 장생불사(長生不死)를 중심으로 한 신선 신앙과 불가분의 관계를 지녔을 것이다.▲

③ 화생: 제5단에 해당하는 삼각고임 제1단의 네 면 가운데 마주 보는 두 면, 곧 남면과 북면에 연화화생이 그려졌다.[그림18] 남면에는 한 곳, 북면에는 두 곳에 표현되었다. 연꽃화생은 장천1호분 앞방 천장고임에도 보이는 것으로 불교의 정토화생관(淨土化生觀)◆과 관련이 깊다.[93][그림19] 장천1호분 벽화의 연꽃에서 화생되는 존재는 남녀 두 사람이다. 이와 달리 삼실총 벽화는 세 곳 모두 한 사람이다. 특히, 동북면 서편의 연꽃에서 화생하는 사람은 노인처럼 볼이 홀쭉하고 입술의 위쪽과 코 사이에 세로로 깊게 주름이 여러 줄 패어 있다. 장천1호분 벽화에 남녀 두 사람이 연꽃에서 화생하는 장면과 함께 연꽃화생에 대한 고구려인 나름의 이해 방식을 엿보게 하는 흥미로운 사례라고 하겠다.[94]

④ 비천과 기악천: 천장고임 제5단, 곧 삼각고임 1단의 동면과 서면에 뿔나팔, 완함 등의 악기를 연주하는 천인이 표현되었다.[95][그림20~21] 완함을 연주하는 천인의 경우, 머리에 두광(頭光)이 표현되었으며, 얼굴 생김도 이국적이다. 완함이 서역에서 유래된 악기인 점을 고려하면,[96] 이 천인이 서역 불교문화의 고구려 전래와 관련 깊은 존재임을 짐작할 수 있다.

⑤ 우두인신신(牛頭人身神): 천장고임 제5단의 연꽃화생 장면 곁에는 소머

▲ 정재서는 비상(飛翔)하는 존재에 대한 특별한 관심, 곧 강렬한 승선 신앙이 벽화 속에 '날개 달린 존재'를 다수 표현하게 만들었을 것으로 이해하고 있다(정재서, 「고구려 고분벽화의 신화·도교적 제재에 대한 새로운 인식 - 중국과 주변 문화와의 관계성을 중심으로」, 『백산학보』白山學報 46, 1995; 『동양적인 것의 슬픔 - 넘어섬, 그 힘의 예증까지』, 살림, 1999 재수록).

◆ 정토에서는 연꽃에서 태어난다는 관념.

그림15

그림16

그림17

그림15 삼실총 제2널방 천장고임 벽
화 백호.
그림16 삼실총 제2널방 천장고임 벽
화 기린.
그림17 삼실총 제2널방 천장고임 벽
화 천추.
그림18 삼실총 제2널방 천장고임 벽
화 연화화생.
그림19 장천1호분 앞방 천장고임 벽
화 연화화생.
그림20 삼실총 제2널방 천장고임 벽
화 뿔나팔 부는 선인.
그림21 삼실총 제2널방 천장고임 벽
화 완함 연주하는 선인.

그림18

그림19

그림20

그림21

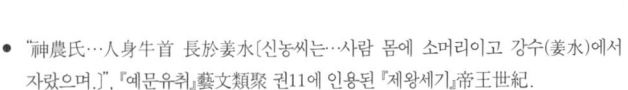

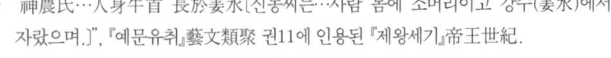

그림22    그림23

리의 신인이 한 사람 그려졌다.[그림22] 집안의 6세기 고분벽화에 등장하는 소머
리의 농업신과 달리 이 신인은 머리에 솟은 두 뿔이 아니면 특이한 얼굴의
사람으로 볼 수도 있는 존재이다. 신인은 오른손으로 자루가 그리 길지 않
은 창을 한 자루 세워 들었다. 무기를 지닌 소머리의 신인은 승선 신앙을 표
현한 중국의 한대 화상석에서 자주 발견되며, 염제(炎帝) 신농(神農)과 관련
된 신화·전설에도 등장한다.●[그림23] 산서 화상석에서는 주로 닭 머리의 신인
과 짝을 이루어 서왕모(西王母),■ 동왕부(東王父)▲가 다스리는 곤륜 선계의
입구를 지키는 문지기와 같은 존재로 묘사된다.[97] 서주 화상석에서는 말 머
리 신인 등과 함께 서왕모의 세계에 속한 존재로 등장한다.[98] 중국의 신화와
전설에서 염제 신농은 농업신인 동시에 황제와 천하를 다툰 무신(武神), 곧
전쟁신(戰爭神)으로서의 속성도 함께 지녔다.◆ 소머리의 신인이 선계의 문
신이 아닌 염제 신농이라면 손에 쥔 창은 염제를 상징하는 무기로 해석될 수
있다.

그림22 **삼실총 제2널방 천장고임 벽
화 우두인신신.**
그림23 **산서 이석 마무장2호한묘 화
상 우두인 탁본.**

● "神農氏…人身牛首 長於姜水[신농씨는…사람 몸에 소머리이고 강수(姜水)에서
  자랐으며.]", 『예문유취』藝文類聚 권11에 인용된 『제왕세기』帝王世紀.
■ 서쪽 끝 불사의 선계를 다스리는 여신.
▲ 동쪽 끝 불사의 선계를 다스리는 남신.
◆ "黃帝與炎帝戰於版泉之野…(황제와 염제는 판천들에서 싸웠다.…)", 『열자』, 「황
  제」黃帝.

ⓖ 각종 장식문

　　㋐ 연꽃: 평행고임 제2단에는 꽃받침과 받침줄기가 달린 연꽃이 일정한 간격으로 배치되었다. 삼각고임 제1단과 제2단의 밑면에는 커다란 연꽃이 표현되었다. 평행고임의 연꽃은 꽃받침과 받침줄기가 무용총 및 통구 12호분 벽화의 것과 비슷하다.[99]

　　㋑ 연속 운문: 제2단의 서남면과 잇닿는 제3단의 다른 세 면은 꼬인 운문으로 장식되었다.

천장석
① 해, 달, 별자리: 해와 달, 북두오성(北斗五星), 남두육성으로 장식하였다. 해, 달, 별자리의 배치와 구성 방식이 장천1호분 널방 천장석과 유사하다. 고구려식 천문 인식과 표현 체계를 잘 드러낸 사례이다.[100] 달은 온전한 원형이나 해는 원의 3분의 2 정도만 표현되었다. 해 안에 그려진 삼족오는 도면을 통해서도 확인이 가능하다. 달 안에 그려진 것은 알아보기 어렵다.

3) 제3실
이음길
① 문지기 장수: 제3널방으로 이어지는 이음길 두 벽에는 무덤을 지키는 문지기 장수를 한 사람씩 그렸다. 긴 창을 쥔 모습 등이 제2널방 이음길 두 벽에 그려진 문지기 장수와 같다.

널방 벽
① 역사: 널방 네 벽에는 하늘 세계를 떠받친 역사를 한 사람씩 그렸다. 서북·동북·동남벽의 역사는 제2널방 세 벽의 역사와 얼굴, 자세, 옷차림새 등이 같다. 두 팔로 천장고임 아랫면을 받쳐 든 동북벽 역사의 소매 끝은 연꽃잎

무늬로 장식되었으며, 주저앉듯이 버티고 선 두 다리의 종아리 윗부분에는 뱀이 감겨 있다.

　왼쪽 여밈 저고리에 홍색의 짧은 바지 차림인 서남벽 역사는 뱀이 감긴 오른팔로 들보에 해당하는 천장고임 아래쪽을 받치고, 왼팔로는 기둥을 밀어내듯이 짚은 채 서 있다.[그림24] 두 팔로 강하게 버티고 있음을 나타내려는 듯 눈은 부릅뜨고, 이를 악물었다. 이 역사는 고구려식으로 이해되고 표현된 인왕(仁王)의 모습을 상정하게 한다. 역사의 오른팔에는 뱀이 한 마리 감겼으며, 두 다리 사이에는 연꽃이 한 송이 떠 있다. 뱀과 연꽃 모두 우주적인 힘의 근원, 곧 생명을 창조하는 힘을 지닌 존재이다.[101] 역사와 뱀, 연꽃이 지니는 신화적 의미가 관심의 대상이 되지 않을 수 없다.

② 쌍사교미(雙蛇交尾): 서북벽 역사의 오른쪽 위쪽에는 두 뱀이 몸을 뻗쳐 오르면서 교미하는 모습이 그려졌다.[그림25] 뱀은 생명력과 재생의 상징이다. 두 뱀의 교미는 우주에 생명을 불어넣고 질서를 부여하기 위한 신성한 창조 행위라고 할 수 있다. 그렇다면 벽화의 이 장면은 우주적 의미의 음양 결합과 그로 말미암은 효과, 곧 죽은 자의 재생, 다른 표현을 빌리면 삶의 자리를 옮긴 자의 영원한 삶을 염두에 둔 그림인 셈이다.

　뱀과 거북이 교미하는 모습으로 그려진 사신 중의 현무,[102] 한 몸에 두 머리를 지닌 존재로 표현되는 지신 혹은 지축,[103][그림26] 중국 한대 화상석과 고분벽화에 빈번히 등장하는 쌍룡교미(雙龍交尾), 두 인신사미(人身蛇尾) 신인의 교미, 창조신으로 혹은 해신, 달신으로 등장하는 복희(伏羲)·여와(女媧) 신의 교미 장면, 서왕모의 용

그림24　삼실총 제3널방 서남벽 벽화 우주역사 모사도.

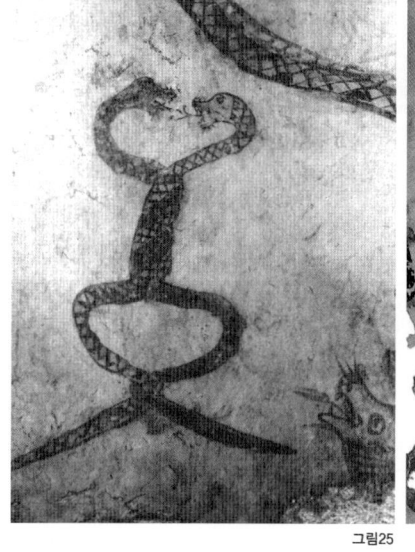

그림25

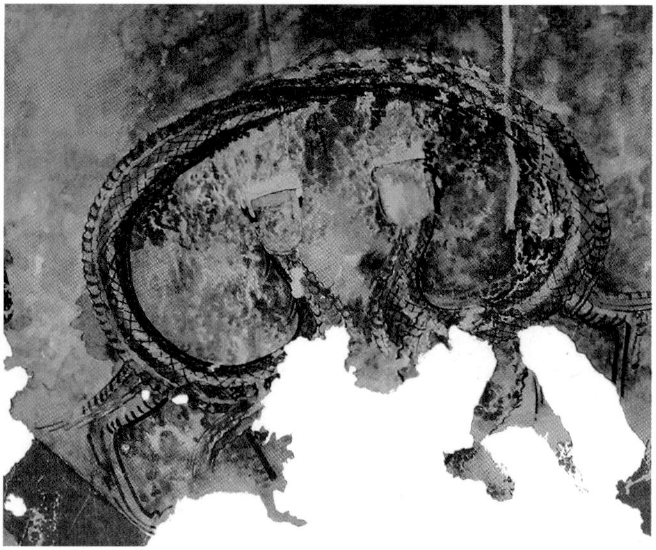

그림26

그림25 삼실총 제3널방 서북벽 벽화 쌍사교미.

그림26 천왕지신총 널방 천장고임 벽화 지신 모사화.

호좌(龍虎座)는 모두 위와 같은 종교적 의미를 담은 표현이라고 해야 할 것이다.[104]

천장고임

① 사신: 평행고임 제1단에는 방향에 맞추어 쌍사신을 그렸다.그림27~28 쌍사신 각각의 모습은 제2널방 천장고임의 것과 크게 다르지 않다.

② 서조와 짐승: 평행고임 제4단의 각 면에는 서조들과 구름을 그렸다. 제4단의 뒷면과 제5단의 앞면 및 좌·우면에는 비둘기, 봉황, 긴 꼬리 새, 백로(白鷺) 등과 같은 갖가지 서조를 묘사하였다. 삼각고임 제1단의 각 면에는 상서(祥瑞)로운 동물들을 그렸다.

③ 백로탁어(白鷺啄魚): 천장고임 제1단 동북벽의 두 현무 가운데 남쪽 현무 뒤편에 그려졌다. 백로가 부리로 물고기를 쪼는 모습이다.그림29 새와 물고기가 짝을 이룬 이와 같은 표현은 중국의 고대미술에서 자주 등장한다. 보통

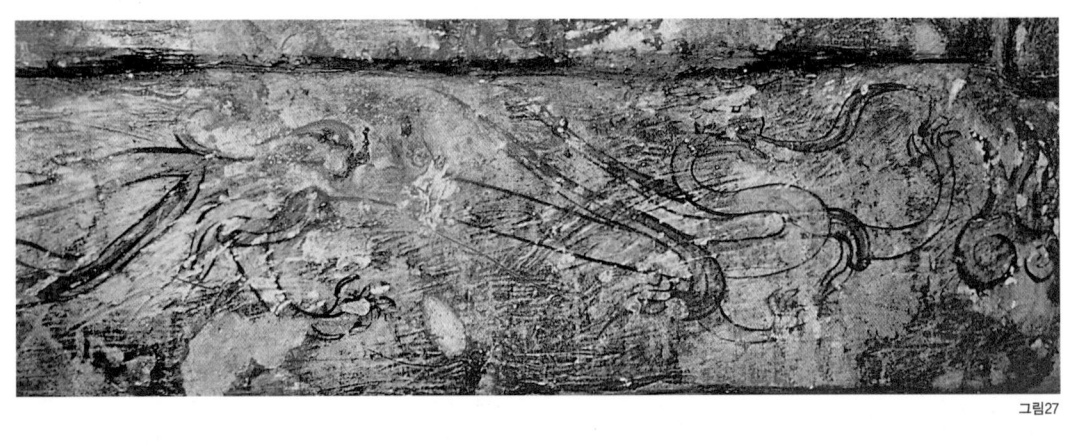

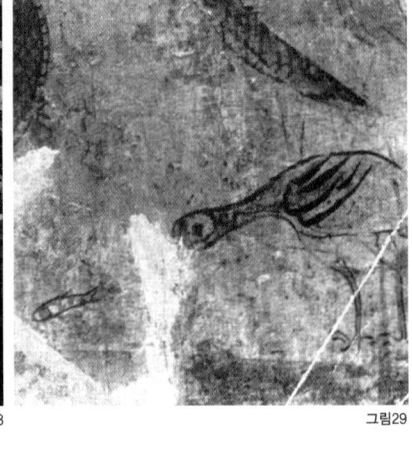

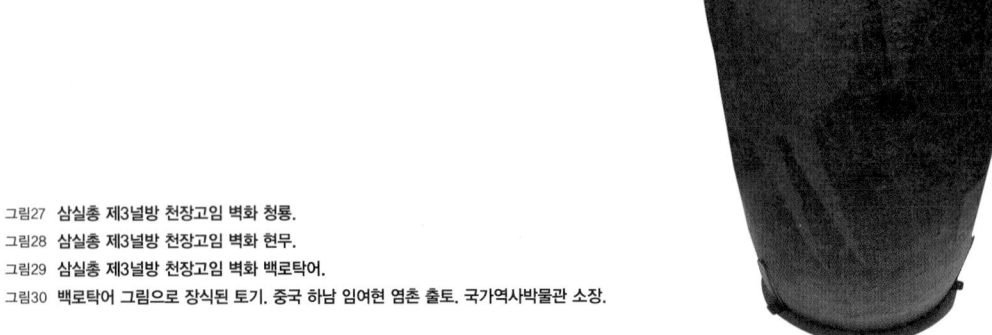

그림27 삼실총 제3널방 천장고임 벽화 청룡.
그림28 삼실총 제3널방 천장고임 벽화 현무.
그림29 삼실총 제3널방 천장고임 벽화 백로탁어.
그림30 백로탁어 그림으로 장식된 토기. 중국 하남 임여현 염촌 출토. 국가역사박물관 소장.

'조어문(鳥魚紋)' 혹은 '조함어문(鳥銜魚紋)'으로 일컫는다.[그림30]

중국의 고대 유물에 표현된 조어문은 음양 조화, 음양의 순환, 상생을 통한 자연 질서의 회복, 생명의 재생에 대한 희구를 담은 것으로 이해된다.[●] 삼실총 벽화의 이 제재도 우주적 질서와 재생의 상징인 현무 곁에 배치되었다. 이로 보아 중국 진한대(秦漢代) 유물에 보이는 조어문과 특별히 다른 의미를 담은 채 등장한 것은 아닌 듯하다.

중국 고대미술에서 새가 뱀을 잡아먹는 조사문(鳥蛇紋)은 조어문의 물고기가 뱀으로 대체된 결과로 이해되기도 한다.[■] 6세기로 편년되는 통구사신총 널방 천장고임에도 새가 뱀을 잡아먹는 모습이 표현되었다. 위의 조어문과 조사문에 투사된 종교 관념상의 동일성이 고구려 고분벽화에도 적용될 수 있다면, 집안 지역 5세기 고분벽화와 6세기 고분벽화의 두 장면 역시 특정 제재에 대한 관념과 표현상의 계승, 혹은 공유를 논의할 수 있게 하는 자료이다.

④ 각종 장식문

㉠ 연꽃: 평행고임 제2단의 서북·동북·동남면에는 일정한 간격으로 연꽃을 그렸다. 삼각고임 제2단의 각 면에도 연꽃을 나타냈고, 삼각고임의 각 단 밑면에는 커다란 연꽃을 묘사하였다.

㉡ 연속 운문: 제3단의 서북·동북·동남면, 이와 같은 높이의 제2단의 서남면에는 꼬인 운문을 묘사하였다.

천장석

① 해, 달, 별자리: 천장면에는 해와 달, 여러 가지 별자리를 배치하였다. 제2널방의 경우와 반대로 해는 온전한 원형으로 그려졌으나 달은 원의 일부만 표현되었다. 해를 나타낸 원의 상당 부분이 지워졌음에도 불구하고 삼족오의 몸체 일부가 남아 있다. 달 속에 그려진 것은 도면상 확인되지 않는다. 삼

- 이성구, 앞의 글, 2001: 이 경우, 새는 천상계(天上界)를, 물고기는 지하수계(地下水界)를 표상하는 존재이다.
- 이성구, 위의 글, 2001;『산해경』에는 뱀을 물고기라 부르는 지역에 대한 언급이 있다("南山在其東南 自此山來 蟲爲蛇 蛇號爲魚(남산은 그 동남에 있다. 이 산에서부터 벌레가 뱀이 되고, 뱀이 물고기가 되며)",『산해경』,「해외남경」海外南經).

각고임 제1단의 각 삼각석 아랫면 한가운데에 짙은 황색으로 내부를 채색하고 원을 이룬 먹선 둘레로 검은 점들이 찍힌 원이 한 개씩 그려졌다. 무엇을 나타낸 것인지는 알 수 없다.

이처럼 삼실총 벽화에는 전통적인 생활 풍속 장면뿐 아니라 불교 사원의 장식에서 흔히 볼 수 있는 제재도 일정한 비중을 차지하고 있다. 6세기 고구려 고분벽화의 중심 주제로 등장하는 사신도 역시 나름의 비중을 지니고 있다. 여러 가지 종교 및 신앙 요소가 뒤섞인 벽화 내용, 비교적 고졸하면서도 또렷하고 개성적인 필치, 아직 완전하지 못한 평행삼각고임 구조, 출토 유물 등으로 볼 때, 삼실총의 축조 및 벽화 제작 시기는 5세기 중엽 전후로 추정된다.

5세기 고구려의 대외 교류와 삼실총

5세기 중엽은 고구려의 전성기이다. 427년 평양 천도, 439년 북위의 북중국 통일 등 국내외적으로 주요한 정치·사회적 변동을 계기로 삼아 고구려는 4강 중심의 동아시아 세력균형 체제의 한 축으로 스스로를 자리매김하며 국가 운영체제 확립에 몰입하게 된다.[105] 국제 질서 혹은 국가 간의 세력 관계란 외면상 안정되어 있다 하더라도 그 이면은 끊임없이 요동치기 마련이다.

이러한 사정을 감안하더라도 5세기 중엽 고구려를 둘러싼 동아시아 국제 정세는 그 이전에 비하면 매우 안정된 상태였다. 눈길을 모으는 것은 이러한 동아시아 국제 질서의 상대적 안정 상태가 과연 어떻게 유지되며, 동아시아 주요 세력권의 중심 국가들, 특히 고구려의 내부 상태는 어떤 모습을 보이는가이다.

동아시아 4강 체제에서 고구려가 내외로부터 동북아시아의 중심, 혹은 동북아시아의 패권국가로 인정받았음은 잘 알려진 사실이다. 정치·외교·군사적 측면에서뿐 아니라 문화적으로도 '중심'이었음이 신라나 일본 등에서 발견되는 5~6세기 고구려계 유물을 통해 확인되기도 한다. 그러면 당시 동북아시아에서 유지된 고구려의 정치·외교적 주도권과 문화적 중심으로서의 기능 사이에는 어떠한 관계가 성립할까? 위에서 살펴본 삼실총 벽화 제재 분석 결과를 고리로 삼아 양자 사이의 관계를 구체적으로 확인해보자.

삼실총 제1널방의 주제는 고구려 고분벽화의 주제로 즐겨 선택되던 생활 풍속이다. 그런데 제2널방과 제3널방으로 넘어가면 하늘 세계가 벽화 표현의 중심 제재로 떠오르며 사실상의 주제가 된다. 벽 전면을 차지하는 우주 역사는 생활 풍속의 한 제재이나, 벽화 전체의 주제와 관련하여 살펴볼 때에 이들은 하늘 세계를 지탱하는 역할을 담당한 존재, 하늘 세계 구성원의 하나이다.

5세기 전반의 이른 시기 작품인 각저총 벽화에서 별자리와 넝쿨문으로만 표현되던 하늘 세계가 보다 늦은 시기에 제작된 무용총 벽화에서는 별자리 외에 연꽃, 선인, 상금서수, 사신으로 가득한 곳으로 그려진다.[106] 이어 삼실총의 제2널방과 제3널방 벽화에는 우주적 힘을 지닌 역사에 의해 지탱되는 곳으로 묘사된다. 각저총 벽화에서 삼실총 벽화에 이르는 과정에 전형적인 생활 풍속계 제재의 구성도 일정하게 바뀌지만 하늘 세계 구성이 보여주는 변화에 비할 바는 아니다. 특히 삼실총의 경우, 제1널방 벽화 제재 구성이 무용총의 그것에 가깝다면, 제2널방 및 제3널방 벽화는 앞의 벽화들과는 구별되는 새로운 제재를 다수 선보여 그 사회·문화적 배경과 관련한 궁금증을 더하게 한다.

생활 풍속계의 일상생활 제재를 대신하며 널방 벽의 새로운 주인공으로 등장한 하늘 세계를 떠받치는 역사, 이른바 지천역사(持天力士)는 얼굴 생김새나 표현 기법으로 볼 때, 인도 및 서아시아 지역 우주관에서 유래한 존재 혹은 관념으로 보아야 할 것이다.[107] 5세기 초까지 중국의 불교미술에서는 나름의 자리매김을 하지 못하던 연꽃화생 역시 인도 및 서아시아 종교 관념의 산물이다.[108]

삼실총 제2널방에 묘사된 우두인신신은 중국 한대 화상석에서 빈번히 발견되는 우두선인(牛頭仙人) 혹은 신화·전설상의 신농과 관련된 존재이다. 제3널방 벽에 보이는 쌍사교미 역시 중국 고대 장의 미술에서 즐겨 선택되던 제재의 하나이다. 백로탁어(白鷺啄魚)는 중국의 선진(先秦)• 시기 유물에서부터 거듭 확인되는 표현이다.

5세기 고구려에서는 문화 계통상 지천역사와 유사하면서도 일치시키기 어려운 존재를 벽화의 제재로 등장시킨다. 중국에서는 전한 중기에 지천역사로 해석될 수 있는 존재가 형상화되어 나타난다. 고구려 벽화의 연화화생 표현은 5세기 북위 석굴사원 화생천인(化生天人)이 보여주는 정형화된 불교적 존재와의 영향 관계를 상정하기 어려울 정도로 원칙적이고도 소박한 이해의 흔적을 담고 있다. 역사나 화생, 그 어느 것도 고구려 고유의 종교 및 우주관을 바탕으로 출현한 존재는 아니다. 그렇다면 이들이 고구려의 벽화 제재로 받아들여지기까지 문화적 통로는 중국 바깥에서 찾아야 할 것이다.

무용총 벽화에도 보이지 않던 우두인신신, 쌍사교미, 백로탁어는 중국의 종교 문화적 전통으로부터의 영향 관계를 고려하지 않고는 설명되기 어렵다. 상금서수 가운데 무용총 벽화에서는 발견되지 않는 새로운 종류가 다수 등장하는 점도 이와 관련하여 검토되어야 한다. 쌍사신도 같은 시각에서 살펴볼 필요가 있다.

삼실총 벽화의 제재 구성에서 나타나는 이와 같은 '혼란스러움'은 어떻게 이해해야 할까? 중국의 종교·문화적 전통과 관련이 깊은 제재가 대거 수용되었고 중국 바깥의 통로를 거친 인도 및 서아시아계 종교 문화 요소도 함께 유입되었다. 삼실총 무덤 칸에는 동일한 화면 안에 두 계통 회화 제재가

• 춘추전국시대. 진이 중국을 통일한 기원전 221년 이전의 시대.

혼재한다. 삼실총 제2널방, 제3널방에 어떤 특별한 사람이 묻혔기에 일어난 현상인가? 아니면, 삼실총 벽화 제작에 참여한 화가 집단이 빚어낸 제재 구성상의 혼선이 빚어낸 결과인가? 이도 아니면, 삼실총 벽화가 제작될 당시 국내성 지역 귀족 사회가 겪던 문화적 혼란 혹은 문화적 실험의 반영인가?

세 개의 널방이 사이사이의 널길로 이어진 특이한 형태의 무덤이나 삼실총 벽화 제재는 일정한 원칙을 바탕으로 배치되고 구성되었음이 확실하다. 쌍사신의 배치에서 이러한 점이 잘 드러난다. 세 개의 널방 천장고임에서 확인되는 사신은 언뜻 보면 방향과 위치가 널방마다 제각각인 듯 보인다. 그러나 실제로는 제1널방에 적용된 전후좌우의 기준 방향이 제2널방과 제3널방에도 그대로 관철되고 있다. 이로 볼 때, 각 널방에 묻힌 사람의 정체와 이들 사이의 관계는 알 수 없으나 제1널방에 묻힌 사람과 다른 두 널방에 묻힌 사람들 사이에 문화적·종족적 차이가 존재한다고 상정할 근거는 없다고 할 수 있다. 벽화 제재 구성상의 혼선 가능성도 그리 높지 않다. 남은 것은 제3의 가정, 곧 문화적 혼란, 혹은 실험의 반영으로 볼 수 있는지 여부이다.

439년 북위의 북중국 통일로 남조와 북조, 고구려, 유연을 중심으로 한 동아시아 4강 체제가 성립한다. 고구려는 동북아시아의 패권국가로서의 지위를 내외에서 인정받게 되었다.[109] 이제 고구려의 새로운 과제는 동북아시아 정치·사회·문화 중심으로 위상을 다지는 일이었다. 신라에 인질을 요구하고 왕위 계승에 영향력을 행사하는 한편, 백제에 대한 압박, 왜(倭)에 대한 견제를 강화한 것도 이 때문이다. 한성(漢城)을 함락시키고 백제가 수도를 남으로 옮기게 하는 등등 고구려는 정치·외교·군사적 측면에서 동아시아 중심으로서의 지위를 내외에 과시하였다. 평양과 국내성을 중심으로 신라, 왜 등에 선진 문물을 공급하여 문화 중심으로서 고구려의 입지를 다진 것도 이런 까닭이다.[110]

정치체제의 효율성, 군대의 조직력과 무장력의 상대적 선진성이 정치·군사적 우위의 유지를 가능하게 한다면, 문화적 우위는 문화 요소의 풍부함, 다양한 문화의 수용 및 소화, 재창조력에 의해 결정, 지속된다고 해야 할 것이다. 그런데 한 국가의 문화 창조력이 강화, 유지되려면 영역 내외에서 다양하고 풍부한 문화 요소를 지속적으로 공급 받아야 한다. 문제는 국제 질서가 안정되어 국가의 영역이 일정한 규모로 제한되거나, 세력권 확대에 한계가 있을 경우, 새로운 문화 요소는 대외 교류를 통해 외부에서 받아들이는 방식으로 공급될 수밖에 없다는 사실이다. 5세기 중엽 전후, 동북아시아 문화 중심으로 고구려가 처한 상황과 이에 대한 대안이 이러한 것이 아닌가 생각된다.

삼실총 벽화는 문화 요소로서 새로운 벽화 제재들이 고구려로 수용되는 통로가 최소한 두 갈래로 나뉨을 시사한다. 유연을 매개로 한 고구려와 중앙아시아를 잇는 북방 교역로가 하나라면, 다른 하나는 고구려와 북위 사이의 상설 사행로(使行路)일 것이다.[•] 고구려와 남조 사이 또 하나의 사행로를 통한 문화적 교류 역시 무시할 수 없다. 그러나 이 통로는 집안 삼실총 벽화의 주요 제재들과 연결되는지 여부가 연구상 과제로 남아 있어 더 언급하기 어렵다.

인도 및 서아시아계 관념은 북방 교역로를 통해, 중국 전통문화 요소들은 북조 사행로를 통해 고구려에 유입되었을 가능성이 높다. 단순한 유입이라기보다는 고구려의 적극적인 수용 의지가 이들을 포함한 다수 문화 요소의 동방 전래에 속도를 더하게 하였을지도 모른다. 중국의 산동 및 서주 일대에서 비교적 널리 알려졌던 우두인이 삼실총 벽화에 갑자기 모습을 드러낸 것도 고구려의 적극적 문화 수용의 결과일 수 있기 때문이다. 그렇다면

• 노태돈은 적어도 430년대 말부터는 고구려와 유연 사이의 교섭이 이루어졌을 것으로 보았다(노태돈, 앞의 글, 1984). 472년 백제가 북위에 보낸 국서(國書)에 고구려와 유연의 교섭이 언급된 점, 479년 고구려가 유연과 함께 동부 내몽골의 지두우(地豆于) 분할을 시도한 사실이 『위서』魏書 「거란전」契丹傳에 전한다는 점, 393년 북위의 지배에서 벗어난 유연이 곧바로 서로는 타림분지, 동으로는 흥안령산맥(싱안링산맥) 일대에 이르는 내륙 아시아의 패자로 군림하면서 5세기 후반까지 북위를 위협하는 세력으로 남았던 점 등등을 함께 고려하면 유연을 매개로 한 고구려와 중앙아시아 및 인도, 서아시아 문화와의 접촉은 충분히 가능하였을 것이다.

삼실총 벽화는 5세기 중엽 범고구려 문화의 성립과 확산을 추구하던 동북아시아 패권국가 고구려의 문화상(文化相)을 담은 일종의 역사·문화 지도로 볼 수도 있다.

삼실총의 세 널방이 동시에 축조되었는지 혹은 시차를 두고 덧대는 방식으로 축조되었는지는 확인되지 않는다. 제1널방과 제2·제3널방 벽화의 주제가 구분되는 이유가 무엇인지 명확히 드러나지 않는다. 널방 축조 과정 및 무덤 주인공들의 매장 시기 차이에서 비롯되었는지, 아니면 무덤 주인공 및 친족들의 내세관, 우주관의 차이로 말미암았는지, 그도 아니면 이러한 요인들이 두 가지 이상 겹치면서 일어난 일인지 확실치 않다.

다만, 위에서 지적하였듯이 축조된 널방의 구조상 차이가 거의 없는 점, 각 널방 천장고임 벽화의 중심 제재인 쌍으로 표현된 사신이 일정한 기준과 원칙을 바탕으로 배치된 점, 각 널방의 벽화 제작 기법과 수준에 큰 차이가 보이지 않는 점 등등으로 보아 삼실총이 5세기 중엽에 제작되었을 가능성은 매우 높다 하겠다.

삼실총 벽화의 제재들이 5세기 중엽, 동아시아에서 고구려가 지녔던 대내외적 위상을 확인하고, 고구려가 추구하던 범고구려 문화가 성립하기 위한 외래문화 수용 범위와 통로, 내용을 이해하는 데에 어느 정도 의미 있고 유효한 역사 문화 자료인지는 속단하기 어렵다. 확실한 것은 삼실총 벽화가 활발하고 적극적인 움직임을 보이던 5세기 고구려의 외래문화 수용 및 소화, 고구려 문화로의 재창조 과정을 읽기에 유효한 통로라는 사실이다.

장천 1 호 분

개요

장천1호분은 중국 길림성 집안시 황백향 장천촌(옛 지명: 집안현 청석진 장천촌) 장천분지(長川盆地) 동쪽 낮은 구릉 위에 있다.'" 장천분지는 집안시 압록강 하안에 있는 여러 개의 충적 분지 가운데 하나이다. 집안 시가지에서 동북으로 25킬로미터 떨어진 장천촌 북쪽 계단식 지형 위에 펼쳐졌으며 동서 길이 약 3킬로미터, 남북 너비 약 1킬로미터이다. 장천1호분의 서북 174미터 지점에 장천2호분(長川二號墳)이 있다. 오래 전 도굴을 겪어 앞방 서남쪽 모서리 흙더미에서 인골 잔편, 널방 남쪽 관대 위에서 적송(赤松)으로 만든 관의 잔편, 목관 잔편 표면에 남아 있던 대마포 정도가 확인되었을 뿐이다. 1966년 편호 작업에 의해 주어진 중국 측 공식 명칭은 집안 통구고분군 장천묘구 제1호묘(JCM001)이다. 1970년 8월, 길림성문물공작대(吉林省文物工作隊)와 집안현문물보관소(集安縣文物保管所)에 의해 발굴 및 조사되었다. 1973년 8월, 벽화에 대한 화학적 보존 처리 작업이 이루어졌고, 같

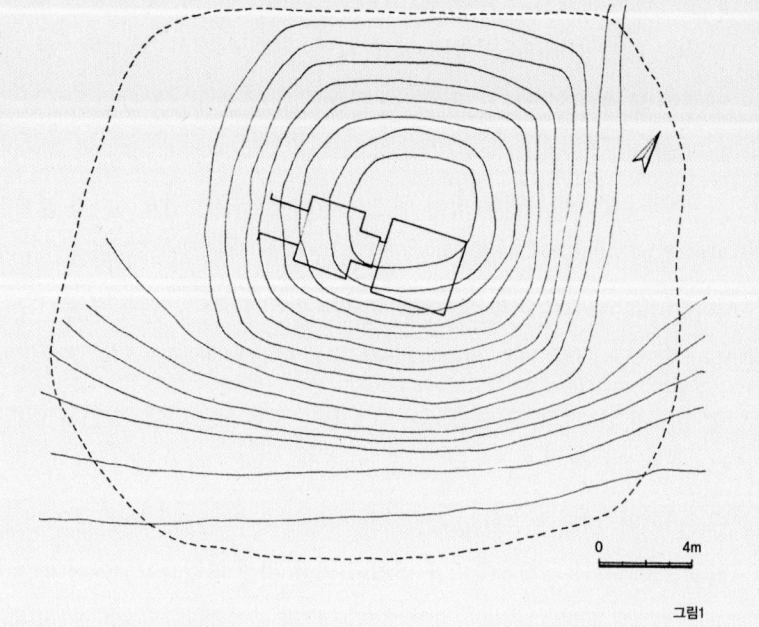

0   4m

그림1

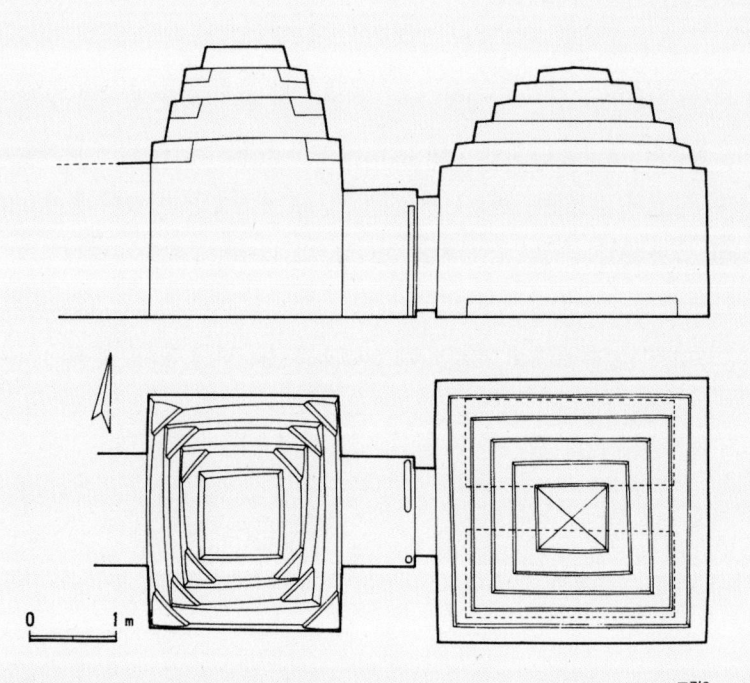

0   1 m

그림1   장천1호분 배치도.
그림2   장천1호분 실측도.

그림2

은 해 9월에 무덤이 수리되었다. 1978년 10월, 무덤 앞에 설명 표지판이 세워졌다. 1997년 재조사와 실측 보고 작업이 이루어졌다. 2000년 7월 도굴에 의해 무덤 내부의 벽화가 훼손되어 현재는 발굴 당시의 원형을 확인할 수 없는 상태이다.•

장천1호분의 외형은 밑이 네모진 상태에서 위로 좁혀가다가 끝이 살짝 잘린 듯이 마무리된 방대형이다. 무덤 흙무지 밑면 둘레 88.8미터, 높이 약 6미터이다. 널길과 앞방, 이음길, 널방으로 이루어진 두방무덤으로 무덤 방향은 남으로 37도 기운 서향이다.그림1 널길은 길이 1.53미터·너비 1.4미터·높이 11.9미터이고, 앞방은 길이 2.37미터·너비 2.9미터·높이 3.35미터이다. 이음길은 길이 1.12미터·너비 1.34미터·높이 1.62미터이고, 널방은 길이 3.3미터·너비 3.2미터·높이 3.05미터이다.그림2 앞방 천장 구조는 3단의 평행고임과 3단의 삼각고임을 번갈아 얹은 변형 평행삼각고임이며, 널방의 천장 구조는 5단의 평행고임이다. 널방 남벽과 북벽에 잇대어 2기의 돌관대가 나란히 설치되었다.

널방 벽 위쪽에 일정한 간격으로 동벽에 여덟 군데, 남벽과 북벽에 각 일곱 군데의 못 구멍이 뚫렸다. 만장(幔帳)을 걸기 위해 설치한 못 자리로 추정된다. 널길을 제외한 무덤 칸 안의 벽과 천장, 돌관대 위에 벽화를 그렸다. 앞방과 이음길의 벽화는 벽면과 천장부에 덧입혀진 백회 위에 그렸으며, 널방 벽화는 석면 위에 직접 그렸다. 벽화 가운데 백회가 떨어져 나가거나 습기에 의해 지워진 부분이 많다.

장천1호분 벽화의 주제는 생활 풍속과 장식이다. 앞방 네 벽 모서리에

• 중국 관영 『신화통신』의 보도(2003. 4. 16)에 따르면 조선족 도굴꾼 3인이 1997년 가을부터 1998년 4월까지 다섯 차례에 걸쳐 삼실총의 출행도, 청룡도, 백호도, 현무도 등의 벽화를 도굴하였다. 1차 도굴 참여자 1인을 포함한 다른 3인이 2000년 7월 3일 장천1호분의 무금무악도, 비봉도, 공양인도〔예불도〕, 백희도를 도굴했고, 같은 시기 삼실총의 무사도, 현무도, 청룡도를 한 차례 더 도굴했다고 한다. 1차 도굴꾼 3인은 2003년 4월 16일 사형이 선고된 후 집행되었다고 보도되었다(『인터넷 한겨레』, 2003. 4. 18., 사회면). 2000년 두 번째로 이루어진 고분벽화 도굴 사실은 『경향신문』(2001. 10. 3) 및 『조선일보』(2001. 10. 4) 보도를 통해 국내에 공식적으로 알려졌다. 중국 국가문물국은 도굴된 벽화의 일부가 한국으로 유입된 것으로 조사되었으니 반환에 협조해달라는 내용의 공문을 한국의 문화재청장 앞으로 보내기도 하였다(2010년 12월 15일 문화재청 공식 발표, 『경향신문』 디지털뉴스팀, 2010년 12월 15일자 보도).

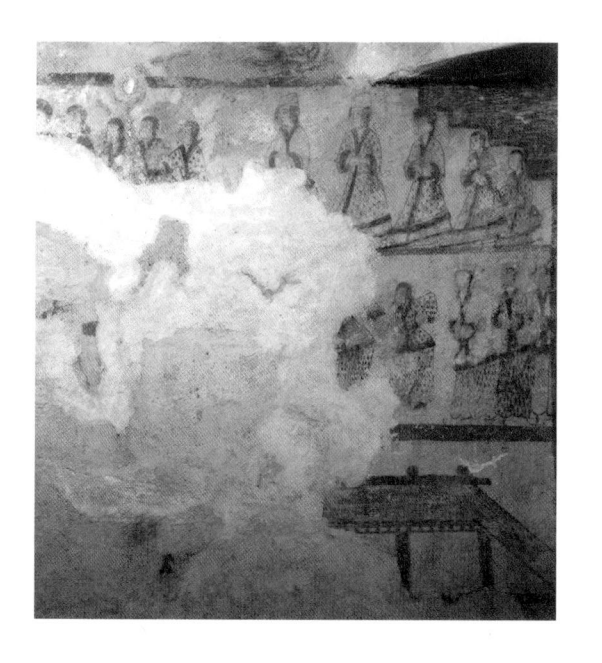

그림6　장천1호분 앞방 남벽 벽화 합창과 무용.

는 묵선과 자색 안료를 이용해 기둥과 도리를 그려 앞방 안이 목조건물의 내부처럼 느껴지도록 하였다.[12] 그러나 각 벽의 중단이나 하단에도 자색의 굵은 가로띠를 그려 실제 앞방의 각 벽은 오히려 자색의 띠로 구획된 여러 개의 독립 화면과 같은 느낌을 준다. 앞방 벽에는 무덤 주인의 생전 생활을 기념하는 내용을, 앞방 천장고임에는 죽은 뒤의 세계에 대한 기원을 형상화하였다.[그림3~5]

　　무덤 널길과 이어지는 앞방 서벽 남쪽 벽과 북쪽 벽에는 갑주를 걸치고 칼을 찬 실물 크기의 문지기 장수를 그렸다. 앞방 남벽 벽화는 가로로 세 개의 자색 띠를 그려 화면을 위아래 네 단으로 나누었으나, 위의 세 단 그림만 부분적으로 남아 있다.[그림6] 좁게 나뉜 위의 1단과 2단의 동쪽 끝은 구분선이 없는 한 화면이다. 이 공간에는 청기와로 덮인 정자 안에 앉아 1단의 합창과 2단의 군무를 보고 듣는 무덤 주인 부부를 그렸다. 무덤 주인 부부 앞에는 작은 상이 차려졌고, 뒤에는 'エ'자 장식문 병풍이 세워졌다. 정자 바깥에는 남녀 시종이 시립하고 있다.

　　화면 1단의 합창대는 남녀 열 명으로 이루어졌으며, 이들 뒤에 일정한 거리를 두고 다섯 명의 시녀가 서 있다. 화면 2단의 군무에는 여덟 명의 무용수가 참가하였으며, 이들 뒤에 일정한 거리를 두고 세 명의 시종이 대기하고 있다. 군무를 이끄는 인물은 수염을 기른 남자로 머리에 흰 책관(幘冠)을 썼다. 이 인물은 한 발을 앞으로 부드럽게 내딛으며 오른팔은 오른쪽 뒤로 펼쳐 내리고 왼팔은 들어올려 팔꿈치를 굽혀 손이 가슴 앞에 오게 했다. 다른 일곱 명의 무용수는 나란히 한 줄로 서서 걸음을 살짝 내딛으며 두 팔을

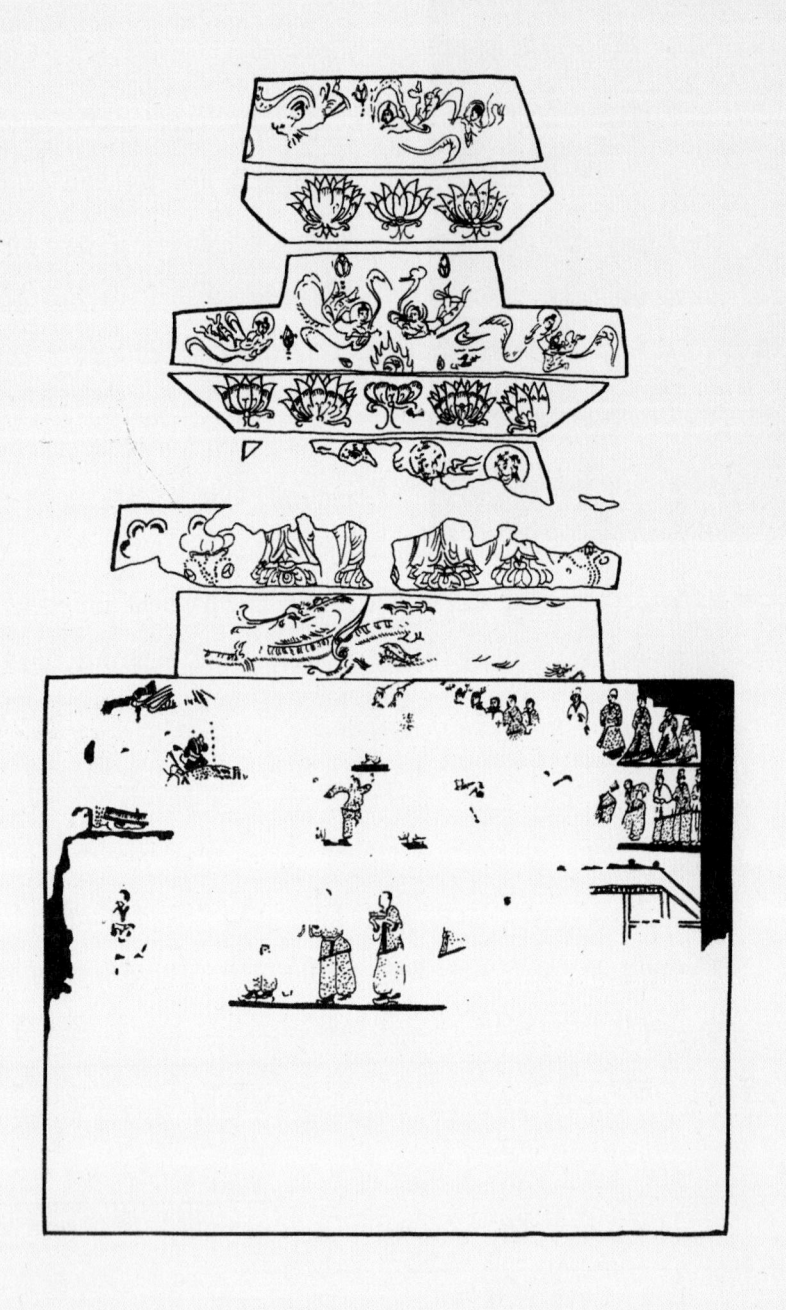

그림3 장천1호분 앞방 남벽 벽화 모사선화.

그림4　장천1호분 앞방 동벽 벽화 모사선화.

그림5   장천1호분 앞방 북벽 벽화 모사선화.

펼쳐 뒤로 빼 긴 소매가 휘날리게 했다.

화면 3단에는 음식을 차려 올리는 장면이 묘사되었다. 화면 서쪽에 그려진 자색 기둥의 건물에서 나온 인물들이 열을 지어 동쪽을 향해 나아간다. 수염을 길게 기른 남자 시종이 두 손에 소반이나 쟁반을 받쳐 든 인물들을 이끌고 있다. 화면 왼쪽에서 네 번째 인물이 받쳐 든 쟁반 위에 안은 붉고 겉은 검은 잔을 올린 것으로 보아 술을 곁들인 상차림임을 짐작할 수 있다.

앞방 북벽 상부의 백희기악도는 동편 상단에 그려진 무덤 주인과 귀족 손님 사이의 커다란 자색 나무를 중심으로 크고 작은 소재가 방사선식으로 뻗어 나가는 방식으로 구성되었다.[그림7] 화면에 등장하는 다양한 제재들 사이 공간에는 연꽃 및 연봉오리들이 표현되었다. 이런 방식의 묘사로 말미암아 화면의 연꽃과 연봉오리들은 여백을 채우며 밀도를 일정하게 유지하는 효과를 낸다. 각각 하나의 일화를 이루는 백희기악도의 각 장면을 차례로 살펴보면 아래와 같다.

화면 동편 상단의 첫째 장면에는 커다란 자색 나무와 나무를 향해 날아오는 서조, 나무를 사이에 두고 그려진 무덤 주인과 손님, 남녀 시종들, 커다란 개와 백마, 나무를 오르내리는 가면 쓴 원숭이들, 원숭이를 다루는 놀이꾼들이 등장한다. 새털 모양의 자색 침엽과 녹색 활엽을 지닌 자색 나무는 가지 끝에 주먹보다 큰 열매가 주렁주렁 달렸다.

자색 나무 왼편에 그려진 무덤 주인은 흰 바탕에 검은 십자무늬가 더해진 통 넓은 바지, 흰 가죽신 차림임을 알게 하는 부분과 머리에 쓴 검은 관 일부만 남았다. 무덤 주인 뒤에서 일산을 들고 서 있는 남자 시종은 머리에 절풍을 썼다. 여자 시종은 왼팔에 흰 수건을 받쳐 들었다.

나무 오른편에 묘사된 사람들은 하나같이 한 손으로 다른 손목을 감싸 쥔 공손한 자세이다. 중심인물인 귀족 손님은 얼굴이 둥글고 통통하며 수염을 길렀다. 머리에는 새 깃 장식 절풍을 썼다. 손님 뒤로 머리에 절풍을 쓴

그림7　장천1호분 앞방 북벽 벽화 백희기악과 사냥 모사도.

두 사람의 남자 시종이 나란히 섰고 이들 아래에도 검은 술이 꽂힌 절풍과 새 깃 절풍 차림의 두 사람이 나란히 서 있다. 아래 두 사람 가운데 앞사람은 무릎을 꿇었으며 뒷사람은 두 발을 가지런히 한 채 서 있다. 둘 다 앞의 무언가를 향해 예를 차리는 모습이다.

커다란 흰말의 뒤쪽, 곧 화면 가운데 동쪽에는 흰말과 누런 말을 타고 앞으로 나아가는 두 사람과 놀란 듯 엉덩방아를 찧으며 이들을 뒤돌아보는 한 노인이 그려졌다. 녹색 책관을 머리에 쓴 노인은 수염을 기르고 코가 오뚝한 서역계 인물이다. 머리에 흰 책관을 쓴 귀족이 탄 흰말은 크고 건장하며 큰 걸음으로 걷고 있다. 절풍을 쓴 사람이 탄 누런 말은 네 다리를 앞뒤로 뻗어 달리는 듯이 보인다. 두 사람 아래쪽에 목에 검은 띠를 맨 흰 개가 나란히 달린다.

화면 동편 상단 귀족 손님 뒤쪽 모서리진 곳에는 놀이꾼들의 곡예 장면이 묘사되었다. 손님과 두 시종 사이 놀이꾼 두 사람 가운데 앞사람은 고개를 젖히고 무릎을 굽히고 엉덩이를 약간 뺀 채 공과 막대처럼 보이는 것을 잇달아 던지고 받는 농환(弄丸)을 펼쳐 보이는 중이다.● 뒷사람은 두 무릎을 조금 굽히고 머리를 젖힌 상태에서 바로 옆 탁자 위에 묘사된 수레바퀴를 향해 오른손에 잡은 작은 곤봉 혹은 막대를 휘두른다.

커다란 개와 백마 뒤쪽, 화면 서쪽의 중심에는 오현금(五弦琴) 연주에 맞춘 긴소매춤■이 준비되고 펼쳐지는 장면이 위아래로 나뉘어 그려졌다. 위에는 머리에 붉은 끈이 달린 흰 책관을 쓰고 긴 소매 저고리를 입었으며 얼굴에 붉은색의 분을 바른 남자가 왼편에, 얼굴에 흰 분을 바르고 입술을 붉게 칠했으며 미간에 홍점을, 볼에는 연지를 찍은 채 연봉오리 줄기를 손에 쥔 여자가 가운데에, 오현금을 세워 든 여자가 오른편에 묘사되었다. 아래에는 이들 무용수, 연주자, 시녀가 각각 춤추고 반주하며 뒤에서 기다리는 모습을 그렸다. 백회가 떨어지면서 시녀가 서 있던 자리는 녹색 깃이 달린 치

● 장식 술이 달린 평판으로 해석된 막대는 단검일 수도 있고, 단순한 장식 막대일 수도 있다. 화면상 이 물건의 정체는 확실하지 않다. 보고서는 간두희를 위한 도구로 기술하였다. 원륜 혹은 수레바퀴도 탁자 등 어떤 보조 도구와 같이 표현되었는지에 따라 환술(幻術)로도 무륜(舞輪)으로도 해석될 수 있다.
■ 소매가 긴 저고리를 입고 추는 춤.

맛자락의 일부만 남아 있다.

무덤 주인 뒤, 일산을 든 남자 시종과 팔에 흰 수건을 받쳐 든 여자 시종 위쪽에는 곡개차련(曲蓋車輦)을 끌고 가는 중에 벌어진 세 사람의 여자 시종들 사이의 일화가 묘사되었다. 끌대를 잡고 수레를 끄는 사람, 긴 막대기를 세워 든 채 한 발 앞서가며 수레를 끄는 이와 이야기를 나누는 사람, 수레 뒤쪽에 슬그머니 걸터앉아 편하게 실려 가는 사람의 모습은 그 자체로 한 편의 풍속화라고 할 수 있다.

곡개차련 일화 장면 뒤쪽에도 풍속화로 해석될 수 있는 그림이 배치되었다. 왼쪽 사람이 왼손에 회초리로 보이는 가는 막대를 들고 두 팔로 조그만 짐승 한 마리를 안은 채 뒤를 돌아보며 맨발로 달아나는 오른쪽 사람을 쫓고 있다. 뒤쫓는 사람은 머리에 검은 책관을 쓰고 수염을 길렀으며, 달아나는 사람은 코가 오뚝하며 수염을 길렀다.

화면의 서쪽 모서리, 곧 가축 도둑 붙잡기 장면 왼편에는 상투를 드러내고 맨몸에 아랫도리만 가린 차림에 샅바를 더한 두 사람이 씨름에 열중하는 모습이 묘사되었다. 서로 상대방 왼쪽 어깨에 머리를 걸치고 오른쪽 어깨는 상대의 왼편 갈빗대에 맞댄 채, 두 손을 뻗어 상대 등 쪽 속바지 허리춤을 잡고 오른쪽 다리는 뒤로 뻗어 지렛대로 삼아 왼쪽 다리는 앞으로 내어 상대 사타구니 아래 질러 넣었다. 각저총의 씨름 장면과 별다른 차이를 보이지 않는다.[113]

씨름 장면 아래에 놀란 듯 한쪽 앞발을 쳐든 흰말의 목과 꼬리 쪽에 달라붙어 진정시키려 애쓰는 두 사람을 묘사하였다. '놀란 말 달래기'로 이름 붙일 수 있는 이 장면에 등장하는 두 남자는 둘 다 머리를 뒤로 길게 늘어뜨렸고 수염을 길렀으며 코가 오뚝하다.

놀란 말 달래기 아래에는 코가 오뚝한 남녀가 서로 대화를 나누는 듯한 자세로 나란히 오른쪽으로 걷는 모습이 그려졌다. 머리에 절풍을 쓴 왼쪽의 남자는 왼손에 말채찍으로 보이는 짧은 막대를 쥔 채 큰 걸음을 떼고 있다. 단발 끝이 목뒤에서 위로 휘어 오른 오른쪽 여자는 앞으로 나가면서 몸을 살짝 오른쪽으로 돌려 뒤따르는 남자에게 따라오라는 식의 손짓을 한다.

앞방 북벽 하부의 사냥도는 화면의 동쪽부터 3분의 2 지점에 걸쳐 그려진 기마사냥꾼들이 동쪽에서 서쪽을 향하여 질주하며 짐승들을 사냥하는 장면, 나머지 3분의 1에 이르는 공간에 그려진 동서를 오가며 사냥하는 기마사냥꾼들과 거대한 나무 아래 산속 동굴에 숨은 곰을 묘사한 부분으로 구성되었다. 이외에 화면 동쪽 자색 나무 아래 백희기악과 사냥도의 경계 지점에 그려진 도보 매사냥 장면이 있다.

사냥도에서 무덤 주인은 3열 종대를 이룬 화면 동쪽 기마사냥꾼들 가운데 제1열 제일 앞의 인물로 추정된다. 사냥도 화면 전체의 중심에 있고 커다란 흰말을 타고 달리며 활을 겨눈 모습으로 묘사된 점에서 다른 기마사냥꾼들과 구별된다. 위의 백희기악도에서도 흰말은 무덤 주인과 연결되어 있다.

화면 서편에는 숲이 우거진 산골짜기를 배경으로 이루어지는 사냥이 그려졌다. 위에서 아래로 내려가면서 멧돼지 한 마리, 고라니 한 쌍, 호랑이가 차례로 사냥되는 중이다. 제일 아래 다시 또 한 마리의 호랑이가 사냥 당한다. 짐승을 사냥하는 순간의 상황이나 대상, 방식 등이 다르게 묘사된 점에서 화가가 화면 동쪽의 평지 사냥과 구별되는 느낌을 주도록 각 장면을 구상하고 조합했음을 알 수 있다. 특히 도보 창잡이와 기마 활잡이가 거대한 멧돼지를 앞뒤에서 협공하며 사냥하는 장면은 매우 긴박한 순간을 사실적으로 잘 묘사해냈다. 화면 서편 끝에 묘사된 거대한 자색 나무의 밑동에는 커다란 동굴이 있고, 그 안에 검은 곰 한 마리가 웅크리고 있다.

백희기악도와 사냥도의 경계에 그려진 도보 매사냥 장면에서 매사냥꾼은 누런 바탕 검은 점무늬의 소매 좁은 저고리와 녹색 바탕 검은 점무늬 통 좁은 바지 차림이다. 이 매사냥꾼은 오른쪽 팔뚝에 두른 검은 바탕의 홍선문

(紅襖文) 토시 위에 부리가 날카로운 사냥매를 앉힌 채 화면 서편을 향해 나아가고 있다. 매사냥꾼 왼쪽에 있는 작은 나무 건너편에는 날개를 좌우로 크게 펼친 채 두 다리를 뒤로 가지런히 젖힌 상태에서 목을 앞으로 쭉 잡아 뺀 모습으로 급히 달아나는 까투리를 위에서 막 덮치려는 순간의 사냥매가 묘사되었다.

꿩을 덮치는 사냥매의 모습은 화면 동쪽 기마사냥대 제2열 두 번째 사냥꾼 앞에도 표현되었다. 이 장면에서 사냥매는 높이 날아올라 달아나려는 까투리를 아래에서 위로 비스듬히 치솟아 오르면서 잡아채려 한다. 화면상 이 매를 날아오르게 한 인물이 2열 혹은 3열 사냥대의 누구인지 잘 드러나지 않는다.

널방으로의 이음길로 말미암아 남쪽 벽과 북쪽 벽으로 나뉜 앞방 동벽에는 문지기 두 사람이 그려졌다.^{그림8~9} 실물 크기의 두 문지기 가운데 남쪽 벽의 인물은 얼굴이 검붉고 길며 눈썹과 눈이 날카롭게 좌우로 뻗어 올라가 엄하고 강한 성격이 풍겨 나오도록 그려졌다. 키는 156센티미터이다. 북쪽 벽 인물은 얼굴이 둥글고 눈이 크며 온화하고 공손한 성품이 배어 나오도록 묘사되었다. 키는 153센티미터이다. 앞방 동벽 가운데 상부, 곧 이음길 문 인방(引枋)● 위 긴 띠 모양 공간에는 쌍인연화화생(雙人蓮花化生)■과 화염연꽃▲을 교대로 그렸다.

이음길로 말미암아 좌우로 나뉜 앞방 동벽에는 서벽에서와 같은 실물 크기의 문지기 두 사람을 표현했다. 서벽과 달리 이들은 평복 차림이다. 이들이 바라보는 이음길 남벽과 북벽에도 역시 실물 크기의 인물이 2인 묘사되었다. 이들은 시녀로 각기 긴 막대 부채 한 개씩을 들었다.^{그림10} 문지기와 시녀들은 모두 고구려 고유의 꽃점무늬 옷을 입었다.

앞방 천장고임 1층 각 면에는 사신을 그렸다.^{그림11~12} 사신은 앞방에서 무덤길을 바라보는 방향을 기준으로 할 때, 좌청룡(左青龍), 우백호(右白虎),

그림8~9 **장천1호분 앞방 동벽 벽화 문지기들.**
그림10 **장천1호분 이음길 벽화 시녀 모사선화.**
그림11 **장천1호분 앞방 천장고임 벽화 청룡.**
그림12 **장천1호분 앞방 천장고임 벽화 주작.**

● 문짝을 넣기 위해 기둥과 기둥 사이의 위와 아래에 가로 지르게 걸쳐 놓은 나무.
■ 연꽃에서 두 사람이 태어난 모습.
▲ 불꽃 같은 기운에 휩싸인 연꽃.

그림8 
그림9 
그림10

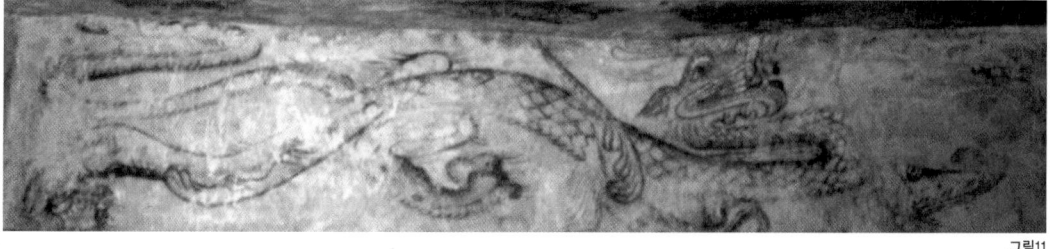

그림11

그림12

전주작(前朱雀)의 순서로 배치되었다. 앞방 안벽 방향인 천장고임 1층 동면에는 연꽃 봉오리를 가운데 두고 좌우에 공작형 주작 한 쌍이 그려졌고, 두 주작의 뒤에는 각기 한 마리씩의 기린이 묘사되었다.

앞방 천장고임 1층 남면에는 백호, 북면에는 청룡이 그려졌다. 청룡과 백호 모두 널방 이음길 쪽, 곧 동쪽을 향하여 나아가는 자세여서 앞방 입구 방향인 서쪽과는 등지는 꼴이 되었다. 천장고임 1층의 서면 벽화는 남아 있지 않다. 발굴보고서에는 서로 마주 보는 한 쌍의 현무가 희미하게 남아 있다고 기록되었다.[14]

천장고임 2층과 3층의 동면에는 예불도가 묘사되었다.[그림13] 무덤 주인 부부로 보이는 귀족 남녀가 수미좌(須彌座)• 위의 여래를 향해 엎드려 절하고 있다. 화면 남쪽 무덤 주인 부부의 얼굴은 정면을 향하여 돌려진 상태이다. 화가가 예불하는 공양인이 누구인지를 알게 하려는 주문자의 의도대로 그린 결과로 해석된다. 무덤 주인 부부 위쪽에서 여래를 향해 날아내려오는 두 비천은 머리 뒤에 두광이 표현되었다. 화면 북쪽 모서리 쌍인연화화생상 속 남녀도 머리에 두광이 묘사되었다. 여래는 선정인(禪定印)■을 한 상태이다. 여래의 등 뒤에는 화염문으로 장식된 신광이 표현되었고, 그 뒤에는 녹색 휘장이 묘사되었다.

천장고임 2층과 3층의 남면과 북면에는 각각 네 구의 보살이 묘사되었다. 맨발로 연대(蓮臺, 연꽃 받침) 위에 선 보살의 머리에서 두광이 빛난다. 모두 천장고임 1층 동면의 여래상을 향해 몸을 틀었다. 보살들 사이에 운문이 그려졌고 네 보살의 좌우 끝 모서리에는 연화화생상이 묘사되었다.[그림14]

천장고임 2층과 3층의 서면에는 가운데 그려진 갑주기사의 질주 장면만 일부 남아 있다. 백회가 떨어져나간 화면에서 한쪽 끝만 남은 구름, 말의 발굽, 연화화생상 등이 확인된다. 이로 보아 본래는 갑주기사들 사이로 구름이 그려지고, 화면 모서리에는 연화화생상이 배치되었음을 미루어 짐작할

그림13 **장천1호분 앞방 천장고임 벽화 예불.**
그림14 **장천1호분 앞방 천장고임 벽화 보살.**

● 불상을 모셔 두는 단으로 수미산을 형상화한 것.
■ 부처가 수행할 때 몸과 마음이 동시에 평정한 상태에 이른 선정(禪定)에 들었음을 나타내는 수인(手印).

그림13

그림14

그림15 **장천1호분 앞방 천장고임 벽화 비천.**

수 있다.

천장고임 4층과 5층은 비천으로 채워졌다.^{그림15} 동면에는 정면을 향해 날아내려오는 비천을 포함하여 다섯 구의 비천이 그려졌다. 천장고임 4층과 5층의 남면과 북면에는 각 네 구의 비천이 묘사되었다. 남면의 비천들은 한 가운데 그려진 보주를 사이에 두고 서로를 마주 보는 자세로 날고 있다. 북면의 비천들은 각각 다른 자세로 하늘을 날고 있다. 북면 동쪽 모서리에는 목을 빼어 서로를 마주 보며 나는 두 마리의 백학 주위에 세 마리의 새가 같이 나는 모습이 표현되었다. 천장고임 4층과 5층의 서면에는 네 구의 비천과 세 마리의 백학, 쌍인연화화생상 하나가 그려졌다.

천장고임 6층은 기악천(技樂天)[●]을 위한 공간이다. 동면과 남면, 북면에 각 세 구의 기악천 그림이 남아 있고, 서면의 그림은 모두 박락되었다. 동면의 기악천들은 북쪽부터 횡적(橫笛),[■] 완함, 오현금을 연주한다. 남면의 기악천들은 동쪽부터 소(簫),[▲] 완함, 수적(豎笛)[◆]을 다루고 있다. 북면의 기악천들은 서쪽부터 긴 뿔나팔인 장각(長角), 완함, 수적을 연주한다. 서면 벽화는 남아 있지 않으나 4층과 5층 전체에 비천이 그려졌음을 감안하면 세 구의 기악천이 묘사되었을 것이다.

● 악기를 연주하는 천인.
■ 가로로 부는 피리 형태의 관악기.
▲ 길고 짧은 대를 여러 개 세로로 엮어 만든 관악기.
◆ 세로로 부는 피리 형태의 관악기.

천장고임 각층 삼각석 측면에는 하늘 세계를 받쳐 든 역사를 한 사람씩 묘사하였다.[그림16] 크고 둥근 눈으로 말미암아 서역 사람처럼 보이는 이들 역사는 윗몸은 벗었고 아래는 짧은 바지를 입었다. 온 힘을 다하여 하늘을 떠받치고 있다. 천장고임 각층 밑면에는 꽃잎 끝이 뾰족한 연꽃의 측면 형태가 표현되었다. 일정한 간격으로 배치된 이들 연꽃은 비천이나 기악천보다 크게 그려졌다. 천장석 그림은 백회가 떨어져 나가 내용을 알 수 없다.[그림17] 앞방 천장고임에 묘사된 인물과 동물 사이 공간에는 앞방 동벽처럼 커다란 연꽃과 연봉오리들이 수없이 떠 있다.

이음길 남벽과 북벽에는 널방을 향해 선 시녀가 한 사람씩 그려졌으나 벽화 일부가 떨어져 나갔다. 남벽의 시녀는 두 손으로 대가 긴 부채를 들었으며, 북벽의 시녀는 얼굴에 분을 바르고 입술을 붉게 칠했다. 널방 입구에 설치된 두 짝의 돌문 가운데 일부만 남은 북쪽 문의 윗부분 벽화로 보아 문의 바깥 면에는 백회를 바르고 그 위에 커다란 연꽃 세 송이를 그렸다. 가운데에는 활짝 편 연꽃의 정면을 그렸고 한가운데 문고리용 구멍을 뚫었으며 위와 아래에는 측면 연꽃을 묘사했다.

널방의 네 벽면은 지름 16~17센티미터 크기의 활짝 핀 연꽃으로 장식되었다.[그림18] 벽의 위에서 아래로 7열을 이루되 각 열에서 서로 엇갈리게 배치된 연꽃은 각 벽의 넓이에 따라 표현된 숫자가 다르다. 안벽인 동벽에는 위에서 아래로 일곱 송이, 여섯 송이씩 번갈아 그렸고, 남벽과 북벽에는 여섯 송이, 다섯 송이씩 엇갈리게 묘사하였다. 이음길로 말미암아 벽이 둘로 나뉜 서벽에 그려진 연꽃의 수는 다른 세 벽에 비해 적다.

널방 천장석에는 해와 달, 별자리를 묘사하였다.[그림19~20] 별들은 'X'자로 교차하는 대각선에 의해 네 개의 정삼각형으로 나뉜 각 구획에 분산 배치되었다. 동서 방향에 배치된 해와 달은 각기 원 안의 삼족오와 원 안의 두꺼비 및 옥토끼로 표현되었다. 달을 나타내는 옥토끼는 사람처럼 두 발로 서서 공

그림16

그림17

그림18

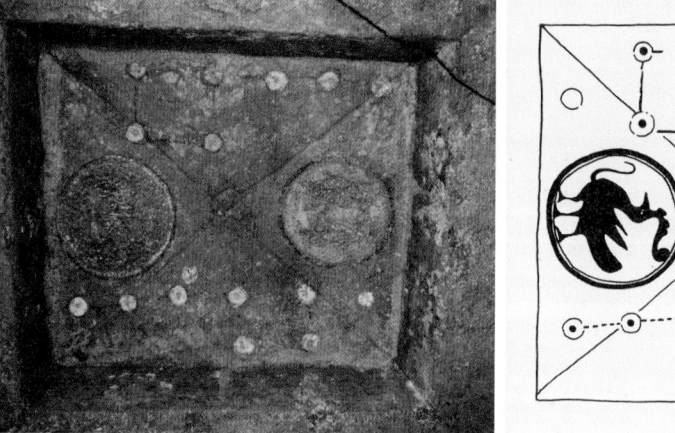
그림19

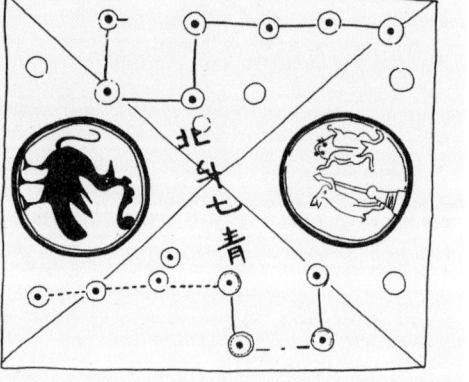
그림20

그림16 장천1호분 앞방 천장고임 모
서리 벽화 우주역사.
그림17 장천1호분 앞방 천장석.
그림18 장천1호분 널방.
그림19 장천1호분 널방 천장석.
그림20 장천1호분 널방 천장석 벽화
모사선화.

이를 잡고 절구질하는 모습이다. 천장석 남면에 그려진 국자 모양 별자리 서
쪽과 북쪽에는 흩별이 두 개 묘사되었다. 북면에 묘사된 북두칠성 국자 자루
끝의 남쪽에도 두 개의 흩별이 그려졌다. 북두칠성 제5성 남쪽, 남면의 삼각
형 꼭지점 자리에도 커다란 흩별들이 묘사되었다. 해와 달 사이의 공간에는
북에서 남으로 내려오며 '북두칠청(北斗七靑)'이라는 묵서가 예서체로 쓰였
다. 위에서 살펴본 장천1호분 벽화 제재의 구성과 배치 상태를 알기 쉽게 정

방향	널길	앞방			이음길	널방		
		벽	천장고임	천장석		벽	천장고임	천장석
남(좌)	[남] 문지기 장수	백회기악과 사냥	청룡, 백호, 주작, 기린, 현무(?) 예불, 보살, 연화 화생, 비천, 기악 천, 구름, 백학, 새, 연꽃	?	[남] 시녀	자색 기둥과 도리, 보	연꽃	연꽃	해, 달, 북두칠성, 별자리
서(전)		갑주기마무사 무리							
북(우)	[북] 문지기 장수	가무진찬			[북] 시녀				
동(후)		문지기 2인, 연화화생, 화염연꽃							

〈표1〉 장천1호분 벽화 제재의 구성과 배치

리하면 〈표1〉과 같다.

무덤 구조와 벽화 제재의 분석

장천1호분은 전형적인 두방무덤이다. 무덤의 앞방과 널방은 규모에서 큰 차이가 없으며, 천장 구조는 잘 짜인 변형 평행삼각고임과 평행고임이다. 이런 구조의 두방무덤은 이른 시기의 무덤에서는 발견되지 않는다. 5세기 전반의 이른 시기 작품인 각저총 및 늦은 시기 유적으로 평가받는 무용총은 앞방이 널방에 비해 작고 천장은 궁륭식과 변형 평행삼각고임 구조이다. 궁륭식은 평행삼각고임에 비해 상대적으로 이른 시기에 애용되던 천장 짜임 방식이다. 5세기 중엽 축조된 통구12호분 북분의 앞방은 퇴화 단계에 있으나, 널방은 정방형에 가까우며 천장 짜임은 장천1호분의 앞방과 같은 변형 평행삼각고임이다. 역시 5세기 중엽 작품인 삼실총은 각 널방의 천장 짜임이 전형적인 평행삼각고임이다. 이런 사실들을 같이 고려한다면 장천1호분은 5세기 중엽에 축조되었을 가능성이 높다.[115]

널길 입구로 말미암아 남쪽과 북쪽으로 나뉜 앞방 서벽의 실물 크기 문지기 장수는 몸에 갑주를 걸친 모습이다. 이런 점에서 장천1호분 문지기 장수는 5세기 중엽 축조된 삼실총, 안악2호분 벽화에 등장하는 갑주 차림의 문지기 장수들과 같은 존재라고 할 수 있다. 수산리벽화분 벽화의 창과 칼로 무장한 실물 크기 문지기 장수 역시 계통상 장천1호분 벽화 문지기 갑주 무사와 닿아 있다. 장천1호분의 문지기 장수는 실물 크기로 묘사되었다는 점에서 5세기 전반 이른 시기의 고분벽화에 등장하는 괴물 형상 문지기들과 구별된다.[116]

앞방 남벽에 그려진 것과 같이 합창과 군무가 동반된 다른 예로 무용총 벽화의 가무 배송 장면을 들 수 있다. 장천1호분이 규모면에서 조금 더 큰 편이다. 무덤 주인 부부가 잘 지어진 정자에 앉아 음식과 함께 군무와 합창을 즐기며, 무덤 규모도 실제 더 크다. 장천1호분 주인이 무용총 주인에 비해 높은 지위에 오른 존재였음을 미루어 짐작할 수 있다. 화면 3단의 진찬 (進饌) 행렬이 향하는 곳은 무덤 주인 부부가 자리 잡은 화면 1단과 2단 동편의 정자일 것이다.

앞방 북벽 상부의 백희기악도 동편의 커다란 자색 나무는 나무를 향해 날아오는 커다란 새, 나무 밑에 앉은 무덤 주인과 한 세트를 이루며 서아시아와 인도에서 믿어지던 '생명나무' 이미지를 강하게 풍긴다.[117]그림21 생명나무는 지모신(地母神) 신앙과도 강하게 연결된 종교적 신앙의 대상이기도 하다.

자색 나무를 무대장치 삼아 펼쳐지는 원숭이 가면 놀이는 중국의 수·당 시대에 널리 알려진 서역 쿠차(庫車)*의 가면 놀이 문화를 연상하게 한다.[118] 파라차(婆羅遮) 혹은 소막차(蘇莫遮)로 불리는 가면 축제, 건달파(乾闥婆)로 불린 직업 놀이꾼은 벽화의 원숭이 가면 놀이 유래가 서역일 가능성을 높게 한다.[119] 두 마리의 원숭이 가운데 아래쪽 원숭이 머리에 씌워진 것으로 보고된 곰 가면은 놀이의 내용과 관련하여 주목된다. 하늘의 신과 땅을 무대로 한 사람의 세계 사이 소통과 관련된 신화적 서사를 놀이라는 형식을

• 중국 신장웨이우얼자치구(新疆維吾爾自治區) 중부의 오아시스 도시.

그림21

그림22

통해 재현하는 장면일 가능성이 있기 때문이다. 자색 나무 왼편 무덤 주인 앞에 놓인 작은 상 위의 뿔 모양 잔은 고구려에서도 각배(角杯)●를 사용했음을 그림으로 보여주는 주요한 사례이다.

자색 나무 오른쪽에 그려진 귀족 손님의 눈길은 자색 나무와 흰말, 누런 개를 모두 향한다. 화면 속의 다른 네 사람은 흰말과 누런 개에 아예 마음이 쏠려 있다. 흰말이 정중히 맞아야 할 어떤 존재와 관련 있음을 직감할 수 있다.

자색 나무 왼쪽 아래 배치된 화려한 안장 올린 흰말과 무덤 주인 아래쪽에 엎드린 누런 개는 화면 중심에 유난히 크게 그려졌다.^{그림22} 무덤 주인과 직접 연결된 듯이 보이는 개와 말을 이렇게 두드러지게 표현한 것은 고구려와 주변 사회가 공유하던 영혼 인도 동물에 대한 관념이 투사된 때문으로 해석된다. 영혼을 태우는 '말' 혹은 신령한 존재와 관계된 '천마' 관념은 오환(烏丸)■의 경우 외에 신라에서도 확인된다.[120] 고구려 개마총 벽화의 개마 역시 무덤 주인의 영혼을 태우는 존재로 그려진 것이라는 해석이 일반적이다. 오환의 신앙에는 죽은 자의 영혼을 적산(赤山)▲으로 인도하는 개에 대한 관념이 있다.[121] 고구려 고분벽화에 여러 차례 등장하는 개 역시 영혼 인도견에 대한 관념의 소산으로 이해된다.[122] 영혼 인도견 관념은 오늘날 북아시아 여러 민족의 내세관에도 여전히 남아 있다.[123]

커다란 흰말과 누런 개의 왼편에 보이는 귀족 차림의 인물을 태운 흰말과 그 곁을 달리는 흰 개도 주목될 만한 제재이다. 이 짐승들이 화면 가운데에 커다랗게 그려진 말, 개와 어떤 식으로든 연결될 가능성이 있는 까닭이다. 그러나 화면 안에서 구체적 연결 고리를 찾기는 쉽지 않다.

화면 동편 상단 귀족 손님 뒤쪽에 묘사된 곡예 장면 가운데 공과 막대 혹은 평판을 곡예 도구로 삼는 사람을 보고에서는 간두희(竿頭戱)를 하는 놀이꾼으로 해석하였다.[124] 그러나 구슬이나 공, 막대, 검 같은 도구를 잇달아

그림21 **장천1호분 앞방 북벽 벽화 자색 나무와 곡예.**
그림22 **장천1호분 앞방 북벽 벽화 흰말과 개.**

● 뿔잔, 뿔 형태로 만든 술잔.
■ 몽골 동부 및 만주 서북부에 거주하던 고대 유목 민족.
▲ 오환족이 믿던 사후 세계의 거주처.

그림23 그림24

던지고 받는 농환을 펼쳐 보이는 중일 수도 있다. 환술사(幻術士)로 해석되는 사람 앞에 그려진 수레바퀴가 탁자 위에 놓인 것이 아니라면 이 놀이꾼이 무륜(舞輪), 곧 공중 수레바퀴 돌리기 묘기 중이라는 해석도 가능해진다. 수산리벽화분의 놀이꾼 중 두 사람도 농환과 무륜을 선보인다. 이로 볼 때 5세기 중엽을 전후한 시기의 고구려 사회에서는 이런 종류의 곡예를 관람하기 어렵지 않았던 듯하다.

　백희기악도 화면 서쪽 중심부에 위아래로 나뉘어 그려진 무용수, 연주자, 시녀의 모습은 오현금 반주에 맞춘 춤이 준비되고 펼쳐지는 과정을 한 화면에 잇달아 묘사한 경우이다.[125]그림23 이처럼 잇달아 벌어지는 사건을 한 화면 안에 그리는 이시동도법식 표현은 고대 서역의 불교회화, 특히 석가 전

그림23 **장천1호분 앞방 북벽 벽화 오현금 연주와 춤.**
그림24 **장천1호분 앞방 북벽 벽화 씨름과 말 달래기.**

생담(轉生談) 묘사에 자주 적용되었다. 장천1호분 벽화의 서역적 요소와 관련하여 주목된다.[126]

　　화면 서쪽 상단의 '수레 끌기' 장면은 5세기 고구려 화가들이 풍속화적 묘사에 익숙함을 보여준다는 점에서 주요한 의미를 지닌다. 수레 끌기 왼편의 가축을 훔쳐 달아나는 사람을 뒤쫓는 모습은 '가축 도둑 붙잡기'라는 현실 세계의 일화가 벽화의 제재로 들어온 경우이다. 화면 서쪽 상단 모서리에 묘사된 '씨름'은 언뜻 관람자들이나 심판 보는 사람 없이 둘만의 경기로 치르는 듯 보이기도 한다.[그림24] 그러나 화면에 일화를 가능한 한 많이 넣으려는 화가의 의도로 말미암은 제재 배치의 결과로 보는 것이 더 적절할 듯하다.

　　씨름 장면 아래 배치된 '놀란 말 달래기'의 등장인물들은 머리에 상투를 틀지 않았다. 이들을 '고구려화' 되지 않은 서역인으로 해석하게 하는 표현이자 차림이다. 흥미로운 것은 이들 서역인이 말 달래기에 나선 것으로 그려진 점이다. 서역인 혹은 서역계 인물들이 말을 다루는 데에 익숙한 사람들이라는 화가의 시각을 읽을 수 있는 표현이다. 놀란 말 달래기 아래 그려진 두 사람의 서역계 남녀의 모습이 어떤 일화를 나타내는지는 분명치 않다. 등장인물들이 서역인 형상을 했다는 점을 눈여겨보아야 할 듯하다.

　　앞방 북벽 하부의 사냥도는 화면 상부 백희기악도와 벽화 주제가 다름에도 경계가 그어지거나 구별을 위한 장치가 더해지지 않았다. 이런 사실에 주목하여 북벽 화면 전체가 꼭두각시놀음, 광대놀이를 묘사한 것으로 보려는 견해가 제기되었다.[127] 그러나 고대 회화에서 주제나 제재의 경계를 나타내지 않는 경우는 빈번히 발견된다. 이런 사실을 감안하면 장천1호분 앞방 북벽 벽화도 특별한 의도와 주제를 드러낸 경우라고 하기는 어렵다.•

　　화면에서 확인되는 사냥 대상 짐승은 호랑이, 노루, 고라니, 담비, 멧돼지, 꿩 등이다. 가죽으로서의 쓰임새가 우선인 호랑이와 담비 외에는 고구려인이 사냥을 통해 확보하던 육식의 대상이라고 할 수 있다. 화면 서편 끝의

• 안휘준은 이 화면 전체를 하나로 보아도 무방하다는 입장에서 '수렵야유회도'로 부를 것을 제안하기도 했다(안휘준, 『한국고분벽화연구』, 사회평론, 2013, 49쪽).

그림25 **장천1호분 앞방 북벽 벽화 사 냥.**

거대한 나무 아래 투시된 동굴은 누런색으로 칠해졌고 동굴 안에 녹색 가지 와 잎으로 보이는 표현도 더해졌다.[그림25] 가지 같은 표현은 갈래가 여럿인 동 굴의 구조를 나타낸 것일 수 있다. 동굴 둘레의 누런색은 화면 아래쪽으로 넓게 펼쳐져 내려가는 것으로 보아 나무뿌리이기보다 산속임을 보여주려는 묘사의 결과일 수 있다. 자색 나무의 줄기가 굵게 뒤틀려 옹이 지며 뻗어 올 랐고 위에서 방사선식으로 뻗어 나간 여러 갈래의 가지 끝에 덩어리져 열매 로도 잎으로도 해석될 수 있는 표현이 더해진 점까지 고려하면 동굴 속 곰은 신화적 서사와 관련된 존재일 수 있다. 이 나무와 동굴 속 곰이 백희기악도 의 생명나무 및 곰 가면을 쓴 원숭이 놀이와 연결되는지 여부도 고려의 대상 이 될 필요가 있다.

백희기악도와 사냥도의 경계에 배치된 도보 매사냥 묘사에도 이시동도 법식 표현법이 적용되었다.[그림26] 벽화 제재의 배치로 볼 때 꿩을 사냥 중인 매는 나무 오른쪽 인물의 토시 위에 앉았던 매이다. 이와 관련하여 안악1호분 및 삼실총의 매사냥 장면도 이시동도법식으로 그려졌음이 참고가 된다.[128]

앞방 동벽의 남쪽 벽과 북쪽 벽에 그려진 두 사람의 문지기는 서로 다른 두 인물의 성격과 표정이 잘 드러나도록 표현된 사례이다. 이런 묘사 방식을 5세기 중엽 이전의 고분벽화에서는 찾아보기 힘들다. 벽화의 두 문지기는 5세기 고구려 사회에서 일어나던 인간관, 종교관의 변화를 실감하게 하는 이정표적인 작품이라고 해도 과언이 아니다.[129]

앞방 동벽 문 인방 위의 긴 띠 모양 공간에 쌍인연화화생과 교대로 그려진 화염연꽃은 연꽃이 지닌 화생 능력과 관련되었다고 할 수 있다.[그림27] 화염연꽃 좌우에 교대로 그려진 연화화생은 연꽃이 지닌 화생 능력이 실현된 상태를 보여준다. 이런 점에서 문 인방 위를 장식한 두 종류의 연꽃은 연꽃을 통한 화생의 과정을 보여주기 위한 것이라고 할 수 있다. 연꽃을 통한 화생 과정은 무용총, 통구사신총, 오회분4호묘(五盔墳四號墓), 진파리1호분,

그림26 **장천1호분 앞방 북벽 벽화 매사냥.**

그림27

그림28

강서대묘 벽화에도 표현되어 있다.[130]^{그림28}

　　연화화생은 집안과 평양 지역 고분벽화에서 확인 가능한 제재 가운데 하나이다. 그러나 쌍인연화화생은 장천1호분 벽화에만 등장한다. 벽화를 자세히 살펴보면 화생한 두 사람은 남녀로 구별이 가능하다. 벽화에 그려진 것은 남녀 쌍인 연화화생상인 셈이다. 이런 표현과 제재는 무덤 주인 부부 나름의 불교 신앙 및 인식의 결과라고 하겠다.

　　앞방 천장고임 벽화는 방위별 수호신인 사신의 위치에서 잘 드러나듯이 앞방 안벽 방향인 동쪽을 특정한 세계로의 입구이자 정면으로 삼아 제재를 배치하였다. 널길과 이어지는 무덤 문 방향을 입구로 삼는 고분벽화의 일반적인 배치 방식과 구분된다고 하겠다. 앞방 천장고임 1층 동면처럼 주작과 기린이 한 화면에 그려진 사례는 장천1호분 외에는 발견되지 않는다.

　　앞방 천장고임 2층과 3층 동면 예불도에 등장하는 여래, 비천, 연화화생상은 모두 성스럽고 특별한 기운에 둘러싸인 존재로 그려졌다. 화가는 이러한 묘사 방식을 통해 장천1호분 벽화가 그려지던 시기의 고구려에 종교·신앙의 새 장이 열렸음을 알게 하려 한 듯하다.＊

그림27　장천1호분 앞방 천장고임 벽화 쌍인연화화생.
그림28　삼실총 제2널방 천장고임 벽화 연화화생.

앞방 천장고임 남면과 북면에 묘사된 보살도와 연화화생도는 앞방 천장고임 동면의 예불도와 함께 5세기 고구려에서 불교 사원의 내부가 어떻게 장엄되었는지를 보여주는 실물 자료이다. 서면에 그려진 갑주기사 그림은 언뜻 보기에 예불도, 보살도와 어울러지지 않는다. 다만, 이 그림이 불법(佛法) 수호 및 전파와 관련된 무덤 주인의 인식을 드러내는 그림으로 해석될 여지는 열어두어야 할 듯하다.

앞방 천장고임 4층과 5층의 동면 한가운데 묘사된 비천의 정면 하강상은 단축법(短縮法)이 적용된 경우이다. 서역 회화 기법이 고구려에 전해지고 수용된 좋은 사례라고 하겠다.[131] 고구려의 다른 고분벽화에서 단축법으로 그려진 사례를 찾기는 어렵다. 천장고임 4층과 5층의 남면에 그려진 활활 타오르는 불꽃 같은 기운으로 감싸인 보주는 그 자체가 불교적 깨달음의 상징이다.[132] 북면 동쪽 모서리에 묘사된 한 무리의 새 그림에서는 그 구성과 묘사 기법으로 말미암아 서정적인 느낌이 강하게 묻어난다. 이 새들이 비천과 함께 그려진 이유는 확실히 드러나지 않는다. 다만, 비천이 날고 있는 공간이 하늘 세계임을 나타내는 데에는 효과적인 장치라고 할 수 있다.

앞방 천장고임 6층의 기악천이 연주하는 여러 종류의 악기 가운데 완함이 유독 자주 등장하는 것은 완함이 지닌 악기로서의 특성에서 비롯되었다고 할 수 있다. 완함은 고구려에서 사용되던 현악기들 가운데 가장 휴대하기 좋고 연주하기도 편한 악기였다. 실제 서역계 악기 가운데 동서로 가장 널리 전해지고 애용된 것도 완함류의 악기이다.[133]

앞방 천장고임 각층 모서리 삼각석 측면에 그려진 우주역사는 삼실총 제2널방과 제3널방의 우주역사와 같은 존재로 기원전 2세기 중엽 제작된 전한 장사 마왕퇴1호한묘 출토 백화의 우강과는 구별된다.[134]그림29 오히려 2~5세기 중앙아시아 지역 석굴사원 벽화와 채색 조소 작품에 등장하는 아틀라스적 존재, 남북조 시대 중국 북위 석굴사원 조각에 자주 등장하는 주유

• 안휘준은 이것을 불교의 영향이 최고조에 이른 순간을 보여준다고 평가하였다(안휘준, 『고구려회화 – 고대 한국 문화가 그림으로 되살아나다』, 효형출판, 2007, 37쪽).

그림29

그림30

와 가깝다.[135][그림30] 수산리벽화분 널방 천장부의 '人'자 대공 사이에 그려진 우
주역사, 대안리1호분 널방 모서리에 그려진 우주역사도 조형 계통상으로는
장천1호분 벽화의 우주역사와 닿아 있는 존재이다.[136]

널방 문을 장식한 연꽃은 널방 벽화의 주제이기도 한 하늘연꽃의 세계,
곧 연화정토(蓮花淨土)라는 이상적 내세로의 입구임을 나타내는 장치이다.
널방 벽이 연꽃으로만 장식된 벽화고분은 5세기 중엽 전후 제작된 고분벽
화에서 쉽게 발견된다.[137] 5세기 중엽은 연꽃 장식 벽화고분의 시대이기도
하다.

장천1호분 널방 천장석 달에 그려진 불사약 찧는 옥토끼는 고구려 고분
벽화에서는 드물게 나타나는 달의 상징물이다. 장천1호분 벽화의 옥토끼는
사람처럼 두 발로 선 것으로 묘사된 옥토끼 가운데 가장 이른 사례에 해당한
다. 새롭게 전해진 외래문화 요소가 해, 달, 별에 대한 관념과 표현에 영향을
미치기 시작하는 사례로 해석될 수 있다.

천장석의 북두칠성, 남두칠성(南斗七星)은 위·진 도교의 유행으로 말
미암아 한 화면에 두 개의 북두칠성이 묘사된 것으로 이해되기도 한다.[138] 북
두칠청(北斗七青)이라는 묵서명의 '청(青)'자 곁의 별자리는 좌보성(左輔

그림29 **장천1호분 앞방 천장고임 모
서리 벽화 우주역사.**
그림30 **아프가니스탄 핫다 타파-이-
카파리하(Tapa-i-Kafariha) 사원
(2~3세기) 출토 장식 부조 우주역사.**

星),* 우필성(右弼星)*을 함께 그린 북두구진(北斗九辰)의 표현이라는 해석이다. 그러나 이런 해석만으로 북두칠성이 두 개인 이유에 대한 의문을 해소하기는 어려울 듯하다. 한 가지 확실한 것은 연꽃 장식 벽화고분 무덤 칸 천장석이 활짝 핀 연꽃으로 장식되는 사례가 일반적임을 감안할 때 별자리가 연꽃을 대신한 장천1호분은 고구려인의 별자리 신앙이 강하게 반영된 경우로 해석될 수 있다는 사실이다. 널방 벽은 연꽃으로 장식되었으나 천장석에 아홉 개의 벽(璧)이 그려진 미창구장군묘는 위·진 도교와의 관련성을 적극 고려할 만한 사례이다. 이상의 검토를 바탕으로 장천1호분 벽화 제재의 구성과 배치를 종합 정리하면 아래와 같다.

장천1호분 벽화의 주제는 생활 풍속과 장식문이다. 그러나 생활 풍속이 주제인 앞방 벽화에서 가장 주요한 제재인 무덤 주인 부부의 초상은 확인되지 않는다. 408년 작품으로 두방무덤인 덕흥리벽화분에는 앞방 북벽의 서쪽에 무덤 주인의 초상이 그려졌다. 그러나 장천1호분의 같은 자리에는 실물 크기의 문지기가 묘사되었다. 덕흥리벽화분의 또 하나의 무덤 주인 초상 자리인 널방 북벽이 장천1호분에서는 하늘연꽃 장식을 위한 공간이다. 이런 현상은 생활 풍속 벽화의 내용상 주제인 현세 재현 공간으로서의 내세, 그런 삶을 누리는 주인공으로서의 무덤 주인에 대한 소망이나 관념이 약화되거나 사라졌음을 의미한다. 연꽃 중심 장식문이 벽화의 주제로 유행하면서 기존의 계세적 내세관이 후퇴하는 현상은 주로 5세기 중엽을 전후한 시기의 고분벽화를 통해 확인된다.

장천1호분 앞방 벽화의 주제는 생활 풍속이나 벽화의 중심 제재는 주로 불교와 관련된 것들이다. 앞방 천장고임은 예불도, 보살도, 비천도 등의 불교 제재로 채워졌다. 백희기악도와 사냥도 등 전형적인 생활 풍속 제재로 장식된 앞방 북벽의 여러 제재들 사이 빈 공간도 연봉오리나 연꽃 송이로 채워졌다. 누구라도 널길을 통해 장천1호분 무덤 칸 안에 들어서서 처음으로 마

● 북두칠성 제6성 동쪽에 자리 잡은 별.
■ 북두칠성 제6성 서쪽에 자리 잡은 별.

주치는 장면은 앞방 동면 천장고임을 장식한 예불도와 비천도이다. 실제 무덤의 앞방 천장고임을 장식한 여래도와 보살도는 불교 사원 내부에서나 볼 수 있는 불교미술의 중심 제재이다. 동아시아에서 불교미술이 크게 유행하고 불교문화가 사회적 흐름의 주류를 차지하는 시기는 대략 5세기부터이며 그 출발점은 중국의 북조이다.

장천1호분 벽화에는 사신이 주요한 제재의 하나로 등장한다. 무덤의 앞방 천장고임 1층에 배치된 사신은 상당한 수준의 세련된 기법으로 묘사되었다. 한눈에도 사신 인식과 신앙, 조형의 초기 단계를 넘어선 결과물임을 알 수 있다.[139] 더욱이 장천1호분의 사신은 천장고임 2층부터 그 위 전체 공간의 주제이기도 한 '여래의 세계'를 지키는 존재처럼 그려졌다. 벽화 구성 제재로서 비중은 높지 않다 하더라도 주요 제재의 하나로서 사신이 지니는 무게감은 무시하기 어려울 정도이다. 고구려 벽화에서 사신이 주요 제재의 하나로 등장하는 시점은 대체로 5세기 전반의 늦은 시기이다.

잘 짜인 천장 구조, 균형감을 유지하고 있는 앞방과 널방의 크기 비례 등의 요소를 고려할 때 장천1호분의 축조 시기를 5세기 중엽 이전으로 보기는 쉽지 않다. 벽화의 주제도 앞방은 생활 풍속, 널방은 연꽃 장식문이어서 생활 풍속이 주류적 위치를 차지하던 5세기 전반과는 다른 양상을 보인다. 앞방 벽화의 주제도 내용을 중심으로 재검토하면 불교회화 쪽으로 무게추가 기울어진다. 벽화 제재로서 비중이 낮은 사신조차 묘사 기법의 세련도가 높고, 제재로서의 역할이 적지 않아 5세기 전반의 고분벽화와 차이를 보인다. 이런 사실들을 감안할 때 장천1호분은 5세기 중엽에 축조되었을 가능성이 높다. 중국 남북조 및 내륙 아시아 유목 제국 사이의 문화 교류를 통해 불교미술과 문화가 대거 고구려에 전해지던 시기에 벽화의 제재가 결정되고 구성되었을 수 있다.

5세기 고구려의 불교문화와 장천1호분

고구려에서 불교가 공인된 372년부터 고국양왕이 "불교를 믿고 복을 구하라"는 왕명을 내린 392년까지 20년은 고구려 주요 도시에 불교가 자리를 잡는 시기였다고 할 수 있다.[140] 고국양왕의 뒤를 이어 왕위에 오른 광개토왕이 평양에 9사(九寺)의 창건을 명령한 393년 이후 장수왕에 의해 평양 천도가 단행되는 427년 사이 30여 년은 평양이 고구려 불교문화의 중심으로 떠오르며 위치를 군건히 하는 시기라 하겠다.[141] 그러나 고분벽화의 제재 구성이나 주제 변화 등을 바탕으로 이 시기의 문화와 종교의 흐름을 짚어본다면 문헌 기록에 근거한 위의 평가와는 다른 결론에 다다르게 된다. 이런 차이가 발생한 이유는 과연 무엇일까? 대체 어디에서 비롯된 현상일까? 실제는 어떠했을까?

덕흥리벽화분을 비롯하여 감신총, 성총(星塚), 무용총 등 5세기 전반에 축조된 벽화고분 가운데 연꽃이 벽화의 제재로 선택되어 그려진 경우가 종종 발견된다. 기본적으로 벽화에서 연꽃이 불교적 제재인지의 여부는 다른 제재와의 관련 속에서 판단되어야 한다. 하지만 6세기 이전 제작된 고구려 고분벽화에서 연꽃이 도교적 제재로 이해되고 표현되었다고 볼 수 있는 사례는 찾아보기 어렵다. 덕흥리벽화분의 널길과 널방에 묘사된 연못, 널방의 칠보공양 장면, 감신총 신상형 인물의 평상 아래 그려진 연꽃문, 성총 널방의 연꽃, 무용총 널방 천장고임을 장식한 연봉오리와 연꽃은 불교적 관념과 인식의 반영으로 이해되어야 한다.

주목되는 것은 '연꽃'을 벽화 제재로 삼는 현상이 누적된 결과인 연꽃문 주제의 고분벽화가 5세기 중엽 즈음 국내성을 중심으로 크게 유행했다는 사실이다.[142] 정작 왕명으로 9사가 창건된 평양은 고구려의 새로운 수도가 되었음에도 불구하고 5세기 중엽 이후 연꽃문이 아닌 사신을 벽화의 주요 제재로, 나아가 주제로 삼는 경향을 보인다. 생활 풍속 관련 제재 역시 평양에서는 5세기 중엽 이후에도 벽화 구성에서 지니는 비중이 눈에 띄게 줄어들지 않는다. 평양 문화권에 속하는 남포 지역에서는 5세기 후반에도 생활 풍속이 벽화의 주제로 채택된다.[143] 이는 국내성 지역의 흐름과 비교할 때 흥미로운 현상이다.

북중국을 통일한 전진으로부터 공식적으로 불교가 전해지기 이전, 고구려에 불교가 알려진 것은 확실하다. 늦어도 4세기 전반에는 요동에 불교가 전해졌음이 기록으로 확인된다.[144] 중국 내륙과의 연락이 잦았던 대동강 하류의 낙랑 고지도 불교의 동방 전래와 관련하여 주목되는 지역이다.

4세기 전반 북중국에서 불교가 사회 통합의 이념적 틀을 제공하며 문화적으로도 적지 않은 영향을 끼칠 때 그 과정과 결과는 이웃 고구려에도 인지되었을 것이 틀림없다. 더욱이 정치적 격변이 그치지 않던 북중국과 고구려 사이에 인적, 물적 이동이 잦았던 점을 감안하면 유민의 유입을 통한 불교 신앙과 문화의 동방 전파는 자연스러운 현상이었으리라 추측할 수 있다.[145] 357년 묵서명이 발견된 안악3호분 앞방 천장석의 활짝 핀 연꽃 장식이나 408년 묘지명이 확인된 덕흥리벽화분 널길과 널방의 연못, 널방의 칠보공양 그림은 북중국과 고구려 사이 사회 문화 교류의 내용을 일부 보여주는 것이라고 해도 과언이 아니다.[146]

5세기 전반 고구려 고분벽화의 제재 구성에서 불교적 제재의 비중이 높아지는 현상은 이런 흐름 위에서 이해될 수 있다. 고구려에 불교가 공식적으로 전래된 이후, 왕명으로 불교에 대한 신앙이 장려되자 이와 같은 흐름에 더 힘이 붙었을 것은 두말할 필요 없는 일이다. 그럼에도 5세기 전반 이후, 평양 지역 고분벽화에서 불교적 제재의 비중이 빠른 속도로 높아지지 않은 이유는 무엇일까? 평양 지역에 비해 고분벽화의 출현도 상대적으로 늦었던 국내성 지역이 연꽃문 고분벽화 유행의 중심지로 떠오르는 과정은 어떻게 이해해야 할까?

평양은 광개토왕의 즉위와 함께 고구려의 새로운 중심으로 적극 개발되기 시작했다. 고구려 중앙정부는 평양의 민호를 다른 지역으로 옮기고 이 자리를 새로운 주민으로 채우는 식으로 평양 주민 구성을 바꾸어 나갔다.[147] 이미 오랜 기간 중국 한의 외군(外郡) 혹은 조·위·진의 지방 세력이었던 낙랑의 정치와 사회 중심이었던 땅에 새 이주민들이 들어온 것이다. 고구려의 영역이 되어 군사적·행정적 지배를 받는 곳이 되었음에도 주민 구성이 다양해지고 문화적으로도 여러 지역의 문화가 섞여 보편 문화적 성격이 강한 독특한 색채를 지닌 도시가 된 것이다.

광개토왕이 평양에 9사를 창건하게 한 것은 이 지역을 불교 신앙과 문화가 뿌리를 내린 고구려의 새로운 사회 문화 중심지로 삼으려는 의도 때문이었을 가능성이 높다. 광개토왕 역시 북중국의 호족(豪族) 국가들이 불교를 사회 통합과 문화 발전의 지렛대로 삼는 현상을 유심히 지켜보았을 것이다. 이런 흐름에 대한 인식과 판단을 바탕으로 전통문화의 색채가 강한 국내성 대신 평양을 새 수도로 삼아 '불교'를 중심으로 국가의 면모를 일신하고자 했을 수 있다. 실제로 4세기 말에서 5세기 초까지 북중국 호족 국가들의 수도는 불교 도시이기도 했다.

그러나 국가 차원의 후원과 조치로 새로운 신앙과 문화의 기반이 잘 마련되었다고 할지라도 기존의 흐름이나 내용을 바꾸지 못한다면 사회·문화적 변화는 한계를 보일 수밖에 없다. 고분벽화 제재 구성의 변화 양상으로 볼 때 평양에서도 일정 기간 이런 현상이 지속되었던 듯하다. 평양은 계세적 내세관에 더하여 도교적, 신선 신앙적 관념이 강한 곳이었다. 5세기 중엽까지도 불교의 전생관 혹은 왕생정토 신앙에 바탕을 둔 관념인 새로운 내세관이 적극적으로 받아들여져 주류적 지위를 차지하지는 않았던 듯하다. 불교에 대한 제한적 이해 혹은 기존 관념에 더하는 정도의 병렬적 수용의 흔적이 오히려 강하다. 평양권 중기 고분벽화의 주제가 생활 풍속, 생활 풍속과 장식문, 장식문, 생활 풍속과 사신 등으로 매우 다양한 것도 이로 말미암은 현상이라고 할 수 있다.

평양 일대와 달리 국내성 지역은 고구려 전통문화의 색채가 매우 강한 곳이었다. 건국 초 졸본을 수도로 삼았던 짧은 기간 외에 고구려의 역사는 국내성을 중심으로 펼쳐졌다. 그래서 고구려인의 관습, 신앙, 제의와 관련한 전승이나 흔적도 주로 국내성 지역에 남아 전한다. 건국 이래 고구려인 자신에 의해 형성, 유지된 신앙 세계에 대한 도전도 국내성 지역에서 일어났다. 불교의 공식 전래에 뒤이어 이루어진 초문사(肖門寺), 이불란사(伊不蘭寺)의 창건, 승려 아도(阿道)와 순도(順道)의 고구려 정착 및 불교 전파가 그것이다.[148]

국가 차원의 공식적인 수용에 뒤이어 왕명으로 불교 신앙이 강조되자 국내성 지역에서는 빠른 속도로 불교 전파가 이루어진 듯하다. 축조 연대의 차이가 거의 나지 않음에도 불구하고 각저총과 무용총이 벽화 제재의 구성면에서 뚜렷이 구별되는 것도 국내성을 중심으로 이루어진 불교 신앙의 전파·수용의 차이에서 말미암은 현상으로 보아야 할 것이다. 제작 시기가 상대적으로 빠른 각저총은 전통적인 계세관과 관련된 내용이 벽화로 묘사되었다. 반면 쌍둥이처럼 각저총과 나란히 붙어 있는 무용총은 무덤 주인과 승려들 사이의 대화, 연화화생의 과정이 벽화로 그려졌다. 이처럼 벽화 제재의 비교만으로도 내세에 대한 인식과 관념상의 변화가 잘 드러난다.

기록으로 확인되지는 않으나 왕명으로 불교 신앙이 장려된 뒤 고구려의 수도 국내성에는 불교 신앙의 동방 전파를 소명으로 삼은 승려들이 잇달아 들어왔을 것이다. 아도나 순도의 경우에서 미루어 짐작할 수 있듯이, 승려들이 지니고 온 불상과 경문들이 국내성의 사원에 안치되어 예배되고 본떠 만들어지며 읽혀지고 필사되는 일도 계속되었다고 보아야 한다. 불교문화와 관념의 확산 역시 이와 함께 이루어졌음이 틀림없다. 장천1호분 벽화는 5세기 전반 국내성 지역에서 이루어지던 불교 신앙과 문화의 전파, 확산, 정착의 과정을 실증하는 회화 기록 자료라고 해야 할 것이다.

장천1호분 벽화에는 같은 시기에 제작된 고분벽화 가운데 서역계 문화 요소가 가장 많이 발견된다.[149] 특히 앞방 천장고임 모서리 각층마다 그려진 우주역사는 관념과 조형 모두에서 서역 문화가 직접 고구려에 전해졌음을 실증한다고 해도 과언이 아니다. 비천 묘사에 적용된 단축법, 서역인의 형상적 특징이 남아 있는 보살, 기악천과 함께 빈번히 등장하는 완함, 백희기악도의 생명나무와 원숭이 가면 놀이 등은 장천1호분 벽화 제작에 미친 서역 문화의 영향 정도를 실감하게 한다. 필자가 후조(後趙)˙ 갈족(羯族)의 후예일 수 있다고 했던[150] 앞방 백희기악도 서역계 인물의 일부가 실제 서역 출신일 가능성도 염두에 둘 필요가 있다. 장천1호분은 5세기 중엽 국내성 지역에 전해진 서역 문화의 내용을 그대로 담은 문화사적 의미와 가치가 큰 유적으로 평가되어야 할 것이다.

436년 북연 멸망 과정에 개입하면서 고구려와 북위는 각각의 세력권을 인정하는 묵계(默契)를 맺었다. 남북조와 유연, 고구려를 주인공으로 한 동아시아 4강 체제가 성립한 것이다.[151] 5세기 내내 북위의 수도 평성은 동서의 온갖 문물이 모이고 흩어지는 가장 중요한 매듭으로 기능하였다. 중국 북조로 파견된 고구려의 사절은 평성의 관사에 머무르며 동행한 승려, 학생, 상인들과 함께 북위의 수도에 넘쳐나던 서방, 북방, 남방의 문물과 마주할 수 있었다.

고구려와 북위 사이에는 몇 차례 일시적인 긴장 관계가 조성되기도 했다. 그러나 5세기 내내 두 나라 사이에 군사적 충돌은 일어나지 않았다.[152] 고구려와 유연 사이에도 우호 관계가 유지되었다.[153] 479년의 지두우(地豆于)˙ 분할 시도에서도 드러나듯이 두 나라는 이해관계가 일치하는 사안에

˙ 319년에 갈족(羯族)인 석륵(石勒)이 임장(臨漳)에 도읍하여 세운 나라.
■ 5세기경 대흥안령산맥 및 내몽골 동부에 살았던 유목 민족. 479년 고구려 장수왕이
유연과 함께 지두우를 분할 점령하려 했다.

대해서는 적극적으로 협조 체제를 구축하기도 하였다.[154] 4강 체제가 유지되던 시기에 고구려가 북위, 유연을 통로로 삼아 서역 세계와 직접 접촉하는 것도 그리 어렵지 않았음을 미루어 짐작할 수 있다.

장천1호분 벽화는 고구려 불교미술의 전개 과정에 대해 주요한 정보를 담아 전한다. 장천1호분의 앞방 천장고임에 묘사된 여래상과 보살상에는 간다라 양식의 특징이 여전히 남아 있다. 미국 하버드대 아서 M. 새클러 박물관(Arthur M. Sackler Museum) 소장 금동불좌상에 담긴 간다라 양식의 색채와 크게 다르지 않다.[155] 불교미술이 크게 일어나던 5세기 전반 북위 석굴사원 벽화나 부조에서 이와 유사한 양식의 작품을 찾기가 쉽지 않음을 감안하면 고구려 불교미술이 서역과의 직접적인 교류 속에 시작되었을 가능성도 적극 고려할 필요가 있다. 장천1호분 벽화의 여래, 보살에서 이런 문화적 흐름을 읽을 수 있다면 그 자체로 문화사적 의의를 지닌다고 평가할 수 있다.

장천1호분 벽화는 5세기 중엽을 전후하여 고구려에 자리 잡게 된 고구려인 나름의 불교적 내세관에 대한 이해도 가능하게 한다. 연화화생은 정토화생에 대한 희구를 담은 표현이다. 모든 인연에서 자유로워야 할 정토에서의 탄생은 연꽃 안에서 홀로 태어나는 것이 상식이다. 그러나 장천1호분 벽화에 그려진 것은 남녀쌍인연화화생이다.[156] 장천1호분의 무덤 주인 부부가 지닌 관념과 소망에 기초한 표현이 벽화로 남은 셈이다. 비록 하나의 사례에 불과하지만 장천1호분의 연화화생도는 5세기 중엽을 전후한 시기의 고구려에서 전통적 가치와 관념에 기초하여 불교적 가르침을 이해하거나 재해석하는 경우도 있었음을 알게 한다.

장천1호분 벽화는 계세적 내세관의 표현 방식으로 중요시되었던 생활풍속계 제재들이 어떤 과정을 거쳐 가치와 의미를 잃어 가는지, 나아가 새로운 성격과 제재들로 대체되는지를 잘 보여준다. 장천1호분 앞방 남벽의 백희기악도는 연봉오리와 연꽃에 의해 화면 전체의 밀도가 조절되었다. 앞방 천장고임을 가득 채운 불교적 제재들 사이의 크고 작은 공간도 연봉오리와 연꽃으로 채워졌다. 이들 화면 속의 연꽃과 연봉오리들을 단순한 장식문으로만 볼 수 있을까?

장천1호분의 널방은 순전히 연꽃만으로 장식되었다. 이른바 하늘연꽃의 세계이다. 공간적 배치로 볼 때 널방은 여래와 보살, 비천과 기악천, 연화화생상과 연꽃, 연봉오리로 가득한 앞방을 거쳐야만 이를 수 있다. 여래 앞에 엎드려 절하는 남녀는 무덤 주인 부부로 추정된다. 예불도 아래 좌우로 나뉜 두 벽에는 남자 문지기들이, 이어지는 이음길 두 벽에는 시녀들이 서 있다. 이들을 지나면 연꽃으로 장식된 문이 나오고 그 문을 열고 들어가면 연꽃으로 장식된 방이 나온다. 그 방 한가운데에 무덤 주인 부부의 관이 놓여 있다. 곳곳이 연꽃으로 장식된 공간을 거쳐 연꽃만의 세계로 들어가도록 벽화가 구성되고 제재의 배치가 이루어진 셈이다.

앞방의 연화화생상과 널방의 연꽃 장식을 함께 고려하면 장천1호분 앞방 벽과 천장고임을 장식하는 연꽃과 연봉오리는 빈 공간을 채우거나 화면 구성을 돋보이게 하는 장치로만 기능한다고 보기 어렵다. 오히려 공간의 성격을 규정하기 위한 도구로서 성격을 더 강하게 지닌다고 보아야 할 것이다. 바로 화생의 공간이다. 물론 앞방은 소망을 담은 공간이고, 널방은 소망이 실현된 공간이다. 공통의 주제는 화생이다. 앞방에서 가장 중요한 장면은 예불이다. 연화화생상이나 비천, 기악천, 연꽃과 연봉오리, 백희기악과 가무진찬(歌舞進饌)은 예불 중인 남녀 공양자들이 마음에 담은 소망이다. 장천1호분에서는 백희기악조차도 화생의 공간에서 실현되거나 재현되기를 원하는 경험이자 기억인 셈이다.

장천1호분 벽화 출현 이전에도 비교적 거친 방식으로 연꽃이나 연봉오리를 공간의 성격을 규정하는 장치이면서 화면 밀도를 조절하는 도구로 사용한 예를 찾을 수 있다. 무용총 널방 천장고임 벽화의 연꽃과 연봉오리가 그 사례에 해당한다. 천장고임 아래쪽에 위아래로 서로 엇갈리게 나누어 그려진 연봉오리와 연꽃은 하늘로 떠오르며 화생하는 과정을 보여주기도 한다. 동시에 천장고임 곳곳에 연꽃으로, 줄기 달린 연꽃과 연봉오리로 그려져 화면 밀도를 조절하는 역할도 맡고 하늘 세계를 화생의 공간으로 인식할 수 있게 한다. 장천1호분 벽화는 이런 방식이 앞방 벽에까지 적용된 경우라고 할 수 있다.

무덤 구조와 벽화 내용으로 보아 고구려 장천1호분의 축조 연대는 5세기 중엽을 넘어서지 않는다. 427년 단행된 평양 천도로 말미암아 수도로서의 지위는 잃었으나 고구려에서 국내성이 지니고 있던 전통문화의 중심지로서의 지위는 큰 변화 없이 유지되었다. 오랜 기간 고구려의 관습, 신앙, 제의 등이 성립, 유지, 발전되는 과정에서 그 중심적 역할을 한 것이 국내성 지역이었던 까닭이다.

고구려에 불교가 전래되어 정착될 때 그 출발점으로 역할이 부여되었던 곳은 국내성이다. 광개토왕 시대에 불교 신앙과 문화, 국가의 새로운 사회 문화 중심으로서의 평양 개발이 본격화했음에도 불구하고 상당 기간 기존 평양 문화의 성격과 내용은 쉽게 바뀌지 않았다. 고구려 전통문화의 색채는 약한 반면 한계 문화를 포함한 각양각종의 문화가 뒤섞여 있어 이국적 성격이 강했던 평양 문화에 불교문화가 침투하여 자리 잡는 데에는 시간이 걸렸다.

평양과 달리 고구려의 전통문화가 쌓여 있던 국내성 지역에서는 국가 차원의 불교 신앙 장려 정책이 강하게 작용하면서 불교문화가 새롭고 주요한 문화적 흐름으로서 자리를 잡는다. 5세기 중엽 연꽃문 고분벽화가 국내성을 중심으로 유행하는 것도 이러한 문화적 흐름에서 비롯된 현상이라고 할 수 있다. 장천1호분은 국내성 지역을 중심으로 불교문화가 확산되면서 고구려인의 내세관에 어떤 변화가 초래되었는지를 구체적으로 보여주는 좋은 사례에 해당한다.

장천1호분은 5세기 전반 고구려와 중국 북조 및 내륙 아시아 유목 제국 유연 사이에 어떤 식의 문물 교류가 있었는지를 짐작하게 한다. 장천1호분 벽화에 다양하고 빈번하게 나타나는 서역 문화 요소는 고구려가 북위를 통해서 서역의 문물과 접하였을 뿐 아니라 유연을 통로로 삼아 서역과 직접 교류하기도 했음을 알게 한다. 간다라미술의 체취가 여전히 남아 있는 장천1호분 벽화의 여래도와 보살도는 서역으로부터 고구려로 불교문화가 직접 전해졌음을 뒷받침하는 증거 자료라고 할 수 있다.

장천1호분은 고구려인이 전통적 가치와 관념에 기초하여 불교적 가르침을 이해하거나 재해석하기도 했음을 알려준다. 벽화에 보이는 남녀쌍인연화화생상이 그 대표적 사례이다. 장천1호분 벽화는 연꽃으로 장식된 공간을 거쳐 연꽃만의 세계로 들어가도록 벽화가 구성되고 제재의 배치가 이루어졌다. 이런 식으로 벽화의 제재를 구성하고 배치한 것은 연꽃과 연봉오리를 장식문으로만 쓰지 않고 화면 밀도를 조절하는 도구이자 공간의 성격을 규정하는 장치로도 사용하려 했던 까닭이다. 장천1호분은 5세기 전반 국내성 지역에서 이루어지던 불교 신앙과 문화의 전파, 확산, 정착의 과정을 구체적으로 보여주는 생생한 회화 기록 자료이다.

3부

후기, 지키는 자와 함께

후기 고구려 벽화고분의 특징

491년 장수왕의 서거 소식이 고구려 바깥 세계에 알려졌다. 그러자 동아시아에서 가장 강력한 힘을 내외에 과시하던 북위 조정에서는 황제가 직접 문무 대신을 거느리고 교외에서 고구려 왕의 죽음을 애도하는 의식을 치렀다. 당시 동아시아에서 고구려가 누리던 지위를 잘 보여주는 사건이다. 이름처럼 유달리 재위 기간이 길었던 까닭에 장수왕의 왕위는 손자에게 이어졌다. 문자명왕이 그다.

문자명왕의 시대에도 고구려의 국내외적 지위는 굳건한 듯 보였다. 그러나 고구려에는 이미 정체에 뒤따르기 마련인 분열이 싹트고 있었다. 안장왕(安臧王, ?~531), 안원왕(安原王, ?~545), 양원왕(陽原王, ?~559)의 시대에 고구려는 왕위 계승을 둘러싼 귀족 간의 세력 다툼에 시달렸다. 귀족들이 패를 나누어 무력 항쟁을 거듭하는 사이에 한반도 중부 한강 유역의 고구려 영토는 백제와 신라에게 넘어갔다. 동해안 중남부 지역은 신라의 영토가 되었다. 요동을 포함한 요하 일대는 새로 일어난 돌궐의 위협을 받았으며, 고구려에 부속되어 군사력 유지에 큰 도움이 되었던 말갈(靺鞨)과 거란의 일부 세력은 이탈의 조짐을 보였다.

고구려 후기 벽화고분은 외방무덤인 경우가 대부분이다. 무덤 칸 천장은 평행고임에 삼각고임이 더해지거나 삼각고임으로 마무리된다. 벽에는 사신이 그려지며 천장에는 선인들이 노니는 하늘 세계가 묘사된다. 앞 시기에 크게 유행하던 연꽃문은 장식적 요소로 남는 경우가 많고 신선 신앙과 관련된 벽화 제재의 비중이 높은 경우가 일반적이다. 중국 남북조 시대 후기 장의 미술에서 크게 유행하던 벽화 제재들이 고구려에 소개되어 수용되기도 하지만, 지역이나 시기에 따라 소화되어 재현되는 모습에는 차이를 보인다.

6~7세기 고분벽화의 구성과 표현에서 북쪽의 국내성 지역과 남쪽의 평양 지역 사이에는 공통점과 차이점이 확연히 나타난다. 사신을 벽화의 주제로 삼는다는 점에서 남북이 차이를 보이지 않으나 색상의 선택, 필치의 강약, 세부 제재의 구성과 표현 방식에서는 서로가 뚜렷이 구별된다. 국내성이 자리 잡은 집안 지역 후기 고분벽화 제작에 참여한 화가들은 화려한 색상, 강한 필치를 바탕으로 무덤 칸 천장고임 장식에 신화 및 전설과 관련된 제재들을 대거 등장시킨다. 이와는 대조적으로, 평양 및 남포 지역 후기 고분벽화 담당 화가들은 부드럽고 온화한 느낌을 자아내도록 대상을 그려내고 색을 넣었다. 이들은 사신의 보호를 받는 무덤 주인이 승선을 통해 불사의 선계에서 새 삶을 누리기를 기원하는 내용의 벽화 제재를 더 선호하였다.

귀족 간의 권력투쟁, 위축된 왕권, 대외 정세의 악화 등이 겹쳐지면서 사회 전체에 불안한 기운이 감돌았던 까닭일까? 고구려 후기 벽화고분은 이전에 비해 무덤 칸의 규모는 크나 벽화의 주제는 '사신'으로 사실상 한정된다. 왕과 왕족, 상류층 귀족들 일부만 무덤 칸 내부를 벽화로 장식하되 죽은 자의 내세 삶이 온전할 수 있게 하는 사신을 가장 중요한 제재이자 주제로 삼은 것도 사회적 불안에서 비롯된 현상일 수 있다. 6~7세기에도 중국 남북조를 비롯한 바깥 세계와 고구려의 교류는 계속되었다. 하지만 사회적 불안은 가시지 않은 상태였던 까닭에 벽화의 주제는 사신으로 한정되었던 것일 수도 있다. 장기적인 권력투쟁이 귀족 연립 체제라는 타협에 이르렀음에도 고구려 사회 내부에 남아 있던 깊은 균열이 지역 문화의 특징, 개성적 발전의 과정 등과 어우러지면서 남북 문화권의 거리를 점차 벌어지게 했고, 그 과정이 벽화에 반영된 것은 아닐까?

개
마
총

개요

개마총은 6세기의 평양권 벽화고분 가운데 생활 풍속 제재가 벽화의 일부로 남은 거의 유일한 사례에 속한다. 제재 구성에서 사신이 벽화의 중심 제재이자 주제인 다른 벽화고분과 큰 차이를 보이지 않으면서 무덤의 주인공이 중심일 수 있는 인물 행렬이 제재로 선택되어 표현되었다. 이런 점에서 개마총과 평양 지역의 다른 벽화고분들은 서로 구별될 수밖에 없다. 개마총이 적극적인 검토가 필요한 벽화고분 가운데 하나인 것도 이 때문이다.

개마총 벽화 제재의 하나인 개마인물 행렬도는 주인공을 태우지 않은 말을 중심으로 그 앞뒤의 인물들만 그려져 개마행렬도(鎧馬行列圖)로 불리기도 한다. 이런 구성 방식으로 말미암아 개마행렬도는 발굴 조사 당시부터 주목을 받았다.[1] 그러나 조사 보고 이후 개마총 자체가 연구 대상으로 떠오르지는 않았다. 개마총이라는 벽화고분의 구조, 축조 재료, 벽화 구성과 제재 전반이 함께 검토되는 것이 바람직함에도 불구하고 특정한 제재에만 관

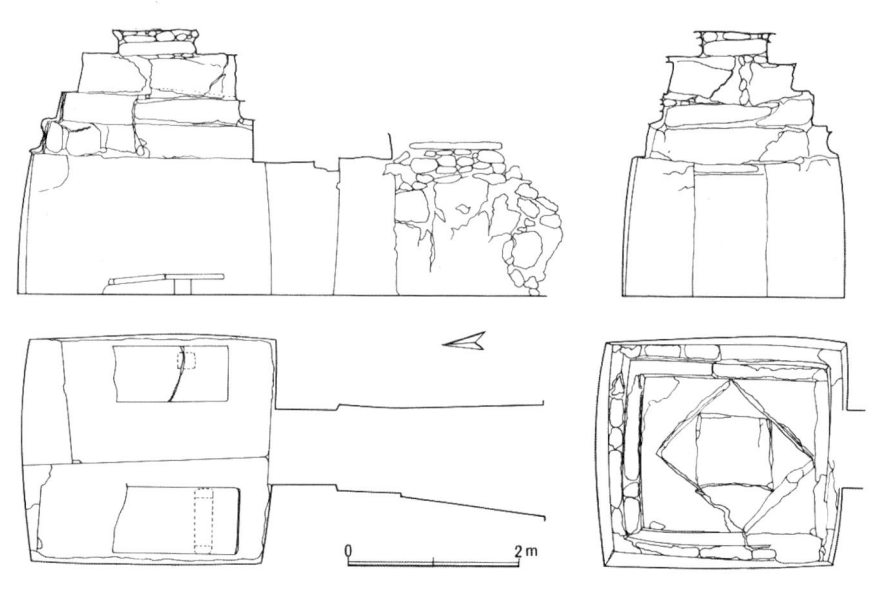

그림1

그림1　발견 당시 개마총 외형.
그림2　개마총 실측도.

그림2

심이 집중되었기 때문이다.

개마총은 평양시 삼석구역 노산동(옛 지명: 평안남도 대동군 시족면 노산리, 평안남도 대동군 임원면 고산리)에 있는 고구려 시대 흙무지돌방벽화무덤이다. 1916년 10월 28일부터 11월 1일에 걸쳐 오바 쓰네키치의 주도로 발굴이 이루어졌다.[2][그림1] 발굴 당시에는 노산리제1호묘로 불렸다. 발굴 과정에 확인된 널방 천장고임 동쪽의 개마행렬도로 말미암아 노산리개마총(魯山里鎧馬塚)으로 이름 지어졌으며 개마총으로도 불리게 되었다.[3] 무덤 축조 시기 및 무덤 구조에서 개마총과 크게 다르지 않은 호남리사신총(湖南里四神塚)이 근처에 있다. 1916년 발굴 때에는 고분 실측만 행해졌고 벽화 모사 작업은 1917년에 이루어졌다. 오바 쓰네키치에 의해 작성된 모사도 17점은 국립중앙박물관에 보관되어 있다.[4]

개마총은 대성산 기슭에 있다. 무덤의 방향은 남향이며, 무덤 칸 축조 위치는 지상이다. 널길과 널방으로 이루어진 외방무덤으로 널길이 널방 남벽 한가운데에 설치되었다. 무덤길을 제외한 널길의 길이는 3.12미터, 넓이는 0.86~1.26미터, 높이는 1.48미터이다.[그림2] 널방은 너비 2.5미터, 길이 2.84미터, 높이 2.97미터며, 무덤 입구부터 널방 북벽까지의 전체의 길이는 20미터에 이른다. 널방의 천장 구조는 2단 평행고임 위에 2단 삼각고임을 올린 평행삼각고임이다. 널방 안에 두 개의 관대가 각각 동벽과 서벽 가까이 남북 방향으로 설치되었다. 관대의 재료는 화강암이다. 막돌로 널길을 쌓았고 커다란 괴석(塊石)●과 막돌로 널방의 벽과 천장을 쌓았다. 널길과 널방 벽 및 천장에 두껍게 회를 바른 뒤 그 위에 벽화를 그렸으며, 벽화의 주제는 사신이다.

발굴 조사 당시 일부 남아 있던 벽화는 한국전쟁 시기에 심한 손상을 입었으며 무덤도 완전히 파괴되었다. 발굴 조사 과정에 널길 동벽에서 진묘수와 기마갑주무사, 역사, 서벽에서 진묘수 그림이 확인되었다. 널방 동벽의

● 돌덩이.

청룡, 서벽의 백호, 남벽의 주작, 북벽의 현무 그림도 일부 읽어냈다. 발굴이 종료된 다음 오바 쓰네키치에 의해 벽화 모사가 진행되었다.

넓길 동벽의 남쪽에 묘사된 사자 모습의 진묘수는 머리 부분이 제대로 남아 있지 않으나 서벽의 것과 마찬가지로 풍성한 갈기를 지녔다.[5] 넓길 입구를 향해 뒷다리로 앉아 상체를 곧추세우고 왼쪽 앞발을 들어올렸다. 자세로 볼 때 동벽의 진묘수 역시 아가리를 크게 벌려 포효하는 모습이었을 가능성이 높다.

넓길 동벽의 북쪽에 선 자세로 묘사된 역사는 머리 부분이 남아 있지 않다. 어깨에서 허리 쪽으로 자연스럽게 내려온 왼팔과 달리 오른쪽 어깨와 팔 부분은 남아 있는 부분이 적어 형태와 자세를 알기 어렵다. 역사의 오른편 허리 즈음에 끝이 도끼날처럼 보이는 물건의 일부 윤곽이 남아 있으나 무기로서의 도끼의 일부였는지 여부는 알 수 없다.

넓길 동벽에 그려졌으나 정확한 위치가 확인되지 않는 개마갑주무사(鎧馬甲冑武士)는 말을 다그쳐 앞을 향하여 질주하는 장면이 잘 남아 있다. 말은 마면구(馬面具)까지 한 완전 무장 상태이다. 갑주무사는 발을 등자에 걸고 상체를 앞으로 숙였다. 무사가 지닌 무기가 어떤 종류인지는 확인되지 않는다.

넓길 서벽의 남쪽에 배치된 진묘수는 갈기를 지닌 수사자를 연상시키도록 그려졌다.[그림3] 서벽의 진묘수는 상체를 곧추세우고

그림3 개마총 넓길 서벽 벽화 진묘수와 인물 모사도.

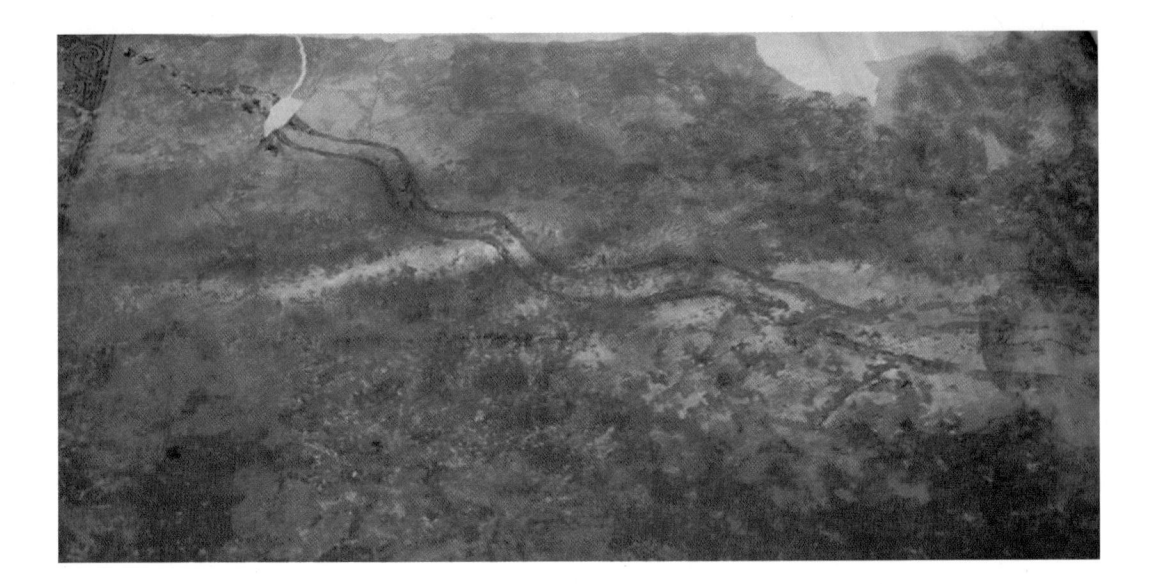

그림4 개마총 널방 동벽 벽화 청룡
부분 모사도.

앉은 채 붉게 칠해진 입을 벌리고 으르렁대는 모습이다. 정체를 알 수 없는
관(冠)을 머리에 쓴 인물을 등에 태웠다. 짐승의 목을 묶은 끈이 저고리, 바
지 차림 인물의 손에 잡혀 있다. 이는 이 거대한 짐승이 선인처럼 보이는 인
물의 부림을 받는 존재임을 나타낸 것이다. 짐승의 굵고 긴 꼬리가 'S'자 꼴
로 비스듬히 위로 뻗어 올라갔다. 짐승의 몸 위쪽으로 서조 한 마리가 널길
입구 쪽으로 날아간다.

널방 동벽의 청룡은 몸통과 꼬리의 일부가 남아 있다.[그림4] 동벽 북쪽을
향해 계단식으로 뻗어 올라간 꼬리의 형태가 자연스러운 편이다. 남아 있는
몸통과 뒷다리 부분의 굵기가 일정한 것으로 보아 5세기 말 고구려 벽화에
보이는 청룡과 비슷한 형태로 묘사되었을 가능성이 높다. 널방 서벽의 백호
는 꼬리와 뒷다리 일부만 남아 있다. 백호의 꼬리가 서벽 북쪽을 향해 계단
식으로 뻗어 올라간 것으로 보아 자세와 형태에서 동벽의 청룡과 유사했음
을 미루어 짐작할 수 있다.

널방 남벽의 동쪽 벽과 서쪽 벽에는 한 쌍의 주작을 그렸으나 벽화의

그림5 개마총 널방 북벽 벽화 현무
의 부분.

훼손이 매우 심해 윤곽의 일부만 알아볼 수 있다. 남벽 서쪽 벽에 그려진 주
작은 부분적으로나마 전체 윤곽을 잡을 수 있어 이를 바탕으로 모사도가 그
려졌다. 모사도에 그려진 주작은 부리를 크게 벌린 채 널길 쪽을 향해 크게
홰를 치는 모습이다. 주작의 꽁지깃이 커다란 'S'자를 그리며 벽 위쪽으로
솟아오른다.

널방 북벽에는 한가운데에서 서로를 한 번 얽어 'X'자를 이룬 두 마리
뱀의 흔적이 뚜렷하다.그림5 뱀의 머리와 거북의 몸통 및 머리 부분이 남아 있
지 않아 현무의 모습이 어떻게 묘사되었는지는 알 수 없다. 그러나 뱀이 서
로 얽은 상태가 북벽 전체에 걸친 것으로 보아 북벽에 그려진 것은 쌍현무였
을 수 있다. 다만, 뱀 몸통의 굵기에 비례해 거북이 그려지기에는 북벽의 공
간이 제한적이어서 거북이 매우 작게 묘사된 초기 고분벽화의 현무와 모습
이 같았을 가능성도 고려되어야 한다.[6] 뱀의 몸통과 비례하여 거북이 그려졌
다면 북벽의 현무는 이제까지 알려진 고분벽화와는 다른 형태로 묘사되었을
가능성도 배제할 수 없다. 널방 벽 모서리에는 넝쿨문으로 장식된 기둥을 그

그림6

그림7

그림6　개마총 널방 천장고임 1층 동쪽 벽화 개마인물 행렬.
그림7　그림6의 부분 모사도.

려 널방 안이 목조 가옥의 내부처럼 보이게 하였다.

널방 천장고임 1층 평행고임에는 인물 행렬, 2층 평행고임에는 삼족오가 묘사된 해, 약절구와 옥토끼, 두꺼비가 들어 있는 달, 넝쿨문이 그려졌다. 천장고임 제3층 삼각고임의 각 삼각석 밑면에는 별자리들이, 측면에는 천인이 묘사되었으나 현재는 발굴 이후 그려진 모사도만 남아 있다. 천장고임 제1층 동쪽의 행렬은 널방 안쪽인 북쪽을 향한다.^{그림6~7} 화려한 장식의 관을 머리에 쓴 인물이 행렬의 선두에 섰고 두 깃 절풍을 머리에 쓴 인물, 개마를 끄는 두 마부, 고리자루 긴 칼을 받쳐 든 세 사람의 무사가 그 뒤를 따른다. 말은 말 갑옷, 말 투구로 무장되었고, 안장과 등자 등이 모두 마련되었으며, 엉덩이 뒤쪽에 기꽂이가 설치되었다. 기꽂이에는 다양한 색의 깃발 장식을 지닌 기가 여러 점 꽂혔다.

두 사람의 마부 앞에는 '총주착개마지상(冢主着鎧馬之像)'이라는 해서체(楷書體) 묵서가 세로로 써 있다. 일제강점기 발굴 조사 이후 문서에 따라 '원왕착개마지상(原王着鎧馬之像)', '□왕착개마지상(□王着鎧馬之像)', '□주착개마지상(□主着鎧馬之像)'으로도 기록되어 묵서의 앞 두 글자는 발굴 당시부터 명확하게 읽어내기가 어려웠음을 알 수 있다. 근래에는 '총주(冢主)'는 원래의 묵서에 쓰인 글자가 아니라는 견해도 제기되었다.• 묵서 곁의 말은 아무도 타지 않은 상태로 그려져 벽화 발견 당시부터 의문이 제기되었다. 무덤 주인의 영혼을 태우기 위한 말로 보기도 한다.

천장고임 제1층 평행고임 동쪽 인물 행렬과 이어지는 또 다른 행렬은 깃발 달린 창을 세워 든 네 사람 이상의 인물로 구성되었다. 모두 머리에 모자를 썼으며 저고리와 바지 차림이다. 천장고임 제1층 동쪽의 다른 부분에는 두 뿔이 날카로운 황소 한 마리와 그 앞에 선 사람이 묘사되었다. 사람은 머리 부분만 남아 있어 황소와 어떤 관계인지 알 수 없다.^{그림8} 황소의 코뚜레와 연결된 외줄이 앞으로 늘어져 있어 앞의 인물이 이 소를 끌고 가는 상태

• 강경구는 '강왕(康王)'으로 읽고, 개마총의 주인공을 장수왕으로 상정하였다(강경구(姜炅求), 「고구려강왕릉고」高句麗康王陵考, 『상고사학보』上古史學報 20, 한국상고사학회, 1995).

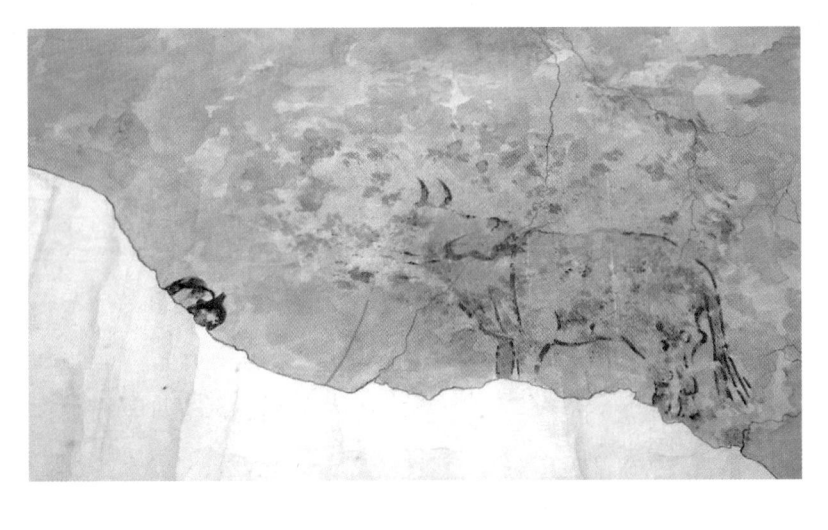

그림8 개마총 널방 천장고임 1층 동쪽 벽화 황소와 인물 모사도.

였던 것으로 보인다. 이 소가 장송의례(葬送儀禮)에 사용될 희생용 소인지, 귀족의 수레를 끄는 소인지, 이외의 다른 의미를 지닌 존재인지에 대해서는 별도의 검토가 있어야 할 것이다.

천장고임 제1층 북쪽에 그려진 인물 행렬은 두 사람이 나란히 서 있는 그림만 남아 있다.[그림9] 엉덩이까지 내려오는 긴 저고리와 통이 넓은 바지 차림인 뒤의 인물은 머리에 절풍 형태의 모자를 썼으며, 두 손은 앞으로 모아 소매 안에서 잡고 있다. 모자 위에 모자 장식의 일부로 보이는 붉은 구슬 형태의 물건이 얹혀 있다. 앞의 인물도 머리에 같은 형태의 모자를 썼으나 머리 뒷부분만 남아 있어 옷차림은 알 수 없다.

널장 천장고임 인물 행렬에는 여인도 등장한다. 제1층의 인물 행렬의 일부로 보이나 그려진 방향은 알 수 없다. 모사도로 확인되는 여인 행렬의 인물들은 모두 바지 위에 주름치마를 두르고 그 위에 점무늬 두루마기를 걸쳤다.[그림10] 옷깃과 소매 끝에는 고구려 인물 복식에서 흔히 보이는 선이 더해졌다. 일부 남은 인물들의 얼굴로 보아 대다수는 갸름한 얼굴형이며 입술은 붉게 칠한 상태이다. 두 손을 배 앞으로 올려 가지런히 모아 쥐고 한쪽 방향으로 걷고 있다. 동쪽 행렬의 인물들이 북쪽 방향으로 걷고 있음을 감안하면 이 인물들 역시 북쪽을 향했을 가능성이 높다. 그럴 경우, 여인 행렬이 그려진 위치는 천장고임 서쪽일 수 있다. 북쪽 행렬 중의 남자 2인이 서쪽을 향한 점까지 고려하면 천장고임 1층 동쪽 전체, 남쪽과 북쪽의 동편 인물 행렬은 남자들로 구성되어 북쪽 및 동쪽, 서쪽을 향하도록 그려지고, 서쪽 전체, 남쪽과 북쪽의 서편 인물 행렬은 여자들로 구성되어 북쪽 및 서쪽, 동쪽을

그림9 개마총 널방 천장고임 1층 벽화 남자 행렬.
그림10 개마총 널방 천장고임 1층 벽화 여인 행렬 모사도.

그림9

그림10

그림11 개마총 널방 천장고임 2층 동쪽 벽화 해.

향하도록 묘사되었을 수 있다. 인물 모사도 가운데 등장하는 몸을 왼편으로
향한 채 뒤를 돌아보는 수염 난 남자 역시 동쪽 행렬도의 일부이거나, 남쪽
이나 북쪽 행렬도의 동쪽에 그려진 인물 가운데 한 사람일 수 있다.

　　천장고임 제2층 평행고임 동쪽에는 넝쿨 형태의 운문 띠가 묘사되었으
며, 띠 사이로 해가 그려졌다.^{그림11} 해 안에는 크게 날개를 치는 삼족오가 묘
사되었다. 삼족오가 둥근 원 안의 한쪽에 치우쳐 그려진 것으로 보아 남은
공간에 다른 것이 그려졌을 수 있다. 발굴 보고서의 도면만으로는 확인하기
어렵다. 천장고임 제2층 서쪽에도 넝쿨 형태의 운문 띠가 그려졌는데, 한가
운데에 달이 묘사되어 운문 띠는 배경이 되었다.^{그림12} 달 속에는 옆모습을 보
이며 엎드린 두꺼비와 긴 막대기 형태의 공이를 쥐고 항아리 모양 약절구 속
불사약을 찧는 옥토끼가 묘사되었다. 토끼는 오른발은 무릎을 구부린 채 앞
으로 내밀고 왼발은 무릎을 구부리면서 뒤로 빼낸 채 두 팔을 일자로 나란히
뻗쳐 공이를 쥐고 약절구 안으로 내리찧는 중이다. 옥토끼는 자세만으로도
사람에 가깝게 의인화되었다. 북쪽 벽화 중에도 동쪽, 서쪽의 것과 같은 운

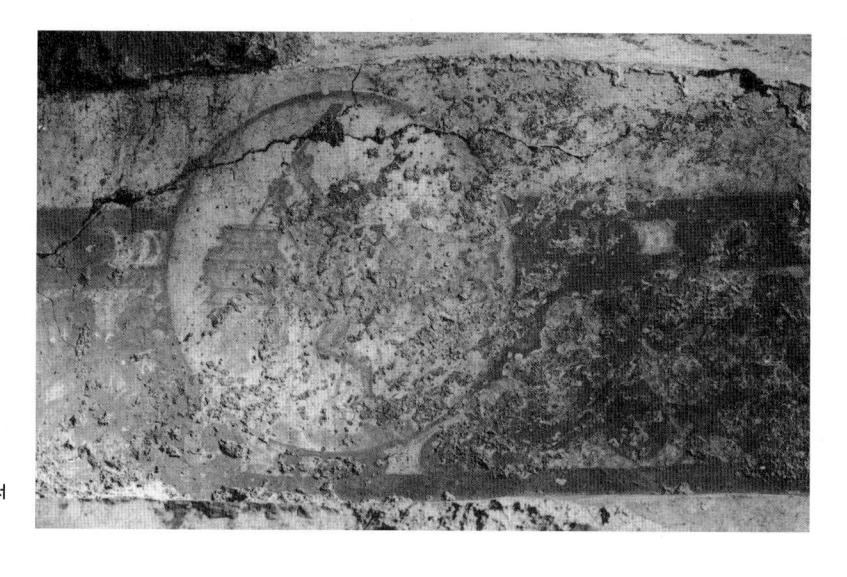

그림12 개마총 널방 천장고임 2층 서
쪽 벽화 달.

문 띠 일부가 남아 있다.

제3층 삼각고임 삼각석 밑면에는 묵선으로 둥글게 그려진 별들이 묘사
되었고, 별들 사이를 잇는 선도 그어졌다. 선들이 온전히 남아 있지 않아 각
방향마다 어떤 별자리가 묘사되었는지는 확실하지 않다. 별들의 크기에 차
이가 있으며 크고 작은 별들이 거의 붙어 있기도 하고 멀리 떨어지기도 한
상태이다. 이로 보아 별들은 밝기에 따라 세 종류로 나뉘고 별들 사이의 거
리도 고려되어 묘사되었음이 확실하다. 방위가 정확히 잡히지 않는 삼각석
밑면에 묘사된 별들 가운데 남은 것은 모두 열아홉 개이다. 네 개의 삼각석
밑면은 벽화 박락이 심해 두 개의 별들만 남은 면, 두 개와 네 개의 별이 별
도의 무리를 지은 여섯 개의 별이 그려진 면, 벽화가 완전히 박락되어 별이
보이지 않는 면, 다섯 개와 여섯 개가 별도로 무리를 지은 열한 개의 별이 그
려진 면으로 구성되었다.

천장고임 제3층 삼각고임 측면에는 비스듬히 무릎을 꿇고 두 손을 모아
합장한 자세의 천인이 각 방향별로 한 면에 2인씩 묘사되었다.[그림13] 천인의

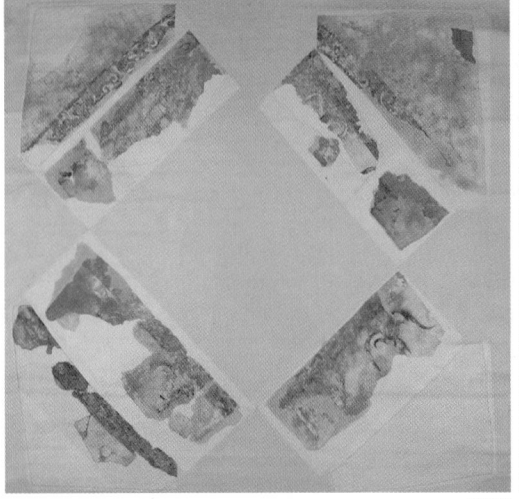

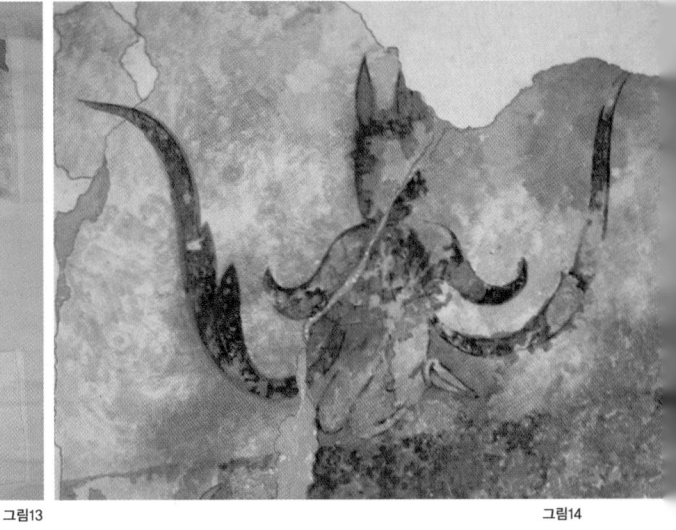

그림13

그림14

그림15

그림13 개마총 널방 천장고임 3층 삼각고임 측면 벽화 천인 배치 모사도.
그림14 개마총 널방 천장고임 3층 삼각고임 측면 벽화 천인 모사도.
그림15 개마총 널방 천장고임 벽화 장식문으로 채워진 도리.

윗옷 어깨자락은 활짝 핀 연꽃 꽃잎이 펼쳐 나간 모습을 반전시킨 듯한 느낌을 준다.[그림14] 허리 좌우에서 한 자락씩 나온 천의는 'S'자를 이루며 너울거리듯 위로 뻗어 올랐다. 머리에 고구려의 절풍 장식 깃털을 연상시키는 특이한 장식이 뿔처럼 두 개 솟아오른 천인도 있고 곁에 비파류의 악기를 세워 둔 천인도 있다. 천인들의 얼굴 생김이나 머리 장식이 서로 다르기도 하다. 널방 천장의 삼각고임 측면과 밑면이 맞닿는 곳은 목조 가옥의 도리에 해당하는 굵은 띠를 가로로 길게 둘렀다. 목조 도리 내부는 상서로운 기운을 담은 넝쿨 형태의 운문 띠로 채워졌다.[그림15]

무덤 구조와 벽화 제재의 분석

개마총은 널길이 널방 입구 가운데에 설치된 후기 외방무덤이다. 널길이 널방 입구 가운데로 나고 널방 입구에 가까워지면서 단을 지으며 낮아지고 좁아지는 현상은 5세기 후반에 축조된 벽화고분에서도 확인된다. 널방 천장을 평행고임 위에 삼각고임을 올린 평행삼각고임으로 처리하는 사례는 중기 및 후기 외방무덤에서 흔히 발견된다.

　　개마총 무덤 칸 축조에 사용된 석재는 막돌과 괴석들이다. 주목되는 것은 석재의 크기, 형태, 치석(治石)*이다. 발굴 조사 당시의 기록에 정확히 언급되지는 않았으나 남겨진 실측도로 볼 때 널방 천장고임 축조에는 장방형 판석 형태의 석재들이 사용되었다. 이런 형태의 석재는 주로 중기 및 후기 벽화고분에 사용되었다.[7] 널방 벽을 쌓는 데 쓰인 괴석도 실제로는 편평하게 다듬어진 대형 판석일 수 있다. 이런 종류의 석재는 주로 후기 벽화고분 축조에 사용되었다. 이처럼 무덤 칸 축조 재료 및 무덤 구조로 볼 때 개마총은 중기 벽화고분의 특징도 지니고 있으나 후기 벽화고분에 더 가깝다.

그림16

그림17

널길 입구 좌우의 진묘수는 호법사자(護法獅子)를 연상시킨다. 고구려의 5세기 고분벽화 진묘수 가운데 이와 비교될 만한 것으로 환문총 벽화를 들 수 있다. 그러나 조형 방식 등에서 두 신수는 서로 큰 차이를 보인다.^{그림16} 진묘수의 목에 맨 두 가닥 끈을 손에 쥔 채 진묘수 등에 올라탄 인물이 그려진 널길 서벽 남쪽 벽화는 비교될 만한 다른 사례를 찾기 어렵다. 진묘수 및 인물의 정체와 관련한 논의가 적극적으로 이루어질 필요가 있다.

형태와 자세로 볼 때 널길 동벽 및 서벽 벽화의 진묘수와 비교가 될 만한 것으로 중국 삼국 및 위·진·남북조 시기의 도제 및 석제 사자상과 벽사상(辟邪像), 남조 왕조들의 황제릉 및 귀족묘 앞에 한 쌍을 이루도록 세워지던 석각(石刻) 신수 및 전화(塼畵)■의 신수를 들 수 있다.^{그림17} 삼국 및 위·진·남북조 시기의 사자상이나 벽사상 중에는 개마총 벽화의 진묘수처럼 뒷다리로 버티고 앉은 채 앞다리 하나는 들고 있는 상태인 것도 있다. 이런 자세의 진묘수는 네 다리로 버티고 선 채 고개를 세워 들고 크게 포효하는 남조 능묘(陵墓) 석각 신수들과 비교된다. 이로 보아 개마총 벽화의 진묘수는 삼국 및 위·진·남북조 시기의 사자상이나 벽사상이 남조 능묘의 석각 신수로 자리

그림16 **환문총 널길 서벽 벽화 진묘수.**

그림17 **중국 강소 상주(常州) 남교다산(南郊茶山) 척가촌(戚家村) 남조묘(南朝墓) 출토 전화 사자.**

■ 돌을새김으로 구운 전돌을 조합하여 만든 그림. 중국 남조에서 발달한 능묘 장식미술의 하나.

잡는 과정과 관련이 있는 듯하다.

진묘수의 등에 올라탄 인물에게는 선인에 대한 관념이 투사되었다고 할 수 있다. 남북조 시기 중국 고분벽화 사신도에서 이와 비교가 가능한 사례를 찾아볼 수 있다. 북제(北齊) 최분묘(崔芬墓)의 현무와 함께 표현된 선인도 그러한 경우에 해당한다.[8][그림18] 최분묘 벽화에서 현무는 독립적인 우주신수(宇宙神獸)라기보다 긴 칼을 세워 든 선인 수하의 길든 짐승에 가깝다.[9] 널길 서벽의 진묘수와 함께 그려진 선인도 진묘수의 목에 건 끈을 손에 쥐고 있다는 점에서 최분묘 벽화의 선인과 크게 다르지 않다.

널길 동벽의 역사는 문지기 신장에 해당한다는 점에서 5세기 고분벽화의 전통과 닿아 있다. 역사의 어깨 아랫부분, 무릎 윗부분만 남은 상태여서 어떤 유형에 속하는지 알 수 없으나 어깨의 채색 상태로 보아 천왕형 신장으로 그려지는 않은 듯하다. 진묘수와 역사가 함께 묘사된 점에서도 개마총은 다른 벽화고분과 구별된다.

널길 동벽의 개마갑주무사는 고구려의 철기에 해당하는 존재로 말과 함께 앞으로 내달리고 있어 전투 중이라는 추정이 가능하다.[그림19] 고구려 고분벽화에서 전투 장면은 통구12호분, 삼실총 등 5세기 집안 지역 고분벽화에서 주로 발견된다.[그림20] 평양권 벽화에서 철기는 안악3호분, 덕흥리벽화분 등 생활 풍속 계열 벽화 대행렬의 일부로 등장한다. 이런 점에서 개마총 벽화의 이 장면은 주목되는 사례이다. 사신이 벽화의 주제라는 사실을 고려할 때 생활 풍속 중의 흔치 않은 제재인 전투 장면이 개마총에 남아 있다는 것은 개마총 주인공의 정체와 관련된 장면일 수도 있을 듯하다.

널방 동벽의 청룡은 몸통이 매우 가늘고 길다. 몸통의 굵기도 거의 변화가 없다. 발굴 보고 및 모사도로 볼 때 동벽의 유일한 제재임에도 불구하고 화면 전체를 지배하기에는 청룡이 지닌 중량감이 상대적으로 약한 편이다. 서벽 백호의 경우도 마찬가지이다. 이것은 개마총 벽화의 청룡과 백호

그림18

그림19

그림20

가 5세기 중엽 및 후반 제작된 평양권 고분벽화 사신 특유의 세장(細長)함을 지닌 채 화면 전체의 유일한 제재로 채택된 데에서 비롯된 현상일 수 있다. 화공(畫工)에 의해 화면을 지배할 수 있을 정도로 볼륨감 있는 청룡, 백호의 도상이 재구성되거나 재창안되지 못한 채 이들 신수가 개마총 벽화에 묘사되었음을 시사한다. 세장한 몸통의 청룡과 백호는 중국 위·진·남북조 시기 남조 능묘의 전화 및 석각선화(石刻線畫)에서도 쉽게 찾아볼 수 있다.[10]

넓방 남벽의 동쪽과 서쪽에 그려진 주작은 화면 크기에 비해 심하게 왜소하지는 않다. 과장되게 표현된 꽁지깃으로 말미암아 화면의 너비와 주작의 크기 사이에 어느 정도 균형이 잡혔다고 할 수 있다. 주작의 머리와 몸통이 꽁지깃에 비해 작은 것은 5세기 중엽 및 후반의 고분벽화에 묘사된 상대적으로 작은 크기의 주작에 과장된 꽁지깃이 더해진 까닭일 것이다. 이런 점에서 개마총 넓방 남벽의 주작 역시 청룡, 백호와 같이 5세기 고분벽화 사신 묘사의 전통에 닿아 있다고 하겠다.

넓방 북벽에 묘사된 'X'자로 얽힌 두 마리 뱀의 몸통은 현무의 일부일 가능성이 매우 높다. 청룡, 백호, 주작 그림이 5세기 고분벽화의 전통을 잇고 있다는 점을 감안하면 개마총 넓방 북벽 벽화 역시 5세기 후반 제작된 평양권 벽화의 현무 모습일 수 있다. 뱀 몸통의 'X'자 얽힘은 5세기 말 작품인 덕화리1호분과 덕화리2호분의 현무에서도 발견된다.[그림21] 다만, 뱀 몸통이 입체적으로 표현된 덕화리1호분 벽화에 비해 개마총 현무의 뱀 몸통은 평면적으로 묘사되었다는 점에서 이들 고분벽화와 다른 표현 기법의 전통과 닿아 있다고 할 수 있다.

넓방 북벽 벽 모서리의 넝쿨문 장식 기둥은 5세기 중엽 및 후반의 벽화 고분에서 일반적으로 확인되는 제재이다. 생활 풍속 및 사신이 벽화 주제인 쌍영총, 생활 풍속의 흔적이 일부 남은 사신도 벽화고분인 덕화리1호분의 넓방 벽 모서리도 장식문 기둥으로 장식되었다. 개마총 벽화의 장식문 기둥

그림18 **중국 산동 임구(臨朐) 북제 최분묘(551년) 묘실 북벽 벽화 현무와 선인.**
그림19 **개마총 넓길 동벽 벽화 기갑 갑주무사 모사도.**
그림20 **삼실총 제1널방 벽화 기마전투.**

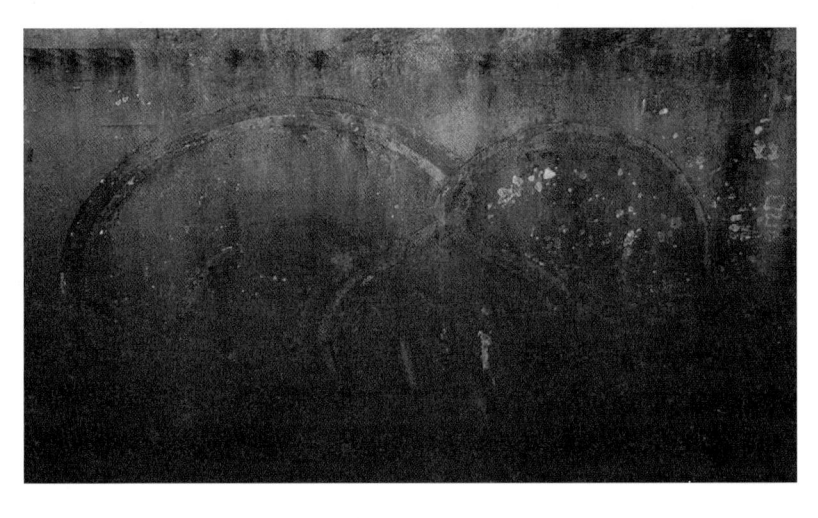

에도 5세기 벽화고분에 보이는 목조 가옥 재현 관념이 투사되었음을 알 수
있다.

널방 천장고임 제1층 동쪽에 그려진 개마인물 행렬도는 후기 사신도 벽
화고분인 개마총에 묘사된 전형적인 생활 풍속 제재여서 발견 당시부터 화
제가 되었다." 매우 화려하게 장식된 관을 머리에 쓰고 행렬을 인도하는 인
물은 뒤를 따르는 다른 인물들에 비해 두 배 이상 크게 그려졌다. 이로 보아
이 인물은 무덤 주인과 특별한 관계에 있음이 확실하다.● 이 인물의 뒤를 따
르는 두 깃 장식 절풍을 쓴 인물 역시 그 뒤의 시종들과는 다른 지위에 있는
것으로 보인다.

이들의 정체도 여진히 밝혀지지 못한 상태이지만 이들 뒤의 묵서 역시
아직 명확히 읽히지 않고 있다. 마부를 겸한 두 시종이 끌고 있는 개마에 아
무도 타지 않은 이유도 알 수 없다. 해결되지 않은 과제가 겹쳐 있는 셈이
다. 이런 형식의 행렬은 고구려의 다른 고분벽화에서 발견되지 않는다. 행렬
도의 성격으로 볼 때 누군가가 이 개마에 타고 있는 것이 자연스럽지만, 개
마에 탄 존재는 그려지지 않고 벽화가 마무리되었으며 무덤 문도 닫혔다. 누

● 강경구는 이 인물을 무덤의 주인공으로 보았다(강경구, 「고구려강왕릉고」, 『상고사학
보』 20, 한국상고사학회, 1995).

군가 그려질 예정이었으나 묘사되지 않은 것인지, 아니면 그림으로는 나타낼 수 없는 누군가 개마에 타고 있다고 상정된 채 벽화 작업이 끝났는지 여부도 알 수 없다.

그러나 고분벽화란 현실에 존재하는 것을 제재로 삼아 눈에 보이지 않고 경험하지 못한 세계를 그려내는 것임을 고려할 필요가 있다. 개마인물 행렬도의 개마에 탄 인물을 묘사하지 않은 것은 묵서 내용과 달리 실제 개마에는 아무도 타고 있지 않기 때문으로 보아야 할 것이다. 혹 행렬 속의 개마가 내세로 여행을 떠나는 무덤 주인의 영혼을 태우기 위한 것이라면 행렬은 무덤 주인을 태우러 가는 과정을 묘사했다고 보는 것이 오히려 자연스럽다.

천장고임 1층 동쪽의 가장 남쪽 끝부분에 그려졌던 것으로 보이는 황소는 수레를 끌거나 외양간에 있는 상태가 아니다. 소의 코뚜레에서 이어진 끈을 손에 쥔 채 앞서가는 인물이 머리 뒷부분만 남아 있어 누가 어떤 목적으로 소를 끌고 가는지를 명확히 알기 어렵다. 수레에 매이지 않은 소를 사람이 끌고 가는 모습은 덕흥리벽화분에도 보인다. 견우직녀설화를 나타낸 그림의 일부인 견우이다.[12] 혹 이 벽화도 이 설화에 빗대어 그려진 것일까? 벽화의 앞·뒷부분이 확인되지 않아 더 이상의 추정은 어려울 듯하다.

천장고임 1층 평행고임 동쪽 전체 및 남쪽과 북쪽의 동편이 남자들 중심의 행렬도로 채워졌다면, 서쪽 전체 및 남쪽과 북쪽의 서편은 여자들 중심의 행렬도로 장식된 듯하다. 남자와 여자 행렬을 구분하여 표현한 다른 사례는 408년 묘지명이 있는 덕흥리벽화분을 들 수 있다. 고구려의 귀족 사회에서는 귀족 부부가 함께 나들이를 가기도 했지만 수산리벽화분에서 보듯이 남녀를 나누어 행렬을 구성하기도 했다. 남녀로 구분된 행렬이 특이한 일은 아니었음을 알 수 있다.

벽화가 남아 있지 않아 여자들의 행렬에 수레나 말이 등장하는지는 알 수 없다. 그러나 남아 있는 벽화의 모사도의 인물 행렬 묘사에 신분과 지위의 차이를 드러내는 위계적 표현법이 적용된 것으로 보아 서쪽의 여자 행렬도 천장고임 1층의 동쪽 남자 행렬에 준하는 구성이었을 가능성이 높다. 물론 동쪽의 개마행렬처럼 여자 행렬에도 무덤 주인공의 부인과 관련된 묵서가 있었는지 여부는 알 수 없다.

천장고임 제2층 평행고임 동쪽과 서쪽에 그려진 해와 달은 제3층 삼각고임의 삼각석 밑면에 묘사된 별들과 함께 하나의 천문도를 이룬다. 삼각석 밑면 각 면에 남은 열한 개, 여섯 개, 두 개의 별들은 각 면마다 두 개 이상으로 구성된 별자리의 일부였을 것이나 구체적으로 어떤 별자리에 속했는지는 확실치 않다. 이는 기존 고분벽화 천문도의 흐름과 비교한 별도의 접근이 필요한 부분이다.•

천장고임 제2층의 해는 원 안의 삼족오를 고구려 특유의 공작식 벼슬이 달린 새로 그리지 않았다. 이 점에서 덕흥리벽화분의 해와 크게 다르지 않다. 삼족오를 비둘기와 비슷하게 묘사하는 관습은 중국의 화상석 및 고분벽화 속 삼족오의 표현에서 주로 보인다.¹³ 원 안의 삼족오 곁에 다른 동물이 그려질 수 있을 만큼 공간이 비어 있다는 사실도 눈길을 끈다. 달에 옥토끼와 달두꺼비가 등장한다는 점에 견주어 보면 해 안에 삼족오와 구미호(九尾狐)가 함께 표현되었을 수 있다. 하지만 고구려 고분벽화의 해에서 구미호가 발견되지 않았으므로 예단하기 어렵다.¹⁴

의인화된 옥토끼가 등장하는 달 역시 고구려 고분벽화에서 찾아보기 힘들다.그림22 불사약을 찧는 토끼가 달 속에 그려진 다른 시례로는 장천1호분과 진파리1호분, 내리1호분(內里一號墳)이 있다. 이 가운데 진파리1호분 벽화의 옥토끼는 사람을 연상시키는 자연스런 자세로 불사약을 찧고 있어 개마총 벽화의 옥토끼와 비교된다. 물론 개마총 벽화에 등장하는 옥토끼, 긴 막대기꼴 공이, 항아리형 절구가 고구려의 다른 고분벽화에서는 발견되지 않는다. 하지만 진파리1호분 벽화에서 유사한 사례를 발견할 수 있다는 사

• 고구려 고분벽화 천문도를 모두 정리한 김일권도 개마총 벽화의 별들은 특정한 별자리와 연결시키지 않고 있다(김일권, 『우리 역사의 하늘과 별자리』, 고즈윈, 2008, 115쪽).

그림22 개마총 널방 천장고임 2층 서쪽 벽화 달 모사도.

실은 주목할 필요가 있다.

　천장고임 제3층 삼각고임 측면에 그려진 천인들은 무릎 꿇고 합장하는 자세여서 언뜻 북위의 운강석굴(雲岡石窟, 윈강 석굴)을 비롯한 석굴사원에 등장하는 화생 천인들을 연상시킨다. 그러나 상의와 하의를 단정히 갖추어 입었다는 점에서 불교의 비천과는 거리가 있다. 천인의 허리 좌우에서 한 자락씩 뻗어 나온 천의는 인동잎처럼 보여 연화화생을 연상시키기도 한다. 하지만 연꽃의 꽃잎을 반전시킨 듯이 묘사된 윗옷 어깨자락은 오히려 선인의 우의(羽衣)•를 떠올리게 한다.▪

　주목되는 것은 벽화의 천인들은 머리에 뿔 같은 것이 두 개 솟은 천인, 곁에 비파류의 악기를 세워 둔 천인 등 세부적인 차이가 두드러진다는 점이다. 불교회화의 비천들이 거의 비슷한 외모와 복식, 자세를 보이는 것과 대비된다. 개마총 벽화 천인들의 공통점은 모두 무엇인가를 위해 또는 어떤 존재를 향해 무릎을 꿇고 합장하는 모습이라는 사실이다. 천장석 벽화가 남아 있지 않아 천인들의 공양 혹은 경배의 대상이 드러나지 않는 까닭에 천인과 불교, 도교 등 특정 종교와의 관계는 명확히 드러나지 않는다. 고구려 고분 벽화에서 개마총 벽화의 천인과 비교되는 다른 사례를 찾아보기 어려운 점

• 선녀나 신선이 입는 새 깃처럼 가벼운 옷.

▪ 우인(羽人), 선인이 동이계(東夷系) 신화 모음으로도 볼 수 있는 『산해경』의 조인일체(鳥人一體) 사상에서 비롯된 존재라는 정재서의 견해는 이와 관련하여 주목된다 (정재서, 『불사의 신화와 사상』, 민음사, 1994).

도 천인의 정체성에 대한 해석을 어렵게 한다.

이상에서 보았듯이 개마총은 전형적인 외방무덤일 뿐만 아니라 벽화의 주제도 사신이다. 후기 벽화고분의 기본적인 특징을 모두 지닌 고분인 셈이다. 그러나 사신이 널방 벽면의 유일한 제재 겸 주제임에도 생활 풍속 제재인 인물 행렬도가 천장고임에 묘사된 점에서 중기 고분벽화의 특징이 남아 있는 고분이기도 하다. 널방 벽과 천장고임에 기둥과 도리를 묘사하여 무덤 칸이 목조 가옥의 내부처럼 보이게 한 것도 개마총에 남겨진 중기 고분벽화의 요소이다. 이렇듯 무덤 구조 및 벽화 주제, 제재 구성과 배치로 볼 때 개마총은 후기 벽화고분이지만 중기 벽화고분의 여러 요소가 아직 남아 있는 고분이다. 개마총 고분이 6세기 초에 축조되었을 것으로 보는 것도 이 때문이다.

개마총의 벽화 제재 가운데 특히 흥미로운 것은 널길 입구의 사자 모습 진묘수, 널방 천장고임의 개마행렬도, 천인도이다. 사자 모습의 진묘수는 6세기 이전 고분벽화에는 보이지 않던 제재이다. 조형미술의 흐름상 환문총 벽화의 것과 비교는 가능하나 조형 방식 등에서 차이가 두드러진 경우이다. 개마총 벽화의 천인도는 5세기 및 6세기 고분벽화의 비천과는 다른 방식으로 그려져 불교적 제재인지 여부에 대한 검토가 필요하다. 묵서가 등장하는 개마행렬도 역시 무덤 주인공이 묘사되지 않았다는 점에서 다른 고분벽화의 행렬도와 구별된다. 개마만 그린 의도, 이런 형식의 행렬도 바탕에 깔린 종교 관념 등에 대한 접근이 필요하다. 개마총 벽화에서 이런 유별난 제재들이 다수 등장하는 이유는 무엇일까?

6세기 전후 평양 문화의 전개 방향과 개마총

5세기 후반은 고구려가 동아시아 강국으로서 지위를 국제적으로 인정받던 시기이다. 475년의 백제 정벌은 동북아시아에서 고구려가 패권을 행사하는 위치에 있음을 재확인시켜준 사건이다. 491년 장수왕이 서거하고 문자명왕이 왕위를 이은 뒤에도 동아시아 4대 강국의 하나로서 고구려의 지위는 그대로 유지되었다. 491년 장수왕이 세상을 뜨자 북위의 효문제(孝文帝, 재위 467~499)가 신하들과 동쪽 교외로 나가 애도의 뜻을 나타냈듯이, 519년 문자명왕이 서거했을 때에도 북위의 실권자 영태후(靈太后)는 동당(東堂)에서 이를 애도했다.[15] 문자명왕의 뒤를 이은 안장왕, 안장왕의 왕위를 받은 안원왕 때에도 고구려와 북위의 우호 관계는 지속되었다.[16]

5세기 전반 4강 체제의 정립 이래 고구려와 중국 남조 왕조들과의 관계역시 우호적이었다.[17] 북조에 비해 파견 횟수는 적었으나 고구려 사신의 남조 파견은 계속되었고 남조도 고구려와 우호적 외교 관계를 유지하였다. 고구려와 내륙 아시아의 패자 유연과의 교류도 계속되었다.[18] 안정된 4강 체제를 바탕으로 동아시아 주요 국가들 간의 우호적 교류는 북위가 동위(東魏)와 서위(西魏)로 분열되고, 다시 동위와 서위가 북제와 북주(北周)로 교체되기까지 큰 변화 없이 지속되었다.

6세기를 전후한 수십 년 동안은 동아시아의 4강 체제가 가장 안정적으로 작동하던 시기이다. 주요 국가 사이에 크고 작은 갈등과 충돌은 간헐적으로 일어났으나 국력을 건 전면전은 벌어지지 않았다. 자연 안정된 정치·사회 관계를 바탕으로 사회·문화적 교류가 활발해졌다. 초원을 가로지르거나 오아시스를 잇는 여러 갈래의 교역로가 상시적으로 가동되어 인적, 물적 이동이 잦아졌다. 고구려 역시 이런 흐름의 한 축을 담당하였다.[19]

안정된 국제 질서를 바탕으로 진행된 대외 문물 교류는 고구려 문화 전반에 여러 가지 변화를 초래했던 것으로 보인다. 고분벽화는 이 과정을 추적할 수 있게 하는 좋은 자료라고 할 수 있다. 6세기 전반에 축조된 통구사신총이 고구려의 국내성을 중심으로 이루어진 문화 변동 내용을 일정 정도 담았다고 한다면 6세기 초 작품인 개마총은 평양 문화의 새로운 흐름을 일부 읽을 수 있게 한다.[20] 개마총 벽화에서 눈길을 끄는 몇몇 제재를 중심으로 이를 살펴보기로 하자.

개마총 널길 동벽과 북벽의 남쪽에 그려진 사자 모습의 진묘수는 고구려 벽화에서는 처음 보이는 것이다. 5세기 중엽 제작된 환문총 널길 벽의 커다란 진묘수는 기린형 벽사라고 할 수 있어 개마총의 것과 차이를 보인다. 중국 남조에서 커다란 석각 진묘수 한 쌍을 사당이나 능묘 입구에 배치하는 관습이 크게 유행한 사실을 감안하면 고구려의 두 고분에서 널길 벽 가득 한 쌍의 진묘수를 묘사한 것은 중국 남조 능묘 미술의 영향 때문으로 볼 수 있다. 물론 강한 기운을 담은 필선이 특징인 환문총의 진묘수는 기법상 북방 미술과 닿아 있다. 이와 달리 부드럽고 세련된 선으로 묘사된 개마총의 진묘수는 남조 미술과 연결되었다고 보아야 한다.

이와 관련하여 주목되는 것은 6세기 평양 지역 고분벽화 가운데 중국 남조 미술의 영향을 보여주는 작품도 발견된다는 사실이다. 진파리1호분 벽화의 백호가 그 대표적인 사례이다. 진파리1호분 백호는 비슷한 시기의 작품으로 평가되는 호남리사신총의 백호와도 구별된다. 진파리1호분 벽화의 사신은 부드러우면서도 빠르게 흐르는 기운, 곧 '화생하는 기운의 흐름'을 배경으로 묘사된다는 점에서 같은 시기 중국 남조 능묘 석각선화와 회화적 특징을 공유한다.[21] 6세기 전반 평양 지역 고분벽화에 미치던 남조 미술의 영향을 잘 드러낸다고 하겠다.

6세기 평양 지역 고분벽화에 이처럼 중국 남조 미술의 영향이 뚜렷이 나타난 것은 이 시기 동북아시아의 정치, 사회, 문화의 중심으로 기능하던 평양 문화의 국제성, 개방성과 관련이 깊다. 원고구려 문화의 출발점이자 고구려 제2의 중심 국내성 지역에 보수성과 지역성이 강하게 흐르던 것과는 대비된다고 할 수 있다. 동아시아 차원의 문물 교류가 활발히 이루어지던 당시 상황에서 국제도시로서 면모를 갖추고 있던 평양에 보편적이고 개방적인 분위기가 흐르지 않았다면 이 또한 자연스러운 현상은 아니라고 하겠다.

개마총 널길 벽 사자 형상의 진묘수가 외부 세계로부터 새롭게 받아들여진 문화 요소로서 성격을 지니고 있다면 널방 천장고임 동쪽의 개마인물 행렬도는 고구려 재래의 계세적 내세관과의 관계를 포함한 여러 방향의 접근과 해석의 여지를 주는 제재이다. 화려한 장식의 보관을 쓴 인물에 의해 인도되는 행렬은 5세기 작품인 쌍영총 벽화의 공양 행렬도와 비교되는 것으로 불교적 내세관이 바탕에 깔려 있다는 느낌을 주지 않는다.

이 행렬도는 천장고임 제1층의 동쪽과 서쪽에 배치된 인물 행렬의 중심을 이루고 있음에도 4세기에 유행한 대규모 행렬도와 거리를 두고 있다. 오히려 불사의 곤륜선계•로 긴 여행을 떠나는 중국 한대 화상석의 무덤 주인 중심 행렬이 연상될 수 있다. 그러나 두 행렬은 제재 구성과 묘사 기법에서 뚜렷한 차이를 보인다. 이 행렬은 널방 천장고임 제3층 천인도에 대한 검토를 함께 진행하며 성격과 내용을 더 짚어 보아야 할 듯하다.

앞에서도 언급했듯이 개마총 널방 천장고임 제3층에 묘사된 천인들 역시 앞 시기 고분벽화의 유사한 제재들과 닿아 있기도 하고 그렇지 못하기도 하다. 벽화의 천인들은 불교적 제재인 비천의 전형적인 모습과 거리가 있음에도 자연스럽게 비천을 연상시킨다는 점에서 특히 그렇다. 휘날리는 천의 자락, 두 손을 모아 합장한 모습이 비천의 묘사에서 비롯되었을 가능성이 매우 높다는 점에서 더욱 그럴 수밖에 없다. 천장고임에 화생과 직접 관련된 제재가 묘사되지 않았음에도 불구하고 이 천인들이 화생된 존재라는 인상을 강하게 준다는 사실 역시 간과할 수 없는 부분이다.

이런 점들을 염두에 두면서 먼저 살펴볼 것은 6세기 고구려 고분벽화의 주된 흐름이다. 잘 알려진 것처럼 6세기에 들어서면 고구려 벽화고분의 널방 벽은 사신의 세계로 일원화한다. 그러나 천장고임 벽화 제재 구성은 그렇지 않다. 벽화고분마다 차이를 보인다. 불교적 제재의 비중이 상대적으로 높은 것도 있고 승선(昇仙) 신앙 관련 제재들이 주를 이루는 경우도 있다. 양자의 혼합이 뚜렷한 것도 있고 그렇지 않은 것도 있다. 천장고임에는 연꽃이 그려지지만 진파리1호분처럼 해, 달, 별자리가 모두 표현되거나 진파리4호분(眞坡里四號墳)처럼 별자리만 묘사되는 경우도 있다. 통구사신총, 오회분4호묘(五盔墳四號墓), 오회분5호묘(五盔墳五號墓)에서 보듯이 청룡과 백호 혹은 황룡 등이 그려지는 사례도 보인다. 5세기 후반의 벽화고분 널방 천장석이 주로 활짝 핀 커다란 연꽃으로 장식되던 것과 대조적이다.

　　6세기 벽화고분 천장석 벽화 제재가 다양해진 것은 벽화 주제 설정과 제재 구성에 영향을 끼칠 수밖에 없는 내세관의 흐름에 변화가 나타난 때문으로 보아야 할 듯하다. 5세기 후반 고구려 사회에 큰 영향을 끼친 불교의 전생적 내세, 혹은 정토왕생을 지향한 내세관이 서서히 주류적 위치에서 밀려나고, 장생불사의 신선 신앙에 바탕을 둔 승선적 내세관이 다시 선호되기 시작한 것과 관련이 깊다고 하겠다. 고분벽화를 통해 6세기 전후 고구려 사회 일각에서 선불(仙佛) 혼합적 내세관이 성립하여 확산되었음을 알게 한다고도 할 수 있다.[22]

　　각각의 사회·문화적 흐름과 배경, 종교·신앙적 구성과 내용상 뚜렷이 구별될 수는 있으나 6세기 동아시아의 주요한 문화중심에서 선불 혼합적 사고가 큰 흐름을 이루고 이것이 문예사조 전반에 큰 영향을 끼쳤음은 잘 알려진 사실이다. 물론 이런 흐름을 주도한 이들은 주로 중국 남조의 문인과 사상가, 종교인들이다. 정도의 차이는 있으나 6세기 중국 남조와 북조의 다양한 미술 작품에서 선불 혼합적 사고의 흔적을 찾아내기는 어렵지 않다. 6세기 고구려 문화의 동향 역시 이러한 국제적 흐름에서 크게 벗어나지는 않았음을 고분벽화를 통해 확인할 수 있다.

6세기 고구려 사회의 선불 혼합적 사고는 5세기 후반의 활발한 불교 중심 종교 활동에도 불구하고 동명왕 주몽 및 신모(神母) 유화에 대한 신앙 역시 활성화된 것과 관련이 깊은 듯하다. 고구려의 전성기를 열고 이어나간 장수왕의 재위 기간이 길어지면서 전에 없이 왕권이 강화되고 왕실, 왕계(王系)를 높이려는 움직임이 탄력을 받자 자연스럽게 주몽, 유화 신앙도 전 사회적 현상이 된 것으로 보인다. 645년의 고구려와 당 사이 전쟁 기사에 등장하는 요동성 주몽사(朱蒙祠)•도 고국양왕대의 국사(國祀) 정비, 광개토왕 및 장수왕대 시조 신앙 확산 정책의 산물 가운데 하나로 보아도 큰 무리는 아닐 것이다.[23]

주목해야 할 것은 광개토왕릉비 및 『구(舊)삼국사』 바탕의 동명왕편에 담긴 동명왕 주몽의 최후와 관련된 승선적 사고는 5세기 후반 및 6세기 초의 고구려에서는 낯선 관념이 아니었다는 사실이다. 남북조 이전부터 오랜 기간 중국 왕조들과의 사회·문화적 교류가 잦았고 신선 신앙에 대한 인식이 구체적이던 고구려에서 승선적 사고를 미술 작품으로 형상화해내는 일 역시 자연스럽게 이루어질 수 있었을 것이다. 5세기 작품인 감신총, 무용총, 삼실총 벽화는 이를 확인시켜주는 실물적 증거라고 할 수 있다.

이로 볼 때 6세기 중국 남북조에서 유행한 선불 혼합적 사고와는 신앙적 근거 및 구성 방식에서 차이가 있으나 고구려에서도 관념과 조형 두 측면 모두에서 선불 혼합이 이루어졌음은 확실하다. 유사한 관념이나 사고는 이를 바탕으로 성립하는 조형 내용에도 영향을 준다. 제재 구성, 표현 방식, 심지어 기법의 교류도 가능하게 하는 것이다. 개마총 벽화의 구성과 내용 역시 이런 시대적 흐름을 바탕으로 이해하는 것이 바람직할 듯하다.

개마총 널방 천장고임 3층의 천인들은 불교의 비천에 대한 인식과 조형

• 고구려의 국조인 주몽을 신으로 모신 사당.

경험을 바탕으로 묘사되었다. 하지만 여러 형상으로 그려짐에서 짐작할 수 있듯이 선인에 대한 관념도 투사되어 있다. 집안의 오회분4호묘 널방 벽에 등장하는 여러 형상의 화생천인처럼 선불 혼합적 관념이 바탕에 깔린 제재라는 해석이 가능한 경우이다. 강서대묘 널방 천장고임의 비천에 불교적 관념이 보다 강하게 투사되었고, 오회분5호묘 널방 천장고임의 천인들에게 승선적 사고가 깊이 배어들어 있는 것과는 구별된다.

널방 천장고임 1층 동쪽의 개마인물 행렬 역시 이런 시각에서 보면 선불 혼합적 관념을 바탕에 깔고 있는 제재로 이해할 수 있다. 이 행렬이 불교의 내세인 천계 혹은 정토를 향한 여행, 장생불사의 세계인 선계로의 행렬이라는 성격을 동시에 지닐 수 있다는 것이다. 물론 두 종류의 내세 삶터는 성격과 내용상 명확히 구분되어야 한다. 그러나 해당 종교 및 신앙 세계에 대한 인식에서 종교 전문가와 일반인 사이에는 상당한 거리가 존재할 수밖에 없다. 비록 왕족이나 귀족이라도 죽은 뒤 가서 살아야 한다고 믿는 내세 삶터에 대한 신앙과 지식이 모호하다면 그런 삶터로의 여정이 상상되어 묘사될 때 혼합 현상은 얼마든지 일어날 수 있다. 천계와 선계, 정토와 조상신의 세계가 뒤섞여 인식되거나 이해되며 믿어지고 소망된다고 하여 굳이 이해될 수 없는 현상으로 규정할 필요는 없을 듯하다.

지금까지 알려진 행렬도 구성 방식에 대한 이해를 바탕으로 할 때 천장고임 개마행렬 선두의 인물이 아름답게 장식된 개마를 탈 인물일 가능성은 그리 높지 않다. 개마를 탈 인물이 따로 있다면 이 행렬은 개마의 주인공을 모시러 가는 모습을 묘사한 것일 수 있다. 무덤 주인일 수밖에 없는 개마를 탈 주인공은 그림이 남아 있지 않은 천장고임 1층 북쪽 가운데에 표현되었을 수 있다. 그럴 경우 벽화의 극히 일부만 남은 것으로 보이는 천장고임 1층 서쪽 여인 행렬의 주인공이어야 할 무덤 주인 부인 역시 북쪽 가운데에 무덤 주인과 함께 그려졌다고 보아야 한다.

남아 있지 않은 벽화 제재에 대한 이런 식의 추정은 개마인물 행렬의 구성과 내용이 4~5세기 고분벽화 인물 행렬도와 다른 것도 의도적인 설계의 결과일 수 있다는 해석을 전제로 한 것이다. 사자 모습의 진묘수, 세장한 몸체의 사신, 불교의 비천과는 다른 모습의 천인들, 게다가 의인화한 옥토끼가 등장하는 달까지 언뜻 보기에 낯선 정도를 넘어 어그러진 것처럼 보이기도 하는 제재 및 기법이 개마총 벽화에 등장하는 이유는 무엇일까? 이런 식의 제재 구성을 한 시대의 다양한 내세관의 흐름 가운데 한 갈래를 보여주는 의도적 선택과 조합의 결과로 이해하는 것은 무리일까?

개마인물 행렬 역시 위와 같은 시각에서 이해할 여지는 충분하다. 화려한 보관과 고급스런 옷차림으로 자신의 높은 신분을 과시하는 선두의 인물, 주인공을 태우지 않은 개마, 이런 존재들이 중심이 된 이 행렬이 담아내는 모호함 자체가 여러 가지 서로 다른 성격의 관념과 신앙이 뒤섞이지만 지향점이 분명치 않은 시대상의 한 장면, 내세관 혼합의 한 과정을 보여주는 좋은 사례일 수 있다는 것이다. 주인공이 그려지지 않은 이 행렬의 목적지에는 무덤 주인이나 무덤 주인 부부가 정좌한 채 기다리고 있는 것은 아닐까? 현세의 연장이기도 한 계세적 내세, 그런 내세의 또 다른 모습으로서의 불사의 선계, 이 선계와 비슷한 형태의 세계로 인식되는 천계나 정토에서의 삶, 곧 정체와 내용이 분명치 않은 새로운 삶터를 꿈꾸며 이미 이를 반 정도는 이룬 듯한 표정으로.

5세기 후반의 늦은 시기부터 고구려에서는 선불 혼합적 사고나 관념이 성립되어 확산되기 시작한 듯하다. 이는 동명왕 주몽 및 신모 유화에 대한 신앙의 활성화를 계기로 5세기 이전부터 고구려 사회 종교 관념의 한 줄기를 이루던 신선 신앙이 다시금 고구려인의 관심을 끌게 되었기 때문이라고 할 수 있다. 불교 신앙이 크게 유행하는 가운데 국가 차원의 종교 정책으로 말미암아 진행된 전통 신앙과 신선 신앙의 활성화는 자연스럽게 사회 일각에서 두 신앙 세계의 접촉을 빈번하게 하였다. 결국 두 종교 신앙은 조금씩 섞였고, 선불 혼합적 내세관의 출현이라는 결과까지 낳게 된 듯하다.

6세기 전반 및 후반 제작된 벽화고분의 벽화 주제는 사신이지만 천장 고임 장식 벽화 제재의 구성은 다양해진다. 불교적 제재의 비중이 높은 것도 있으나 그렇지 않은 것도 있다. 개마총 널방 천장고임에는 화생천인 관념이 담겼지만 불교의 비천은 아닌 천인이 등장한다.생활 풍속 제재이나 기존의 구성과는 다른 모습의 개마인물 행렬도 나타난다. 불교적 제재이자 승선 신앙 및 계세 신앙의 제재로도 이해할 수 있는 벽화 제재들이 보인다는 점에서 개마총 벽화 역시 선불 혼합적 내세관의 산물이라고 할 수 있다. 개마총 널길 입구의 사자 모습 진묘수는 중국 남조 미술의 영향으로 말미암은 것이다.

6세기 고구려의 평양 일대에서는 중국 남조 문화의 직간접적인 영향 및 고구려 내 여러 갈래 종교 신앙적 흐름이 서로 얽어지면서 사회 일각에 선불 혼합적 관념이 성립하여 확산되었던 것으로 보인다. 그 과정이 고분벽화에 반영되게 되었으나 일률적이지는 않았다. 벽화고분마다 벽화 제재의 구성과 내용에 차이를 보이게 된 것도 이 때문이다. 6세기 초에 제작된 개마총 벽화는 선불 혼합적 내세관이 확산되기 시작하던 단계의 작품이다.

진파리 1 호분

개요

진파리1호분은 고구려 후기 벽화고분 가운데 벽화 속 연꽃문의 비중이 상대적으로 높은 유적이다.[24] 사신도 다른 후기 벽화고분의 사신과는 다른 방식으로 그려졌다. 벽화 제재 가운데에는 이웃한 진파리4호분과 비교되는 내용도 있다. 이런 점에서 진파리1호분은 6세기 고구려 문화의 흐름 및 내세관의 변화를 짚어내고자 할 때 우선적으로 검토해야 할 유적이다.

진파리1호분은 평양시 력포구역 용산리(옛 지명: 평안남도 중화군 동두면 진파리, 평안남도 중화군 무진리 진파동, 평안남도 중화군 진파리, 평양시 력포구역 무진리)에 있는 고구려 시대 흙무지돌방벽화무덤이다. 일제강점기인 1941년 5월 한 군인에 의해 발견되어 6월 17일부터 10일간 평양박물관장 고이즈미 아키오(小泉顯夫)와 토목측량 기사 요네다 미요지(米田美代治)에 의해 조사가 이루어졌다.[25] 화가인 오바 쓰네키치는 같은 해 6월 말까지 고분벽화의 모사 작업을 진행하였다. 이 유적은 1960년대에 북한 학자들에 의해 전면

재조사되고 그 결과가 보고되었다.[26]

　진파리1호분은 평양 동남쪽 제령산 서편 구릉지대에 있으며 동명왕릉에서 북쪽으로 200미터 지점에 조성된 진파리고분군 가운데 가장 남쪽에 있다. 현재 이 고분에 대한 북한의 호칭은 '동명왕릉고분군9호분'이다. 무덤의 흙무지는 방대형이며 흙무지 밑부분의 직경이 30미터, 높이 5미터이다.[그림1] 무덤 방향은 서쪽으로 5도 기운 남향이다. 널길과 널방으로 이루어진 외방무덤으로 널길은 길이 3.5미터, 너비 1.5미터이고, 널방은 길이 3.4미터, 너비 2.5미터, 높이 2.54미터이다. 널방 천장은 2단의 평행고임 위에 2단의 삼각고임을 올린 평행삼각고임이다.[그림2] 널길 한가운데에 폐쇄석을 쌓았던 흔적이 부분적으로 남아 있으며, 안쪽에 돌문을 설치했던 시설의 흔적이 일부 남아 있다. 널방의 네 벽은 납작하게 깨뜨린 작은 판석으로 겹겹이 쌓고 그 위에 회를 발랐다. 천장고임에는 돌을 길게 다듬어 만든 큰 장대석(長臺石)들을 사용했다. 널길의 벽과 천장에도 회 미장을 하였으나 조사 당시에는 백회의 상당 부분이 떨어진 상태였다. 널방 벽과 천장에 벽화를 그렸으며 벽화의 주제는 사신이다.

　진파리1호분 널방 벽화의 중심 제재는 사신이다. 벽면의 사신은 빠르고 강하게 흐르는 기운으로 가득한 공간 속의 존재이다. 벽면의 사신과 함께 등장하는 인동연꽃, 서조, 용 등은 흐르는 기운의 일부처럼 그려졌다. 동벽의 청룡, 서벽 백호는 머리를 북쪽으로 향했으며, 안벽인 북벽 현무는 몸이 동쪽을 향한 상태이다. 널방 천장석에 장식된 것은 불꽃에 싸인 해와 달, 인동연꽃 등이다. 진파리1호분 벽화를 널길 벽부터 자세히 살펴보면 아래와 같다.[27]

　진파리1호분 널길 동벽과 서벽에는 각각 천왕형 문지기 신장이 한 사람씩 그려졌다.[그림3~4] 동벽에 그려진 신장은 머리 끝부분과 두 다리 정도만 벽화가 남아 있는 데 비해 서벽 신장은 머리 전체와 허리 아랫부분이 비교적

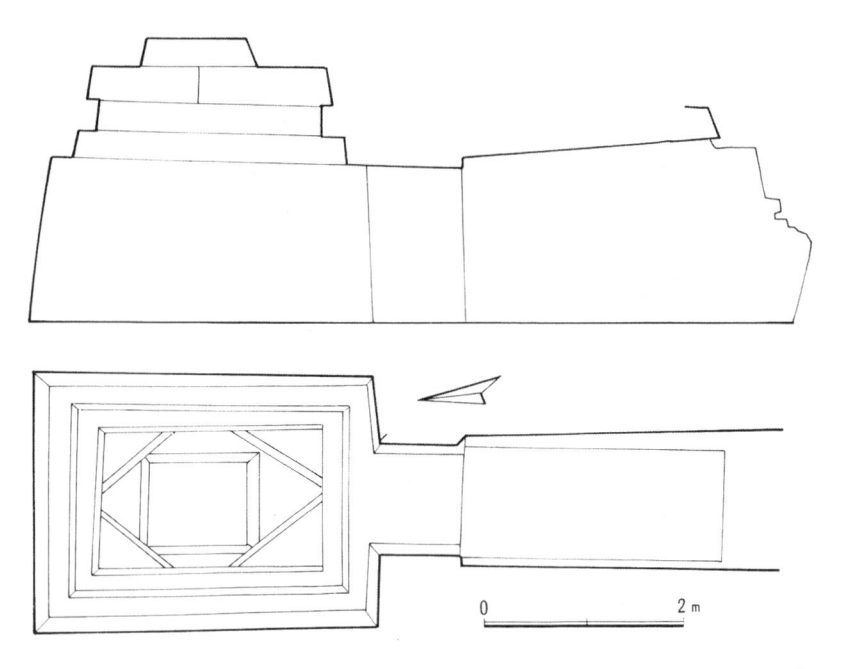

그림1

그림1　진파리1호분 외경.
그림2　진파리1호분 실측도.

그림2

그림3
그림4

그림3　진파리1호분 널길 동벽 벽화
문지기 신장.
그림4　그림3의 모사선화.

잘 남아 있다. 두 벽의 남은 신장 그림으로 보아 본래는 통 넓은 반바지 차림
의 두 신장이 끝이 둘로 갈라진 두 갈래 창을 비스듬히 쥐고 활짝 핀 연꽃받
침 위에 두 다리로 힘 있게 버티고 선 모습으로 묘사되었음이 확실하다. 머
리에 둥근 두광이 표현되고 머리 위가 꽃으로 장식되었지만 시커멓고 굵은
눈썹을 꿈틀거리며 두 눈을 부릅떠 쳐다보는 이를 위협하는 듯한 얼굴의 두
신장에게서 불교 사원의 사천왕상(四天王像)과 비슷한 분위기를 읽어낼 수
있다. 동벽 신장은 한 송이의 연꽃 위에 두 발을 딛고 있으며 두 발목에 둥근
고리를 겹으로 차고 있다. 서벽 신장은 두 송이의 연꽃 위에 두 발을 각각 나
누어 딛고 있다. 왼쪽 발을 옆으로 뻗으며 발꿈치로 버티는 자세인 것으로

보아 오른쪽 발은 강하게 앞으로 내딛었을 수 있으나 벽화가 제대로 남아 있지 않아 확인되지 않는다. 두 신장은 모두 맨발이다.

널방 동벽의 청룡은 다른 고분벽화와는 다르게 머리와 몸을 안벽 방향인 북쪽으로 향하였다.^{그림5~6} 앞으로 크게 내딛은 오른쪽 앞발, 전체가 역(逆) 'S'자를 이룬 목과 몸통, 어깨죽지의 띠 모양 날개털들, 뒤로 뺀 왼쪽 뒷다리 가득 휘날리는 가는 털들, 빠르게 흐르는 구름 등이 서로 어우러지며 동벽의 청룡은 바람을 뚫고 힘 있게 하강하는 듯한 느낌을 준다. 반면 계단식으로 크게 꺾인 가는 꼬리는 청룡의 유연하고 힘 있는 자세 속에 어색하고 부자연스런 요소가 되었다. 청룡의 등은 녹색, 배는 주색과 황색으로 채색되었다.

빠르고 강한 기운의 흐름을 배경으로 묘사된 청룡의 머리 앞, 곧 화면 북쪽에는 인동연꽃과 연봉오리 등이 표현되었고 등 위쪽에도 연꽃, 연봉오리들이 그려졌다. 청룡의 꼬리 위쪽에는 기운의 흐름을 타고 하늘을 나는 서조 한 마리가 묘사되었다. 다리 아래와 꼬리 부분은 기운의 구름에 싸인 듯 보이지 않는다. 화가가 막 화면에서 붓을 뗀 듯 서조를 그린 선과 색이 생생하다.

서벽의 백호 역시 머리와 몸을 안벽 방향인 북쪽으로 향하였다.^{그림7~8} 어깨죽지에서는 불꽃 모양의 날개털들이 여러 갈래 뻗어 나와 바람에 휘날린다. 머리는 자연계의 표범류에 가까우며 몸통 무늬는 표범류의 원점무늬이다. 꼬리의 뻗어 나감이 보다 유연하고 뒷다리의 버팀이 강한 점 등이 청룡과 다르다. 백호 역시 부드러우면서도 빠른 기운의 흐름을 타고 창공을 유영하는 자세이다. 백호의 머리 앞쪽과 등 위에 인동연꽃과 연봉오리들이 묘사되었다.

남벽의 동쪽과 서쪽에 나누어 묘사된 암수 주작은 널방 입구의 문을 사이에 두고 서로 마주 보며 한쪽 다리를 앞으로 들어올리고 날개를 크게 펼쳤

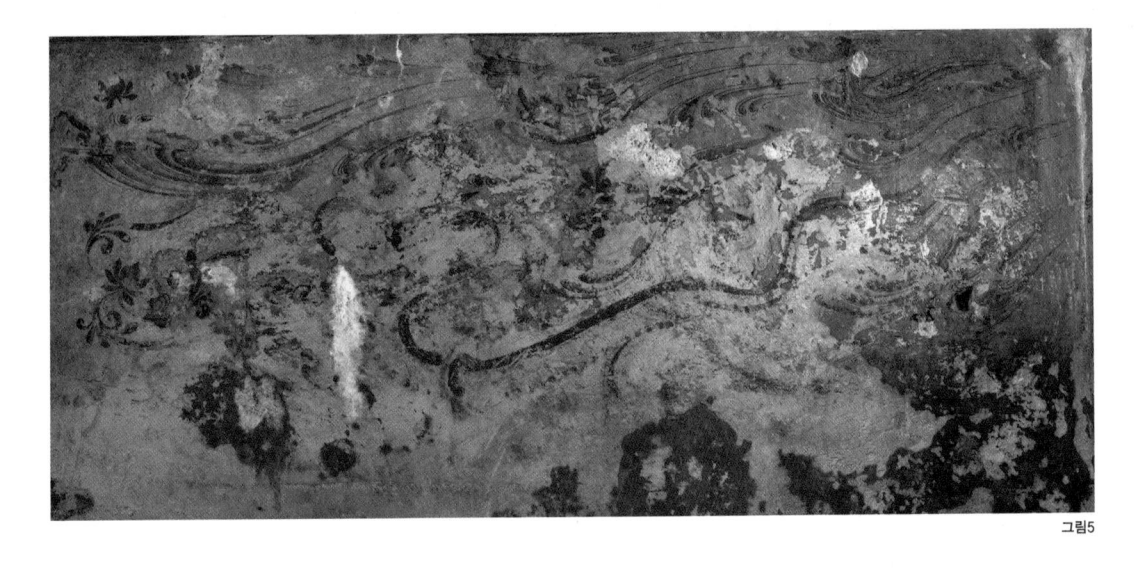

그림6

그림5　진파리1호분 널방 동벽 벽화 청룡.
그림6　그림5의 모사선화.

그림7

그림8

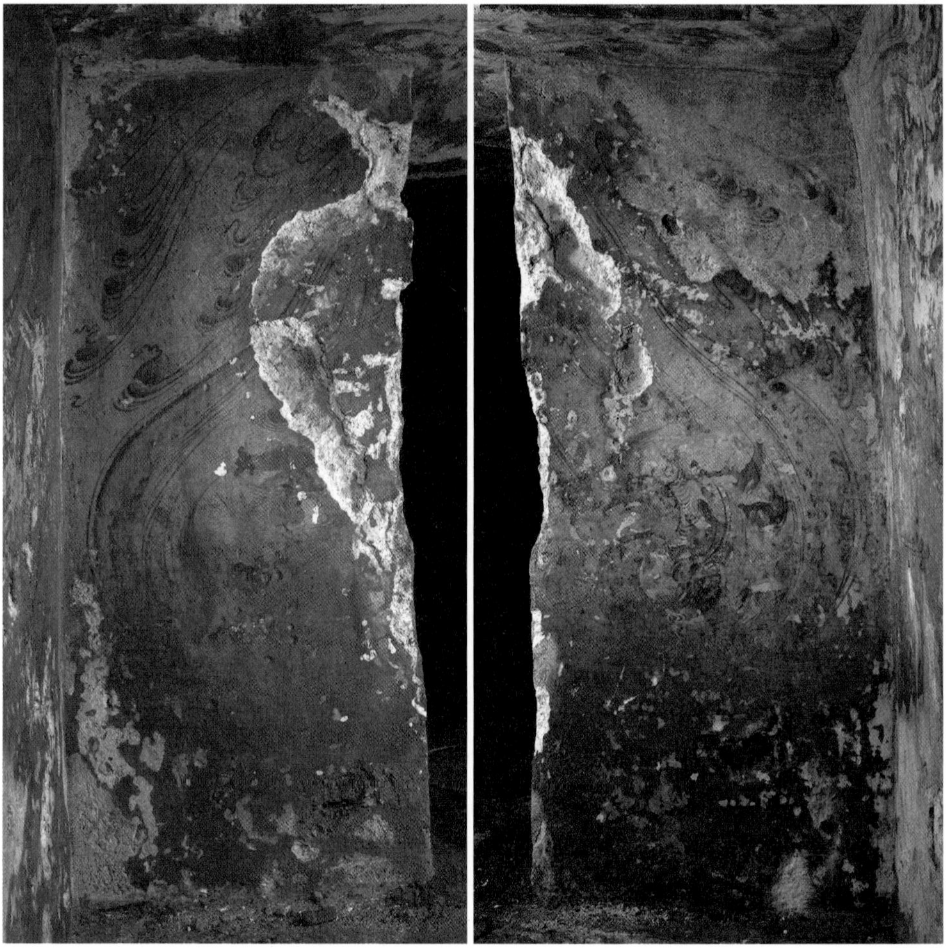

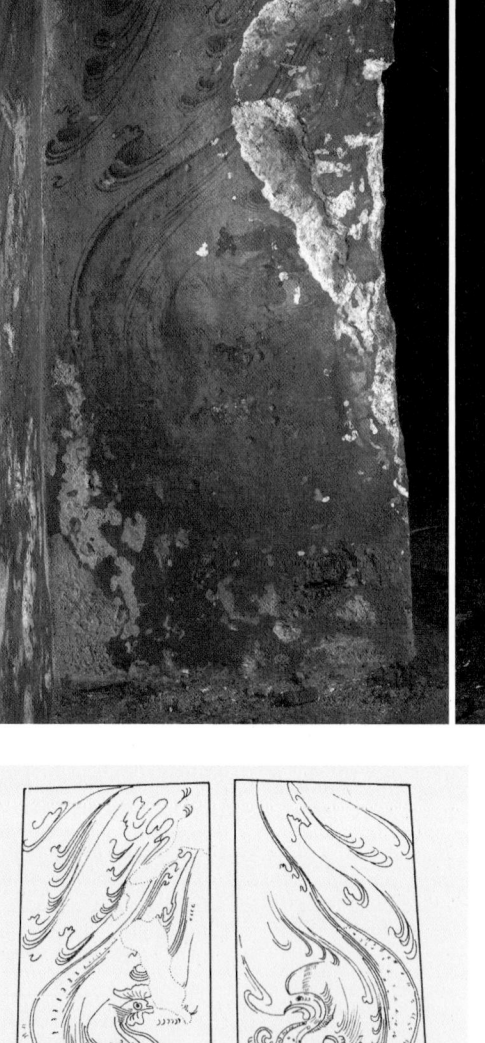

그림9~10

그림11

그림9~10 **진파리1호분 널방 남벽 벽화 주작.**
그림11　　그림9~10의 모사선화.
그림12　　**진파리1호분 널방 북벽 벽화 현무.**
그림13　　그림12의 모사선화.

그림13

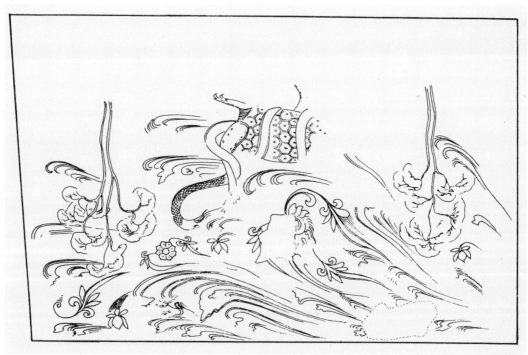

그림12

다.^{그림9~11} 두 주작의 화려하고 넓고 긴 꽁지깃이 기운의 흐름과 같은 방향으로 위로 수직에 가깝게 가파르게 휘면서 뻗어 올라갔다. 이로 말미암은 강한 운동감은 진파리1호분 벽화 특유의 표현이며 분위기라고 할 수 있다. 암수 주작은 머리 모양과 몸통의 무늬로 서로를 뚜렷이 구별시켰다. 벼슬이 달린 남벽 동쪽 벽 주작의 머리는 자연계의 닭을 연상시킨다. 반면 참빗 모양의 머리깃이 달린 서쪽 벽 주작은 몸에 붉은 반점무늬까지 있어 아열대 지방 극락조의 한 종류를 연상시킨다. 화면이 제한된 까닭인지 남벽 두 주작의 배경을 이룬 강한 기운의 흐름 속에는 인동연꽃이나 연봉오리 등이 묘사되지 않았다.

널방 북벽의 현무는 몸을 동쪽으로 향한 상태이다.^{그림12~13} 거북의 몸통을 두 번 감은 뱀은 거북의 목을 'S'자형으로 한 번 더 감은 후 자신의 목을 역'S'자형으로 틀면서 거북의 머리를 마주 본다. 거북의 머리와 뱀의 머리는 도마뱀류를 연상시킨다. 거북의 귀갑무늬와 뱀의 비늘무늬가 하나하나 정성스레 그려진 점이 눈길을 끈다. 현무의 좌우로는 암산(巖山) 위에서 솟은 두 그루씩의 커다란 소나무가 묘사되었다. 두 그루씩의 소나무는 줄기의 높이와 가지가 뻗어 나가는 정도에서 서로 차이가 있도록 묘사되어 키 작은 나무가 높은 나무의 곁 그루처럼 보이게 그려졌다. 솔잎은 청록색의 크고 작은 덩어리가 둥글면서도 넓게 펼쳐진 듯이 느껴지게 묘사되었다.

현무와 소나무들 아래에는 크고 작은 암산들이 삐죽거리며 솟았으며 산에는 군데군데 나무들이 자라 숲을 이룬 듯이 보이게 표현되었다. 현무와 높이 솟은 소나무들 사이 공간은 빠른 기운의 흐름으로 채워졌다. 현무와 동쪽 소나무들 사이에 강한 기운의 흐름을 타고 동쪽을 향해 나는 용의 머리와 몸체 일부, 인동연꽃과 연봉오리, 인동 등이 그려졌다. 현무 바로 위에는 타오르는 불꽃에 휩싸인 채 모습을 드러낸 보주(寶珠)가 묘사되었다.

널방 천장고임은 강한 기운의 흐름을 구름처럼 나타낸 장식문과 해,

그림14 진파리1호분 널방 천장고임
벽화 장식문.

달, 인동연꽃 등으로 장식되었다.^{그림14} 평행고임 1층 측면에는 빠르게 흐르는
기운을 구름처럼 그렸고, 2층 측면에는 강한 기운의 흐름 속에서 화생(化生)
하는 인동을 나타냈다. 평행고임 1층 및 2층의 밑면에는 강한 기운의 흐름
을 묘사했다. 평행고임 위의 삼각고임 1층 및 2층의 측면에도 각각 부드러
우면서도 빠른 기운의 흐름, 기운의 흐름 속에서 화생하는 인동문을 차례로
표현했다. 삼각고임 1층과 2층의 밑면, 곧 각 삼각석의 밑면은 활짝 핀 연꽃
과 꽃을 둘러싼 인동, 강한 기운의 흐름을 나타낸 무늬의 조합으로 장식되었
다. 삼각석 밑면의 연꽃은 꽃을 둘러싼 다섯 장의 인동잎 끝이 삼각꼭지점을
향해 있어 마치 천장석 중심을 향하여 나는 듯한 느낌을 준다.

　　네모진 천장석 면의 네 모서리에는 활짝 핀 연꽃과 인동의 3분의 1씩을
나타냈다. 연꽃 둘레의 인동잎 끝이 한 방향으로 휘어 있어 꽃이 회전하는
듯한 효과를 내게 한 점이 눈길을 끈다. 인동잎과 교대로 기운의 흐름을 나
타낸 회전 돌기와 같은 것이 그려졌다. 천장석 면 가운데에는 동쪽과 서쪽에
는 원 안에 삼족오가 들어 있는 해와 계수나무와 옥토끼, 두꺼비를 그린 달

을 나타냈다.²⁸ᵍ¹⁵ 해 안에 그려진 삼족오는 날개를 활짝 펴고 날아오르려는 듯한 자세이다. 형태적 특징이 공작 종류의 새에 가깝다. 삼족오 주위로 상서로운 기운을 나타냈다.

　달 속에 표현된 계수나무 왼쪽 아래의 옥토끼는 뒷발로 서서 약절구에 들어 있는 불사약(不死藥)을 찧고 있다. 옥토끼의 서 있는 자세가 사람과 같다. 계수나무 오른쪽 아래의 두꺼비도 사람처럼 서 있다. 두꺼비의 자세로 보아 옥토끼와 함께 불사약을 찧는 듯하다. 해와 달을 나타내는 원은 시계 반대 방향으로 흐르는 불꽃 형태의 강한 기운의 흐름 안에 있다. 천장석 면의 남북에 해당하는 공간 두 곳에는 서로 엇갈리며 십자형으로 뻗어 나가는 인동과 척목(尺木)• 형태의 장식문으로 둘러싸인 둥근 씨방과 네 장짜리 꽃잎의 작은 꽃 두 송이가 그려졌다.

• 용이 하늘로 올라가기 위해 필요한 한 척 크기의 나무. 벽화에서는 용의 목과 등에 불꽃에 휩싸인 보주 형태로 묘사된다.

무덤 구조와 벽화 제재의 분석

진파리1호분은 천장 구조가 평행삼각고임인 외방무덤이다. 이런 구조의 무덤은 후기 사신도 벽화고분에서 공통적으로 발견된다. 무덤의 널방 벽체는 납작하게 깬 크지 않은 판석으로 쌓았으며 널방의 너비와 높이는 3미터 이내이다. 축조 재료와 널방 규모로 볼 때 이 무덤을 왕릉으로 보기는 어렵다.

진파리1호분 널길 동벽과 서벽에 그려진 천왕형 신장은 후기 벽화고분에 등장하는 문지기 신장 가운데 불교의 사천왕상에 가장 가까운 존재이다.[29] 고구려에서 널길이나 널방 입구에 칼이나 창을 손에 쥔 모습의 문지기가 묘사된 고분벽화는 5세기 중엽 이전부터 나타난다.[30] 그러나 연화반 위에 발을 딛고 선 문지기 신장은 6세기 고분벽화에 처음 등장한다. 더욱이 머리에 두광이 표현되고 맨발로 연화반을 딛고 있는 문지기 신장의 사례는 진파리1호분 벽화에서만 유일하게 확인되고 있다.

국내성이 있던 집안 지역의 오회분5호묘 벽화에는 붉은 얼굴에 상투를 드러낸 상태로 커다란 연화반 위에 한쪽 무릎을 구부려 반쯤 쪼그려 앉아 활을 당기려는 순간의 문지기 신장이 표현되었을 뿐이다. 집안 지역 6세기 고분벽화인 통구사신총에도 긴 창을 비껴 세운 채 무덤 입구 쪽으로 성큼 한 발 내딛는 자세의 문지기 신장이 등장하나 연화반을 딛거나 머리에 두광이 더해져 있지는 않다. 문지기 신장의 머리에 올린 꽃 장식은 진파리4호분 널방 동벽 천인의 머리에서도 찾아볼 수 있다.

널방 동벽에 그려진 청룡은 북쪽을 향한 모습으로 그려졌다는 점에서 특이한 사례에 속한다.[그림16] 몸은 남쪽으로 향했지만 머리는 뒤로 돌려 북쪽으로 향한 호남리사신총의 청룡 외에는 진파리1호분 벽화 청룡과 비교될 만한 사례가 없다.[그림17] 청룡, 백호는 무덤을 지키는 수호신으로 여겨져 무덤 입구 쪽을 향해 위협적인 자세로 허공에서 내려오는 모습으로 묘사되는 것이

그림16

그림17

그림18

일반적이다. 이를 감안하면 눈여겨볼 필요가 있는 경우라고 하겠다.

사신이 무덤 장식 제재로 중요시되었던 중국 위·진·남북조 및 수·당 시대에도 청룡, 백호가 방위, 방향에 맞지 않게 묘사되거나 자리 잡힌 사례는 확인된다.[31] 특히 남조 고분에서는 말기까지 청룡, 백호가 장식된 전화(磚畵)를 방위에 맞지 않게 배치한 경우가 발견된다. 그러나 진파리1호분의 청룡, 백호와 같이 무덤 입구와 반대되는 방향으로 내닫는 자세로 묘사된 경우는 보이지 않는다. 이는 진파리1호분에서 사신 표현에 대한 다른 방식의 접근과 이해가 시도될 필요가 있음을 시사한다.

동벽 청룡의 방향과 관련하여 눈길이 가는 것은 화면의 배경을 이루는 강한 기운의 흐름, 이 흐름을 탄 인동연꽃, 허공에 떠오른 연꽃봉오리, 몸의 일부가 기운의 흐름에 가려진 서조 등이다. 화면에서 서조의 표현을 통해 뚜렷이 드러나는 것은 운기화생이라는 개념이다.[32] 그림18 동벽 전체가 어떤 것이든 탄생시킬 수 있는 기운이 지배하는 공간으로 상정되었다면 청룡도 운기화생을 통해 모습을 드러낸 존재일 수 있다. 그럴 경우, 청룡은 무덤을 지키는 방위신으로만 인식되지 않을 수 있지 않을까?

서벽의 백호 역시 머리와 몸이 북쪽을 향한 점에서 동벽 청룡과 다름이 없다.그림19 역시 머리를 돌려 북쪽을 보는 자세의 호남리사신총 백호 외에는 비교될 만한 사례가 보이지 않는다. 서벽 백호에서 눈길을 끄는 것은 중국 남조 백호처럼 자연계 호랑이 형상의 머리를 지녔다는 사실이다.• 사실 진파리1호분 벽화의 백호는 머리 형태가 호랑이보다는 표범에 가깝다. 고구려 벽화의 백호는 호랑이 형상의 머리에서 시작하여 과장된 표현의 과정을 거쳐 신수 특유의 모습으로 서서히 바뀐다.[33] 집안 지역에서는 호랑이 머리에서 완전히 벗어나지 않으나 평양 지역에서는 새로운 유형의 백호 머리를 탄생시킨다. 두 지역 백호 머리 표현의 차이는 6세기 벽화에서 두드러지게 나타난다. 그런 사실을 감안하면 진파리1호분 벽화의 백호 머리는 평양 지

그림16 **진파리1호분 널방 동벽 벽화 청룡 모사화.**
그림17 **호남리사신총 널방 동벽 벽화 청룡.**
그림18 **진파리1호분 널방 동벽 벽화 서조.**

• 한정희는 고구려 후기 고분벽화 사신도가 중국 남조 능묘 전화의 사신과 표현상 관련이 깊다는 사실을 지적하고 있다(한정희, 『동아시아 회화교류사 – 한·중·일 고분벽화에서 실경산수화까지』, 사회평론, 2012, 51~52쪽).

그림19

그림19 진파리1호분 널방 서벽 벽화
백호 모사화.
그림20 호남 양양가가충화상전묘 백
호화상전 탁본.

그림20

역 백호 머리 표현의 흐름에서도 어느 정도 벗어났다고 할 수 있다.

중국의 고분 장식미술에서 백호는 호랑이 머리에서 점차 자연계 동물
의 것과는 다른 신수의 이미지를 풍기는 비현실적 형상을 띠게 된다. 하지만
그 과정은 길고 느리다. 중당(中唐)• 시기에도 괴수 형상의 백호 머리 표현
이 보이나 그런 사례는 드물다.[34] 진파리1호분 벽화가 제작되던 6세기 남조
전화나 선각화(線刻畫)의 백호 머리는 자연계 호랑이를 연상시키는 정도에서

• 시(詩)의 발달을 기준으로 나눈 중국 당나라 역사의 네 시기, 즉 초당(初唐) · 성당
(盛唐) · 중당(中唐) · 만당(晚唐) 등 사당(四唐)의 하나. 대종(代宗) 때부터 14대 문
종(文宗) 때까지의 약 70년간으로 사회적 안정을 이룬 시기이다.

크게 벗어나지 않는다. 이 시기 북조의 하남 지역 고분 미술의 백호에서도 호랑이 머리 표현이 확인되는데, 이는 남조 미술의 영향에서 비롯된 것이다.

진파리1호분 벽화의 백호는 동아시아 사신도 미술 백호 표현의 이런 흐름과 관련이 있는 것으로 보인다. 실제 중국 남조 미술 작품 가운데 호남(湖南) 양양가가충화상전묘(襄陽賈家冲畵像塼墓) 백호화상전을 비롯한 몇몇 사례에서 진파리1호분 벽화 백호와 유사한 백호 표현을 찾을 수 있다.[35][그림20] 5세기 이후 고구려 미술의 흐름 속에 중국 남조 미술이 일시적으로 영향을 미치는 과정이자 결과로 진파리1호분 벽화의 백호가 그려졌다는 해석이 가능해지는 부분이다.

남벽의 주작은 벼슬부터 몸의 무늬까지 암수를 서로 다르게 나타낸 점에서 앞 시기의 다른 고분벽화의 주작과 구분된다.[그림21] 고구려의 6세기 이전 고분벽화에서 주작은 암수가 뚜렷이 나누어 인식될 수 있도록 표현되지 않는다. 집안 고분벽화의 경우, 6세기의 이른 시기 작품인 통구사신총 벽화에서 암수 주작 구분이 가능하도록 날개의 채색 등에 변화를 주고 있다.

한눈에 암수 주작의 차이를 알 수 있도록 한 것은 오회분5호묘 벽화에 이르러서이다.[그림22~23] 오회분5호묘 널방 남벽에서는 눈 주위의 표현 등에서 두 주작이 뚜렷이 서로 다른 존재로 인식되도록 그려졌다. 평양 지역에서는 5세기 말 쌍영총 벽화에서 암수 주작이 서로 구분될 수 있도록 몸의 무늬 등이 다르게 표현된다. 하지만 본격적인 변화는 6세기 고분벽화부터이며 그 출발점이 진파리1호분 벽화의 주작이라고 할 수 있다.

중국 남북조 및 수·당 시대 고분벽화나 화상전, 묘지(墓誌) 석각선화 등에 묘사된 주작의 경우에도 암수 구분이 가능한 표현이 보인다. 그러나 그 정도는 제한적이다. 진파리1호분 벽화의 사례처럼 벼슬부터 몸의 무늬까지 뚜렷이 구분되도록 묘사된 사례를 찾기는 어렵다. 평양 지역 후기 고분벽화의 대미를 장식하는 강서대묘 및 강서중묘 벽화의 암수 주작과 비교해보아

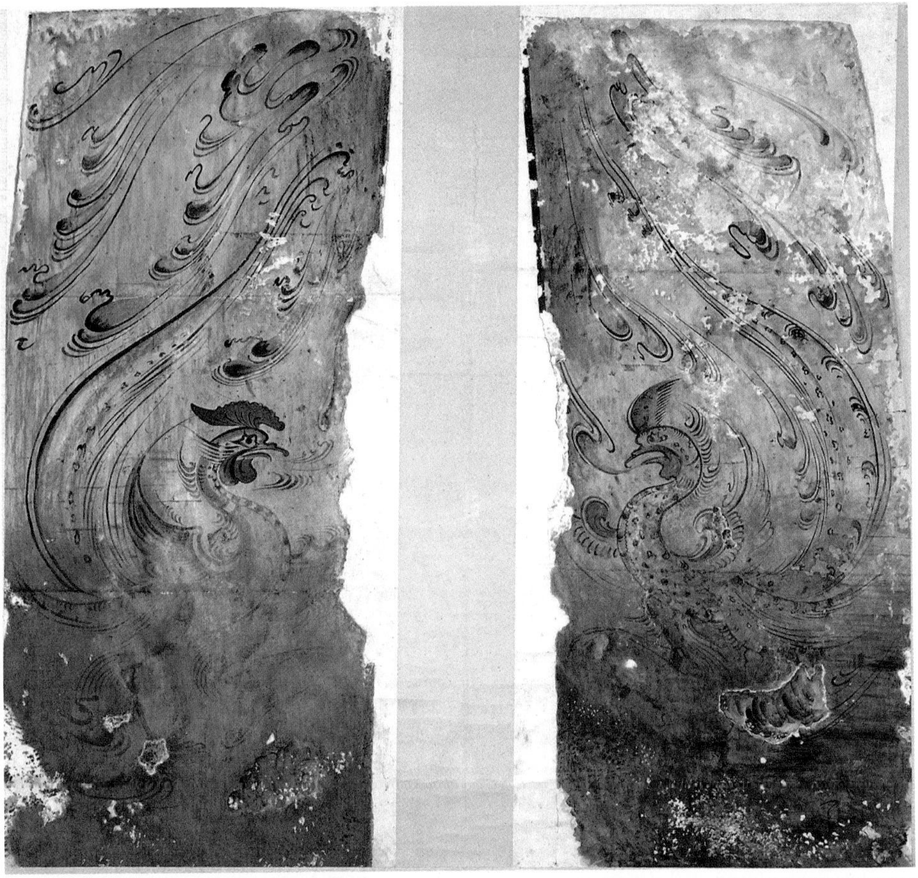

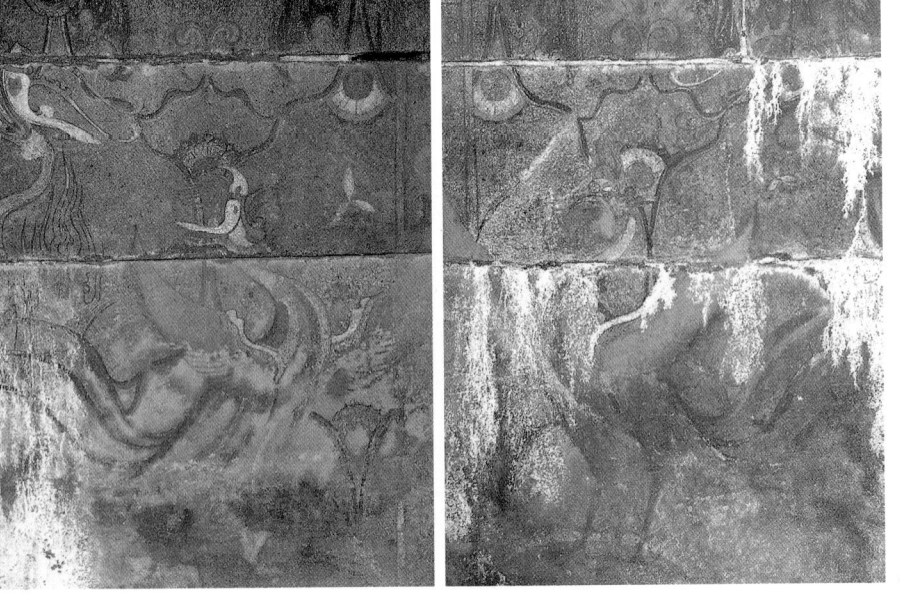

그림21

그림22~23

그림24

그림21 　　진파리1호분 널방 남벽 벽화 주작 모사화.
그림22~23 오회분5호묘 널방 남벽 벽화 주작.
그림24 　　진파리1호분 널방 북벽 벽화 현무 모사도.
그림25 　　진파리1호분 널방 북벽 벽화 수목도(樹木圖).

그림25

도 진파리1호분 벽화의 암수 주작 구분 표현은 두드러진 경우에 해당한다.

널방 북벽의 현무는 앞 시기 고분벽화와 달리 화면의 실제적 주인공이 다.[그림24] 안정된 자세로 선 거북과 거북의 몸과 목을 감은 뱀의 움직임도 자연 스럽다. 암산과 숲, 거대한 소나무들을 배경으로 현무를 묘사한 점도 이전 의 고분벽화와는 구별된다. 키 큰 두 그루씩의 소나무 사이에 힘 있게 버티 고 선 거북과 꿈틀거리는 뱀의 조합은 구도상 매우 안정적이다. 그럼에도 화 면 전체는 빠른 기운의 흐름으로 말미암아 역동적이며 생명력에 가득 차 있 다. 특히 현무의 등 위쪽에 표현된 인동화염문, 현무 머리 위쪽에서 막 머리 와 몸통 일부를 드러낸 용의 모습에서는 화면을 지배하는 운기화생의 힘이 그대로 드러난다.

진파리1호분 벽화의 현무도는 6세기에 접어들면서 고구려 미술이 어 떤 수준에 이르게 되었는지를 잘 보여주는 좋은 사례이다. 현무는 화면을 지 배하는 존재가 되었고 산과 나무는 산수화의 기본 구성 요소가 되었다. 그 런 상태의 현무와 풍경이 서로 조화를 이루도록 화면에 배치되었다. 화면 좌 우의 키 큰 소나무들은 6세기 집안 지역 고분벽화에 등장하는 양식화된 하 늘 나무들과 달리 사실적이다. 산수화의 한 부분으로서도 손색이 없다.[그림25] 525년 제작 낙양 출토 6효자석관상(六孝子石棺床) 석각선화 및 551년 제작 산동 임구(臨朐) 북제 최분묘 벽화 수하인물도(樹下人物圖) 병풍 그림 중의 나무 묘사에서도 확인할 수 있듯이[36][그림26] 진파리1호분 벽화의 나무들을 같은 시기 중국 남북조 미술의 같은 표현 방식과 비교해도 둘 사이의 수준 차이는 고려하기 어렵다.

암산과 나무를 배경으로 삼아 사신을 표현한 사례는 중국 남북조 미술 에서도 찾아볼 수 있다. 529년 제작된 북위 이주습(爾朱襲) 묘지개석(墓誌蓋 石)● 선각화도 그런 경우에 해당한다.[37][그림27] 진파리1호분 벽화에 등장하는 암 산과 작은 숲을 이룬 나무들에서 내리1호분 및 강서대묘 널방 천장고임 벽

그림26 산동 임구 북제 최분묘 벽화 수하인물도.
그림27 북위 이주습 묘지개석의 선각 화 백호 탁본.

● 묘지의 뚜껑돌.

그림26

그림27

그림28 진파리1호분 널방 천장고임 벽화 연꽃.

화 산수도로 이어지는 일련의 과정을 상정한다 해도 큰 무리는 아닐 것이다.[38]

널방 천장고임의 운기문과 인동연꽃은 6세기 동아시아를 풍미하던 장식문이 고구려 고분 미술에도 영향을 미쳤음을 잘 보여준다. 화면 속의 운기문은 전래의 넝쿨문 및 조운문 표현 전통을 일부 간직하고 있다. 하나의 운기문은 휘어들면서 뻗어 나가는 강한 기운의 약간 길고 굵은 선 주위에 굵고 짧은 선과 돌기로 이루어진 무늬에서 비롯된 원을 여러 개 배치하고 각각의 선 주위에 상서로운 기운을 나타내는 가는 선들을 겹으로 더하는 방식으로 묘사했다. 이런 형식의 운기문 덩어리들이 화면 속에서 넝쿨처럼 서로 엇갈리도록 위아래로 방향을 달리하면서 잇달아 배치되면 이 공간은 생명력을 간직한 운기로 가득해진다. 운기문과 유사한 방식으로 묘사된 인동문이 운기문과 어우러진 화면은 운기화생의 공간으로 재탄생하게 된다.

널방 삼각고임 밑면의 인동연꽃은 운기화생의 힘이 1차적으로는 연꽃의 탄생이라는 결과로 이어진다는 사실을 암시한다.[그림28] 연꽃은 불교적 깨

그림29 진파리1호분 널방 천장석 벽
화 해와 달.

달음의 상징이기도 하지만 연화화생이라는 불교적 탄생법의 모체이기도 하
다.[39] 따라서 천장고임의 인동연꽃은 운기화생이 연화화생의 출발점이 될 가
능성을 암시하는 존재라고 하겠다. 삼각고임 밑면과 천장석 모서리의 인동
연꽃은 형태와 표현상 진파리4호분, 내리1호분의 것과 닮아 있다.

　　천장석에 묘사된 해, 달은 운기화생의 공간이 하늘 세계임을 확인시켜
준다. 짧은 운기문으로 둘러싸인 해, 달과 함께 천장석에 그려진 인동연꽃,
인동4엽화(忍冬四葉花)는 화면 속 공간에 대한 새로운 해석을 가능하게 한
다. 하늘 세계의 상징인 해와 달도 운기화생의 산물일 수 있다는 사실이다.
역으로 해와 달에서 운기화생의 기운이 뻗어 나왔다는 해석도 가능하다. 그
러나 널방 벽이나 천장고임 그림에서 확인되듯이 천장석의 인동연꽃 또한
운기화생의 결과물로 보아야 한다면 운기가 해와 달에서 비롯되었다고 보기
는 어렵다. 결국 천장석의 해와 달을 포함한 진파리1호분 벽화의 모든 제재
는 운기화생과 관련된 존재라는 해석이 가능해진다.

　　천장석 벽화 해와 달 가운데 해는 상징인 삼족오가 공작처럼 묘사되었

고 삼족오 주위에 여러 가닥의 상서로운 기운이 표현된 점에서 앞 시기 고분 벽화의 해와 구별된다.[그림29] 공작과 닮게 그린 해 안의 삼족오는 중국의 강소(江蘇) 단양건산금왕진촌남조제릉(丹陽建山金家村南朝帝陵) 출토 전화에도 등장한다.[40] 하지만 진파리1호분 벽화에서와 같이 상서로운 기운은 묘사되지 않았다.

한가운데 솟은 계수나무 아래에 약절구가 놓였고 절구 좌우에 사람처럼 선 옥토끼와 두꺼비를 그렸다는 점에서 진파리1호분 벽화의 달은 앞 시기 고분벽화의 달과 뚜렷한 차이를 보인다. 고구려 고분벽화에서 달 속의 계수나무는 진파리4호분과 진파리1호분, 내리1호분에만 등장한다. 계수나무와 옥토끼가 함께 표현된 사례도 진파리의 두 벽화고분과 내리1호분 외에는 보고되지 않았다.[41] 달 속에 계수나무, 옥토끼, 두꺼비가 동시에 묘사된 경우는 현재까지 진파리1호분 외에는 확인되지 않는다. 평양 지역 벽화고분에서도 진파리1호분이 지닌 독특한 위치를 읽을 수 있다.

이상에서 보았듯이 진파리1호분은 무덤 구조와 축조 재료, 벽화 제재의 구성과 배치 등에서 사신도를 주제로 하는 후기 벽화고분의 특징을 잘 담아낸 유적이다. 특히 빠른 기운의 흐름으로 가득 찬 공간을 배경으로 사신을 배치하는 방식은 5세기까지의 고분벽화에는 보이지 않던 것이어서 진파리1호분을 6세기 작품으로 보게 하는 회화 요소 중의 하나라고 할 수 있다. 6세기 초 작품인 개마총에도 6세기 동아시아 미술의 특징으로 여겨지는 빠르게 흐르는 기운과 같은 회화 요소는 등장하지 않는다.[42] 이런 사실을 감안하면 진파리1호분은 개마총보다 뒤에 출현한 작품일 수밖에 없다.

이웃한 진파리4호분 역시 6세기 작품으로 여겨지나 벽화에 적용된 기법이나 벽화 구성 등에서 진파리1호분보다 이른 시기 작품으로 평가될 수 있다.[43] 6세기 전반 작품으로 강한 기운의 흐름을 배경으로 사신이 그려지는 통구사신총 벽화에서 운기화생 관념의 수용, 소화 흔적이 보이지 않는다. 이 사실도 진파리1호분 제작 시기를 6세기 전반으로 올리기 어렵게 한다.[44] 이런 여러 가지 사실들을 하나로 모아 판단한다면 진파리1호분은 6세기 중반 즈음에 무덤이 축조되고 벽화가 제작된 것으로 보아야 할 듯하다.

6세기 평양 문화와 진파리1호분

장수왕의 뒤를 이은 문자명왕 재위 기간(491~519)에도 동아시아 4강 사이의 세력균형은 그대로 유지되었다.[45] 동북아시아에서 고구려가 누리던 패권적 지위에도 별다른 도전이 없었다. 문자명왕 시기에 나제동맹(羅濟同盟)이 효력을 발휘하여 백제와 신라가 고구려군의 남방 경략을 효율적으로 막아냈으나 고구려에 반격을 가할 정도는 아니었다. 부여를 압박했던 물길(勿吉)과 북위 사이의 교섭도 고구려의 적극적 대응으로 북위가 한 발 물러서면서 영토 북방에 대한 고구려의 영향력도 다시 회복되었다.[46]

그러나 문자명왕 시대에 이르러 고구려는 이전과 같은 사회적 활력을 유지하기 어렵게 되었다. 더 이상의 영토 확장도 없었고 영토 안에 새로운 인력이 대거 유입될 만한 상황도 조성되지 않았던 까닭이다. 안정된 국제 관계로 말미암아 국가 단위, 혹은 세력권 사이에 인력이나 물자의 유통은 활발하게 일어났다. 하지만 지배 세력의 인구 증대를 뒷받침할 수 있는 사회적 여건이 마련되거나 계층 이동을 허용할 만한 새로운 기회가 만들어지지는 않았다. 사회적 정체가 시작된 셈이다.

안장왕의 재위 기간(519~531)에도 고구려가 처한 상황은 바뀌지 않았다. 523년 북위에서 6진의 난이 일어나는 등 국경 서쪽에서 커다란 혼란이 일었다. 그러나 나제동맹이 강력한 억지력을 발휘하는 국경 남쪽의 상황을 고려할 때 고구려로서는 쉽게 군사를 일으킬 수도 없었다. 이러지도 저러지도 못하는 사이에 귀족의 불만은 점증하였다. 이는 지배 세력 내의 갈등으로 비화하여 왕의 석연치 않은 죽음으로 이어졌다.[•]

안장왕의 뒤를 이은 안원왕의 시대에 북위가 동위와 서위로 분열하는 등 국제 관계에 커다란 변동이 일기 시작하였다. 고구려로서는 이런 새로운 흐름을 예의 주시할 필요가 있었다. 그러나 왕위 계승 문제를 도화선으로 삼아 지배 세력 내의 갈등이 수면 위로 부상하였다. 이로 말미암아 국제 정세의 변화에 대한 고구려의 대응 능력은 떨어졌다. 안원왕 말년 벌어진 추군(麤群)[■]과 세군(細群)[▲] 사이 왕위 계승전은 평양 도성의 안팎을 피로 물들였다.[47] 왕실의 위신은 크게 추락하고 귀족 세력의 권력 분점은 구체화되었다.

진파리1호분은 평양을 중심으로 펼쳐진 이와 같은 정치·사회적 변동이 종교·문화의 흐름과 어떤 관련을 지니는지를 가늠하는 데에 도움이 될 수 있는 유적이다. 문화 산물에는 알게 모르게 당대의 사회적 흐름이나 정치 상황에 대한 인식, 이에 대한 문화적 대응, 혹은 종교·신앙적 태도 등이 배어들거나 흔적을 남길 가능성이 높다. 실제로 그러한지 여부를 살피기에 앞서 진파리1호분 벽화의 구성과 내용이 어떤 관념과 의도의 산물인지를 짚어 보기로 하자.

진파리1호분 널길 동벽과 서벽에 묘사된 문지기 신장은 두광이 표현되었다는 점에서 고구려 고분벽화에서 유일한 사례이다. 5세기 고분벽화뿐 아니라 6~7세기 사신도 고분벽화에서도 이런 모습의 문지기 신장은 등장하지 않는다. 두 신장상의 모본(模本)이 되었을 불교 사원의 사천왕상조차 두광이 표현되기도 하고 그렇지 않은 경우도 있다. 이런 점을 감안하면 벽화의 문지기 신장은 불교 천왕형 신장에 대한 적극적 인식과 표현의 결과라고 해야 할 것이다.

진파리1호분 널길 벽에 이처럼 불교 천왕형 신장을 그대로 옮겨 묘사하려 한 이유는 무엇일까? 어떤 효과를 의도한 것일까? 특정한 공간의 입구에

• 임기환은 양원왕대의 정치적 동향을 검토하면서 안장왕, 안원왕의 죽음이 비정상적이었을 것으로 추정하고 있다(임기환, 『고구려 정치사 연구』, 한나래, 2004, 262~269쪽).

■ 제2부인이 낳은 왕자의 왕위 계승을 지지하는 귀족 세력.

▲ 제3부인이 낳은 왕자의 왕위 계승을 지지하는 귀족 세력.

문지기 역할을 하는 천왕이 배치되었다면 그 내부는 불교의 이상향 혹은 불법이 지배하는 세계일 수밖에 없다. 정토나 천계인 것이다. 여기서 주의가 되는 것은 5세기 작품인 장천1호분의 벽화 구성이다. 장천1호분은 앞방 천장고임이 불교 사원의 금당(金堂)♦처럼 묘사되었고 널방은 연화정토의 공간처럼 인식되고 표현되었다. 정토 입구에 해당하는 앞방 안벽(동벽) 좌우에는 평범한 복장의 문지기 두 사람이 그려졌다. 두 고분 사이에 이상적 공간 입구 장식에서 이런 차이가 발생한 이유는 무엇일까?

장천1호분에는 두 개의 방이 만들어져 앞방이 이 세상으로 상정되어 불제자(佛弟子)가 살아서 선업(善業)을 닦는 공간으로 기능할 수 있게 된 까닭이 가장 클 듯하다. 숙세(宿世)♦에서 현세(現世)로 이어지며 쌓이는 공덕으로 말미암아 연화정토에 왕생하는 것이 가능해진다면 새로운 공간에서의 삶을 위해 굳이 천왕의 험한 눈길을 받을 필요는 없으리라. 진파리1호분 널길 벽에 두광을 지닌 천왕형 문지기 신장이 묘사된 것은 널방이 어떤 사악한 힘도 개입할 수 없는 죽은 자만의 이상적 새 삶의 공간임을 불교 천왕의 권위와 힘에 기대어 강력히 선언하는 효과를 의도한 때문일 수 있다.

그렇다면 불교 천왕이 문지기로 동원된 진파리1호분의 널방은 어떤 공간으로 상정되었을까? 벽과 천장 전체가 빠르게 흐르는 기운으로 가득 찬 공간으로 묘사되었다는 점에서 널방은 운기화생의 세계라고 할 수 있다. 실제, 널방 벽에는 인동연꽃뿐 아니라 보주, 서조, 용 등이 운기화생하는 장면이 묘사되고 있다. 그런 점에서 널방이 불교의 이상향인 연화정토로 상정되었다고 보기는 어렵다.

운기화생의 공간으로 상정된 진파리1호분 널방 벽의 주인공은 사신이라 할 수 있다. 주목되는 것은 청룡과 백호가 입구 쪽이 아닌 안벽인 북쪽의 현무를 향해 나아가는 모습으로 그려졌다는 사실이다. 화가가 두 신수를 벽사라는 고유의 역할에 어긋나게 방향 잡고 나아가도록 묘사한 셈이다. 널방

♦ 절의 법당에 모신 부처 가운데 가장 으뜸이 되는 본존상(本尊像)을 모신 곳.
♦ 윤회를 겪는 생명의 현세 이전의 삶, 즉 전생(前生).

366 **367**

남벽의 암수 주작이 입구를 향해 마주 보며 홰를 치는 전형적인 모습으로 그려졌음을 고려하면 북벽을 향한 청룡, 백호에게는 벽사가 아닌 다른 역할이 주어졌다고 해석할 수밖에 없게 된다.

이와 관련하여 주의가 가는 것은 북쪽 현무의 공간에 부여된 의미이다. 음양(陰陽) 조화의 세계, 우주적 질서 회복의 상징이기도 한 현무로 말미암아 널방의 북벽은 완벽하고 이상적인 내세 삶의 공간으로 상정될 수 있다. 이와 관련하여 5세기 고분벽화에서 널방 북벽은 무덤 주인 부부가 그려지는 자리였고, 이곳에 무덤 주인 부부와 함께 현무가 묘사되다가 6세기에 들어와 현무만 표현되게 되었다는 사실을 상기할 필요가 있다.[48] 청룡과 백호는 이런 성격의 공간으로 달려오고 있는 셈이다.

이런 점을 염두에 두면서 널방 북벽의 벽화 구성 방식을 다시 들여다보면 흥미로운 사실을 읽어낼 수 있다. 동에서 서로 길게 이어지는 암산과 숲, 그 위에 펼쳐진 무한한 공간, 이 공간을 가득 채운 운기화생의 기운, 운기화생으로 탄생 중인 보주와 용, 인동연꽃, 공간 전체의 주인공처럼 그려진 현무와 좌우의 키 큰 나무들. 북벽 화면은 그 자체로 운기화생으로 말미암은 새로운 세계이고 그 모든 것의 출발점에 음양일체(陰陽一體)의 현무가 존재한다. 청룡과 백호 역시 그러한 세계의 일부로 음양의 조화와 일체를 가능하게 하는 존재이다. 좌룡우호(左龍右虎)가 벽사 외에 음양을 상징함은 잘 알려진 사실이기도 하다.[49]

널방 천장석에 해와 달만 묘사된 것 또한 음양 조화, 우주 질서와 생명의 회복이라는 진파리1호분 벽화 구성의 기본 의도와 잘 맞아든다. 해와 달이 각각 양과 음의 상징으로 서로 떼려야 뗄 수 없는 존재로 인식됨은 주지의 사실이다. 강한 기운의 흐름에 싸인 해와 달은 그 자체로도 운기화생의 기운을 담고 있는 존재로 볼 수 있다.

이런 점들로 볼 때 진파리1호분의 널방은 천왕형 신장이 지키는 공간임에도 불구하고 불교의 이상향도 아니고 승선을 통해 이르는 불사의 선계도 아니다. 확실한 것은 운기화생을 통해 출현한 존재들로 가득 채워지고 음양 조화와 우주 질서의 회복이 이루어졌다는 점에서 화생을 통해 만들어진 질서와 조화의 공간이라는 점이다. 결국 진파리1호분 널방에 구현된 세계는 앞 시기 고분벽화에서 형상화되었던 선불 혼합의 내세이자 '화생과 조화'를 전면에 내세운 새로운 공간으로 이해해야 하지 않을까?

5세기 후반의 늦은 시기부터 고구려에서는 선불 혼합적 사고와 관념이 넓게 퍼지기 시작했고 그 영향은 고분벽화의 제재 구성에도 영향을 미쳤다.[50] 6세기 고분벽화의 주제는 사신으로 거의 일원화되지만 천장고임 벽화 제재의 구성이 다양해지는 것도 이 때문이라 할 수 있다. 6세기 초 작품인 개마총 벽화에 선불 혼합적 내세관의 산물로 해석될 수 있는 제재들이 병렬적으로 등장하는 것도 이런 흐름의 일단을 보여주는 것이라고 하겠다.[51]

그렇다면 이런 관념의 흐름을 잇는 작품일 수도 있는 진파리1호분 벽화가 운기화생, 음양 조화 관념의 형상화에 방점을 찍는 방식으로 그려진 이유는 어디에 있을까? 이것과 당대 고구려 문화, 특히 평양 지역 문화의 흐름은 어떤 관련이 있을까? 앞에서 짚었듯이 진파리1호분 벽화에도 당대의 정치·사회적 변동과 연결되는 부분이 있을까?

6세기 전반 중국의 남북조 미술에서 유행한 회화적 기법 가운데 하나는 빠르게 흐르는 기운, 혹은 바람이 부는 공간 속에 여러 가지 제재를 배치하는 것이다.[52] 기운이나 바람은 구름이나 휘날리는 인동문 등으로 형상화되기도 하고 휘어진 나무줄기나 휩쓸려 한쪽으로 치우친 나뭇가지와 이파리 등으로 공간 속의 흐름이 인식되도록 묘사되기도 한다. 통구사신총, 진파리4호분, 진파리1호분 벽화는 고구려에 이런 기법이 수용, 소화되는 과정을 잘 보여준다.

그러나 통구사신총 벽화를 진파리4호분 및 진파리1호분 벽화와 비교해보면 잘 드러나듯이 외부에서 같은 표현 기법이 받아들여지더라도 지역적, 시기적 차이는 뚜렷이 나타난다. 지역별, 시기별 문화전통의 차이로 말미암은 현상이라고 하겠다. 새로운 기법에 대한 이해와 소화 문제에 더하여 관념, 제재 선택과 구성 등의 요소까지 더해지면 그 차이는 더욱 벌어질 수 있다. 집안의 통구사신총 벽화에는 고구려 신화 체계의 형상화 과정이 담겼다. 하지만 진파리1호분 벽화에는 이와 관련된 시도의 흔적이 전혀 남겨지지 않았다. 두 지역 고분벽화에 지역 문화전통의 강한 영향력이 작용한 까닭이라고 하겠다.

6세기 평양 지역 고분벽화와 집안 국내성 지역 고분벽화는 사신도를 벽화 주제로 삼는 점에서는 같다. 그러나 회화 기법 및 세부 제재 구성에서는 많은 차이를 드러낸다. 국제성, 개방성을 바탕에 두고 전개된 평양 문화와 보수성과 지역성이 뚜렷한 집안 국내성 문화의 서로 다른 성격에서 비롯된 현상이라 할 수 있다.[53] 진파리1호분 벽화도 이런 식의 이해를 보다 구체적으로 뒷받침해주는 사례의 하나이다.

6세기 평양 지역 고분벽화는 시기적으로 바뀌어 나가는 세 가지 유형의 기법과 구성을 모두 보여준다. 개마총 벽화는 평양 지역에 중국 남조 미술이 영향을 미치는 가운데 불교 신앙과 신선 신앙의 혼합으로 말미암아 정체성이 일시 모호해진 고구려 국내 미술의 흐름이 뒤섞인 상태를 보여준다.[54] 진묘수에서 남조 미술의 흐름이, 천인에게서 선불 혼합적 관념이 읽혀지는 것이 그 좋은 예라고 할 수 있다. 강서대묘 벽화는 회화 기법과 내세 관념에 대한 고구려 나름의 소화와 정리가 끝나 제재의 구성과 배치가 정제된 상태를 잘 보여준다.[55] 어떤 제재도 그려지지 않은 텅 빈 공간에 사신을 배치하고 천장고임 높이에 따라 연화화생 인동연꽃문와 선불 혼합 관념을 읽게 하는 불교와 신선 신앙의 제재들을 일정한 규칙 아래 단계적으로 담아 넣은 데에서 이런 점이 잘 드러난다.

진파리1호분 벽화는 내용과 기법으로 볼 때 개마총과 강서대묘 사이에 자리매김되어야 할 작품이다. 중국 남북조 미술을 풍미하던 운기화생 관념과 표현 기법을 전면적으로 도입하면서 고구려식으로 재구성하려는 의지가 담긴 경우에 해당한다. 운기화생적 표현과 관념은 중국 진·한 미술에서 기원을 찾을 수 있다.* 그러나 이런 표현 및 관념이 본격적으로 꽃핀 것은 남조 시대의 미술 작품에서이다.⁵⁶ 남조 미술의 이와 같은 흐름은 북조로도 전해져 6세기 남북조 미술의 시대적 특징으로 자리 잡게 된다. 고구려도 동아시아 미술의 이런 시대사조에 동참하게 되었고 그 과정이자 결과로 진파리1호분 벽화가 등장하게 된 것은 아닐까?■

6세기 전반 고구려 사회는 외견상 안정된 상태에 있었다. 고구려를 포함한 동아시아 4강 사이의 교섭 관계가 균열을 일으킬 정도의 사안은 일어나지 않았다. 고구려 사회를 뒤흔들 만한 큰 사건이 발생한 것도 아니다. 동아시아 차원의 국제 교류는 계속되었고 동북아시아 문화중심으로서 고구려의 지위도 그대로 유지되었다. 중국 남북조의 문물이 실시간으로 고구려에 소개되었으며 초원의 길을 지배하던 유연을 통한 고구려와 중앙아시아 및 서아시아 지역과의 교류 역시 계속되었다.⁵⁷

6세기 중엽 제작된 평양 문화권의 진파리1호분 벽화에 운기화생적 관념과 표현이 그대로 담긴 것은 이런 흐름을 보인 국제적 문물 교류의 결과라고 할 수 있다. 눈길을 끄는 것은 진파리1호분 벽화와 달리 6세기 전반 국내성에서 제작된 통구사신총 벽화에는 운기를 나타내는 기법만 수용되었다는 사실이다. 두 지역 벽화 제재 구성 방식의 차이가 5세기에 비해 더 뚜렷해진 것이다. 이런 현상에서 읽어낼 수 있는 것이 두 지역 문화전통의 거리뿐일까? 그 이상의 무엇이 이 안에 담긴 것은 아닐까?

통구사신총과 달리 진파리1호분 벽화에 운기화생 관념과 표현 기법이

● 강우방은 이를 영기화생(靈氣化生)이란 개념 및 용어로 재정립하려 하고 있다(강우방, 『한국미술의 탄생』, 솔, 2007, 34쪽).

■ 정병모는 이와 관련하여 고구려 후기 고분벽화에 미친 중국 북조 미술의 영향에 좀 더 주목할 필요가 있음을 강조하고 있다(정병모, 「중국 북조 고분벽화를 통해 본 진파리1·4호분과 강서중·대묘의 양식적 특징」, 『고구려 고분벽화』, (사)한국미술사연구소, 2012, 81~84쪽).

적극적으로 받아들여져 널방 공간의 성격에 변화를 준 것은 개마총 벽화를 포함한 평양 지역의 앞 시기 작품들과도 구별된다. 6세기 초까지의 평양 지역 나름의 벽화 구성이나 표현 기법을 잇지도 않았다. 청룡과 백호의 방향, 백호 머리 표현 등 세부적인 묘사에서도 이전 작품들과는 커다란 차이를 보인다. 비록 화면 속 제재의 배치 및 밀도, 동세(動勢)• 표현 등에서 고구려 미술 나름의 구도와 필선이 뚜렷이 드러나지만 외부 세계로부터 받아들인 '새로운 표현 기법과 관념'이 충분히 소화되지도 않고 진파리1호분 벽화로 작품화되었다는 사실은 부인하기 어렵다.

5세기에 이르러 뚜렷이 자리 잡는 새로운 문화 요소의 수용, 소화, 재창조라는 고구려의 문화전통에 비추어 볼 때도 진파리1호분 벽화는 다른 작품들과는 구별된다. 굳이 따지자면 비교적 서둘러 작품화된 경우에 해당한다. 6세기 중반, 평양 지역에서 이런 작품이 등장한 이유는 어디에 있을까? 앞에서도 지적하였듯이 6세기 전반의 고구려 사회는 동아시아 국제 정세에 큰 변화가 없는 상태에서 사회적 안정을 누렸다. 하지만 장기간 새로운 기회를 얻지 못한 지배 세력 안에서는 갈등과 분열이 일고 급기야 이는 왕위 계승을 둘러싼 권력투쟁으로 표면화하는 단계에까지 접어들고 있었다.

이처럼 고구려 사회가 안고 있던 모순된 상황, 곧 외적 번영과 안정에도 불구하고 내적으로 너비와 깊이, 갈래를 더해가던 사회적 균열, 이로 말미암은 불안감이 알게 모르게 내세관의 표현인 고분벽화의 구성과 기법에도 영향을 미친 것은 아닐까? 새로운 문화 요소를 소화, 정리, 재조합하면서 자기 색을 입히는 작업을 자신 있고 여유롭게 진행하기 어렵게 만드는 사회 상황, 혹은 사회 문화적 흐름으로 말미암아 진파리1호분 벽화처럼 서둘러 형상화된 외래 기법과 관념 중심의 작품이 출현하게 된 것은 아닐까?

진파리1호분은 무덤 구조, 벽화 구성과 내용, 표현 기법으로 보아 6세

• 그림이나 조각에서 나타나는 운동감.

기 중반 축조, 제작된 벽화고분이다. 무덤 널길 벽의 문지기 신장은 운기화생과 음양 조화의 세계인 널방을 지키는 존재로 불교의 사천왕상에 가깝다. 진파리1호분 벽화는 운기화생을 바탕으로 한 신앙과 회화상의 새로운 관념과 표현 기법이 충분히 소화되어 고구려식으로 재창조되지 못한 상태에서 형상화된 경우에 해당한다.

이런 현상은 6세기 전반 고구려가 겪고 있던 사회적 경험과 관련이 깊은 듯하다. 이 시기 동아시아 국제 정세에 큰 변화가 없는 상태에서 고구려는 사회적 안정과 번영을 누리고 있었던 것처럼 보인다. 그러나 내적으로는 새로운 기회를 얻지 못한 지배 세력 안에서 대립과 갈등이 일었으며 이로 말미암은 사회적 균열은 왕위 계승을 둘러싼 권력투쟁으로 표면화하고 있었다.

진파리1호분은 고구려가 외적 안정과 번영 이면에 대립, 분리, 분열로 나아가던 시기의 작품으로 이런 사회적 흐름을 일부 담아낸 작품이기도 하다. 이면적인 불안 속에 새로운 문화 요소를 소화, 정리, 재조합하면서 자기 색을 입히는 작업을 여유 있게 진행하지 못하면서 고구려식 표현 기법과 관념을 제대로 담지 못한 작품이 진파리1호분 벽화로 남게 된 것이다. 어느 정도 사회적 불안이 해소된 6세기 후반에 고구려식으로 재정리되고 완성도를 극도로 높인 강서대묘 벽화가 등장하게 되는 것도 6세기 중반의 이런 경험에 대한 문화적 성찰과 노력 때문이라 하겠다.

통구사신총

개요

통구사신총은 집안 지역에서 발견된 고구려의 후기 벽화고분 3기 가운데 하나이다. 오회분4호묘와 오회분5호묘가 무덤 구조와 벽화 내용 및 구성, 기법에서 후기 집안 문화권의 전성기를 엿볼 수 있게 해준다면 통구사신총은 후기 고구려 지역 문화의 흐름이 어떨지를 짚어내게 하는 풍향계에 가깝다.[•] 통구사신총 무덤 구조와 벽화 내용은 다른 2기의 후기 집안권 벽화고분과 공통점이 많으면서도 적지 않은 차이점을 지닌다. 이런 점은 평양권 후기 벽화고분들과 비교해도 똑같다. 이런 현상이 나타나는 이유는 무엇일까?

고구려의 6세기 벽화고분은 무덤 칸이 하나인 대형 흙무지돌방무덤이다. 5세기 벽화고분이 무덤 구조와 무덤 규모에서 매우 다양한 것과 대비된다. 벽화 주제도 사신으로 사실상 단일화된다. 이는 6세기 고구려 사회와 문화가 이전과는 다른 논리를 바탕으로 전개된다는 방증일 수 있다. 정말 그럴까? 그렇다면 그 논리는 무엇이고 그런 논리가 펼쳐질 수 있던 사회적 배경

• 필자는 후기 집안권 벽화고분 3기 가운데 통구사신총과 오회분5호묘는 6세기 전반으로 잠정적으로 시기를 정하였다(전호태, 『고구려 고분벽화 연구』, 사계절, 2000, 417쪽 〈표10〉 고구려벽화고분편년시안). 굳이 두 고분의 선후 관계를 따져야 한다면 필자는 통구사신총의 축조 시기가 더 빠를 것이라고 본다.

은 어떤 것일까? 아니, 혹 그렇지 않다면 무슨 이유로 중기와 후기 벽화고분이 서로 대비되는 여러 측면을 지니게 된 것일까?

무덤 구조와 벽화 내용으로 보아 통구사신총은 집안권 중기 후반 벽화고분들과 다른 2기의 집안권 후기 벽화고분 사이에 있다. 이는 통구사신총이 중기에서 후기로 넘어가면서 집안권에서 진행된 여러 가지 사회·문화적 변화를 읽어내려 할 때 가장 적절한 분석 자료일 수 있음을 의미한다. 물론 통구사신총 1기가 담아내는 역사·문화적 정보란 역사적 실체의 작은 조각에 불과할 수 있다. 그럼에도 분석과 이해의 대상이 된 시대가 남긴 유적이라는 점에서 그 가치는 대단히 높다고 해야 할 것이다. 어떤 면에서 이런 자료는 상류의 물이 잠시 모였다가 휘돌아나가는 작은 소(沼)와 같을 수 있기 때문이다. 이하에서 통구사신총이 서로 다른 시대와 문화권이 만나서 얽히다가 다시 풀어져 나가는 경계에 있는지 여부를 한 번 확인하고자 한다.

통구사신총은 중국 길림성 집안시 태왕진 과수촌(옛 지명: 집안현 태왕향 우산촌)에 있다.[58] 통구평야 한가운데로 뻗은 우산 남쪽 기슭 끝에 축조되었으며 무덤의 동남으로 약 30~50미터 거리에 오회분4호묘와 오회분5호묘가 있다. 1935년 10월 23일 무덤 남쪽의 흙무지가 완전히 유실되어 무덤 칸이 상당 부분 드러나자 무덤 안에 벽화가 그려졌다는 사실이 알려졌다.[그림1·3] 일본인 사이토 고쿠타로(齊藤菊太郎) 등은 10월 24일 곧바로 무덤 조사에 들어갔다.[■] 1938년 5월부터 6월 사이에 만주국 문교부의 의뢰로 오바 쓰네키치가 벽화 모사도를 제작하였다. 화려하게 그려진 무덤 안 사신도로 말미암아 사신총(四神塚)이라는 이름이 붙었다. 이외 집안서강사신총(輯安西崗四神塚), 서강60호분(西崗六十號墳), 통구7호분(通溝七號墳) 등으로도 불렸다.

통구사신총은 만주국 시대에 흙무지를 다시 쌓아올리고 주위에 목책을 두르는 등의 보존 및 보호 조치가 취해지지만 무덤 입구가 완전히 폐쇄되지는 않았다. 1956년 봄 중국 길림성 집안현 문화과에 의해 사람이 출입할

<hr>

■ 이케우치 히로시·우메하라 스에지, 『통구』 권하, 일만문화협회, 1940, 35쪽의 주1에 따르면 최초 조사는 1935년 10월이지만, 31쪽 본문 기록에 의하면 1936년 가을 무덤을 한 차례 더 조사한 것처럼 기술되어 있다. 이케우치 히로시와 우메하라 스에지 등도 이 조사에 참여하였다(이케우치 히로시·우메하라 스에지, 「만주국 통화성 집안현에서의 고구려 벽화분」, 『고고학잡지』考古學雜誌 30권 9호, 1940).

그림1

그림3

그림1 1930년대의 통구사신총 외경.
그림3 2008년의 통구사신총 외경.

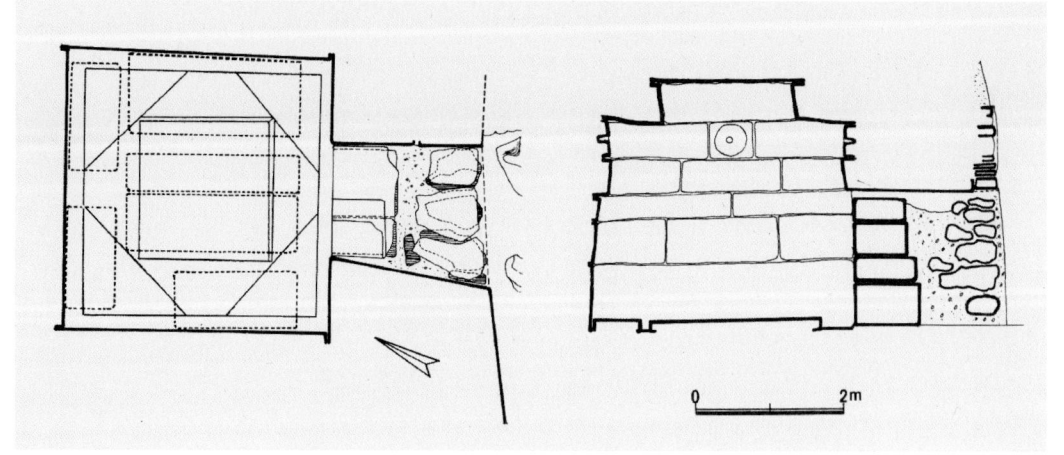

그림2

그림2 통구사신총 실측도.

수 있는 상태이던 무덤 문이 봉쇄되었으며, 1961년 가을 무덤 문이 폐쇄되었다.[59] 1963년 6월에는 무덤 앞에 나무 설명 표지판이 세워졌다. 1966년 집안의 고구려 고분군 전체에 대한 분포 조사, 실측 및 편호 작업이 이루어질 때 집안 통구고분군 우산묘구 제2112호묘(JYM2112)로 명명되었다. 관례적으로는 '사신묘(四神墓)', '사신무덤'으로 표기되기도 하지만 널리 알려진 이름은 '통구사신총'이다. 1997년 통구고분군에 대한 전면적인 재조사와 실측 보고 작업이 이루어질 때 근처의 오괴분과 함께 재정비되었다.[60] 2004년부터 2005년까지 무덤 주변 정비 과정에서 다수의 기와 파편들이 수습되어 내외의 눈길을 끌었다. 2004년 7월 세계문화유산에 등재되었다.

흙무지돌방벽화무덤인 통구사신총의 무덤 외형은 밑이 네모진 상태에서 위로 좁혀가다가 끝이 살짝 잘린 듯이 마무리된 방대형이다. 1997년 재정비 과정에 행해진 실측 결과 무덤무지 밑면 한 변의 길이는 25미터, 높이는 8미터였다. 널길과 널방으로 이루어진 외방무덤으로 무덤 칸의 바닥이 지표면과 일치한다. 무덤 칸의 방향은 서쪽으로 25도 기운 남향이다. 널길은 너비 2.1미터·길이 1.8미터·높이 1.8미터이고, 널방은 너비 3.8미터·길이 3.4미터·높이 3.3미터이다.^{그림2} 1935년 10월 최초 측량 조사 당시에는 무덤 주위에 자갈을 깔아 놓아 무덤 구역과 그 바깥을 구별했음을 확인할 수 있었다고 한다. 1966년 중국 학자들의 통구고분군 편호 작업 때에는 자갈로 만든 경계선이 남아 있지 않았다고 한다.[61]

널방 남벽 가운데에 설치된 널길은 바깥으로 나가면서 좌우가 벌어지는 나팔꼴이다. 널길 안쪽의 좁은 곳은 네모지게 자르고 다듬은 거석을 벽돌처럼 쌓아올려 막았고 중간에서 입구까지는 커다랗게 깬돌을 쌓았다. 돌 틈은 석회로 메웠다. 널길 바깥에 널길 너비만큼 큰 돌을 놓고 주변은 고운 흙과 목탄을 섞어 만든 흙으로 채웠으며 다시 그 앞쪽에 깬돌과 석회를 섞어 만든 장벽을 설치했다.

널방 벽은 잘 다듬은 청녹색 석회암 판석을 쌓아올리는 방식으로 축조되었다. 돌 사이의 틈은 석회로 메워졌다. 천장은 잘 다듬은 화강암 거석으로 쌓았다. 천장 구조는 1단의 평행고임 위에 2단의 삼각고임을 얹은 평행삼각고임이다. 천장고임 제2층의 네 개의 삼각고임석 사이의 작은 네모꼴 고임돌 정면 한가운데 각각 한 개씩의 커다란 못 구멍이 남아 있다. 널방 바닥 한가운데에 두 장의 각력응회암(角礫凝灰巖)• 판석으로 한 개의 돌관대를 만들어 놓았고 동벽에 붙여 한 장의 각력응회암 판석으로 또 다른 돌관대를 설치하였다. 북벽에 붙여 동서 방향으로 나란히 두 개의 돌상이, 서벽에 붙여 남북 방향으로 한 개의 돌상이 놓였다. 널방 바닥 동북 모서리에서 흑칠을 한 목재 파편이 여러 점 발견되었다 널길에 쌓인 흙 속에서 작은 금제 보요(步搖)■ 한 점이 수습되었다.

통구사신총 널길 벽, 널방 벽과 천장고임, 천장석에는 벽화를 그렸다.▲ 석면 위에 직접 벽화를 그렸으며 벽화의 주제는 사신이다. 채색의 주조는 황색과 주색이다. 널길 동벽과 서벽의 벽화는 최초의 조사가 널길 안쪽을 막고 있는 네모진 거석 벽의 돌 하나가 빠져 만들어진 통로로 사람이 드나들면서

● 직경 32밀리미터 이상의 화산암괴와 다량의 화산회로 구성된 화산쇄설성암.

■ 떨잠. 머리꾸미개의 하나.

▲ 이하 벽화 구성과 내용에 대한 기본적인 설명은 이케우치 히로시·우메하라 스에지, 『통구』권하, 일만문화협회, 1940, 29~36쪽, 도판69~92에 의존하였다. 세부적인 묘사와 이해는 필자의 시각과 해석의 결과이다.

그림4 통구사신총 널길 벽 벽화 문지기 신장 모사도.

이루어진 까닭에 발견되지 않았다. 널길 벽에 그려진 문지기 신장 두 사람은 1938년 무덤 내부 실측 및 모사도 제작을 위해 널길을 메운 돌들을 치운 뒤에야 비로소 그 모습을 드러냈다.♦ 실물 크기로 그려진 두 사람의 문지기 신장 가운데 동벽의 신장은 한 손에 긴 창을 비스듬히 꼬나들고 입구를 향해 눈을 부릅뜨고 크게 소리치며 달려 나가는 자세였다. 서벽의 신장은 동벽의 신장과 자세나 표정은 같으나 오른손에 긴 창, 왼손에 나팔로 보이는 가늘고 긴 소라 모양의 악기를 든 상태였다.그림4 두 신장 모두 머리의 상투를 그대로 드러내고 윗몸에는 아무것도 걸치지 않았다.

널방 네 벽에는 사신을 묘사하였다. 사신의 배경을 이루는 널방 네 벽의 나머지 공간은 빠르게 흐르는 구름으로 채워졌다. 널방 남벽의 동측과 서측에는 부리를 크게 벌리고 눈을 부릅뜬 채 두 날개를 거의 원형에 가깝게 펼쳐 막 날아오르려는 자세의 암수 주작을 나누어 그렸다.♣그림5~6 서로 마주보도록 그려진 암수 주작은 연화대좌(蓮華臺座)♠ 위에 서 있다. 역 'S'자 꼴로 크게 흔들리는 꽁지깃과 원형으로 펼친 날개, 목을 젖히며 몸을 내민 주작의 자세 등과 주작의 몸 주변에서 좌우로 갈라지며 흐르는 구름이 맞물리면서 형성되는 동세는 널방 동벽과 서벽의 그것보다도 오히려 강한 편이다. 동쪽 벽의 주작은 흰색, 서쪽 벽의 주작은 붉은색 위주로 채색되어 암수가

♦ 지금까지 문지기 신장의 모습은 모사도 상태로만 전하고 있다. 경철화, 『고구려고묘벽화연구』高句麗古墓壁畵硏究, 길림대학출판사(吉林大學出版社), 2008, 49~50쪽에서 널길 벽화로 '무사'를 언급하고 있지만, 1990년대에 공개된 널길 남벽 사진 속의 널길 모습은 벽화의 훼손이 매우 심해 '문지기 신장'의 일부만 식별될 수 있는 정도임을 짐작하게 한다.

♣ 장형(張衡)은 『영헌』靈憲에서 크게 해를 치듯 날개를 편 모습의 주작을 언급하였다 (『영헌』靈憲).

♠ 불보살이 앉는 연꽃 형태의 자리.

그림5

그림6

그림5   통구사신총 널방 남벽 동측 벽화 주작.   그림7   통구사신총 널방 동벽 벽화 청룡.

그림6   통구사신총 널방 남벽 서측 벽화 주작.   그림8   통구사신총 널방 서벽 벽화 백호.

그림7

그림8

다름을 알 수 있게 하였다.

　동벽의 청룡, 서벽의 백호는 널방 입구 쪽을 향해 크게 포효하며 앞으로 달려가는 자세이다.^{그림7~8} 몸 전체가 오색으로 장식된 동벽의 청룡은 어깻죽지 뒤로는 길게 뻗은 불꽃 형상으로 강한 기운의 흐름이, 앞뒤의 네 다리에서는 여러 갈래로 나뉜 짧은 불꽃 형태의 희고 상서로운 기운의 흐름이 뒤로 뻗어 나간다. 목뒤와 허리 위에는 불꽃 모양의 척목(尺木)이, 목 아래쪽에는 두 줄의 색띠가 아름답게 표현되었다.▲ 청룡이 움직이는 방향을 따라 나란히 빠른 속도로 구름이 흘러 화면 전체의 속도감을 높여준다. 다만, 지천괴수(持天怪獸)와 꼬리 쪽 사이 일부 기운은 좁은 공간 안에서 소용돌이치는 것처럼 느껴지게 표현되었다.

　호랑이의 머리와 얼굴을 지닌 백호는 아가리를 크게 벌렸으나 혀는 내밀지 않았다. 몸통은 호랑이의 줄무늬를 연상시키는 물결무늬꼴 굵고 가는 무늬로 장식되었다. 빠르게 흐르는 구름을 타고 나는 백호의 어깻죽지 뒤로는 끝이 점차 가늘어지는 띠 형태의 기운들이 여러 갈래로 뻗어 나가며 뒤의 두 다리 뒤로도 강한 기운이 뻗어 나간다. 백호의 어깨 뒤로 길게 뻗은 상서로운 기운은 언뜻 불꽃처럼 보이기도 하지만 칼날처럼 날카로운 느낌을 준다. 과장되게 벌린 아가리, 부릅뜬 붉은 눈, 위아래로 솟은 희고 날카로운 송곳니, 앞으로 내밀며 쳐들어 올린 오른쪽 앞발 등이 상상 속 신수로서의 백호의 위력을 한층 강하게 만들어준다. 서벽의 경우도 지천괴수와 꼬리 쪽 사이 일부 기운을 제외하면 백호와 같은 방향으로 빠르게 흐르는 구름으로 말미암아 화면 전체가 강한 기운의 흐름 속에 있다는 느낌을 준다.

　북벽 현무의 뱀은 몸을 거북의 뒷다리 사이로 뺀 뒤 비스듬히 등을 지나 오른쪽 앞다리 뒤로 내리고 두 앞다리 사이로 다시 빼어 비스듬히 오른쪽으로 60도 각도로 올렸다가 다시 60도 각도로 내려와 이미 꽈배기 모양으

▲ 척목은 용의 승천에 반드시 필요한 한 치의 나무를 가리킨다("短書 龍無尺木無以升天(단서에 이르기를 용도 한 치의 나무가 없으면 승천하지 못한다.)", 『논형』論衡, 「용허편」龍虛篇, "龍頭上有一物 如博山形 名尺木 龍無尺木 不能升天(용의 머리 위에 박산 형태의 물체가 있으니 척목이라 한다. 용도 척목이 없으면 하늘로 오르지 못한다.)", 『유양잡조』酉陽雜俎, 「인개편」鱗介篇).

로 얽힌 꼬리 부분과 역'S'자로 얽은 다음 머리를 내려 고개를 틀며 비스듬히 들어올려 대각선 방향으로 위를 쳐다보는 거북의 머리를 정확히 마주 본다.^{그림9} 결과적으로 현무의 뱀과 거북은 하나로 힘 있게 얽히면서 전체적으로 삼각형 구도를 이룬다. 뱀의 몸은 오색으로 빛나는 비늘로 덮여 있으나 거북의 등에는 귀갑이 따로 표현되지 않았다. 현무의 뱀과 거북이 서로 강하게 얽어 자아내는 음양 교환의 기운 때문인 듯 배경을 이루는 구름은 삼각형을 이루는 현무의 몸 좌우로 빠르게 흘러내린다. 결과적으로 북벽 화면의 좌우로 나뉘어 빠르게 흐르는 구름은 동벽과 서벽의 기운의 흐름과 방향이 같아서 널방 세 벽면 전체의 기운의 흐름이 널방 입구 쪽으로 쏠리게 만든다. 그러나 널방 남벽 동측과 서측의 암수 주작 주위 빠른 기운의 흐름이 원형을 이루며 펼쳐진 날개 주위로 소용돌이친다. 이로 말미암아 널방 벽 전체에 표현된 빠르게 흐르는 기운은 널방 안에서 돌게 되어 널방 안은 강한 기운이 흐르는 공간 그 자체가 된다.

널방의 네 벽 모서리에는 짐승 머리에 사람 몸인 괴수가 두 팔로 하늘 세계를 상징하는 무덤의 천장고임을 떠받치는 모습이 그려졌다.^{그림10~11} 괴수는 왼쪽 다리는 무릎을 반쯤 굽힌 상태로 발바닥을 널방 바닥보다 약간 높은 곳에 대고, 오른쪽 다리는 비스듬히 'ㅣ'자로 빼면서 버티는 자세로 발바닥을 널방 바닥 가까이에 댄 채 두 팔을 펼쳐 손목을 젖히면서 위를 받쳐 들어 위로부터의 무게감을 버텨 내려는 강한 의지를 드러낸다. 괴수의 몸에서 좌우로 강하게 날개털 같은 모습으로 뻗어 나간 기운은 이런 분위기에 상승감을 더해준다. 괴수의 손과 발은 맹수의 그것으로 붉은빛 발톱이 길고 날카롭게 갈고리처럼 뻗어 나갔다. 반면 윗도리와 바지를 걸친 위에 허리띠까지 하고 있어 모습은 괴이한 짐승 같지만 인격적 존재임을 짐작할 수 있다.

널방 천장부는 천장고임 제1층 평행고임에 장식된 연속인동당초문으로 말미암아 네 벽과 구분된다. 인동당초문 각 송이의 두 잎은 서로 다른 색으

그림9

그림9   통구사신총 널방 북벽 벽화 현무.

그림10   통구사신총 널방 벽 모서리 벽화 괴수.

그림11   통구사신총 널방 벽 모서리 벽화 괴수.

그림12   통구사신총 널방 천장고임 2층 벽화 달과 신인들.

그림13   통구사신총 널방 천장고임 2층 벽화 귀면괴수(鬼面怪獸).

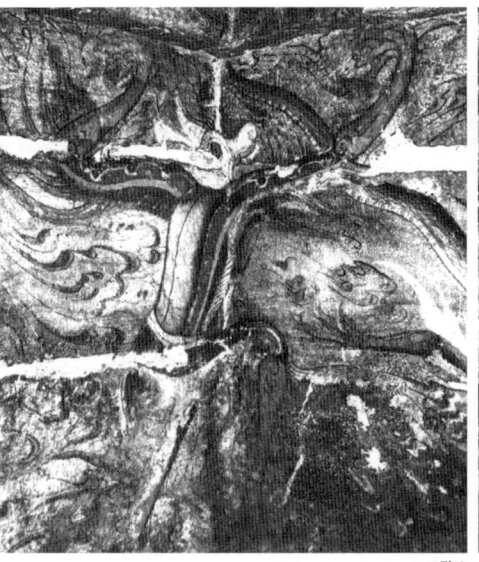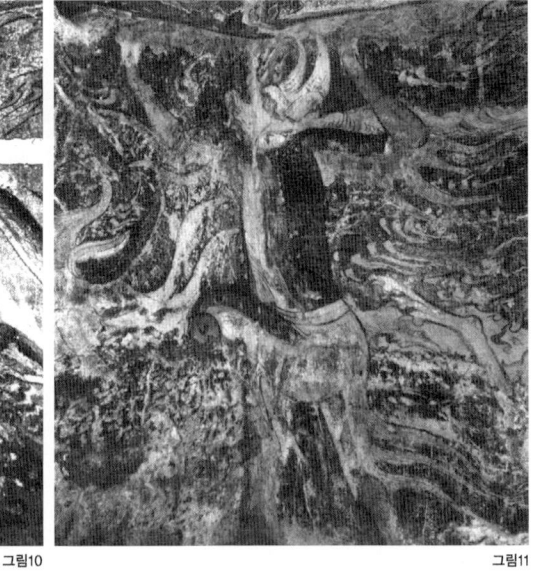

그림10 그림11

그림12

그림13

로 채색되었다. 한쪽은 예외 없이 주색이고, 다른 한쪽은 녹청색, 황토색, 갈색 등이다. 두 잎 사이에는 세 잎 꽃이 피어 있다. 두 송이가 갈라져 나오는 줄기 매듭에는 연봉오리가 돋았고, 덩굴줄기에는 작은 돌기가 몇 개씩 돋았다. 천장고임 제2층 삼각고임 제1단, 천장고임 제3층 제2단의 밑면에는 빠르게 흐르는 구름 사이로 꿈틀거리며 하늘을 나는 용을 표현하였다.

천장고임 제2층의 삼각고임석 사이의 네모꼴 고임돌 정면에는 해, 달, 괴수를 그렸다.^{그림12} 동면 고임돌에는 삼족오가 들어 있는 해, 서면 고임돌에는 두꺼비가 들어 있는 달을 묘사했다. 해의 둘레에는 붉은 기운이 호선을 그리며 여러 겹 감싼 것처럼 묘사되었으며 달의 둘레에는 상서로운 기운이 구름 형상으로 번져 나가는 것처럼 표현되었다. 남면과 북면 고임돌에는 괴이한 얼굴과 상체 일부, 두 팔은 네모진 정면에 그리고 두 다리의 일부는 좌우의 삼각석 측면, 엉덩이와 허벅지 부분은 바로 위층 삼각석 밑면 안쪽에 그린 짐승 얼굴, 사람 몸을 지닌 괴수가 등장한다.^{그림13} 발굴 조사 당시 북면 괴수의 엉덩이 부분 그림은 온전히 남아 있었으나 남면 괴수는 삼각석 밑면 해당 부분 그림이 퇴색되어 없어진 상태였다. 앞을 보면서 두 발을 위층 삼각석 밑면 경계에 댄 괴수의 이런 자세는 이 괴수들도 그 위의 하늘 세계를 받쳐 든 존재로 그려졌음을 시사한다.

천장고임 2층에 해당하는 삼각고임 제1단의 측면에는 여러 가지 상서 동물이나 상서 동물을 탄 천인들을 그렸다. 모든 그림의 배경에는 여러 갈래로 나뉘어 빠르게 흐르는 구름이 표현되었다. 동남면에는 남쪽을 향해 날개를 펼친 봉황, 각각 용을 타고 하늘을 달리는 천인 두 사람이 잇달아 묘사되었다. 동북면에는 각각 용을 타고 동쪽을 향해 하늘을 달리는 천인 세 사람이 나란히 그려졌다. 서북면에는 각각 호랑이, 사슴, 말을 타고 서쪽을 향해 하늘을 달리는 천인 세 사람이 잇달아 표현되었다. 서남면에는 각각 학을 타고 남쪽을 향해 하늘을 달리는 천인 두 사람이 나란히 그려졌다. 모든 천인

들의 몸에서는 상서로운 기운이 날개털처럼 여러 갈래로 갈라지며 뻗어 나
가며 천의의 끝자락도 비슷한 방식으로 갈라지며 뒤로 흘러 천의 자체도 이
세상의 실과는 달리 상서로운 기운의 집합체임을 시사한다. 동남면과 동북
면의 천인들은 머리에 면관(冕冠)을 썼고 맞여밈〔合衽〕 상의에 치마류 차림
으로 용을 탔다. 서남면과 서북면의 천인들은 머리에 호모(胡帽)를 썼고 저
고리와 바지 차림이며 호랑이, 사슴, 말, 학 등을 탔다.

삼각고임 제2단의 측면에는 여러 가지 상서 동물들, 해신과 달신, 여러
별자리와 신적 존재들을 묘사하였다. 역시 모든 그림의 배경에 여러 갈래로
나뉘어 빠르게 흐르는 구름이 표현되었다. 동면에는 각각 머리 위로 해와 달
을 받쳐 든 채 마주 보며 하늘로 날아오르는 복희형 해신, 여와형 달신이 그
려졌다.그림14 서면에는 제일 남쪽에 머리를 뒤로 길게 늘어뜨린 천신이 오른
쪽 무릎은 꿇고 왼쪽 무릎은 굽혀 세운 채 왼손에는 사발 같은 것을 들고 오
른손에는 붓을 쥔 채 두루마리가 펼쳐진 네 다리 탁자 앞에서 막 어떤 행동
을 취하려는 모습이 묘사되었다. 이어 엉거주춤한 자세로 막대기 끝을 아래
네모진 판의 구멍 안에 넣고 두 손바닥으로 막대기를 비벼서 돌려 불을 일으
키려는 듯이 보이는 천신, 천신 등 뒤의 나무 곁에서 뱀을 쪼아 먹는 중인 커

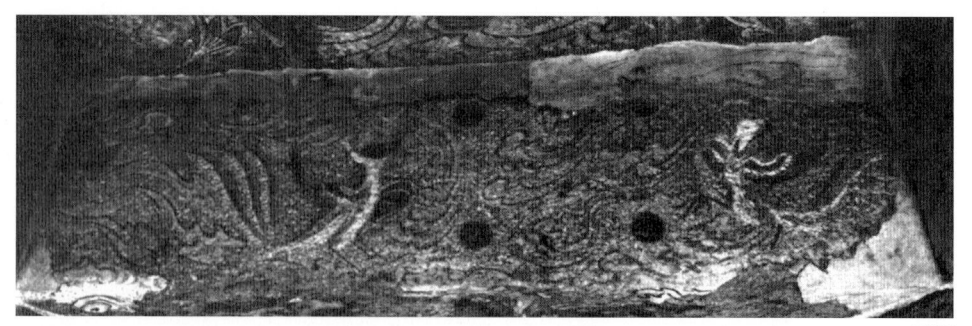
그림15

그림16

그림15 통구사신총 널방 천장고임 3층 벽화 북두칠성과 상금서수.
그림16 통구사신총 널방 천장석 벽화 황룡과 북극삼성.

다란 흰 새 등이 차례로 묘사되었다.

　남면에는 동쪽에 두 뿔 달린 짐승 머리의 새, 서쪽에 기괴한 얼굴과 두 앞발만 그린 괴수, 면 전체에 걸쳐 별자리를 이루는 일곱 개의 별이 그려졌다. 서쪽 괴수 얼굴 곁 서쪽의 빈 공간에는 '담유부지□(噉㝹不知□)'라는 묵서가 있다. 북면에는 약간 거리를 두고 마주 보는 자세로 날개를 편 짐승 머리의 새와 서조, 화면 전체에 걸쳐 북두칠성이 표현되었다.[그림15] 천장석 전면엔 구름 속에서 크게 몸을 틀고 있는 황룡이 묘사되었고, 북쪽 가장자리에 북극삼성(北極三星), 네 모서리에는 인동에 감싸인 연꽃이 그려졌다.[그림16] 이상에서 살펴본 통구사신총 벽화 구성을 알기 쉽게 정리하면 아래 〈표1〉과 같다.

방향	널길	널방		천장석
		벽	천장고임	
동	실물 크기 문지기 신장	주제: 청룡 배경: 빠르게 흐르는 구름 모서리: 하늘을 받치는 괴수	*천장고임 1층(평행고임): 연속인동당초문 *천장고임 2층(삼각고임 1단) 삼각석 밑면: 하늘을 받치는 용 고임석 정면: [동]해, [서]달, [남·북]하늘을 받치는 괴수 삼각석 정면: [동남]봉황, 용을 탄 천인 2인, [동북]용을 탄 천인 3인, [서북]호랑이, 사슴, 말을 탄 천인들, [서남]학을 탄 천인 2인	황룡, 북극삼성, 인동연꽃
남		주제: 연화대좌 위의 쌍주작 배경: 빠르게 흐르는 구름 모서리: 하늘을 받치는 괴수		
서	실물 크기 문지기 신장	주제: 백호 배경: 빠르게 흐르는 구름 모서리: 하늘을 받치는 괴수	*천장고임 3층(삼각고임 2단) 삼각석 밑면: 하늘을 받치는 용 삼각석 정면: [동]해신, 달신, [서]글 쓰는 천신, 불 피우는 천신, 뱀 먹는 새, [남]짐승 머리의 새, '噉㝹不知□' 묵서와 괴수, 남두칠성, [북]짐승 머리의 새, 서조, 북두칠성	
북		주제: 현무 배경: 빠르게 흐르는 구름 모서리: 하늘을 받치는 괴수		

〈표1〉 통구사신총 벽화 구성

무덤 구조와 벽화 제재의 분석

무덤 구조와 축조 재료로 볼 때 통구사신총은 후기 벽화고분의 특징적 요소를 제대로 갖춘 유적이다. 무덤 칸이 지상에 설치되었고 외방무덤에 무덤 칸 방향은 남향이다. 널방 남벽 가운데에 널길이 설치되었으며 비교적 짧은 널길은 바깥으로 나가면서 나팔꼴로 벌어졌다. 널길과 널방 축조에 사용된 석재는 모두 잘 다듬어진 거석이다.

평양권에서는 초기부터 남향의 외방무덤들이 등장하지만 집안권에서는 중기까지 서향이나 서남향의 두방무덤들이 다수 축조되었다.[62] 일반적으로 초기와 중기에는 널길을 무덤 칸 입구의 한쪽 벽에 붙여 설치하는 사례가 흔히 나타난다. 후기에 들어서면 이런 사례가 매우 드물어진다. 초기와 중기의 벽화고분은 대개의 경우, 깬돌을 쌓아올리는 방식으로 축조되었다. 천장고임에 사용되는 돌도 모서리가 각이 지도록 완전히 다듬은 것은 아니었다. 비록 무덤 주인공 신분의 차이로 말미암은 면은 있으나 잘 다듬어진 판석 형태의 거석이 무덤 축조 석재로 사용되는 것은 후기 벽화고분의 가장 큰 특징 가운데 하나이다. 이런 여러 가지 사실들을 함께 고려할 때 통구사신총은 늦어도 6세기 전반에는 축조되었다고 보아야 할 것이다.

통구사신총은 벽화 구성과 내용에서도 후기 고분벽화의 주요한 특징적 요소들을 지니고 있다. 제재와 기법, 구성과 배치 등을 널길 벽화, 널방 벽면 벽화, 널방 천장고임과 천장석 벽화의 순서로 차례로 살펴보면 아래와 같다.

널길 동벽과 서벽에 그려진 반나체의 문지기 신장은 5세기 중엽 이후 등장하는 실물 크기 문지기를 잇는 존재이다. 5세기 후반 작품인 집안 삼실총, 장천1호분 벽화의 실물 크기 문지기들이 위아래 옷이나 갑옷을 제대로 차려 입은 모습인 것과 달리 통구사신총 문지기는 윗도리를 걸치지 않고 상반신을 드러낸 반나체 차림이다. 집안권 및 평양권 5세기 고분벽화에

그림17 오회분5호묘 널길 벽 벽화 문지기 신장 모사도.

- 이런 모습의 문지기 신장과 유사한 존재는 6세기 중국 북조에서 조영(造營)되던 석굴사원 부조 및 회화 작품에서 찾아볼 수 있다(전호태, 「고구려 후기 사신계 고분벽화에 보이는 선·불 혼합적 내세관」, 『울산사학』 7, 울산대학교 사학과, 1997).

서 상반신을 드러낸 문지기가 등장한 경우는 없다. 물론 평양권의 후기 고분벽화에도 웃통을 벗어젖힌 모습으로 무덤 입구를 지키는 문지기는 보이지 않는다.

모사도로 전해지는 통구사신총 벽화 문지기 신장의 이미지는 불교 사원에서 이 역할을 맡은 금강역사(金剛力士)에 가깝다.* 근육으로 울퉁불퉁한 붉은빛 상반신을 드러낸 채 눈을 부릅뜨고 입을 크게 벌려 소리치며 앞으로 내달리려 하는 문지기 신장의 모습에서는 무덤을 온전히 지키려는 의지가 강하게 풍겨 나온다. 비슷한 분위기를 무덤 입구의 어떤 존재를 향해 활시위를 막 놓으려는 순간이 포착된 오회분5호묘 널길 벽의 문지기 신장에게서도 느낄 수 있다.^{그림17}

오회분5호묘 벽화의 문지기 신장도 윗몸에 아무것도 걸치지 않고 상투를 드러냈으며 몸은 붉고 근육이 발달했다. 더욱이 통구사신총 문지기 신장과 같은 형태의 신발을 신었다. 반면 통구사신총의 문지기 신장과 달리 오회분5호묘 벽화 문지기 신장은 한쪽 무릎을 세운 채 연화대좌 위에 걸터앉은 자세로 무덤 입구를 향해 활을 겨누고 있다. 두 고분벽화의 문지기 신장은 사용 중인 무기가 다르고 자세에 차이가 있으며 연화대좌가 있고 없는 점에서 구별된다. 하지만 동일한 종교·문화적 배경을 바탕으로 출현하여 고구려에 전해졌으며 고분벽화의 제재로도 받아들여지고 그려졌음을 짐작하게 하는 점에서는 같다.

널방 네 벽의 사신은 각 방위 벽면 전체를 화면으로 삼고 있는 주된 제재이다. 집안권의 5세기 벽화고분 가운데 무덤 칸 벽면에 사신이 그려진 사례가 없다는 점을 감안할 때 통구사신총 벽화의 사신은 사신에 대한 깊어진 인식과 신앙의 결과물이라고 할 수 있다. 남벽 동측과 서측의 암수 주작은 커다란 연꽃을 발판으로 삼고 있어 평양권 후기 고분벽화 주작들과 구분된다. 반면에 오회분5호묘 널방 남벽의 두 주작은 세부적인 표현에서는 통구사신총 벽화의 주작들과 차이를 보이지만 커다란 연꽃을 발판으로 삼고 있는 점에서는 같다.

널방 동벽의 청룡은 목과 몸통 사이가 두 줄의 띠로 구분되고 몸이 오색의 띠로 이루어진 것처럼 보이는 등 전체적으로 이웃한 오회분5호묘, 오회분4호묘 벽화의 청룡과 비슷하다.[63]그림18~19 한편 어깻죽지에서 뒤로 길게 뻗어 나간 상서로운 기운의 흐름이 과장되게 느껴지고 목뒤의 척목 표현이 간결하며 앞으로 나아갈 때 꼬리의 뻗어 나간 각도가 높지 않은 점 등에서 오회분5호묘 및 오회분4호묘와 차이가 있다. 그러나 평양권 후기 고분벽화의 청룡 가운데 오색으로 화려하게 채색된 사례가 발견되지 않음을 고려하면 통구사신총 벽화의 청룡은 6세기에 들어서면서 집안권 고분벽화 사신 표현이 평양권과는 뚜렷이 구별되기 시작했음을 보여주는 경우라고 하겠다.

널방 서벽의 백호도 얼굴의 특징, 몸의 형태와 다리의 자세, 몸통의 무늬 등에서 오회분5호묘, 오회분4호묘 벽화의 백호와 별다른 차이를 보이지 않는다.그림20 어깻죽지에서 뒤로 길게 뻗어 나간 상서로운 기운의 흐름, 앞으로 나아갈 때 꼬리의 뻗어 나간 각도가 높지 않아 움직임이 약하게 느껴지는 점 등이 오회분5호묘 및 오회분4호묘 벽화의 백호와 차이가 있는 점도 같다.

통구사신총 벽화의 백호는 비슷한 시기의 작품인 평양권 후기 벽화고분 가운데 진파리1호분 널방 서벽의 백호와 비교될 만하다.그림21 두 백호는 호랑이의 얼굴에서 크게 벗어나지 않았으며 몸에서 상서로운 기운이 뻗어 나간다는 점에서 기본적으로 크게 다르지 않다. 그러나 화면의 배경을 이루는 빠르게 흐르는 구름이나 백호가 앞으로 나아가는 동세의 정도, 백호 몸통 무늬 선과 형태의 강약태세(强弱太細)의 정도에서 뚜렷한 차이를 보인다. 강한 동세를 중시하는 집안권 화풍과 섬세하고 유려한 묘사력에 초점을 두는 평양권 화풍은 6세기 고구려 남북 문화권 중심에 존재하던 사회적 기풍의

그림 19

그림 18

그림20

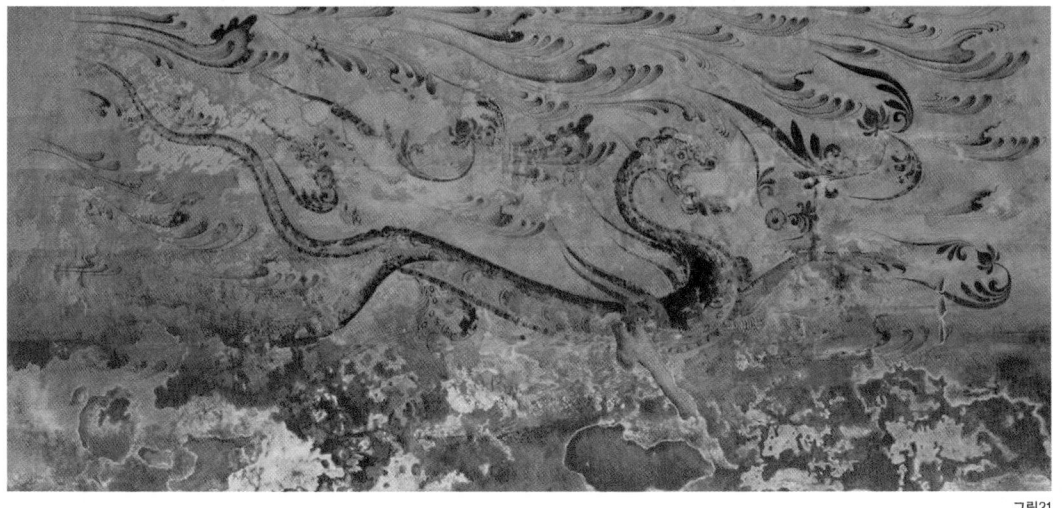

그림21

그림18　　통구사신총 널방 동벽 벽화 청룡.　　　　그림20　　통구사신총 널방 서벽 벽화 백호.
그림19　　오회분4호묘 널방 동벽 벽화 청룡.　　　그림21　　진파리1호분 널방 서벽 벽화 백호 모사도.

그림22 **오회분5호묘 널방 북벽 벽화**
현무.

차이를 반영하는 것일 수 있다.

　널방 북벽의 현무는 뱀이 거북의 몸은 한 차례 감고 말면서도 자기 몸
은 꽈배기 형태로 여러 차례 감는 점에서 평양권 후기 고분벽화의 현무와 구
별된다. 통구사신총의 현무는 오회분5호묘와 오회분4호묘의 현무보다 뱀의
얽힘이 심하지 않은 반면 화면 전체에서 지니는 제재로서의 비중은 매우 높
다. 동벽의 청룡, 서벽의 백호처럼 통구사신총의 현무는 화면에 가득 차도록
크게 그려졌다. 이와 달리 오회분5호묘와 오회분4호묘의 현무는 화면 한가
운데 작게 묘사되어 배경이 되는 연속변형귀갑문(連續變形龜甲文)이 오히려
두드러져 보이게 한다.^{그림22} 더욱이 통구사신총 현무의 뱀과 거북이 머리가

그림23 **오회분5호묘 널방 벽 모서리 벽화 용과 괴수.**

닿을 듯한 거리에서 서로 마주 보며 눈빛과 기운을 교환한다. 반면 오회분5호묘와 오회분4호묘의 현무는 뱀은 머리를 수평에 가깝게 빼어 들었고 거북은 머리를 거의 수직으로 세워 들어 뱀과 거북의 머리가 90도를 이룬다. 뒤의 두 고분벽화의 현무는 번잡할 정도로 복잡하고 화려하게 그려졌으나 음양교합(陰陽交合)과 우주재생(宇宙再生)이라는 현무 본래의 기능과 역할에 충실하게 표현되지 못하였다고 할 수 있다.

널방 벽화의 배경 공간을 채우고 있는 빠르게 흐르는 구름은 음양으로 나뉘기도 하고 다시 합쳐지면서 새로운 존재를 탄생시키기도 하는 상서로운 기운의 흐름을 눈에 볼 수 있게 형상화한 결과이다. 6세기 동아시아 미술의 가장 주요한 모티프이기도 한 빠르게 흐르는 기운 혹은 구름 표현은 중국 남조에서 시작되어 동아시아 전역으로 번져 나갔다.[64] 중국 남북조에서는 이 모티프가 화생을 일으키는 생명적 에너지의 원천처럼 묘사되는 것이 일반적이다. 하지만 고구려 고분벽화에서는 그런 경우와 그렇지 않은 경우가 동시에 보인다. 통구사신총 벽화는 기운의 강하고 빠른 흐름으로만 표현되는 경우에 해당한다.

널방 네 벽 모서리에 그려진 괴수는 5세기 고분벽화의 자색 기둥을 대신한 존재이다. 삼실총이나 장천1호분에 등장하는 우주역사와 같은 역할을 하고 있으나 불교문화의 동방 전파와 함께 고구려에 흘러든 서역 기원 문화 요소로 볼지 여부는 속단하기 어렵다. 하늘 세계를 받치는 역사형 괴수는 오회분5호묘와 오회분4호묘 벽화에도 등장한다. 두 고분벽화의 괴수 역시 널방 벽 모서리에서 하늘 세계를 떠받치는 자세를 취하지만 모서리 벽을 타고 위에서 내려오는 용을 두 팔로 받쳐 든 모습으로 그려져 통구사신총 벽화의 괴수보다는 작으며 화면에서 지니는 벽화 제재로서의 비중도 상대적으로 낮다.[그림23]

이런 모습의 하늘 세계를 받치는 괴수들이 평양권 후기 고분벽화에는 등장하지 않는다. 대안리1호분, 쌍영총 등 평양권의 5세기 후반 고분벽화에 잠시 등장했던 널방 벽 모서리나 널방 벽 상단 소슬 아래 우주역사들이 6~7세기 고분벽화에는 그려지지 않는다. 평양권 후기 고분벽화에 목조 가옥의 기둥이나 도리, 소슬을 연상시키는 어떤 제재도 묘사되지 않는 점을 고려하면 이를 이례적인 현상이라고 하기 어렵다.

통구사신총 벽화의 우주역사형 괴수들과 비슷한 제재는 5~6세기 중국 남북조 미술 작품에서도 자주 발견된다.[65] 주로 묘지 석각선화의 제재로 나타나는 경우가 많으며 석굴사원의 채색부조(彩色浮彫) 중에도 발견된다. 그러나 통구사신총을 포함한 집안권 후기 고분벽화에서처럼 무덤 칸 내부를 장식하는 주요한 제재의 하나로 등장하지는 않는다. 이는 집안권 후기 고분벽화의 우주역사형 괴수의 조형적 연원이나 관념적 기원을 중국 남북조 미술에서 찾을 수도 있겠으나 이에 대한 재해석과 적용은 고구려에서 별도로 이루어졌다는 해석을 가능하게 하는 부분이다.

널방 천장고임 벽화는 6세기 고구려인이 상상하던 하늘 세계의 모습이라고 할 수 있다.[그림24] 1층 평행고임을 장식한 인동당초문 띠는 고구려의 후기 고분벽화 장식문을 대표하는 것 가운데 하나이다. 당초문(唐草紋) 각 마디의 두 인동잎을 서로 다른 색으로 칠하되 한 잎은 늘 주색(朱色)으로 해 장식문에서 다채로운 변화와 안정감을 동시에 느끼도록 한 것이다. 고구려

화가의 기교와 감각이 상당한 수준이었음을 알게 한다.

최초의 조사 보고에서도 언급된 것처럼 당초 마디의 둥근 돌기들은 중국 한대 괴운문(怪雲文)의 잔영으로 볼 수 있다.[66] 그러나 평양권 진파리4호분 널방 천장고임을 장식한 강하고 빠른 기운의 흐름에서도 유사한 돌기 표현이 등장하는 것으로 보아 6세기 동아시아 미술에서 널리 받아들여지던 상서로운 기운을 나타내는 양식적 표현의 하나로 이해될 여지도 있다.[그림25] 오회분4호묘 벽화에 세 잎 꽃과 인동잎이 더 세련된 형태로 그려지며 평양권의 강서대묘 벽화에는 매우 다양한 형태로 묘사되는 것으로 볼 때 통구사신총 벽화의 인동당초문은 장식문의 하나로 고구려에 본격적으로 수용, 소화되던 단계의 작품이라고 할 수 있다.

천장고임 2층 및 3층 삼각고임석 밑면에 그려진 용은 빠르게 흐르는 구름 사이를 유영하는 듯 보인다. 한편으로는 앞뒤 두 다리를 좌우로 벌려 언뜻 오른쪽 두 다리로 삼각석의 수평면 쪽을 받쳐 들려는 것처럼 보이기도 한다.[그림26] 혹 발굴 보고자의 추정대로 이 용들이 삼각석 위의 세계를 받쳐 드는 존재로 그려졌을 수도 있다.[67] 실제 중국 남북조 시대 묘지선각화(墓誌線刻畵) 및 석굴사원 채색부조에는 삼각석 밑면에 그려진 용과 같은 형태의 반룡(盤龍)이 자주 등장한다.[68] 오회분5호묘와 오회분4호묘 널방 천장고임 삼각석 밑면에도 통구사신총처럼 용이 그려졌다. 꿈틀거리는 모습이 화면에 가득 차도록 표현되어 그 위의 세계를 받치는 존재라는 이미지를 강하게 풍긴다. 두 고분의 널방 네 모서리에 괴수와 같이 그려진 용에게 기둥과 두공의 기능이 부여되었음을 감안하면 삼각석 밑면의 용도 두공의 이미지가 중첩된 존재일 수 있다. 널방 바닥에서 위를 쳐다볼 경우 통구사신총 삼각석 밑면의 용들은 천장석에 가득차게 그려진 황룡과 함께 천장고임에 묘사된 하늘 세계를 아홉 마리의 용이 지키는 특별한 세상으로 인식하게 하는 존재이기도 하다.

그림24

그림24 통구사신총 널방 천장고임 벽화 모사선화.
그림25 진파리4호분 널방 천장고임 벽화 유운문.
그림26 통구사신총 널방 천장고임 삼각석 밑면 벽화 용.

그림25

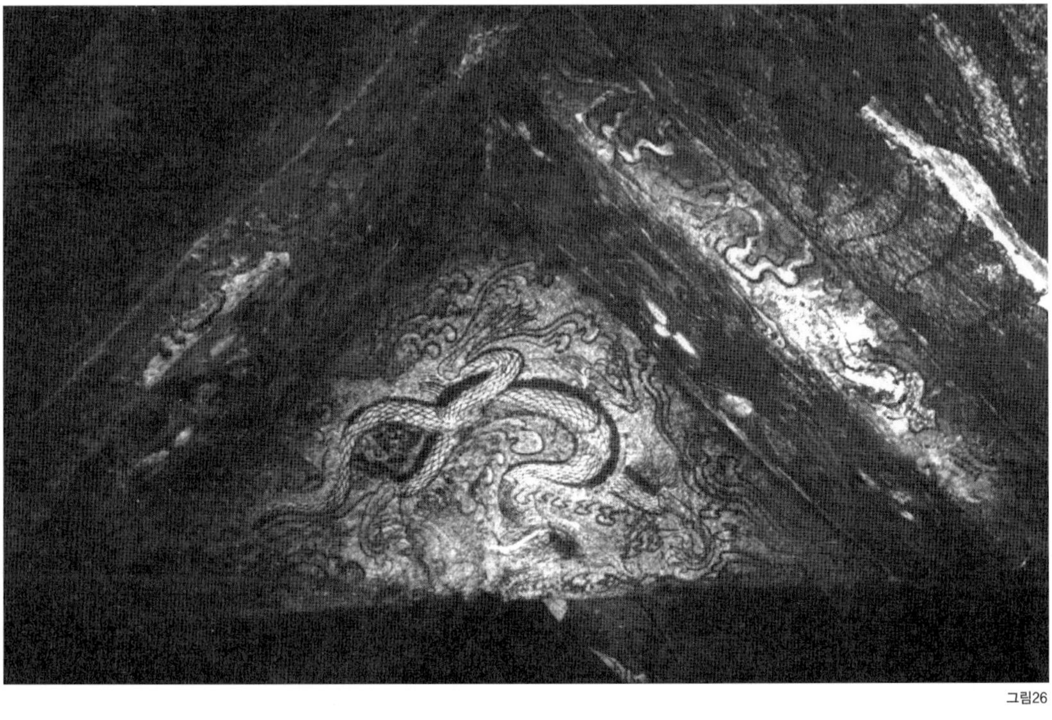

그림26

널방 천장고임 2층 삼각석 사이의 네 개의 네모꼴 고임돌은 동서남북 방위에 맞추어 놓였다. 그러나 무덤 방향이 정남에서 서쪽으로 25도 기울었으므로 정방위는 아니다. 동면의 해 안에 그려진 삼족오와 서면의 달 안에 묘사된 두꺼비는 오회분5호묘 널방 천장고임에 그려진 것과 모습이 같다. 주목되는 것은 남면과 북면의 괴수이다. 물구나무서기 자세로 두 발과 엉덩이를 삼각석 밑면에 댄 괴수의 형상은 그 조형적 연원이 중국 상(商)·주(周) 시대 청동기에 장식된 제(帝)나 도철(饕餮)*까지 거슬러 올라갈 수 있다. 5세기 고분벽화에는 보이지 않던 제재이다.[69] 이런 형상의 괴수는 평양권의 후기 고분벽화에도 등장하지 않는다. 지천(持天)과 벽사를 겸하고 있는 이런 존재가 통구사신총 벽화에 모습을 드러냈다는 사실은 6세기 집안권의 문화적 동향과 관련하여 주목되지 않을 수 없다.

널방 천장고임 2층 네 개의 삼각석 측면의 서조와 짐승을 탄 천인들의 모습은 5~6세기 중국 남조 귀족 사회에서 유행하며 소망되던 신선경(神仙境)의 한 장면에 가깝다.■ 용이나 구름을 타고 허공을 노닐고 스스로 새나 짐승으로 모습을 바꾸기도 하는 신선들의 존재는 앞 시기에 비해 크게 안정된 남북조 시대 귀족적 취향의 문인들이 주고받던 시부(詩賦)에서도 종종 언급되었다.[70] 이런 신선적 존재는 집안의 5세기 고분벽화에도 종종 등장했지만 통구사신총 벽화에서는 짜임새를 갖추어 질서 있게 세련된 필선으로 묘사되었다는 점에서 이전과 차이를 보인다.

널방 천장고임 3층의 삼각석 측면에 묘사된 것은 신선경 위의 세계라고 할 수 있다. 동면의 해신과 달신은 고구려 고분벽화에서 처음 등장하는 제재로 중국에서는 한대 화상전과 화상석에 특히 자주 표현된 신격이다. 집안권

- 탐욕이 많고 사람도 잡아먹는다는 상상 속의 흉악한 짐승.
- 진(晋)의 갈홍(葛洪)의 작품으로 전하는 『신선전』神仙傳에 묘사된 선인(仙人)들의 모습에서 남조 귀족 사회의 취향과 지향성을 읽을 수도 있다("仙人者 或竦身入雲 無翅而飛 或駕龍乘雲 上造天階 或化爲鳥獸 遊浮青雲 或潛行江海 翱翔名山 或食元氣 或茹芝草 出入人間而人不識 或隱其身而莫之見(선인이란 어떤 때는 구름 속으로 날아오르고 날개 없이도 난다. 혹 용을 타고 구름 위로 오르고 위로 하늘 계단(천궁)에 이른다. 혹 변하여 새와 짐승이 되어 맑은 구름(대공) 위에 노닌다. 때로 강과 바다 깊이 들어가고 명산으로 날아오르기도 한다. 원기를 마시고 지초(영지)를 먹기도 한다. 인간세계에 출입해도 사람들이 알지 못하며, 몸을 숨기면 아무도 보지 못한다.)", 『신선전』神仙傳).

후기 고분벽화에 공통적으로 등장하는 제재이지만 평양권 후기 고분벽화에는 보이지 않는다. 아직 충분히 고구려적 이미지를 갖춘 상태는 아니다. 남북조 시기의 중국에서는 해와 달을 머리 위로 받쳐 든 해신과 달신 표현이 뜸하게 나타나는 점을 감안하면 통구사신총 벽화의 해신과 달신은 집안권 나름의 벽화 구성이 시도되는 과정의 일단을 보여주는 새로운 제재라는 의미를 지닌다.

서면의 두 신(神)도 고구려 고분벽화에 새롭게 등장하는 존재들이다. 두루마리가 펼쳐진 탁자 앞에 한쪽 무릎을 세운 채 앉아 붓을 든 신은 문자 문화와 관련된 것이 확실하다. 나무를 등진 자세로 두 손으로 나무 막대를 비벼서 돌리는 신은 사람에게 불의 사용법을 알려준 신일 가능성이 높다.그림27 두 신이 어떤 신화의 주인공이며 이름이 무엇인지는 알기 어렵다. 그러나 벽화에 그려진 모습과 자세가 매우 사실적이고 구체적이라는 점에서 6세기 고구려 사회에서는 이미 잘 알려진 신화의 주인공임은 짐작할 수 있다. 통구사신총과 다수의 벽화 제재를 공유하고 있는 오회분5호묘와 오회분4호묘 벽화에는 두 신이 보이지 않는다. 그러나 두 고분벽화에 등장하는 불 막대기를 손에 쥔 수신이 막대로 불씨를 얻으려는 신의 후신일 가능성은 매우 높다. 통구사신총 벽화의 두 신이 몸에 걸친, 가장자리가 여러 갈래로 갈라지면서 그 끝이 날개털처럼 흩날리는 옷은 뒤의 두 고분벽화에 등장하는 문명신(文明神)들도 걸치고 있어 '신의 모습'에 대한 조형적, 양식적 표현은 계승되고 있음을 알 수 있다.그림28

집안권 후기 고분벽화에 보이는 문명신들은 평양권 후기 고분벽화에는 전혀 등장하지 않는다. 불을 피우려는 듯한 자세의 신 바로 뒤에 묘사된 나무는 풍경의 일부이기도 하지만 화면을 구분하는 장치이기도 하다. 이 나무로 말미암아 화면의 북쪽에 커다랗게 그려진 뱀을 쪼아 먹는 큰 새의 모습이 그리 어색하지 않다.그림29 두 발로 뱀을 밟고 이미 몸통의 일부를 삼키고 있는

그림27

그림28

그림27 통구사신총 널방 천장고임 3층 벽화 문자의 신과 불의 신.
그림28 오회분4호묘 널방 천장고임 벽화 대장장이의 신과 수레바퀴의 신.

그림30

그림29 **통구사신총 널방 천장고임 3층 벽화 뱀을 쪼아 먹는 새.**
그림30 **통구사신총 널방 천장고임 3층 벽화 귀면괴수.**

흰 새는 삼실총 제3실 천장고임에 등장하는 물고기를 쪼아 먹으려는 백로와 조형 상징상의 이미지가 겹치는 존재이다. 중국 고대미술의 주요한 제재 가운데 하나이기도 한 조어문, 조사문은 음양 조화, 생명 재생을 희구하는 표현으로 이해된다.[71] 그렇다면 통구사신총 벽화의 백조탄사(白鳥呑蛇)는 삼실총 벽화의 백로탁어를 잇는 그림인 셈이다.[72]

남면 동쪽에 그려진 두 뿔 달린 짐승 머리의 새는 정체를 정확히 알 수 없다. 그러나 보다 소박하게 그려진 비슷한 모습의 새가 덕흥리벽화분 앞방 천장부에 그려져 참고가 된다. 408년 묵서 묘지명이 있는 덕흥리벽화분의 두 뿔 달린 짐승 머리의 새는 곁에 '길리지상(吉利之象)'이라는 묵서가 있다. 길리 근처에 말 머리의 새인 '부귀'가 그려진 것으로 보아 길리는 소머리의 새로 형상화된 상서 관념이다. 통구사신총의 두 뿔 달린 짐승 머리의 새도 덕흥리벽화분의 길리, 부귀와 유사한 관념이 형상화된 결과일 것이다. 남면 서쪽에 묘사된 괴수는 바로 그 아래층 네모꼴 고임돌 정면에 그려진 지천, 벽사의 괴수와 모습이 크게 다르지 않다. 괴수 곁에 쓰인 '담유부지□(噉宍不知□)'라는 묵서는 벽사의 의미를 강하게 담고 있는 위협적인 문구로 괴수에게 부여된 역할을 잘 드러낸다.[그림30] 남면 전체에 걸쳐 별자리를 이루도록 선으로 이어진 일곱 개의 별은 남두육성을 나타낸 것으로 보인다. 남두육성을 일곱 개의 별로 나타낸 사례는 5세기 후반의 작품인 장천1호분 널방 천장석에서 확인할 수 있다. 북두칠성과 대응시키려는 듯 남북 두 별자리 사이에 '북두칠청'이라는 묵서가 남아 있다. 통구사신총의 일곱 개의 별로 된 남두육성도 의도적인 표현이라고 할 수 있다.

북면 동쪽과 서쪽에 묘사된 짐승 머리의 새와 서조도 천추, 만세, 길리, 부귀와 같은 길상구(吉祥句)를 형상화한 존재로 짐작된다. 그러나 각각의 새에 정확히 어떤 길상 관념이 투사되었는지는 알 수 없다. 북면 전체를 화면으로 삼아 묘사된 북두칠성은 남면의 남두육성과 대응되는 별자리이다. 역시 별들 사이는 선으로 이어졌다.

　천장석의 황룡 역시 6세기 고분벽화에서 비로소 등장하는 제재이다. 5세기의 고분벽화에는 표현되지 않던 황룡이 6세기 고분벽화에 모습을 드러낸 것은 오행신앙(五行信仰)에 대한 인식이 심화되면서 나타난 현상으로 해석될 수 있다. 무덤 주인의 신분을 나타내는 표지로 이해되기도 한다.[73] 통구사신총 황룡은 오회분4호묘 널방 천장석의 황룡과 표현 양식상으로는 큰 차이가 없으나 오른쪽 앞발과 뒷발을 내뻗는 자세 등이 가져다주는 동세 등에서는 오회분4호묘 황룡에 미치지 못한다. 평양권 후기 고분벽화를 대표하는 강서대묘 널방 천장석에도 황룡이 표현되었는데, 통구사신총 황룡과는 표현 양식과 기법상의 차이가 뚜렷한 경우이다. 천장석 네 모서리의 인동연꽃은 같은 위치에 그려진 강서대묘 널방 천장석의 인동연꽃보다 앞 단계의 표현 양식을 보여준다. 천장석 북쪽의 북극삼성은 오회분5호묘와 오회분4호묘 널방 천장석에도 보이는 것으로 가운데의 큰 별이 북극성이다. 북극삼성은 집안권 후기 고분벽화에 공통된 또 하나의 의미 있는 벽화 제재이다.

　지금까지 살펴본 데에서 잘 드러나듯이 통구사신총은 다듬은 거석을 사용하여 널길 벽, 널방 벽과 천장을 축조한 점에서 후기 벽화고분의 하나임이 확실하다. 또한 통구사신총 벽화는 석면 위에 백회를 바르지 않고 직접 그려진 것으로 사신을 주제로 삼고 있다. 벽화 속의 사신은 5세기와는 다른 매우 능숙한 기법으로 화려하게 묘사되었다. 사신이 그려진 벽면에는 남북조 시대에 유행한 빠르게 흐르는 구름이 가득 그려져 화면의 배경이 되고 있다. 벽화에서 확인되는 이런 여러 요소들도 통구사신총을 6세기 작품으로 보게 하는 주요한 근거 자료가 된다. 무덤 구조, 벽화 구성 및 내용으로 확인되는 이런 여러 가지 사실들과 이웃한 오회분5호묘 및 오회분4호묘의 제반 특징을 아울러 고려할 때 통구사신총이 축조되고 벽화가 제작된 시기는 6세기 전반으로 보는 것이 타당할 듯하다.

6세기 고구려의 서방 정책과 통구사신총

491년 고구려의 장수왕이 세상을 뜨자 북위의 효문제는 위모관(委貌冠)을 쓰고 소복을 입은 뒤 여러 신하들과 함께 동쪽 교외로 나가 애도의 뜻을 표했다.[74] 412년 광개토왕의 뒤를 이어 즉위한 장수왕은 즉위 13년이 되던 425년부터 거의 매년 북위에 사신을 보냈고 북위도 이에 호의적 반응을 보였다. 436년 북위의 북연 정벌과 북연 왕실의 고구려 망명, 남조 송으로 망명처를 옮기려던 북연 왕 풍홍(馮弘, ?~438) 일가를 고구려에서 제거한 일, 이후의 냉각기, 북위 궁정으로 고구려 왕가 공주의 입궁을 요청하면서 벌어진 북위와 고구려의 신경전 등이 있었으나 두 나라는 6세기 전반까지 오랜 기간 우호 관계를 유지하였다.[75] 5세기 중반 성립된 고구려와 유연 사이의 외교 관계도 유연이 돌궐의 압박을 받다가 멸망하는 6세기 중반까지 별다른 파란을 겪지 않고 그대로 유지되었다.[76]

북연 멸망 뒤 동아시아에 4강을 중심으로 세력균형이 성립하면서 국제 질서가 급속히 안정되자 동아시아 주요 국가들 사이의 사회 · 문화 교류는 아연 활기를 띠게 되었다. 비록 북위와 송, 북위와 유연 사이에는 정치 · 군사적 긴장이 감돌게 하는 사건이 자주 일어났지만 4강 질서를 흔들 정도의 큰 충돌로 번지는 경우는 드물었다. 간간이 일어나는 주요 강국들 사이의 충돌에도 불구하고 지역 문화권 사이의 민간 차원 교류는 지속되었다. 특히 동아시아 4강 체제의 한 축이면서도 다른 주요 강국과 정치 · 군사적 긴장 관계가 거의 형성되지 않았던 고구려는 동아시아를 무대로 이루어진 사회 · 문화 교류의 혜택을 가장 크게 받을 수 있었다.

장수왕의 뒤를 이은 문자명왕 시대에도 동아시아 4강의 일원으로서 고구려의 국제적 지위는 그대로 유지되었다. 고구려와 중국 남북조와의 교류도 계속되었으며 유연을 매개로 한 중앙아시아 및 서아시아와의 문화적 접촉도 지속되었다. 북중국을 거치는 전통적인 동서 교통로와 내륙 아시아 초원 지대를 거치는 초원의 길은 고구려가 서방 및 서북방 지역으로부터 오는 소식을 접하고 서쪽의 외부 세계 문화와 만나는 가장 주요한 대외 교통로였다.[77]

519년, 재위 28년 만에 문자명왕이 죽자 북위의 실권자 영태후는 동당에서 이를 애도하고 고구려에 사신을 보내 조문하였다.[78] 문자명왕의 뒤를 이은 안장왕, 532년 그 뒤를 이은 안원왕 때까지 고구려와 북위의 우호 관계는 그대로 유지되었다. 534년 수도 낙양에서 일어난 내란의 여파로 북위가 동위와 서위로 나뉘었어도 고구려와 북조의 새로운 두 왕조 사이에는 평화적 외교 관계가 수립되었다. 550년 동위가 멸망하고 북제가 성립할 때까지 이들 나라 사이의 외교 관계는 별다른 변화를 겪지 않았다. 고구려 사신이 자주 파견되지는 않았으나 고구려와 남조 왕조들과의 우호적 외교 관계 역시 6세기 전반까지 큰 변화 없이 지속되었다.[79]

5세기 중엽부터 동서 교류가 더욱 활발해지자 고구려로 흘러든 외래문화의 양도 크게 늘어났다. 중기 후반의 고구려 고분벽화에 북조를 포함한 서방에서 전래된 것으로 보이는 문화 요소와 회화 양식, 기법이 빈번히 눈에 띄게 되는 것도 이런 까닭이다.[*] 서역 문화 요소가 중기 고분벽화의 제재로 수용되는 사례들은 이미 여러 차례 지적되었다.[80] 주목되는 것은 서방 문화로부터의 영향, 특히 중앙아시아, 인도 및 서아시아 문화가 뭉뚱그려진 서역문화의 물결에 노출되는 정도에서 지역 차이가 보인다는 사실이다. 이는 고구려의 새 수도 평양보다는 고구려 북방 문화권의 중심인 국내성, 오늘날의 집안 일대에서 제작된 중기 고분벽화에 새롭게 전래된 서역 문화의 흔적

• 박아림은 이를 '중국 북방민족 고분 미술'이라는 개념 안에서 설명한다. 이 경우 서역 미술을 어떻게 범주화할 수 있을지가 애매해진다(박아림, 「고구려 고분벽화와 동시대 중국 북방 민족 고분 미술과의 비교연구」, 『고구려연구』 28, 고구려연구회, 2007).

이 보다 뚜렷이 남아 있는 데에서도 잘 드러난다. 어떤 이유로 말미암은 현상일까.

집안 지역 중기 고분벽화인 삼실총, 장천1호분 벽화에 특히 잘 나타나듯이 5세기에 고구려에 전해진 서역 문화는 원형에 매우 가까운 듯 보인다.[81] 북중국을 관통하는 내륙 실크로드를 거치지 않고 유목 제국 유연이 관할하는 초원의 길을 통해 고구려에 전래되었기 때문일 것이다. 고구려와 북위 사이의 전통적인 사행로(使行路)*를 거쳤다면 북위에 의해 걸러지고 소화된 상태로 고구려에 소개되었을 것인 까닭이다. 서역 문화 가운데 일부가 초원의 길을 통해 고구려에 전래되었다면 1차적인 기착지는 고구려 북부의 문화중심인 국내성 지역일 수밖에 없다.▲ 고구려의 다른 지역, 특히 평양 일원에 비해 국내성 일대의 문화에 초원의 길을 통해 들어온 외래문화의 색채가 직접 더해지기 쉬웠음을 짐작할 수 있다.

475년 장수왕의 백제 정벌이 성공적으로 이루어져 한반도 중부 전역과 남부 일부까지 고구려의 영향력 아래 들어오게 되자 고구려는 전통적인 서방 중시 정책으로 되돌아간다.[82] 사실 4세기 후반 백제가 일시 북방으로 치고 올라왔던 기간을 제외하면 5세기까지 고구려가 한반도 중남부 세력으로부터 정치·군사적 압박을 받았던 적은 없었다. 광개토왕의 남정(南征)으로 큰 타격을 받은 뒤 중흥을 꾀하던 백제가 장수왕의 용의주도한 국력 소모책과 전격적인 대규모 군사작전으로 한강 유역을 아예 상실하고 나라의 중심을 남쪽으로 옮긴 상태에서 고구려의 남쪽 국경을 위협할 세력은 더 이상 존재하지 않게 된 것이다.◆ 고구려가 강대한 세력들이 버티고 있는 서쪽 및 서북쪽 국경 지대 너머에 이전보다 더 깊은 관심을 쏟는 것은 당연한 일이었다.

■ 외교사절의 통행로.

▲ 정수일은 고구려의 대서역 통로가 평양에서 시작되어 국내성을 거쳐 요서 지역의 영주를 지나면서 초원 길과 북중국 길로 나뉘어 서쪽으로 뻗어갔을 것으로 보았다(정수일, 「고구려와 서역 관계 시고」(試考), 『고구려연구』 14, 고구려연구회, 2002, 그림 23 참조).

◆ 장수왕이 보낸 승려 도림이 백제 개로왕(蓋鹵王)의 바둑 친구가 되어 백제의 국력을 소모시키는 과정과 결말은 『삼국사기』 권25, 「백제본기」百濟本紀 3, 개로왕 21년조에 잘 나와 있다.

비록 고구려가 유목 제국 유연 및 중국의 남북조 왕조들과 우호적인 외교 관계를 맺고 있다 하더라도 세력균형을 뒷받침할 수 있는 국력을 유지하지 못한다면 언제라도 새로운 국제 질서를 세우려는 흐름의 희생양으로 전락할 수 있었다. 동아시아 4강 체제란 지역 강국의 입지가 그대로 유지된다는 전제 위에 성립한 국제 질서였으므로 네 개의 축 가운데 하나가 약화되면 재편될 수밖에 없었다.[83] 고구려도 예외일 수 없었으므로 동북아시아 패권국가로서 위상을 지키기 위한 대내외 정책을 입안하고 적극적으로 추진할 필요가 있었다. 이를 위해 중앙정부 차원에서 우선적으로 추진한 것이 평양의 중앙정부를 구심점으로 하는 정치적 통합력을 강화, 유지하는 데 효과적인 이념을 정립하고 이를 위한 문화적 기반을 마련하는 것이었다.[84] 5세기 초 광개토왕대에 기본 틀이 마련된 뒤 평양 천도 이후 본격적으로 추진된 고구려적 천하관의 정립, 범고구려 문화의 창출 및 확산이 그것이다.[85]

고구려는 위와 같은 정책들이 동력을 받게 하고자 건국 시조 동명성왕 주몽에 대한 신앙을 체계화하고 심화하는 한편, 불교문화를 확산시키려 애썼다. 주몽 신앙은 고구려적 천하관의 근거를 제공하는 역할을 하였고, 불교 문화는 보편성 높은 범고구려 문화를 성립시키기 위한 기반이 되는 동아시아 보편 문화 자체였다. 국가 차원에서 추진된 이와 같은 정책들은 상당한 사회적 효과를 거두어 5세기 후반의 고구려 사회로 하여금 동북아시아를 고구려의 천하로 인식하게 만들었다. 고구려 문화가 어느 정도의 통일성과 다양하고 풍부한 내용을 갖춘 상태로 주변 지역으로 확산되게 하였다. 이미 지적하였듯이 5세기 후반 고구려 문화의 성격과 내용은 고분벽화에도 반영되었다.[86]

고구려적 천하관을 바탕으로 한 적극적인 대외 교류, 보다 풍부하고 보편성 높은 범고구려 문화의 성립과 확산을 위한 지속적인 동서 문물 교류는 5세기 후반의 고구려를 국제성이 높은 사회로 만들었다. 동시에 교섭의 중심부와 주변부 사이의 격차를 벌리면서 주요 문화중심을 핵으로 삼은 사회문화적 지역성과 원심력을 강화시키는 계기를 제공하였다.[87] 사회 이면에서 진행된 이러한 흐름은 평양 중심의 사회적 구심력이 비교적 잘 작동하고 문화적으로도 국제성과 보편성이 강조되던 5세기 후반의 고구려 사회에서는 표면으로 올라오지 않았다. 때문에 그런 흐름이 존재한다는 사실이 인식되거나 주의의 대상이 되지 못했다.

문자명왕 시대에 부여를 병합함으로써 주변 군소 세력에 대한 정치·사회적 통합이 마무리되자 고구려는 세력 확장의 역사에 사실상 마침표를 찍게 되었다.[88] 대외 정복 활동을 통해 정치적 지위를 향상시키고 사회적 입지를 넓혀 가던 대소 귀족 세력도 더 이상 새로운 기회를 갖기 어렵게 된 셈이다. 6세기에 들어 일종의 사회적 정체기에 들어섰음에도 고구려의 대외 문물 교류는 유연, 북위, 남조를 오가는 사절단을 매개로 여전히 활발히 전개되었다. 북위 역시 '한화(漢化)'를 더 강하게 밀고 나가려는 세력과 '호풍(胡風)'을 유지하려는 세력 사이의 갈등이 내적으로 증폭되었다. 그럼에도 불구하고 낙양 궁정을 중심으로 한 귀족 문화는 더욱 고양되고 운강(雲岡), 용문(龍門)에서의 석굴사원 조영(造營)과 같은 불교예술 문화 활동은 더 활발해졌다.[89] 남조 역시 이러한 흐름에서 크게 벗어나지 않았다. 6세기에 들어 동아시아 4강 체제의 축을 이루던 국가들은 내적으로는 균열되면서 외적으로는 화려한 귀족 문화를 번성시키고 있었다.

통구사신총은 내적 균열 징후를 보이던 6세기 전반 고구려 사회의 문화적 동향을 잘 전해주는 유적이다. 6세기 전반에도 초원 길과 중국 북조로의 사행로를 통해 들어온 여러 종류의 서방 문화는 국내성 지역에 먼저 전해진 것으로 보인다. 그렇다고 해서 고구려 중앙정부에서 파견한 사절이 반드시 국내성을 거쳐 북위의 낙양을 향했다든가 동몽골 방면을 향해 나아갔다는 것은 아니다. 평양에서 파견된 사절이 압록강 하구를 지나 요동 방면으로 이어지는 고구려의 주요 교통로를 우선적으로 선택했을 가능성을 배제할 수 없기 때문이다. 그러나 어떤 교통로가 사용되었든 당시의 사절단이 공무 역에 해당하는 제반 문물 교류를 겸하였음을 감안하면 국내성에서 보낸 사람들이 고구려 중앙정부의 대외사절단에 합류했을 것은 거의 확실하다. 서북방 및 서방 교통로를 통한 대외 문물 교류의 영향이 곧바로 국내성 지역에 미쳤다면 이런 과정이 전제되었기 때문으로 보아야 할 것이다. 통구사신총 벽화는 이런 가능성이 사실인지 여부를 확인하는 데에 필요한 역사 문화 정보를 제공해줄 수 있다.

통구사신총 벽화에는 집안권 후기 고분벽화를 특징짓는 제재들이 다수 등장한다. 불교의 금강역사를 연상시키는 천왕형 문지기 신장, 5세기의 자색 기둥을 대신하는 우주역사형 괴수, 두공을 대신하는 귀면괴수(鬼面怪獸)와 용, 복희형 해신과 여와형 달신, 문자(文字)의 신과 불의 신 같은 문명신, 신선경을 떠올리게 하는 서조와 짐승을 탄 천인들, 천장고임을 장식하는 화려한 인동당초문과 인동연꽃, 오색(五色)으로 채색된 사신. 이런 제재들은 집안권 후기 고분벽화를 평양권 후기 고분벽화와 구분 짓게 하는 주요한 표지이다. 이들 제재를 묘사하는 데에 사용된 기법과 양식도 평양권 후기 고분벽화와는 다르다. 두 지역 문화권은 사신을 벽화 주제로 삼았으며 외방무덤을 기본 구조로 삼았다는 큰 틀에서 공통성을 유지했을 뿐이라고 해도 과언이 아니다. 5세기 후반과 달리 6세기에 들어서면서 집안권과 평양권이 다시금 미술 양식을 비롯한 문화 예술적 성향에서 뚜렷이 다른 길을 걷게 되었다. 통구사신총은 고구려의 두 지역 문화중심이 걷게 된 서로 다른 길 가운데 한 갈래가 어떻게 시작되는지를 보여주는 주요한 유적이라고 할 수 있다.

통구사신총 벽화로 보아 6세기 전반 고구려의 두 지역 문화중심은 중국 남북조 미술 양식을 받아들이면서도 해석하고 소화하는 방식에서 차이를 보였다. 통구사신총 벽화에는 6세기 동아시아 미술 양식의 하나이기도 한 '기운의 흐름'이 매우 강하고 빠르게 흐르는 구름처럼 묘사되면서 화면을 가득 채운다. 이와 달리 평양권의 진파리4호분 벽화에서는 비슷한 양상을 보이면서도 선이 강하게 뻗쳐 나가는 정도가 상대적으로 약한 데에 더하여 기운 표현 사이에 여백이 많아 기운이 소용돌이치듯이 빠르게 흐르기보다는 부드럽게 흐른다. 진파리4호분 벽화에서는 기운의 흐름이 화생을 위한 것임을 나타내는 표현이 곳곳에 보이지만 통구사신총 벽화에는 화면 전체가 강한 기운의 흐름에 싸여 있을 뿐이다. 혹 사신 자체에 화생의 이미지가 덧씌워져 있을 수는 있다. 그러나 동아시아 미술에서 널리 받아들여지던 '화생하는 기운'이라는 관념이 형상화된 흔적을 통구사신총 벽화에서는 찾아보기 어렵다.

해신, 달신과 여러 문명신을 벽화의 주요 제재로 등장시키는 점도 통구사신총 벽화에서 비롯된 6세기 집안권 고분벽화의 새로운 흐름 가운데 하나이다. 고구려에서는 평양 천도 이전부터 시조 동명성왕 주몽을 신격화하여 국가적 신앙의 정점에 놓으려는 움직임을 보였다. 국가의 제의 체계를 전면 재정비하는 과정에 시조 주몽과 그 모친 유화가 각각 등고신, 부여신이라는 이름의 신앙 대상으로 자리매김된 것도 이즈음의 일이다.● 물론 등고신, 부여신, 일신(日神) 신앙은 민간이나 지역 차원에서 오랫동안 지속되어온 신앙 관행이나 종교 습속의 연장선상에서 이해될 여지도 적지 않다. 그렇다 하더라도 이들 신에 대한 신앙이 4세기 말부터 국가 차원에서 논의되고 추진되었다는 사실은 충분히 주목할 만하다.■ 통구사신총 벽화의 해신, 달신과 문명신들은 이런 국가적 신앙 종교 정책의 결과물로 해석될 수 있기 때문이다.

평양권 후기 고분벽화에는 전혀 등장하지 않는 하늘 세계의 신들이 통구사신총 벽화에 모습을 드러내고 다른 2기의 집안권 후기 고분벽화에도 등

● 주몽과 유화를 신격화하는 작업은 고국양왕대에 국가 제의(祭儀)의 체계화 작업(『삼국사기』 권18, 「고구려본기」 6, 고국양왕 9년조)을 통해 이루어졌을 가능성이 높다(전호태, 「고구려 고분벽화의 해와 달」, 『미술자료』 50, 국립중앙박물관, 1992).

■ 등고신과 부여신이 고구려인의 신앙 대상이라는 기사는 『주서』周書와 『북사』北史에 처음 등장한다(『주서』周書, 「이역열전」異域列傳: 『북사』北史, 「열전」). 『주서』와 『북사』에는 5세기 고구려에 대한 기록이 더해진다.

장하는 이유는 무엇일까? 문화의 국제성, 보편성을 강조하던 평양 지역의 개방적 사회 분위기와는 다른 흐름이 국내성 사회 저변에 깔려 있던 때문일 것이다.[90] 다양한 외래문화가 흘러들면서 수시로 새로운 유행을 일으켰다 할지라도 졸본과 함께 고구려 역사의 출발점에 선 도시로 오랜 기간 수도로 기능했다는 점에서 국내성 사회 저변에는 전통적 사고와 습속이 어우러지며 만들어낸 보수성과 지역성이 강하게 흐르고 있었을 가능성이 높다. 서방이나 서북방으로부터 새로운 문화 요소가 흘러들고 받아들여지더라도 해석과 소화, 적용과 표현은 국내성 고유의 방식으로 이루어질 수 있는 것이다.

통구사신총 벽화의 천신(天神)들은 고구려 고유의 종교적 관념에 외래의 회화 제재 및 양식을 덧씌운 국내성 방식 문화 소화의 한 사례라고 할 수 있다. 이미 오랜 기간 중국에서는 창조신과 일월신, 문명신이 형상화되었고 형상화된 천신들은 여러 차례 양식화되었다.[91] 그 가운데 하나의 양식이 고구려에 전래되어 고구려 천신 표현에 차용되었는데, 그 결과물의 하나가 통구사신총 벽화일 수 있는 것이다. 물론 현재로서는 고구려 화가들이 천신 표현에 참조한 중국 전래의 미술 작품이 어떤 것인지 알 수 없고, 해당 작품의 양식적, 기법적 특징도 알기 어렵다. 통구사신총 벽화에 등장하는 해신, 달신, 문명신들과 비교할 만한 6세기 전후의 중국 남북조 회화 작품은 아직까지 발견되지 않기 때문이다.

그러나 돌출하듯이 등장한 통구사신총 벽화의 천신들이 온전히 고구려 화가의 상상력 및 창의력에 바탕을 둔 작품으로 보기는 쉽지 않다. 다만, 확실한 것은 6세기의 국내성 지역 화가들은 고구려 신화 체계에 기반을 둔 천신들을 고분벽화의 새로운 제재로 선택하여 그림으로 남겼지만 평양 지역 고구려 화가들은 그렇게 하지 않았다는 사실이다. 이는 중국 남북조로부터 고구려로 다양한 미술 작품이 전해지더라도 특정한 제재나 양식이 고구려에 받아들여질 여부는 작품의 주문자, 화가 등등 수용자에 의해 결정되었음을 뜻한다. 물론 지역 문화의 특성이나 사회적 관념, 종교·신앙상의 필요 등등이 수용자의 태도에 지대한 영향을 미쳤을 것이다. 통구사신총 벽화는 6세기 국내성 사람들이 고구려 신화 체계의 형상화에 적극적이었으며 이를 통해 해와 달의 아들이 세운 나라 고구려 사람으로서의 자부심, 고구려 신화 체계 성립의 중심이었던 국내성 주민으로서의 자존감을 내외에 드러내려 했음을 감지하게 한다.

통구사신총 벽화의 우주역사형 괴수도 국내성 지역의 외래문화 수용 방식과 관련하여 주목되는 제재이다. 5세기 고분벽화의 모서리 기둥을 대신한 하늘을 받치는 괴수는 5~6세기 남북조 미술에서 유행한 주유형(侏儒形) 괴수에서 비롯된 존재이다.* 물론 아직까지 통구사신총 널방 모서리를 장식한 괴수와 동일한 모습의 괴수 그림이나 조소 작품이 중국 남북조의 유적, 유물에서 확인되지는 않는다. 그러나 제재가 지니는 조형상의 특징이나 제재에 적용된 회화적 기법에서 남북조와 고구려의 작품은 유사점이 많다. 다만, 남북조의 미술 작품에서 주유형 괴수는 한 공간에서도 여러 차례 등장하지만 고구려에서는 하늘을 받치는 괴수가 내세 공간의 지축처럼 인식되고 그려진다는 점에서 고구려적 특성을 드러낸다고 할 수 있다. 이런 점에서 통구사신총 벽화의 우주역사형 괴수도 외래문화 요소를 국내성 지역의 고구려 화가 집단이 나름의 방식으로 소화하고 재해석·적용한 결과라고 하겠다.

통구사신총의 널방 천장고임 삼각고임석을 장식한 귀면괴수는 형태상 중국 남북조 미술의 주유형 괴수와 보다 가까우면서도 고졸한 기법이 적용되었다는 느낌을 준다. 물구나무선 듯한 상태에서 두 다리를 좌우로 반쯤 펴면서 그 위의 세계를 받치는 귀면괴수의 독특한 자세는 6세기 전반 동아시아의 다른 미술 작품에서는 확인되지 않는 것으로 고구려 화가의 창의적 해

---

* 아즈마 우시오, 「집안 벽화분과 그 변천」集安の壁畵墳とその變遷, 1988(요미우리 TV방송(讀賣テレビ放送) 편, 『호태왕비와 집안의 벽화고분』好太王碑と集安の壁畵古墳, 목이사(木耳社)); 통구사신총 벽화의 우주역사형 괴수는 조형상의 원형을 중앙아시아 및 서아시아, 인도 미술에서 찾을 수 있는 삼실총 및 장천1호분 벽화에 등장하는 우주역사와는 구별되는 존재이다(전호태, 「고구려 장천1호분 벽화의 서역계 인물」, 『울산사학』 6, 울산대학교 사학과, 1993; 전호태, 「고구려 삼실총 벽화 연구」, 『역사와현실』 44, 한국역사연구회, 2001).

석과 표현의 결과라고 할 수 있다. 앞의 하늘을 받치는 괴수의 경우와 같이 고구려 외부 세계에서 흘러드는 다양한 문화 요소들이 고구려에서는 선택적으로 수용되기도 하나 반드시 재해석을 거치고 고구려 나름의 새로운 방식으로 표현된다는 사실을 귀면괴수 그림이 재확인시켜준다고 하겠다. 통구사신총 벽화의 귀면괴수에서 느껴지는 고졸함은 이 그림의 모본 역할을 한 작품이 6세기 중국 남북조에서 제작된 것이 아닐 가능성도 염두에 두게 한다. 그러므로 가부간 단언하기는 어렵다.

통구사신총 널방 천장고임 제1층에 장식된 인동당초문 띠, 천장석에 묘사된 인동연꽃 역시 6세기 전반의 고분벽화에 등장하여 후기 고분벽화의 기본 장식문의 하나로 자리 잡는 제재이다. 6세기의 다른 고분벽화와 비교할 때 통구사신총을 장식한 인동문은 선이 굵고 뻣뻣하여 정적이고 고졸한 느낌을 준다. 같은 시기 중국 남북조 미술에 등장하는 인동당초문이나 인동연꽃에 비해서도 세련된 맛이 덜하다. 모두 새로운 회화 제재 수용 초기의 어색하고 서툰 표현에서 비롯된 현상이라고 할 수 있다. 이 역시 서방이나 서북방으로 파견 나갔던 사절단이 돌아오면서 고구려에 전한 외래의 문화 요소가 곧바로 국내성 지역으로 전해져 수용되면서 나타난 현상의 하나라고 하겠다.

위에서 살펴본 것처럼 통구사신총 벽화의 주요한 제재 몇 가지는 고구려의 대외 교류 사절단에 평양 외에 국내성 사람들도 참여하여 남북조 및 유연으로부터 동일한 문물들에 접하고 이를 고구려로 가지고 들어올 때에 국내성에 전해진 것은 국내성 지역 고유의 방식으로 이해되고 소화되었음을 잘 드러낸다. 고구려가 외래문화 요소를 수용하고 소화할 때에는 지역 문화권에 따라 그 과정과 결과에 차이가 나타났음을 통구사신총 벽화가 보여주는 셈이다.

고구려가 서방이나 서북방으로부터 받아들인 회화적 제재 가운데에는 조형상의 원형이 큰 변화를 겪지 않는 것도 있다. 동시에 상당한 변형을 거치면서 고구려 고유의 관념이 그 위에 덧씌워지는 사례도 있었다. 통구사신총 벽화가 이를 확인시켜준다. 제재에 따라서는 벽화의 구성과 배치를 통해 재해석 및 재창조 과정과 결과를 짐작하게 하는 것도 있다. 통구사신총 벽화에서 특히 눈에 띄는 것은 중국에서 들여온 미술 작품을 매개로 고구려 신화 체계를 형상화했을 가능성을 보여주는 천신들이다. 벽화의 천신들은 고구려 신화 체계의 형상화가 평양 지역이 아닌 국내성 지역에서 보다 적극적으로 이루어졌음을 잘 보여준다. 이는 평양 천도가 이루어진 지 오랜 시간이 흘렀지만 국내성 사람들 사이에 여전히 국내성을 고구려 천하의 중심지로 인식하고 내세우려는 의식이 있었다는 해석을 가능케 한다. 6세기에 들어서면서 국내성에서 독자적인 색채를 강하게 드러내는 고분벽화가 제작된 원인이 어디에 있는지를 밝히고 이것이 고구려 사회의 새로운 문화적 흐름을 나타내는 지표로 이해될 수 있는지 여부를 판단하고자 할 때 반드시 염두에 두어야 할 부분이다. 통구사신총이 다시금 주목되어야 하는 이유도 여기에 있다.

　통구사신총은 다듬은 거석을 사용하여 널길 벽, 널방 벽과 천장을 축조한 후기 벽화고분의 하나이다. 통구사신총 벽화는 석면 위에 백회를 바르지 않고 직접 그려진 것으로 사신을 주제로 삼고 있다. 벽화 속의 사신은 5세기와는 다른 매우 능숙한 기법으로 화려하게 묘사되었으며 화면 배경으로 중국 남북조 시대에 유행한 빠르게 흐르는 구름이 가득 그려졌다. 무덤 구조, 벽화 구성 및 내용으로 확인되는 여러 가지 사실들과 이웃한 오회분5호묘 및 오회분4호묘의 구조와 벽화 내용을 비교, 검토할 때 통구사신총이 축조되고 벽화가 제작된 시기는 6세기 전반으로 보는 것이 타당하다.

　통구사신총은 6세기에 들어서면서 집안권과 평양권이 미술 양식을 비롯한 문화 예술적 성향 전반에서 뚜렷이 다른 길을 걷게 되었으며 집안권이 걷게 된 길의 성격과 내용이 어떠한지를 보여준다. 중국 남북조와 유목 제국 유연을 오가는 고구려 대외사절단에 합류했던 국내성 사람들에 의해 지역사회에 소개된 서방 및 서북방의 문물들은 국내성의 오랜 전통과 습속을 바탕으로 형성된 지역 나름의 문화 해석과 소화 방식을 통해 수용되고 재창조되었다. 6세기에 들어서면서 국내성 지역에는 독자적 미술 양식을 형성하려는 흐름이 보다 강해졌다. 이런 문화적 흐름의 과정이자 결과 가운데 하나가 통구사신총 벽화이다.

통구사신총 벽화에서 특히 눈에 띄는 것은 중국에서 들여온 미술 작품을 매개로 고구려 신화 체계를 형상화했을 가능성을 보여주는 복희형 해신, 여와형 달신 및 문명신들이다. 벽화의 천신들은 고구려 신화 체계의 형상화가 평양 지역이 아닌 국내성 지역에서 이루어졌음을 알게 한다. 이는 평양 천도가 이루어진 지 오랜 시간이 흘렀지만 국내성 사람들 사이에 여전히 국내성을 고구려 천하의 중심으로 인식하고 내세우려는 의식이 있었던 때문일 가능성이 높다. 이런 점에서 통구사신총은 6세기 이후 고구려의 남북 문화권 사이에 다시금 공통점보다는 차이점이 많아지는 원인이 어디에 있는지를 밝히고자 할 때에 적극적으로 살펴보아야 할 역사·문화적 지표의 유적이라 할 수 있다.

맺음말

고구려 벽화고분 연구 현황과 과제

고구려 벽화고분이 국제적 관심과 연구의 대상이 된 것은 근래의 일이다. 2002년부터 2005년까지 중국에서 진행한 동북공정(東北工程)*과 2004년 7월에 이루어진 북한 및 중국 소재의 고구려 유적의 세계문화유산 등재 등이 알게 모르게 이에 영향을 끼쳤다고도 할 수 있다. 그럼에도 불구하고 고구려 벽화고분을 중심 연구 주제로 삼는 연구자는 국내외를 통틀어 몇 손가락에 꼽을 수 있을 정도로 적다.

　　1945년까지 일본 학자들의 전유물처럼 여겨졌던 고구려 벽화고분의 발굴 조사 및 연구는 일제 패망 뒤에는 상당 기간 중국과 북한의 학자들이 주도하게 되었다. 1949년부터 안악2호분과 안악3호분을 비롯하여 주요한 벽화고분들이 잇따라 발견, 조사되면서 1960년대까지 고구려 벽화고분에 대한 새로운 학술 정보와 연구 성과는 주로 북한에서 나왔다. 수산리벽화분, 덕흥리벽화분 등의 벽화고분은 국내외 연구자들로부터 유적 하나하나가 지닌 학술적 의미와 가치가 매우 큰 것으로 평가받았다.

　　처음 고구려 벽화고분 연구를 시작했던 일본인 학자 상당수는 고구려

* 중국에서 요녕, 길림, 흑룡강(黑龍江, 헤이룽장) 등 동북3성(東北三省)의 역사, 지리, 민족 문제 등을 연구하는 국가적 연구 사업.

문화가 중국으로부터 받은 영향을 확인시켜주는 증거가 벽화와 고분에 남아 있다는 시각을 지니고 있었다. 해방 뒤 관련 연구를 주도할 수 있게 된 북한 학계는 고구려 역사와 문화의 독자적 전개 과정을 밝히려 하면서 성곽, 고분, 벽화에서 그 전거를 찾아 제시하고자 노력하였다. 중국 학계는 중원(中原)과는 구별되는 지역 문화의 한 현상이라는 입장 위에 일본 학계의 시각을 얹은 것처럼 보이는 방식으로 고구려 벽화고분 연구를 진행하였다.

남북 분단과 체제 대립이라는 현실 조건에 제약을 받을 수밖에 없던 한국 학계는 동서 냉전 체제가 와해되는 1991년까지는 북한과 중국에서 발간된 벽화고분 발굴 보고조차 접하기 힘들었다. 일본과 미국 등을 통해 간접적으로나마 조사 자료와 연구 성과에 대한 접근이 가능했다. 이런 제약 속에서도 소수의 연구자들은 벽화고분에서 동서 교류를 통한 문화적 영향 관계와 고구려 특유의 문화적 색채를 읽어내려 노력했다. 그러나 자료 접근에 제한이 컸던 까닭에 고분 발굴 과정이나 벽화 내용에 대한 상세한 정보는 얻기 어려웠으므로 1990년 초까지 고구려 벽화고분 연구에 집중하는 한국의 연구자는 한둘에 불과했다.

1990년 동서 대립 구도가 무너지고 죽의 장막*이 본격적으로 걷히면서 한국의 연구자들도 북한과 중국에서 발간된 학술 자료 접근에 큰 제약을 받지 않게 되었다. 한국의 고구려 벽화고분 연구도 활성화될 수 있게 된 것이다. 한국이 중국과 외교 관계를 맺게 되자 중국 소재 고구려 유적을 실견하는 것도 가능하게 되었다. 한국, 중국, 일본 등에서 고구려 역사와 문화 혹은 고구려 유적을 큰 주제로 삼은 국제 학술회의도 기획되어 열리면서 벽화고분이나 벽화 내용이 발표 주제에 포함되는 경우도 자주 있게 되었다.

1990년 이후에도 사회주의 체제하의 북한이나 중국 학계는 고고학적, 민속학적, 정치사적 측면의 접근과 연구는 진행하였으나 종교와 신앙을 포함한 정신사적, 사상사적 연구 성과는 거의 내지 못했다. 이와 달리 한국 학

■ 중국과 자유민주 진영 국가들 사이의 이념적, 정치·경제·사회·문화적 장벽에 대한 상징적 표현.

계에서는 정치·경제·사회·문화·종교·예술 등 거의 모든 방면에서 연구가 진행되고 성과를 산출, 축적하고 있다. 일본 학계에서 고구려 역사와 문화, 벽화고분은 주요한 연구 주제가 아니다. 이런 까닭에 1945년 이후의 연구 성과는 제한적이다. 유럽이나 미주 학계에서 고구려 벽화고분을 연구 주제로 삼는 일은 매우 드물다. 근래의 고구려 벽화고분에 대한 연구는 시각과 방법 모두에서 한국 학계가 주도하고 있다고 해도 과언이 아니다.

이처럼 고구려 벽화고분 연구의 중심추가 한국 학계로 옮겨졌다는 내외의 평가에도 불구하고 국내의 전문 연구자 수는 정체 상태에서 벗어나지 못하고 있다. 다양한 학문 분야에서 벽화고분 연구가 시도되어 성과를 내고 있음에도 새로운 연구자 세대가 제대로 형성되고 있다고 하기는 어렵다. 북한과 중국에 소재한 유적에 대한 접근이 쉽지 않고, 학술 정보도 외부에 제대로 전해지지 않는 점, 고고학과 미술사학·역사학·종교학 등 여러 학문 분야의 지식과 방법론에 익숙해야 한다는 점, 특수하고 제한적인 분야여서 연구 환경이 척박할 것으로 인식되는 점 등으로 말미암은 현상인 듯하다.

현재까지 121기 이상의 벽화고분이 발견되었으나 대다수가 벽화의 일부만 남았거나 벽화의 흔적만 남아 있는 상태이다. 이런 사실을 감안하면 이들 유적에 대한 학술 정보 수집과 정리, DB화 작업, 벽화 및 고분에 대한 보존 조치는 시급한 현안이라고 할 수 있다. 분야별 연구자의 양성, 벽화 보존 관리를 위한 시스템 구축, 보존과학(保存科學)▪ 전문가 충원, 이런 현안 해결을 위한 국제적 연대, 기금 마련 등이 적극적으로 시도되어야 한다. 2004년 이루어진 고구려 유적의 세계문화유산 등재는 이를 위한 계기를 제공했다고 할 수 있다. 그러나 여전히 국제적 연구 포스트(post) 네트워크 구축 및 가동을 위한 동력은 충분하지 못한 상태이다. 지금이 바로 이런 현안을 해결하기 위한 대책 마련과 실행에 나설 시점이 아닐까?

▪ 주로 문화유산으로서의 가치를 지닌 물질의 구조와 재질을 밝혀 그 변화나 변질 또는 노화나 붕괴를 막는 방안을 연구하고 실행하는 학문.

주

1부 초기, 변함없는 내일을 꿈꾸다

1. 고구려 벽화고분의 분포와 현황에 대한 포괄적인 정리는 전호태, 『고구려 고분벽화 연구』, 사계절, 2000, 부록 및 전호태, 『고구려 고분벽화의 세계』, 서울대학교출판부, 2004 참조.
2. 한인호, 「월정리고구려벽화무덤발굴보고」, 『조선고고연구』 1989년 4기, 1989, 41~43쪽.
3. 아즈마 우시오(東潮), 「고대 조선의 고분벽화와 장식고분」古代朝鮮の古墳壁畵と裝飾古墳, 1995[국립역사민속박물관(國立歷史民俗博物館) 편, 『장식고분이 이야기하는 것』裝飾古墳が語るもの, 길천홍문관(吉川弘文館)], 295쪽.
4. 아즈마 우시오, 위의 글, 295쪽.
5. 아즈마 우시오, 위의 글, 295쪽.
6. 채병서, 「안악 제1호분 및 제2호분 발굴보고」(과학원 고고학및민속학연구소, 『유적발굴보고』 IV), 과학원출판사, 1958, 1~21쪽; 문화보존연구소편집부 편, 「안악1호무덤」, 『우리나라역사유적』, 과학백과사전출판사, 1983, 154쪽; 조선화보사편집부(朝鮮畵報社編輯部) 편, 『고구려고분벽화』高句麗古墳壁畵, 강담사(講談社), 1985, 도판135~143; 조선유적유물도감편집위원회 편, 『조선유적유물도감』 6(고구려 편 4), 외국문종합출판사, 1990, 도판194~204.
7. 전호태, 「고분벽화로 본 고구려인의 신선신앙(神仙信仰)」, 『신라문화』新羅文化 17·18합집, 동국대학교 신라문화연구소, 2000, 10~11쪽.
8. 채병서, 「안악 제1호분 및 제2호분 발굴보고」(과학원 고고학및민속학연구소, 『유적발굴보고』 IV), 과학원출판사, 1958, 1~21쪽; 문화보존연구소편집부 편, 「안악2호무덤」, 『우리나라역사유적』, 과학백과사전출판사, 1983, 154쪽; 조선화보사편집부 편, 『고구려고분벽화』, 강담사, 1985, 도판135~143; 조선유적유물도감편집위원회 편, 『조선유적유물도감』 6(고구려 편 4), 외국문종합출판사, 1990, 도판194~204.
9. 전호태, 「고구려 안악2호분 벽화연구」, 『한국고대사연구』 54, 한국고대사학회, 2009.
10. 도유호, 「안악에서 발견된 고구려고분들」, 『문화유물』 1, 1949[이계열(李啓烈) 중역(中譯), 「조선 안악 발견 고구려 고분 한두 기」在朝鮮安岳發現的一二高句麗古墳, 『문물참고자료』文物參考資料 1952년 1기, 1952]; 학계소식, 「기양관개지구에서 새로 발견된 고구려벽화고분」, 『문화유산』 1958년 4기, 1958; 황욱, 「안악제3호분발굴보고」(과학원 고고학및민속학연구소, 『유적발굴보고』 3, 과학원출판사), 1958, 1~32쪽, 도판1~79; 사회과학원고고학연구실 편, 『미천왕무덤』, 1966; 문화보존연구소편집부 편, 「안악3호무덤」, 『우리나라역사유적』, 과학백과사전출판사, 1983, 154쪽; 조선화보사편집부 편, 『고구려고분벽화』, 강담사, 1985, 도판135~143; 조선유적유물도감편집위원회 편, 『조선유적유물도감』 6(고구려 편 4), 외국문종합출판사, 1990, 도판194~204.
11. 전호태, 「역사의 블랙홀, 동수묘지」, 『고대로부터의 통신』, 푸른역사, 2003.
12. 전호태, 『고구려 고분벽화의 세계』, 서울대학교출판부, 2004.

13. 전호태, 「고구려 안악3호분 재론」, 『한국고대사연구』 44, 한국고대사학회, 2006.

14. 한인덕, 「평정리벽화무덤 발굴보고」, 『조선고고연구』 1989년 2호, 1989, 17~19쪽.

15. 김사봉, 「학계소식: 봉성리벽화무덤에 대하여」, 『력사과학』 1980년 2기, 1980, 47~48쪽.

16. 아즈마 우시오, 앞의 책, 295쪽.

17. 전주농, 「최근에 발견된 고구려 벽화무덤」, 『문화유산』 1961년 1호, 과학원출판사, 1961, 64~70쪽; 전주농, 「황해남도 안악군 복사리벽화무덤」, 『각지유적정리보고』(과학원 고고학및민속학연구소, 『고고학자료집』 3, 과학원출판사), 1963, 153~161쪽, 도판77~78.

18. 아즈마 우시오, 앞의 책, 295쪽.

19. 특별취재팀, 「왜 세계문화유산인가」 중(中), 『중앙일보』, 2004. 6. 23., 15면.

20. 나카지마 기미치카(永島暉臣愼), 「북한 고고학의 최신 성과」, 부산대학교, 2002. 10. 8.

21. 전호태, 「고구려 고분벽화의 기원」, 『강좌 한국고대사』 9, 가락국사적개발연구원, 2002.

22. 전호태, 『고구려 고분벽화의 세계』, 서울대학교출판부, 2004.

23. 오영찬, 「고구려 벽화고분의 등장과 낙랑·대방군」, 『고분벽화로 본 고구려 문화』, 고구려연구재단, 2005.

24. 『자치통감』資治通鑑 권88, 「진기」晉紀 10, 효민건흥원년(孝愍建興元年).

25. 『삼국사기』三國史記 권17, 「고구려본기」高句麗本紀 5, 미천왕(美川王) 14년조. 일반적인 정황으로 보아 이때 고구려군에 의해 붙잡혀간 2,000여 명의 주민 가운데에는 낙랑의 유력가들이 다수 포함되었다고 보아야 할 것이다.

26. 오영찬, 「고구려 벽화고분의 등장과 낙랑·대방군」, 『고분벽화로 본 고구려 문화』, 고구려연구재단, 2005.

27. 전호태, 「고구려 고분벽화의 기원」, 『강좌 한국고대사』 9, 가락국사적개발연구원, 2002.

28. 오영찬, 「대방군의 군현 지배」, 『강좌 한국고대사』 10, 가락국사적개발연구원, 2003.

29. 전호태, 「고구려 고분벽화의 기원」, 『강좌 한국고대사』 9, 가락국사적개발연구원, 2002.

30. 화동문물공작대산동조(華東文物工作隊山東組), 「산동기남한화상석묘」山東沂南漢畵像石墓, 『문물참고자료』文物參考資料 1954년 8기, 1954; 남경박물원(南京博物院)·산동성문물관리처합(山東省文物管理處合) 편, 『기남고화상석묘발굴보고』沂南古畵像石墓發掘報告, 문화부문물관리국출판(文化部文物管理局出版), 1956.

31. 주30과 같음.

32. 화상석 도상(圖像)의 성격에 대한 정리는 신립상(信立祥), 『한대화상석종합연구』漢代畵像石綜合研究, 문물출판사(文物出版社), 2000[김용성 한역(韓譯), 『한대 화상석의 세계』, 학연문화사, 2005]에서 구체적으로 이루어졌다. 기남한묘 화상석 도판 및 탁본에 대한 상세한 소개는 산동성기남묘박물관(山東省沂南漢墓博物館) 편, 『산동기남묘화상석』山東沂南漢墓畵像石, 제로서사(齊魯書社) 2001 참조.

33. 전호태, 「요양 위·진 고분벽화 연구」, 『미술자료』 62, 국립중앙박물관, 1999.

34. 서울대학교박물관, 『2000년 전 우리 이웃 중국 요녕 지역의 벽화와 문물 특별전』, 2001; 강현숙, 『고구려와 비교해본 중국 한·위·진의 벽화분』, 지식산업사, 2005.

35. 두 벽화고분의 편년에 대해서는 이경발, 「조양원태자동진벽화묘」朝陽袁台子東晉壁畵墓, 『문물』文物 1984년 6기, 1984; 하북성문물연구소(河北省文物研究所) 편, 『안평동한벽화묘』安平東漢壁畵墓, 문물출판사, 1990; 하북성문물연구소 편, 『하북고대묘장벽화』河北古代墓葬壁畵, 문물출판사, 2000; 서울대학교박물관, 『2000년 전 우리 이웃 중국 요녕 지역의 벽화와 문물 득별전』, 2001 참조.

36. 하북성문물연구소 편, 『안평동한벽화묘』, 문물출판사, 1990.

37. 전호태,「요양 위·진 고분벽화 연구」,『미술자료』 62, 국립중앙박물관, 1999.

38. 신립상,『한대화상석종합연구』漢代畵像石綜合硏究, 문물출판사, 2000(김용성 한역,『한대 화상석의 세계』, 학연문화사, 2005).

39. 전호태,「요양 위·진 고분벽화 연구」,『미술자료』 62, 국립중앙박물관, 1999.

40. 김용남,「새로 알려진 덕흥리고구려벽화무덤에 대하여」,『력사과학』 1979년 3기, 1979[일역(日譯),『통일평론』統一評論 175, 통일평론신사(統一評論新社), 1979; 신증혜(辛澄惠) 일역,「새롭게 발굴된 덕흥리고구려벽화고분에 대해서」新しく發掘された德興里高句麗壁畵古墳について,『조선학보』朝鮮學報 95, 조선학회(朝鮮學會), 1980; 박진욱·김종혁·주영헌·장상렬·정찬영,『덕흥리고구려벽화무덤』, 과학백과사전출판사, 1981[조선화보사(朝鮮畵報社) 편, 고관민(高寬敏) 일역,『덕흥리고구려벽화고분』德興里高句麗壁畵古墳, 강담사, 1986]; 조선화보사 편,「고구려고분벽화」, 강담사, 1985; 조선유적유물도감편찬위원회,『조선유적유물도감』 6(고구려 편 4), 외국문종합출판사, 1990(『북한의 문화재와 문화유적』 Ⅱ, 서울대학교출판부, 2000 재출간).

41. 이하 덕흥리벽화분의 무덤 구조와 벽화 내용에 대한 소개는 박진욱 외, 앞의 글, 1981, 4~43쪽 참조.

42. 이하 덕흥리벽화분의 묵서명에 대한 소개와 해석은 박진욱 외, 앞의 글, 1981, 80~95쪽 참조.

43. 전호태,「회화」,『한국사』 8(삼국의 문화), 국사편찬위원회, 1998, 181~182쪽.

44. 서영대(徐永大),「덕흥리고분 묵서명」德興里古墳 墨書銘, 1992[한국고대사회연구소 편,『역주 한국고대금석문』譯註 韓國古代金石文 제1권, 고구려·백제·낙랑 편, 가락국사적개발연구원(駕洛國史蹟開發硏究院)], 72~90쪽.

45. 별자리 동정에 대해서는 김일권,『고구려 별자리와 신화』, 사계절, 2008, 50~91쪽 참조.

46. 불교 의례로 치러지는 칠보 행사 및 관련 묵서명에 대한 검토는 후카쓰 유키노리(深津行德)와 몬다 세이치(門田誠一)에 의해 시도되었다[후카쓰 유키노리,「고구려 고분벽화를 통해서 본 종교와 사상의 연구」高句麗古墳壁畵を通してみた宗教と思想の研究,『고구려연구』高句麗研究 4, 고구려연구회, 1997, 411~415쪽; 몬다 세이치,「고구려 벽화고분과 동아시아」高句麗壁畵古墳と東アジア, 사문각출판(思文閣出版), 2011, 145~202쪽].

47. 전호태,『고분벽화로 본 고구려 이야기』, 풀빛, 1999, 24쪽.

48. 전호태,「평양권 고구려 벽화고분의 현황과 과제」,『울산사학』 15, 울산사학회, 2011, 68~69쪽.

49. 손영종,『고구려사의 제문제』, 사회과학출판사, 2000.

50. 강첩(康捷),「조선덕흥리벽화묘 및 관련 문제」朝鮮德興里壁畵墓及其有關問題,『박물관연구』博物館研究 1986년 1기, 1986; 사에키 아리키요(佐伯有淸),「덕흥리고구려벽화고분의 묘지」德興里高句麗壁畵古墳の墓誌,『일본고대중세사논고』日本古代中世史論考, 길천홍문관, 1987; 김원룡(金元龍),『한국미술사연구』韓國美術史研究, 일지사, 1987; 공석구(孔錫龜),「덕흥리벽화고분 피장자(被葬者)의 국적문제(國籍問題)」,『한국상고사학보』韓國上古史學報 22, 한국상고사학회, 1996.

51. 여호규,「4세기 고구려의 낙랑·대방 경영과 중국계 망명인(亡命人)의 정체성 인식」,『한국고대사연구』 53, 한국고대사학회, 2009, 159~200쪽; 임기환은 진을 후연 출신으로 보았다(임기환,『고구려정치사연구』, 새나래, 2004, 181~187쪽).

52. 산동성기남묘박물관(山東省沂南漢墓博物館) 편,『산동기남한묘화상석』山東沂南漢墓畵像石, 제로서사, 2000, 圖14. 전실북벽중단화상(前室北壁中段畵像).

53. 박현주,「덕흥리벽화고분연구 — 중국의 지역적 영향 관계와 도상의 연원을 중심으로」,『미술사학연구』 252, 한국미술사학회, 2006, 5~44쪽.

54. 전호태,『고구려 고분벽화의 세계』, 서울대학교출판부, 2004, 125쪽.

55. 정재서, 「고구려 고분벽화의 신화·도교적 제재에 대한 새로운 인식」, 『백산학보』 46, 백산학회, 1996, 30～37쪽; 김일권, 「고구려 벽화의 선(仙)과 하늘의 상상력 실재 — 한국 미술사의 인문학적 상상력 연구와 관련하여」, 『미술사학연구』 268, 한국미술사학회, 2010, 57～60쪽.
56. 『산해경』山海經, 「남산경」南山經, 「해내남경」海內南經 및 「해내경」海內經.
57. 전호태, 「고분벽화로 본 고구려인의 신선신앙」, 『신라문화』 17·18합집, 동국대학교 신라문화연구소, 2000a, 11쪽.
58. 정재서, 「고구려 고분벽화에 표현된 도교 도상(圖像)의 의미」, 『고구려발해연구』 16, 고구려발해학회, 2003, 319～320쪽.
59. 전호태, 「고구려 고분벽화의 직녀도」, 『역사와현실』 38, 한국역사연구회, 2000b, 123～149쪽.
60. 전호태, 앞의 논문, 2000a, 16～17쪽.
61. 미나미 히데오(南秀雄), 「고구려 고분벽화의 지축상」高句麗古墳壁畵の地軸像, 『고문화담총』古文化談叢 30, 규슈고문화연구회(九州古文化硏究會), 1993; 미나미 히데오, 「고구려 고분벽화의 도상 구성 — 천장벽화를 중심으로」高句麗古墳壁畵の圖像構成 — 天井壁畵を中心に, 『조선문화연구』朝鮮文化硏究 2, 동경대학조선문화연구실(東京大學朝鮮文化硏究室), 1995.
62. 김일권, 앞의 책, 2008, 58～90쪽.
63. 안휘준, 『한국고분벽화연구』, 사회평론, 2013, 147～148쪽.
64. 전호태, 앞의 논문, 2000a, 182쪽.
65. 전호태, 「고구려 고분벽화의 기원」, 『강좌 한국고대사』 9, 문화의 수용과 전파, 가락국사적개발연구원, 2002, 51～101쪽; 전호태, 「고구려 안악3호분 재론」, 『한국고대사연구』 44, 한국고대사학회, 2006, 137～149쪽.
66. 전호태, 『고구려 고분벽화 연구』, 사계절, 2000, 145～148쪽.
67. 아즈마 우시오, 『고구려고고학연구』, 길천홍문관, 1997, 316～317쪽.
68. 전호태, 앞의 책, 2004, 133쪽.
69. 여호규, 앞의 논문, 2009, 181～192쪽.
70. 공석구, 「고구려에 유입된 중국계 인물의 동향」, 『고구려연구』 18, 2004, 480～482쪽.
71. 전호태, 앞의 책, 2004, 142쪽.

2부 중기, 넓은 세상과 다양한 세계

1. 이하 안악2호분의 입지와 구조에 대한 것은 채병서, 『안악 제1호분 및 제2호분 발굴보고』, 1958(과학원 고고학및민속학연구소, 『유적발굴보고』 Ⅳ), 과학원출판사의 보고 내용에 주로 근거하였다. 보고서 발간 이후 촬영된 사진 자료와 기타 도면들도 참고하였다.
2. 이하 안악2호분 벽화의 제재별 배치 상황 등도 채병서, 『안악 제1호분 및 제2호분 발굴보고』, 1958(과학원 고고학및민속학연구소, 『유적발굴 보고』 Ⅳ), 과학원출판사의 보고 내용을 기본 자료로 삼았다. 벽화 내용과 기법에 대한 평가는 조선유적유물도감편찬위원회 편, 『조선유적유물도감』 5(고구려 편 3), 외국문종합출판사, 1990의 안악2호분 벽화 도면과 그 외의 사진 자료를 보면서 내린 필자의 판단에 기초하였다.
3. 전호태, 「고구려 안악3호분 재론」, 『한국고대사연구』 44, 한국역사연구회, 2006.
4. 전호태, 『고구려 고분벽화 읽기』, 서울대학교출판부, 2008.

5. 『삼국사기』 권18, 「고구려본기」 6, 고국양왕 9년 3월조.

6. 『삼국사기』 권18, 「고구려본기」 6, 광개토왕 3년 8월조.

7. 전호태, 『벽화여, 고구려를 말하라』, 사계절, 2004.

8. 전호태, 『고구려 고분벽화 연구』, 사계절, 2000 참조.

9. 전호태, 「고구려 안악3호분 재론」, 『한국고대사연구』 44, 한국역사연구회, 2006 참조.

10. 전호태, 『한 화상석 속의 신화와 역사』, 소와당, 2009.

11. 『자치통감』資治通鑑 권88, 「진기」晋紀 10, 효민건흥원년조(孝愍建興元年條).

12. 『삼국사기』 권17, 「고구려본기」 5, 미천왕(美川王) 14년조.

13. 오영찬, 「고구려 벽화고분의 등장과 낙랑·대방군」, 『고분벽화로 본 고구려 문화』, 고구려연구재단, 2005.

14. 전호태, 『자료로 본 한국 고대의 역사 1』, 울산대출판부, 2007.

15. 최근 발표된 여호규, 「4세기 고구려의 낙랑·대방 경영과 중국계 망명인의 정체성 인식」, 『한국고대사연구』 53, 한국역사연구회, 2009도 그런 시각의 논고 가운데 하나이다.

16. 오영찬, 『낙랑군연구』, 사계절, 2006.

17. 전호태, 「고구려 안악3호분 재론」, 『한국고대사연구』 44, 한국역사연구회, 2006.

18. 전호태, 「고분벽화로 본 고구려인의 신선신앙」, 『신라문화』 17·18합집, 동국대학교 신라문화연구소, 2000.

19. 전호태, 『고구려 고분벽화 연구』, 사계절, 2000.

20. 김종혁, 「수산리고구려벽화무덤 발굴중간보고」, 1974(과학원 고고학및민속학연구소, 『고고학자료집』 4, 사회과학출판사).

21. 전호태, 「회화」, 1998[국사편찬위원회, 『한국사』 8(삼국의 문화)].

22. 전호태, 「고분벽화란 무엇인가」, 『고구려 고분벽화의 세계』, 서울대학교출판부, 2004 참조.

23. 력사과학연구소, 『고구려문화』, 사회과학출판사, 1975.

24. 전호태, 「초기 고구려 고분벽화의 특징」, 『고구려 고분벽화의 세계』, 서울대학교출판부, 2004.

25. 전호태, 「고구려 고분벽화에 나타난 하늘연꽃」, 『미술자료』 46, 국립중앙박물관, 1990.

26. 노태돈(盧泰敦), 『고구려사연구』, 사계절, 1999; 사건의 개요는 전호태, 「5세기 고구려의 대내외적 위치와 고구려 문화의 성격」, 『고구려 고분벽화의 세계』, 서울대학교출판부, 2004 참조.

27. 상지담(商志譚), 「마왕퇴1호한묘 비의에 대한 시론적 연구」馬王堆一號漢墓非衣試探, 『문물』文物 1972년 9기, 1972.

28. 전호태, 「고구려 고분벽화에 나타난 하늘연꽃」, 『미술자료』 46, 국립중앙박물관, 1990.

29. 전호태, 「고분벽화란 무엇인가」, 『고구려 고분벽화의 세계』, 서울대학교출판부, 2004.

30. 전호태, 「고구려 안악2호분 벽화 연구」, 『한국고대사연구』 54, 한국고대사학회, 2009.

31. 고구려적 천하관의 실체에 대해서는 노태돈, 『고구려사연구』, 사계절, 1999 참조.

32. 전호태, 「중기 고구려 고분벽화의 세계」, 『고구려 고분벽화의 세계』, 서울대학교출판부, 2004.

33. 서영대, 「고구려 귀족가문의 족조전승(族祖傳承)」, 『한국고대사연구』, 한국고대사학회, 1995; 서영대, 「고구려의 국가제사(國家祭祀)」, 『한국사연구』, 한국사연구회, 2003.

34. 전호태, 「고구려 안악2호분 벽화연구」, 『한국고대사연구』 54, 한국고대사학회, 2009.

35. 노태돈, 『고구려사 연구』, 사계절, 1999.

36. 전호태, 「고구려 문화와 고분벽화」, 『한국고대사와 고고학』, 학연문화사, 1999.

37. 전호태, 『고구려 고분벽화의 세계』, 서울대학교출판부, 2004.

38. 안휘준, 「고구려회화 ― 고대 한국 문화가 그림으로 되살아나다」, 효형출판, 2007.

39. 쌍영총 및 쌍영총 관련 연구로는 이태호(李泰浩), 「고구려벽화고분 23: 인물풍속도묘(人物風俗圖墓)·사신도 4 ― 쌍영총」, 「북한」北韓 110, 북한연구소, 1981; 조옥례, 「쌍영총 벽화의 고구려 복식」, 「한복문화」 vol. 4, No. 3, 한복문화학회, 2001; 김도경·주남철, 「쌍영총에 묘사된 목조건축의 구조에 관한 연구」, 「대한건축학회논문집」 19권 2호, 대한건축학회, 2003; 유혜선, 「고구려 쌍영총 벽화의 안료분석(顏料分析)」, 「박물관보존과학」 6, 국립중앙박물관, 2005; 김정희, 「쌍영총 벽화와 인물 행렬도」, 2012(문명대 외, 「고구려 고분벽화」, 사단법인 한국미술사연구소, 2012) 참조.

40. 쌍영총 조사 보고 및 관련 도판은 다니이 사이이치(谷井濟一), 「고구려 시대 쌍영총(高句麗時代 雙楹塚) ― 그림해설(口繪解說)」, 「고고학잡지」考古学雜誌 4권 10호, 1914; 세키노 다다시, 「평양 부근 고구려 시대의 분묘」平壤附近に於ける高句麗時代の墳墓, 「건축잡지」建築雜誌 326호, 1914(세키노 다다시, 「조선의 건축과 예술」朝鮮の建築と藝術, 암파서점(岩波書店), 1941, 392~397쪽 재수록); 세키노 다다시, 「고구려 시대의 벽화」高句麗時代の壁畫 (3), 「국화」國華 298호, 1915, 260~265쪽; 조선총독부(朝鮮總督府), 「조선고적도보」朝鮮古蹟圖譜 2, 명저출판사(名著出版社), 1915(세키노 다다시 외), 도판527~581; 이왕직(李王職) 발행, 「조선고분벽화집」朝鮮古墳壁畫集, 1916, 도판91~103; 나이토 고난(內藤湖南)·나이토 고지로(內藤虎次郎), 「고구려 고분 벽화」高句麗古墳の壁畫, 「심미」審美 8권 9호, 1919[아사히신문(朝日新聞) 강연 원고; 나이토 고난, 「고구려 고분벽화에 대하여」高句麗古墳壁畫に就て, 「중국회화사」支那繪畫史, 홍문당서방(弘文堂書房), 1938, 259~299쪽 재수록]; 조선유적유물도감편찬위원회, 「조선유적유물도감」 6(고구려 편 4), 외국문종합출판사, 1990(「북한의 문화재와 문화유적」 II, 서울대학교출판부, 2000 재출간), 도판161~184; 국립중앙박물관 편, 「고구려 무덤벽화 ― 국립중앙박물관 소장 모사도」, 주자소, 2006, 84~113쪽 참조.

41. 세키노 다다시, 앞의 글, 「건축잡지」 326호, 1914(세키노 다다시, 앞의 책, 1941, 392~397쪽 재수록).

42. 사오토메 마사히로(早乙女雅博), 「고구려 벽화고분의 조사와 보존」高句麗壁畫古墳の調査と保存, 2005[후지이 게이스케(藤井惠介)·사오토메 마사히로·가쿠다 마유미(角田眞弓), 「세키노 다다시 아시아답사」關野貞アジア踏査, 동경대학총합연구박물관(東京大學總合硏究博物館), 2005], 275~276, 288쪽.

43. 이하 쌍영총의 무덤 구조 및 벽화 내용에 대해서는 전호태, 「고구려 평양권 벽화고분의 현황과 과제」, 「울산사학」蔚山史學 15, 울산사학회, 2011, 132~140쪽 참조.

44. 사오토메 마사히로, 앞의 글, 2005; 사오토메 마사히로, 「고구려 벽화고분의 조사와 오바 쓰네키치(小場恒吉)의 모사 제작」高句麗壁畫古墳の調査と小場恒吉の模寫製作, 2005[공동통신사(共同通信社) 편, 「고구려 벽화고분」高句麗の壁畫古墳, 2005]; 전호태, 「일제강점기 고구려 무덤벽화 모사도의 자료적 가치와 의미」, 2006(국립중앙박물관 편, 「고구려 무덤벽화 ― 국립중앙박물관 소장 모사도」, 주자소, 2006).

45. 이상수·안병찬, 「고구려벽화 제작기법 시고(試考)」, 「고구려연구」 5, 고구려연구회, 1998.

46. 이하 국립중앙박물관 소장 쌍영총 벽화 모사도에 대해서는 국립중앙박물관 편, 「고구려 무덤벽화 ― 국립중앙박물관 소장 모사도」, 주자소, 2006, 84~113쪽 참조.

47. 고구려 벽화에 등장하는 서역계 역사형 인물들에 대해서는 전호태, 「고구려 삼실총 벽화 연구」, 「역사와현실」 44, 한국역사연구회, 2001 참조.

48. 쌍영총 벽화 인물도의 회화적 특징에 대해서는 안휘준, 「고구려 회화 ― 고대 한국 문화가 그림으로 되살아나다」, 효형출판, 2007에 잘 정리되어 있다.

49. 전호태, 「고구려 고분벽화 연구」, 사계절, 2000.

50. 전호태, 「고구려 고분벽화에 나타난 하늘연꽃」, 「미술자료」 46, 국립중앙박물관, 1990.

51. 전호태, 「회화」, 『한국사』 8(삼국의 문화), 국사편찬위원회, 1998.

52. 전호태, 「벽화여, 고구려를 말하라』, 사계절, 2004.

53. 전호태, 『고구려 고분벽화 연구』, 사계절, 2000.

54. 공석구, 「안악3호분 주인공의 관모(冠帽)에 대하여」, 『고구려연구』 5, 고구려연구회, 1998; 김정희, 「쌍영총 벽화와 인물행렬도」, 2012(문명대 외, 『고구려 고분벽화』, 사단법인 한국미술사연구소, 2012).

55. 김일권, 「고구려 고분벽화의 천문관념체계 연구」, 『진단학보』 82, 진단학회, 1996; 김일권, 『고구려의 별자리와 신화』, 사계절, 2008; 김일권, 『우리 역사의 하늘과 별자리』, 고즈윈, 2008.

56. 전호태, 「고구려 고분벽화에 나타난 하늘연꽃」, 『미술자료』 46, 국립중앙박물관, 1990.

57. 전호태, 「고구려 장천1호분 벽화의 서역계 인물」, 『울산사학』 6, 울산대학교 사학과, 1993; 전호태, 「회화」, 『한국사』 8(삼국의 문화), 국사편찬위원회, 1998.

58. 전호태, 「고구려 수산리벽화분 연구」, 『역사문화연구』 40, 한국외국어대학교 역사문화연구소, 2011.

59. 전호태, 「고구려 통구사신총 연구」, 『고구려발해연구』 41, 고구려발해학회, 2011.

60. 전호태, 『고구려 고분벽화의 세계』, 서울대학교출판부, 2004.

61. 요시무라 레이(吉村怜), 「남조 천인도상의 북조 및 주변 제국으로의 전파」南朝天人圖像の北朝及び周邊諸國への傳播, 『불교예술』 159호, 불교예술학회, 1985; 전호태, 「고구려 후기 사신계 고분벽화에 보이는 선·불 혼합적 내세관」, 『울산사학』 7, 울산사학회, 1997.

62. 전호태, 「고구려 고분벽화에 나타난 하늘연꽃」, 『미술자료』 46, 국립중앙박물관, 1990.

63. 전호태, 「벽화여, 고구려를 말하라』, 사계절, 2004.

64. 전호태, 『고구려 고분벽화의 세계』, 서울대학교출판부, 2004.

65. 김일권, 『고구려의 별자리와 신화』, 사계절, 2008.

66. 전호태, 「고구려 고분벽화의 해와 달」, 『미술자료』 50, 국립중앙박물관, 1992.

67. 전호태, 「고분벽화로 본 고구려와 중앙아시아의 교류」, 『한국고대사연구』 68, 한국고대사학회, 2012.

68. 전호태, 「고구려 장천1호분 벽화의 서역계 인물」, 『울산사학』 6, 울산대학교 사학과, 1993.

69. 서영수(徐榮洙), 「삼국과 남북조 교섭의 성격」, 『동양학』 11집, 단국대동양학연구소, 1981; 박원길(朴元吉), 「고구려와 유연·돌궐의 관계」, 『고구려연구』, 고구려연구회, 2002; 이성제, 『고구려의 서방정책 연구 — 북조와의 대립과 공존의 관계를 중심으로』, 국학자료원 5, 2005.

70. 전호태, 「고분벽화로 본 고구려와 중앙아시아의 교류」, 『한국고대사연구』 68, 한국고대사학회, 2012.

71. 전호태, 「고구려 수산리벽화분 연구」, 『역사문화연구』 40, 한국외국어대학교 역사문화연구소, 2011.

72. 전호태, 「고구려 감신총(龕神塚) 벽화의 서왕모(西王母)」, 『한국고대사연구』 11, 한국고대사학회, 1997.

73. 전호태, 「고구려 안악2호분 연구」, 『한국고대사연구』 54, 한국고대사학회, 2009; 전호태, 「고구려 수산리벽화분 연구」, 『역사문화연구』 40, 한국외국어대학교 역사문화연구소, 2011.

74. 전호태, 「고구려문화와 고분벽화」, 『한국고대사와 고고학』, 학연문화사, 1999.

75. GPS 좌표로는 N41°875.444, E126°1122.6680이다. 삼실총에 대한 보고, 도면, 도판은 세키노 다다시, 「조선 평양 부근의 낙랑, 고구려 및 중국 집안현 부근의 고구려 유적」朝鮮平壤附近の樂浪高句麗及ひ支那輯安縣附近の高句麗遺蹟, 『조선 및 만주』朝鮮及滿洲 78, 1914; 세키노 다다시, 「만주 집안현 및 평양 부근에서의 고구려 시대 유적」滿洲輯安縣及び平壤附近に於ける高句麗時代の遺蹟 (1), 『고고학잡지』 5권 3호, 1914; 「고구려 시대의 벽화」高句麗時代の壁畵 (1), 『국화』國華 294, 국화사(國華社), 1914; 조선총독부, 『조선고적도보』 1, 명저출판사(名著出版社), 1915[세키노 다다시 외; 이케우치 히로시(池內宏)·우메하라 스에지(梅原末治), 『통구』通溝 권하, (일만문화협회(日滿文化協會), 1940, 21~27쪽, 도판47~68; 이케우치 히로시·우메하라 스에지, 「만주국 통화성 집안현에서의 고구려 벽화분」滿洲國通化省輯安

縣に於ける高句麗の壁畫墳, 『고고학잡지』考古學雜誌 30권 9호, 1940; 이전복(李殿福), 「집안통구삼실묘 벽화저록보정」集安洞溝三室墓壁畵著錄補正, 『고고여문물』考古與文物 1981년 3기, 1981, 123~126쪽, 118쪽[최무장(崔茂藏) 한역, 『증보 고구려·발해문화 ─ 중국 고고학자의 발굴보고서』, 집문당(集文堂), 1985; 길림성문물지편위회(吉林省文物志編委會), 「고분」古墳, 『집안현문물지』集安縣文物志, 1984, 140~142쪽; 김정배·유재신 엮음, 엄성흠 한역, 『중국학계의 고구려사 인식』, 대륙연구소출판부, 1991]; 조선유적유물도감편찬위원회 편, 『조선유적유물도감』 6(고구려 편 4), 외국문종합출판사, 1990, 도판 75~90; 길림성문물고고연구소(吉林省文物考古研究所)·집안시박물관(集安市博物館) 편저, 『통구고묘군(洞沟古墓群) ─ 1997년 조사실측보고(調査測繪報告)』, 과학출판사(科學出版社), 2002, 38쪽; 손인걸(孫仁杰)·지용(遲勇), 『집안고구려묘장』集安高句麗墓葬, 향항아주출판사(香港亞洲出版社), 2007, 116~117쪽; 경철화(耿鐵華), 『고구려고묘벽화연구』高句麗古墓壁畵研究, 길림대학출판사(吉林大學出版社), 2008, 48쪽 참조.

76. 이전복, 「집안통구삼실묘벽화보정」集安洞溝三室墓壁畵補正, 『고고여문물』 1981년 3기, 1981.

77. 길림성문물지편위회, 『집안현문물지』, 1984, 375~380쪽.

78. 세키노 다다시, 앞의 글, 1914a; 세키노 다다시, 앞의 글, 1914b; 조선총독부, 앞의 책, 1915; 이케우치 히로시·우메하라 스에지, 『통구』 권하, (일만문화협회, 1940, 21~27쪽, 도판47~68; 이전복, 앞의 글, 1981; 조선유적유물도감편찬위원회 편, 『조선유적유물도감』 6(고구려 편 4), 1990, 도판75~90; 조선일보사, 『집안고구려고분벽화』, 1993, 도판97~137; 한국방송공사, 『고구려 고분벽화』, 1994, 도판65~83.

79. 전호태, 「고구려 장천1호분 벽화의 서역계 인물」, 『울산사학』 6, 1993; 전호태, 「고분벽화에 나타난 고구려인의 신분관 ─ 5세기 집안 지역 고분벽화의 인물도를 중심으로」, 2000(『한국고대의 신분제와 관등제』, 아카넷).

80. 전호태, 『고구려 고분벽화 연구』, 사계절, 2000.

81. 전호태, 앞의 글, 1993.

82. 전호태, 「회화」, 『신편 한국사』 8, 국사편찬위원회, 1999.

83. 전호태, 앞의 글, 1993.

84. 전호태, 「고구려 각저총 벽화연구」, 『미술자료』 57, 국립중앙박물관, 1996.

85. 전호태, 「고구려의 오행신앙과 사신도」, 『국사관논총』 48, 국사편찬위원회, 1993.

86. 전호태, 앞의 글, 1993.

87. 전호태, 앞의 글, 1993.

88. 전호태, 「고구려 후기 사신계 고분벽화에 보이는 선·불 혼합적 내세관」, 『울산사학』 7, 1997.

89. 이성구(李成九), 「중국 고대의 조어문(鳥魚紋)과 이원세계관(二元世界觀)」, 『울산사학』 10, 2001.

90. 전호태, 앞의 글, 1993.

91. 이재중(李在重), 『기린도상연구』麒麟圖像研究, 대구가톨릭대학교 박사학위논문, 2000.

92. 미나미 히데오, 「고구려 벽화의 지축상」高句麗壁畵の地軸像, 『고문화담총』古文化談叢 30(중), 규슈고문화연구회(九州古文化研究會), 1993.

93. 전호태, 「고구려 고분벽화에 나타난 하늘연꽃」, 『미술자료』 48, 국립중앙박물관, 1991.

94. 전호태, 「5세기 고구려 고분벽화에 나타난 불교적 내세관」, 『한국사론』 21, 서울대학교 국사학과, 1989.

95. 장천1호분 벽화에 보이는 악기에 대해서는 송방송(宋芳松), 「장천1호분의 음악사학적 점검」, 『한국학보』 35, 1984(『한국음악사연구』, 1985) 참조.

96. 전호태, 앞의 글, 1993; 중앙아시아 쿠차계 악기에 대해서는 기질석굴벽화를 분석한 요사굉(姚士宏), 「키질석굴벽화의 악무형상」キシル石窟壁畵の樂舞形象, 『키질석굴』 3, 1984(『중국 석굴』, 평범사(平凡

社)) 참조.

97. 전호태, 「산서이석한묘화상(山西離石漢墓畵像)의 승선도(乘仙圖)」, 『미술자료』 56, 국립중앙박물관, 1995.

98. 전호태, 「한(漢) 화상석(畵像石)의 서왕모(西王母)」, 『미술자료』 59, 국립중앙박물관, 1997.

99. 전호태, 앞의 글, 1991.

100. 김일권(金一權), 「고구려 고분벽화의 천문(天文) 관념체계 연구」, 『진단학보』震檀學報 82, 1996(『고대 중국과 한국의 천문사상 연구 — 한·당대 제천의례와 고구려 고분벽화의 천문도를 중심으로』, 서울대학교 박사학위논문, 1999, 제Ⅳ부에 수정 수록).

101. 전호태, 앞의 글, 1991.

102. 전호태, 앞의 글, 1993; 전호태, 「한~당 사신도 연구」, 『성곡논총』省谷論叢 31, 2000.

103. 미나미 히데오, 앞의 글, 1993.

104. 권영필(權寧弼), 「고구려 벽화의 복희(伏羲)·여와도(女媧圖)」, 『공간』空間 207(1984–9), 1984(『실크로드 미술 — 중앙아시아에서 한국까지』, 열화당, 1997, 7장 재수록); 전호태, 「한~당대 고분의 일상(日像)·월상(月像)」, 『미술자료』 48, 1991; 전호태, 앞의 글, 1997.

105. 동아시아 4강 체제의 형성 과정에 대해서는 노태돈, 「5~6세기 동아시아의 국제 정세와 고구려의 대외 관계」, 『동방학지』 44, 1984(『고구려사연구』, 사계절, 1999, 제3부 2장 재수록) 참조.

106. 전호태, 앞의 글, 1996.

107. 전호태, 앞의 글, 1993.

108. 전호태, 앞의 글, 1991.

109. 노태돈, 앞의 글, 1984.

110. 전호태, 앞의 글, 1993.

111. GPS 좌표로는 N41°1444, E126°20430이다. 장천1호분에 대한 보고, 도면, 도판은 길림성문물공작대(吉林省文物工作隊)·집안현문물보관소(集安縣文物保管所)[진상위(陳相偉)·방기동(方起東)], 「집안장천1호벽화묘」集安長川一號壁畵墓, 『동북고고와 역사』東北考古與歷史 1집, 1982; 길림성문물지편위회(吉林省文物志編委會), 「고분」古墳, 『집안현문물지』集安縣文物志, 1984, 158~163쪽; 조선유적유물도감편찬위원회 편, 『조선유적유물도감』 6(고구려 편 4), 외국문종합출판사, 1990, 도판91~112; 길림성문물고고연구소(吉林省文物考古研究所)·집안시박물관(集安市博物館) 편저, 『통구고묘군(洞沟古墓群) — 1997년 조사실측보고(調査測繪報告)』, 과학출판사, 2002; 손인걸·지용, 『집안고구려묘장』, 향항아주출판사, 2007, 120~122쪽; 경철화, 『고구려고묘벽화연구』高句麗古墓壁畵研究, 길림대학출판사, 2008, 60쪽 참조.

112. 장천1호분 벽화의 구성과 내용에 대해서는 길림성문물공작대·집안현문물보관소(진상위·방기동), 「집안장천1호벽화묘」, 『동북고고와 역사』 1집, 1982, 154~173쪽 및 전호태, 「고구려 집안권 벽화고분의 현황과 과제」, 『울산사학』 14, 2009, 89~94쪽 참조.

113. 전호태, 「고구려 각저총 벽화연구」, 『미술자료』 57, 국립중앙박물관, 1996, 15~17쪽.

114. 길림성문물공작대·집안현문물보관소(진상위·방기동), 「집안장천1호벽화묘」, 『동북고고와 역사』 1집, 1982, 165쪽.

115. 전호태, 「고구려 집안권 벽화고분의 현황과 과제」, 『울산사학』 14, 2009, 89~94쪽.

116. 김수민, 「고구려 고분벽화에 나타나는 문지기에 대한 소고」, 『한국고대사탐구』 8, 한국고대사탐구학회, 2011, 72~74쪽.

117. 하야시 료이치(林良一), 「불교미술의 장식문양(佛敎美術の裝飾文樣) ②: 성수(聖樹) 1」, 『불교예술』 93,

불교예술학회, 1983, 114~121쪽.

118. 혜림(慧琳): 『대정장』大正藏 54, 576항(項) 상(上).

119. 규기(窺基): 『대정장』 43, 985항 상.

120. 『삼국사기』 권1, 「신라본기」新羅本紀, 시조혁거세거서간(始祖赫居世居西干); 『삼국유사』三國遺事 권1, 「왕력」王曆, 신라시조혁거세왕(新羅始祖赫居世王); 『주서』周書 권50, 「열전」 제42, 이역(異域) 하(下), 돌궐전(突厥傳).

121. 『삼국지』三國志 권30, 「위서」魏書 30, 오환선비동이전(烏丸鮮卑東夷傳) 인용, 『위서』, 「오환전」烏丸傳.

122. 사이토 다다시(齊藤忠), 「고구려 고분벽화에 나타난 장송의례에 대해서」高句麗古墳壁畵にあらわれた葬送儀禮について, 『조선학보』朝鮮學報 91, 1979.

123. 간바라 다이사쿠(蒲原大作), 「북아시아 제 민족의 장의에서의 축살(畜殺) — 샤머니즘 연구의 일환으로서」北アジア諸民族の葬儀における畜殺 — シャーマニズム研究の一環として, 『종교학연구』 10, 1980.

124. 길림성문물공작대·집안현문물보관소(진상위·방기동), 「집안장천1호벽화묘」, 『동북고고와 역사』 1집, 1982.

125. 전호태, 『고구려 고분벽화 읽기』, 서울대학교출판부, 2008, 78~81쪽.

126. 전호태, 「고구려 장천1호분 벽화의 서역계 인물」, 『울산사학』 6, 1993.

127. 안상복, 「고구려 괴뢰자(傀儡子, 광대)와 장천1호분 앞방 왼쪽 벽 벽화 — 한국 인형극의 역사에 대한 새로운 탐색 (1)」, 『한국민속학』 37, 한국민속학회, 2003, 3~7쪽.

128. 전호태, 「고구려의 매사냥」, 『역사와경계』 91, 부산경남사학회, 2014, 3~7쪽.

129. 전호태, 『고구려 고분벽화 읽기』, 서울대학교출판부, 2008, 2~5쪽.

130. 전호태, 『벽화여, 고구려를 말하라』, 사계절, 2004, 119쪽.

131. 전호태, 「고분벽화로 본 고구려와 중앙아시아의 교류」, 『한국고대사연구』 68, 한국고대사학회, 2012, 152~163쪽.

132. 야기 하루오(八木春生), 「중국 남북조 시대 마니(보주) 표현의 제상」中國南北朝時代における摩尼(寶珠)の表現の諸相, 『불교예술』 189, 1990; 전호태, 「고구려 후기 사신계 고분벽화에 보이는 선·불 혼합적 내세관」, 『울산사학』 7, 1997, 24~25쪽.

133. 서역 쿠차계 악기에 대해서는 요사굉(姚士宏), 「키질석굴벽화의 악무형상」, 『키질석굴』 3, 1984(『중국석굴』, 평범사), 37~243쪽 참조.

134. 상지담, 「마왕퇴1호한묘 비의에 대한 시론적 연구」, 『문물』 1972년 9기, 1972; 이성구(李成九), 「중국 고대의 조어문과 이원세계관」, 『울산사학』 10, 2001, 186쪽.

135. 전호태, 「고구려 삼실총 벽화 연구」, 『역사와현실』 44, 한국역사연구회, 2001, 10~11쪽.

136. 전호태, 「고구려 수산리벽화분 연구」, 『역사문화연구』 40, 한국외국어대학교 역사문화연구소, 2011, 64~66쪽.

137. 전호태, 『고구려 고분벽화 연구』, 사계절, 2000, 212~215쪽.

138. 김일권, 『고구려 별자리와 신화』, 사계절, 2008, 128~129쪽.

139. 전호태, 「고구려의 오행신앙과 사신도」, 『국사관논총』 48, 국사편찬위원회, 1993, 58쪽.

140. 『삼국사기』 권18, 「고구려본기」 6, 소수림왕 2년 6월조; 『삼국사기』 권18, 「고구려본기」 6, 고국양왕 9년 3월조.

141. 『삼국사기』 권18, 「고구려본기」 6, 광개토왕 3년 8월조; 『삼국사기』 권18, 「고구려본기」 6, 장수왕 15년조; 신동하(申東河), 「고구려의 사원 조성과 그 의미」, 『한국사론』 19, 1988, 3~29쪽.

142. 전호태, 『고구려 고분벽화 연구』, 사계절, 2000, 212~215쪽.

143. 전호태, 「고구려 수산리벽화분 연구」, 『역사문화연구』 40, 한국외국어대학교 역사문화연구소, 2011, 77〜79쪽.

144. 『양고승전』梁高僧傳 권4, 「축잠법심전」竺潛法深傳(『대정장』 권50, 348항 상); 『해동고승전』海東高僧傳 권1, 「유통」流通 1, 석망명(釋亡名).

145. 전호태, 「5세기 고구려 고분벽화에 나타난 불교적 내세관」, 『한국사론』 21, 1989.

146. 몬다 세이치, 「고구려 벽화고분과 동아시아」高句麗壁畵古墳と東アジア, 사문각출판, 2011, 165〜166쪽.

147. 『삼국사기』 권18, 「고구려본기」 6, 광개토왕 18년 7월조; 임기환, 「고구려 평양 도성의 정치적 성격」, 『한국사연구』 137, 한국사연구회, 2007.

148. 『삼국사기』 권18, 「고구려본기」 6, 소수림왕 2년 6월조; 동(同) 3년조; 동 4년조; 동 5년 2월조.

149. 전호태, 「고분벽화로 본 고구려와 중앙아시아의 교류」, 『한국고대사연구』 68, 한국고대사학회, 2012, 148〜149쪽; 강현숙, 「고구려 고분벽화에 표현된 관념과 표현의 실제 ─ 서역계 인물을 중심으로」, 『역사문화연구』 48, 한국외국어대학교 역사문화연구소, 2013, 29쪽.

150. 전호태, 「고구려 장천1호분 벽화의 서역계 인물」, 『울산사학』 6, 1993, 36〜37쪽.

151. 노태돈, 『고구려사연구』, 사계절, 1999, 317〜345쪽.

152. 이성제, 『고구려의 서방정책 연구 ─ 북조와의 대립과 공존의 관계를 중심으로』, 국학자료원, 2005, 27〜64쪽.

153. 박원길, 「고구려와 유연·돌궐의 관계」, 『고구려연구』 14, 2002, 13〜15쪽.

154. 이성제, 「4〜5세기 고구려와 거란」, 『고구려연구』 14, 2002, 38〜39쪽.

155. 강희정, 「5〜7세기 고구려인의 사후 세계에 대한 관념 분석」, 『북방사논총』 12, 2003, 225〜226쪽.

156. 전호태, 「고구려 고분벽화에 나타난 하늘연꽃」, 『미술자료』 46, 1990, 17쪽; 전호태, 『벽화여, 고구려를 말하라』, 사계절, 2004, 118〜121쪽.

3부 후기, 지키는 자와 함께

1. 세키노 다다시, 「새롭게 발견된 고구려 시대의 회화」新に發見せられたる高句麗時代の繪畵, 『국화』國華 327호, 1917, 74〜81쪽.

2. 조선총독부, 『다이쇼5년도고적조사보고』大正五年度古蹟調査報告 678, 1917, 697쪽, 도판312〜324; 조선총독부, 「고구려 시대의 유적」高句麗時代之遺蹟 도판하권(圖版下卷)[고적조사특별보고제오책(古蹟調査特別報告第五冊), 1930, 도판474〜489; 조선유적유물도감편찬위원회, 『조선유적유물도감』 6(고구려 편 4), 외국문종합출판사, 1990(『북한의 문화재와 문화유적』 II, 서울대학교출판부, 2000 재출간), 도판241〜246.

3. 전호태, 「고구려 평양권 벽화고분의 현황과 과제」, 『울산사학』 15, 2011, 42〜46쪽.

4. 전호태, 「일제강점기 고구려 무덤벽화 모사도의 자료적 가치와 의미」, 『고구려 무덤벽화 ─ 국립중앙박물관 소장 모사도』, 국립중앙박물관, 2006, 222쪽.

5. 이하 개마총 벽화 각 장면에 대한 설명은 전호태·최장열, 「도판 설명」, 『고구려 무덤벽화 ─ 국립중앙박물관 소장 모사도』, 국립중앙박물관, 2006, 144〜167쪽 및 전호태, 「고구려 평양권 벽화고분의 현황과 과제」, 『울산사학』 15, 2011, 42〜46쪽에 의함.

6. 전호태, 「고구려의 오행신앙과 사신도」, 『국사관논총』 48, 국사편찬위원회, 1993, 76쪽.

7. 전호태, 「고구려 수산리벽화분 연구」, 『역사문화연구』 40, 한국외국어대학교 역사문화연구소, 2011.

8. 왕인파(王仁波), 「수당 시기의 묘실 벽화」隋唐時期的墓室壁畫, 1989[『중국미술전집』 권18, 묘실벽화(墓室壁畫)].

9. 전호태, 『고구려 고분벽화의 세계』, 서울대학교출판부, 2004, 258쪽.

10. 전호태, 『중국 화상석과 고분벽화 연구』, 솔, 2007, 252~256쪽.

11. 세키노 다다시, 「새롭게 발견된 고구려 시대의 회화」新に發見せられたる高句麗時代の繪畫, 『국화』 327호, 1917, 74~81쪽.

12. 전호태, 「고구려 고분벽화의 직녀도」, 『역사와현실』 38, 2000, 124~127쪽.

13. 전호태, 『중국 화상석과 고분벽화 연구』, 솔, 2007, 167~230쪽.

14. 전호태, 「고구려 고분벽화의 해와 달」, 『미술자료』 50, 국립중앙박물관, 1992, 1~63쪽.

15. 『위서』 권100, 「열전」 제88, 고구려.

16. 6세기 전반까지의 고구려의 대서방 정책 및 외교 관계에 대해서는 이성제, 『고구려의 서방 정책 연구 ─ 북조와의 대립과 공존의 관계를 중심으로』, 국학자료원, 2005 참조.

17. 전호태, 「고구려 후기 사신계 고분벽화에 보이는 선·불 혼합적 내세관」, 『울산사학』 7, 울산대학교 사학과, 1997.

18. 노태돈, 「5~6세기 동아시아의 국제 정세와 고구려의 대외관계」, 『동방학지』 44, 1984(노태돈, 『고구려사연구』, 사계절, 1999, 재수록); 박원길, 「고구려와 유연·돌궐의 관계」, 『고구려연구』 14, 고구려연구회, 2002.

19. 고구려와 서역의 교역로에 대해서는 정수일(鄭守一), 「고구려와 서역 관계 시고(試考)」, 『고구려연구』 14, 고구려연구회, 2002, 그림23 참조.

20. 전호태, 「고구려 통구사신총 연구」, 『고구려발해연구』 41, 고구려발해학회, 2011.

21. 전호태, 『고구려 고분벽화의 세계』, 서울대학교출판부, 2004, 253쪽.

22. 전호태, 「고구려 후기 사신계(四神系) 고분벽화에 보이는 선·불 혼합적 내세관」, 『울산사학』 7, 울산대학교 사학과, 1997.

23. 전호태, 「고구려 통구사신총 연구」, 『고구려발해연구』高句麗渤海硏究 41, 고구려발해학회, 2011, 14쪽. 주몽사에 대한 기사는 『당서』唐書 권220, 「열전」列傳 제145, 동이(東夷) 고려(高麗) 및 『삼국사기』 권21, 「고구려본기」 제9, 보장왕(寶藏王) 4년 5월조에 실려 있다.

24. 전호태, 「고구려 고분벽화에 나타난 하늘연꽃」, 『미술자료』 46, 국립중앙박물관, 1990, 41~42쪽.

25. 오가와 게이키치(小川敬吉) 외, 「고구려 고분벽화를 말한다」高句麗の古墳の壁畫を語る, 『녹기』綠旗 8권 8호, 1941, 83~91쪽.

26. 전주농, 「전동명왕릉부근벽화무덤」, 『각지유적정리보고』, 1963(과학원 고고학및민속학연구소, 『고고학자료집』 3, 과학원출판사), 171~188쪽, 도판97~103; 우메하라 스에지·후지타 료사쿠(藤田亮策) 편, 『조선고문화종감』朝鮮古文化綜鑑 권4, 양덕사(養德社), 1966, 14~15쪽, 도판53~66; 김일성종합대학, 『동명왕릉과 그 부근의 고구려 유적』, 김일성종합대학출판사, 1976[여남철(呂南喆)·김홍규(金洪圭) 일역, 『5세기의 고구려 문화』5世紀の高句麗文化, 웅산각(雄山閣), 1985], 179~203쪽; 조선화보사 편, 『고구려고분벽화』高句麗古墳壁畫, 강담사, 1985, 도판166~176; 문화보존연구소편집부 편, 「진파리1호무덤」, 『우리나라역사유적』, 과학백과사전출판사, 1983, 44~45쪽; 고이즈미 아키오(小泉顯夫), 「중화 진파리고분군 조사」中和眞坡里古墳群の調査, 『조선 고대유적의 편력』朝鮮古代遺蹟の遍歷, 육흥출판사(六興出版社), 1986; 조선유적유물도감편찬위원회, 『조선유적유물도감』 6(고구려 편 4), 외국문종합출판사, 1990[『북한의 문화재와 문화유적』 II, 서울대학교출판부, 2000 재출간], 도판247~268.

27. 이하 벽면 사신도에 대한 세부 묘사는 전호태, 앞의 책, 2000, 288~289쪽 참조.

28. 천장고임 천장석의 해와 달에 대해서는 전호태, 「고구려 고분벽화의 해와 달」, 『미술자료』 50, 국립중앙박물관, 1992, 38~39쪽 참조.

29. 이태호, 「평양 지역 8기의 고구려 벽화고분 — 벽화의 내용과 화풍」, 2006(국립문화재연구소·남북역사학자협의회, 『남북 공동 고구려 벽화고분 보존실태 조사보고서』, 제1권 조사 보고, 2006, 104쪽).

30. 전호태, 『고구려 고분벽화 읽기』, 서울대학교출판부, 2008, 140~143쪽.

31. 전호태, 「한~당 사신도 연구」, 『성곡논총』 31, 성곡학술문화재단, 2000, 328~342쪽.

32. 요시무라 레이, 『천인탄생도 연구』天人誕生圖の研究, 동방서점(東方書店), 1999, 163~180쪽.

33. 전호태, 『벽화여, 고구려를 말하라』, 사계절, 2004, 78쪽.

34. 전호태, 앞의 논문, 2000, 327쪽.

35. 양번시문물관리처(襄樊市文物管理處), 「양양가가충화상전묘」襄陽賈家冲畵像塼墓, 『강한고고』江漢考古 1986년 1기, 1986; 전호태, 위의 논문, 2000, 332~334쪽.

36. 중국화상석전집편집위원회(中國畵像石全集編輯委員會), 『중국화상석전집』中國畵像石全集 권8, 석각선화(石刻線畵), 하남미술출판사(河南美術出版社)·산동미술출판사(山東美術出版社), 2000, 도판53~54; 중국미술전집편집위원회(中國美術全集編輯委員會), 『중국미술전집』中國美術全集 권18, 묘실벽화(墓室壁畵), 문물출판사, 1989, 도판59; 임치현박물관(臨淄縣博物館), 「북제최분벽화묘」北齊崔芬壁畵墓, 『문물』 2002년 4기, 2002.

37. 중국화상석전집편집위원회, 앞의 책, 2000, 도판45~47; 이태호, 앞의 논문, 2006, 104쪽.

38. 안휘준, 『고구려 회화 — 고대 한국 문화가 그림으로 되살아나다』, 효형출판, 2007, 102~104쪽.

39. 전호태, 앞의 논문, 1990, 3~4쪽.

40. 남경박물원(南京博物院), 「강소 단양호교·건산의 남조묘 2기」江蘇丹陽胡橋·建山兩座南朝墓葬, 『문물』 1980년 2기, 1980.

41. 전호태, 앞의 논문, 1992, 45쪽.

42. 전호태, 「고구려 개마총 연구」, 『고구려발해연구』 49, 고구려발해학회, 2014, 30~31쪽.

43. 이태호, 앞의 논문, 2006, 102~104쪽.

44. 전호태, 「고구려 통구사신총 연구」, 『고구려발해연구』 41, 고구려발해학회, 2011, 121쪽.

45. 노태돈, 『고구려사 연구』, 사계절, 1999, 346~347쪽.

46. 물길의 움직임을 둘러싼 고구려와 북위의 외교 관계 전개 과정에 대해서는 이성제, 『고구려의 서방 정책 연구 — 북조와의 대립과 공존의 관계를 중심으로』, 국학자료원, 2005, 123~128쪽 참조.

47. 『일본서기』日本書紀 권19, 「흠명기」欽明紀 6년조.

48. 전호태, 앞의 책, 2004, 73쪽.

49. 용호(龍虎)의 상징과 역할에 대해서는 이성구, 「사신의 형성과 현무의 기원」, 『중국고중세사연구』 19, 중국고중세사학회, 2008, 6~21쪽 참조.

50. 전호태, 「고구려 후기 사신계 고분벽화에 보이는 선·불 혼합적 내세관」, 『울산사학』 7, 울산대학교 사학과, 1997, 46~47쪽.

51. 전호태, 앞의 논문, 2014, 31~32쪽.

52. 요시무라 레이, 앞의 책, 1999, 163~180쪽.

53. 전호태, 앞의 논문, 2011, 133~136쪽.

54. 전호태, 앞의 논문, 2014, 33~34쪽.

55. 전호태, 「고구려 고분벽화 — 강서대묘의 현무도를 중심으로」, 『한국사시민강좌』 23, 일조각, 1998, 130~131쪽; 이태호, 앞의 논문, 2006, 106~108쪽.

56. 요시무라 레이, 앞의 책, 1999, 163~180쪽.

57. 전호태, 「고분벽화로 본 고구려와 중앙아시아의 교류」, 『한국고대사연구』 68, 한국고대사학회, 2012, 168~169쪽.

58. GPS 좌표로는 N41°8.253, E126°11.825이다. 통구사신총 발굴 경위와 무덤 구조, 벽화 내용 등은 이케우치 히로시·우메하라 스에지, 『통구』 권하, 일만문화협회, 1940, 29~36쪽, 도판69~92에 자세히 실려 있다. 이외에 참고할 수 있는 문헌으로는 이케우치 히로시·우메하라 스에지, 「만주국 통화성 집안현에서의 고구려 벽화분」, 『고고학잡지』 30권 9호, 1940; 우메하라 스에지·후지타 료사쿠 편, 『조선고문화종감』朝鮮古文化綜鑑 권4, 양덕사(養德社), 1966, 10쪽, 도판19~20; 길림성문물지편위회(吉林省文物志編委會), 「고분」古墳, 『집안현문물지』集安縣文物志, 1984, 142~145쪽; 조선유적유물도감편찬위원회 편, 『조선유적유물도감』 6(고구려 편 4), 외국문종합출판사, 1990, 도판269~286; 길림성문물고고연구소(吉林省文物考古研究所)·집안시박물관(集安市博物館) 편저, 『통구고묘군 — 1997년조사실측보고』 洞沟古墓群 — 1997年調査測繪報告, 과학출판사, 2002, 60쪽; 손인걸·지용, 『집안고구려묘장』, 홍콩아주출판사, 2007, 96~97쪽; 경철화, 『고구려고묘벽화연구』高句麗古墓壁畵硏究, 길림대학출판사, 2008, 49~50쪽을 들 수 있다.

59. 길림성문물지편위회, 『집안현문물지』, 1984, 375쪽.

60. 길림성문물고고연구소·집안시박물관 편저, 『통구고묘군 — 1997년 조사실측보고』, 과학출판사, 2002, 60쪽.

61. 이케우치 히로시·우메하라 스에지, 『통구』 권하, 일만문화협회, 1940, 35~36쪽; 이전복, 「집안고구려묘연구」集安高句麗墓硏究, 『고고학보』 1980년 2기, 1980.

62. 전호태, 「고분벽화란 무엇인가」, 『고구려 고분벽화의 세계』, 서울대학교출판부, 2004.

63. 전호태, 『고구려 고분벽화 연구』, 사계절, 2000.

64. 요시무라 레이, 「남조 천인도상의 북조 및 주변 제국으로의 전파」南朝天人圖像の北朝及び周邊諸國への傳播, 『불교예술』 159호, 불교예술학회, 1985.

65. 전호태, 「고구려 삼실총 벽화 연구」, 『역사와현실』 44, 한국역사연구회, 2001.

66. 이케우치 히로시·우메하라 스에지, 『통구』 권하, 일만문화협회, 1940, 33쪽.

67. 이케우치 히로시·우메하라 스에지, 『통구』 권하, 일만문화협회, 1940, 34쪽.

68. 이전복, 「집안고구려묘연구」, 『고고학보』 1980년 2기, 1980; 전호태, 「고구려 후기 사신계 고분벽화에 보이는 선·불 혼합적 내세관」, 『울산사학』 7, 울산대학교 사학과, 1997.

69. 제나 도철이 청동기에 어떤 형상으로 묘사되는지에 대해서는 하야시 미나오(林巳奈夫), 「도철=제보론」饕餮=帝補論, 『사림』史林 79-5, 1993[하야시 미나오, 「중국 고대의 신들」中國古代の神がみ, 길천홍문관, 2002; 하야시 미나오 지음·박봉주 옮김, 『중국 고대의 신들』, 영림카디널, 2004 재수록] 참조.

70. 정재서, 『불사의 신화와 사상』, 민음사, 1995.

71. 이성구, 「중국 고대의 조어문과 이원세계관」, 『울산사학』 10, 울산사학회, 2001.

72. 전호태, 「고구려 삼실총 벽화 연구」, 『역사와현실』 44, 한국역사연구회, 2001.

73. 최택선, 「고구려 사신도무덤의 등급에 대하여」, 『조선고고연구』 1987년 3기, 1987; 최택선, 「고구려 사신도무덤의 주인공 문제에 대하여」, 『조선고고연구』 1988년 1기, 1988.

74. 『위서』魏書 권100, 「고구려전」高句麗傳.

75. 이성제, 『고구려의 서방 정책 연구 — 북조와의 대립과 공존의 관계를 중심으로』, 국학자료원, 2005; 북연 왕 풍홍(馮弘) 일가의 고구려 망명을 둘러싼 사건의 전말은 『십육국춘추』十六國春秋, 「북연록」北燕錄, 대흥(大興) 6년조; 『송서』宋書 권97, 「고구려전」; 『삼국사기』 권18 「고구려본기」 6, 장수왕(長壽王)

26년조 참조; 고구려와 북위 왕실 사이의 혼사를 둘러싼 갈등은 『위서』 권48, 「정준전,程駿傳; 『위서』 권100, 「고구려전」; 『삼국사기』 권18, 「고구려본기」 6, 장수왕 54년조 참조.

76. 노태돈, 「5~6세기 동아시아의 국제 정세와 고구려의 대외관계」, 『동방학지』 44, 연세대학교 국학연구원, 1984(노태돈, 『고구려사연구』, 사계절, 1999 재수록); 전호태, 「고구려 후기 사신계 고분벽화에 보이는 선·불 혼합적 내세관」, 『울산사학』 7, 울산대학교 사학과, 1997; 박원길, 「고구려와 유연·돌궐의 관계」, 『고구려연구』 14, 고구려연구회, 2002.

77. 고구려가 택한 동서 교류의 두 갈래 길에 대해서는 정수일, 「고구려와 서역 관계 시고」, 『고구려연구』 14, 고구려연구회, 2002 참조.

78. 『위서』 권100, 「고구려전」.

79. 전호태, 「고구려 후기 사신계 고분벽화에 보이는 선·불 혼합적 내세관」, 『울산사학』 7, 울산대학교 사학과, 1997.

80. 전호태, 「고구려 장천1호분 벽화에 나타난 서역계 인물」, 『울산사학』 6, 울산대학교 사학과, 1993; 권영필, 「고구려 회화에 나타난 대외 교섭」, 『실크로드 미술 — 중앙아시아에서 한국까지』, 열화당, 1997; 임영애, 「고구려 고분벽화와 고대 중국의 서왕모 신앙 — 씨름 그림에 나타난 '서역인'을 중심으로」, 『강좌 미술사』 10, 한국불교미술사학회, 1998.

81. 전호태, 「고구려 삼실총 벽화 연구」, 『역사와현실』 44, 한국역사연구회, 2001.

82. 이성제, 「고구려의 서방 정책 연구 — 북조와의 대립과 공존의 관계를 중심으로」, 국학자료원, 2005.

83. 노태돈, 「5~6세기 동아시아의 국제 정세와 고구려의 대외관계」, 『동방학지』 44, 연세대학교 국학연구원, 1984(노태돈, 『고구려사연구』, 사계절, 1999 재수록).

84. 전호태, 「고구려 문화와 고분벽화」, 『한국고대사와 고고학』, 학연문화사, 2000.

85. 노태돈, 「5세기 금석문에 보이는 고구려인의 천하관」, 『한국사론』 19, 서울대학교 국사학과, 1988(노태돈, 『고구려사연구』, 사계절, 1999 재수록).

86. 전호태, 「고구려 문화와 고분벽화」, 『한국고대사와 고고학』, 학연문화사, 2000.

87. 문화적 중심부와 주변부의 관계에 대해서는 전호태, 「고구려 고분벽화 연구방법론」, 『고구려 고분벽화의 세계』, 서울대학교출판부, 2004; 전호태, 「고구려 안악2호분 벽화 연구」, 『한국고대사연구』 54, 한국고대사학회, 2009 참조.

88. 노태돈, 「고구려의 한수 유역 상실의 원인에 대하여」, 『한국사연구』 13, 한국사연구회, 1976(노태돈, 『고구려사연구』, 사계절, 1999 재수록).

89. 쓰카모토 요시타카(塚本善隆), 『중국불교통사』中國佛敎通史, 춘추사(春秋社), 1983; 요시무라 레이, 『중국 불교 도상의 연구』中國佛敎圖像の硏究, 동방서점(東方書店), 1983.

90. 전호태, 「고구려 고분벽화 연구방법론」, 『고구려 고분벽화의 세계』, 서울대학교출판부, 2004.

91. 권영필, 「고구려 벽화의 복희·여와도」, 『공간』空間 207, 1984(권영필, 『실크로드 미술 — 중앙아시아에서 한국까지』, 열화당, 1997, 7장 재수록); 전호태, 「한–당대 고분의 일상·월상」, 『미술자료』 48, 국립중앙박물관, 1991.

고구려 시대 역사·문화 연표

연도	고구려 역사	고구려 문화	동아시아
기원전 2세기~ 기원전 1세기	**기원전 37** 시조 주몽(동명왕)이 졸본에서 건국을 선언하다. **기원전 36** 비류국(沸流國)을 병합하다.	 그림1. 무용총 기마사냥꾼. 그림2. 환인 오녀산성[五女山城: 역사 기록에 보이는 흘승골성(訖升骨城)이 현재의 오녀산성임]. **기원전 17** 유리왕(瑠璃王)이 「황조가」黃鳥歌를 짓다.	**기원전 109** 한 무제, 조선 정벌군을 일으키다. **기원전 108~기원전 107** 한, 조선에 낙랑, 임둔, 진번, 현토 4군을 설치하다. **기원전 82** 한, 진번과 임둔 2군을 폐지하고 현토군을 서쪽으로 옮기다. **기원전 2** 불교가 대월지국(大月氏國)으로부터 한에 전해지다.
1세기	3 국내성으로 천도하다. 22 고구려, 부여를 공격하고 왕 대소(帶素)를 죽이다. 53 태조왕 즉위하다. 56 동옥저(東沃沮)를 병합하여 영토가 동해에 이르다.	 그림3. 국내성, 1920년대의 모습.	8 왕망(王莽), 황제를 칭하고 신(新) 왕조를 세우다. 23 왕망이 죽고 신이 멸망하다. 25 후한이 세워지고 광무제 즉위하다. 30 후한, 낙랑군의 영동7현(嶺東七縣)을 포기하다.
2세기	105 후한의 요동 6현을 침공하다. 118 예맥과 함께 후한의 현도군(玄菟郡)을 습격하다. 132 후한의 서안평(西安平)을 공격하여 낙랑 태수의 처자를 사로잡다. 165 차대왕이 시해되고 신대왕이 즉위하다. 169 후한의 현토 태수 경림(耿臨)의 공격을 받다. 179 고국천왕 즉위하다. 194 고국천왕, 진대법(賑貸法)을 실시하다. 197 연우(延優)가 산상왕으로 즉위하자 발기(發岐, 拔奇)가 반발하여 요동의 공손탁(公孫度)에게 가다.	198 산상왕, 환도산성을 쌓다.	184 황건적(黃巾賊)의 난으로 후한이 큰 혼란에 빠지다. 196~215 후한에 오두미도(五斗米道)가 크게 유행하다.

| 3세기 | 209 환도산성(丸都山城)을 임시 왕도로 삼다.
242 동천왕, 서안평을 공격하다.
244 위와 전쟁이 일어나다. 유주 자사 관구검(毌丘儉)에 국내성과 환도성(丸都城)이 함락되다.
248 동천왕 죽고 중천왕 즉위하다. 중천왕, 순사(殉死)를 금지하다.
292 서천왕 죽고 봉상왕(烽上王) 즉위하다.
300 국상(國相) 창조리(倉助利), 봉상왕을 폐하고 을불(乙弗)을 왕(미천왕)으로 세우다. | 
그림4. 집안 산성하고분군.

그림5. 집안 칠성산211호묘. | 205 공손강, 낙랑군 남부를 분할해 대방군을 설치하다.
208 적벽대전(赤壁大戰)이 벌어지다.
220 후한이 멸망하고 삼국시대 시작되다.
238 위가 요동의 공손씨(公孫氏)를 멸망시키다.
239 왜의 비미호(卑彌乎: 히미코)가 위에 사신을 파견하다.
265 위가 멸망하고 진이 세워지다.
280 진, 오(吳)를 멸망시키고 중국을 재통일하다.
300 서진(西晉)에서 8왕(八王)의 난이 일어나다. |
| 4세기 | 302 현토군을 공략하여 포로 8,000명을 잡아 평양으로 보내다.
311 서안평을 점령하다.
313 낙랑군을 멸망시키다.
314 대방군을 멸망시키다.
315 현토성을 공략하다.
331 고국천왕 즉위하다.
336 전연에서 송황, 동수 등이 망명 오다.
339~342 전연 모용황의 침공으로 도성이 함락되고 미천왕릉이 파헤쳐지다.
355 전연과 조공, 책봉 관계를 맺다.
369 백제와의 치양전투(雉壤戰鬪)에서 패하다.
371 백제에게 평양성을 공격당하다. 고국원왕이 전사하다.
372 소수림왕, 태학(太學)을 설립하다. 전진에서 승려 순도가 오다(불교가 공인되다).
373 율령이 반포되다.
391 광개토왕 즉위하다.
392 백제를 침공해 10여 개 성을 점령하다.
396 백제 58개 성을 빼앗고 아신왕(阿莘王)의 항복을 받다.
400 5만의 군사로 신라를 구원하다. 백제, 가야, 왜 연합군을 패배시키다. | 
그림6. 통구12호분 기마전.

335 북쪽에 신성을 쌓다.
만보정1368호분(집안, 4세기 중엽).
봉성리1호분(안악, 4세기 중엽).
357 안악3호분(안악) 축조되고 동수의 묵서명이 쓰이다.

그림7. 안악3호분 무덤 주인.

그림8. 광개토왕릉비.

391 신묘년명 청동방울 제작(집안 대왕릉 출토).
평양역전벽화분, 고산동20호분(高山洞20號墳), 안학동9호분(安鶴洞9號墳), 노산동1호분(평양, 4세기 말).
안악1호분(안악, 4세기 말).
태성리1호분(남포, 4세기 말). | 316 서진이 멸망하고 북중국에서 오호십육국 시대(316~439)가 시작되다.
317 강남에서 동진이 건국되다.
337 선비족 모용부(慕容部)의 모용황, 전연을 세우다.
349 후조, 멸망하다.
350 전연, 화북의 패권을 잡다.
351 전진이 일어나다.
353 둔황에 천불동(千佛洞)이 건설되다.
370 전연 멸망하고 전진이 북중국을 석권하다.
376 전진이 북중국을 통일하다.
383 전진이 비수전투(淝水戰鬪)에서 동진에 패하다. |

5세기	404 후연을 공격하다. 408 북연 왕 고운(高雲)과 우호를 맺다. 412 장수왕 즉위하다. 427 평양으로 서울을 옮기다. 436 북연 왕 풍홍이 망명 오다. 438 북연 왕 풍홍을 죽이다. 450 변장(邊將)이 신라군에 죽임을 당하다. 신라의 서변을 공격하다. 475 백제의 왕도 한성을 함락시키고 개로왕을 죽이다. 491 장수왕 죽고 문자명왕 즉위하다. 494 부여, 물길에 쫓겨 고구려에 투항하다. 495 백제의 치양성(雉壤城)을 포위하다. 신라가 백제를 구원하다. 496 신라의 우산성(牛山城)을 공격하다. 니하(泥河)에서 격퇴되다.	장산동1호분, 장산동2호분(평양, 5세기 초). 약수리벽화분(남포, 5세기 초). 408 덕흥리벽화분(남포) 축조되고 유주 자사 '진'의 묘지명이 남다. 모두루총(牟頭婁塚), 각저총(집안, 5세기 초). 요동성총, 동암리벽화분(순천, 5세기 초). 복사리벽화분(안악, 5세기 초). 415 광개토왕 서거 3년 기념 을묘년명 청동호우(靑銅壺杅) 제작하여 신라와 주변국에 보내다(경주 호우총(壺杅塚) 출토). 성총, 감신총, 용강대묘, 태성리2호분(남포, 5세기 전반). 가장리벽화분, 팔청리벽화분(대동, 5세기 전반). 고산동7호분, 고산동10호분, 고산동15호분(평양, 5세기 전반). 하해방31호분(下解放31號墳), 환문총, 우산하41호분, 무용총, 통구12호분, 산연화총(散蓮花塚), 삼실총, 산성하332호분, 산성하983호묘, 미인총(美人塚), 귀갑총(龜甲塚), 산성하절천정묘, 마선구1호분, 장천1호분, 장천2호분, 장천4호분(집안, 5세기 중엽). 미창구장군묘(환인, 5세기 중엽). 천왕지신총(순천, 5세기 중엽). 계명동고분(桂明洞古墳), 대안리1호분, 연화총(蓮花塚)(남포, 5세기 중엽). 고산동9호분(高山洞九號墳), 전동명왕릉(평양, 5세기 중엽).  그림9. 전동명왕릉 외경. 수렵총, 우산리3호분, 수산리벽화분, 쌍영총, 보산리벽화분(남포, 5세기 후반). 운룡리벽화분(雲龍里壁畵墳)(평원, 5세기 후반). 고산동1호분(高山洞1號墳), 남경리1호분(평양, 5세기 후반). 안악2호분(안악, 5세기 후반).  그림10. 안악2호분 벽화. 우산리1호분, 우산리2호분(남포, 5세기 말). 덕화리1호분, 덕화리2호분(대동, 5세기 말).	420 동진이 멸망하고 송이 일어나다. 421, 425 왜 왕 찬(讚), 송에 입조하다. 436 북위가 북연을 멸망시키다. 439 북위가 북중국을 통일하다. 남북조 대립이 시작되다. 468 북위, 송을 공격하다. 479 남조 송이 멸망하고 제(齊)가 일어나다. 왜왕 무[武: 유라쿠(雄略) 천황으로 비정됨]가 사신을 남조 제(齊)에 보내다.	

519 문자명왕 죽고 안장왕 즉위하다.
531 안장왕 죽고 안원왕 즉위하다.
545 왕권 계승을 둘러싸고 큰 내분이 일어나다. 안원왕 죽고 양원왕 즉위하다.
548 예(濊)와 함께 백제를 공격했으나 신라가 백제를 구원하다.
551 돌궐의 침공을 받다. 백제와 신라에 한강 유역 10군을 빼앗기다.
559 평원왕, 즉위하다.
586 장안성(長安城)으로 왕성을 옮기다.
590 영양왕, 즉위하다. 장군 온달(溫達), 한강 유역의 신라 아단성(阿旦城) 전투에서 전사하다.
598 왕이 말갈군을 이끌고 수의 요서를 치다. 수 문제(文帝), 고구려를 침공하다.

6세기

개마총, 호남리사신총(평양, 6세기 초).

그림11. 개마총 행렬도.

평정리벽화분(안악, 6세기 전반).
통구사신총, 오회분4호묘(집안, 6세기 전반).
진파리1호분, 진파리4호분(평양, 6세기 전반).

그림12. 진파리1호분 천장 벽화.

539 연가7년명금동여래입상(延嘉七年銘金銅如來立像) 제작되다.
내리1호분(평양, 6세기 중엽).

그림13. 연가7년명금동여래입상.

552 왕산악(王山岳), 거문고를 만들다. 장안성을 쌓기 시작하다.
오회분5호묘(집안, 6세기 후반)
571 경4년신묘명금동삼존불(景四年辛卯銘金銅三尊佛)이 제작되다.
동대파365호분(집안, 6세기 말).
강서대묘(남포, 6세기 말).

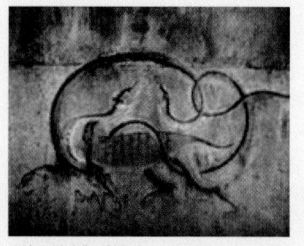

그림14. 강서대묘 현무.

534 북위가 멸망하고 동위가 서다.
535 서위가 세워지다.
538 일본, 백제로부터 불교를 전해 받다.
550 동위가 멸망하고 북제가 서다.
552 돌궐이 유연을 멸망시키다.
554 서위가 멸망하고 북주가 서다.
557 양(梁)이 멸망하고 진(陳)이 일어나다.
581 북주가 멸망하고 수가 서다.
587 왜에서 소아마자(蘇我馬子: 소가노 우마코)가 물부씨(物部氏: 모노노베씨)를 치다.
589 수가 진을 멸망시키고 중국을 통일하다.
592 왜에서 소아마자(소가노 우마코)가 숭준천황(崇峻: 스숑)천황을 죽이다. 추고천황(推古: 스이코)천황이 즉위하다.

| 7세기 | 603 신라의 북한산성(北漢山城)을 공격하다.
612 수 양제(煬帝)가 대군을 일으켜 침략해오다. 을지문덕(乙支文德), 살수(薩水)에서 수군을 대파하다.
613 수 양제, 다시 침략을 시도하다.
614 수, 4차 침략을 시도하다.
618 영류왕, 즉위하다.
629 낭비성(娘臂城)이 신라 장군 김유신(金庾信)에게 격파당하다.
631~646 천리장성(千里長城)을 쌓다.
638 신라의 칠중성(七重城)을 깨뜨리다.
642 연개소문(淵蓋蘇文)이 정변을 일으켜 영류왕을 시해하고 보장왕을 세우다.
645 당이 대군을 일으켜 침략해오다. 안시성(安市城), 당군을 물리치다.
647 당군, 육지와 바다 두 길로 공격해오다.
654 말갈과 함께 거란을 치다.
658~659 당의 설인귀(薛仁貴), 여러 차례 공격해오다.
661 당의 소정방(蘇定方), 평양성을 포위하다.
662 연개소문, 사천에서 당군을 대파하다.
665 연개소문 죽다.
668 신라군과 당군에게 평양성을 함락당하다. 고구려, 멸망하다.
698 대조영(大祚榮), 나라를 세워 진국(震國)이라 부르다. 발해 건국되다. | 610 담징(曇徵), 일본에서 호류지(法隆寺) 금당벽화(金堂壁畵)를 그리다.
강서중묘(남포, 7세기 초).
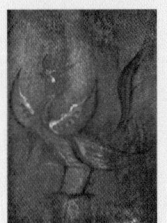
그림15. 강서중묘 주작.

그림16. 사마르칸드 아프라시압 궁전지 벽화 고구려 사절. | 603 일본에서 관위(官位) 12계가 제정되다.
604 수에서 양제가 즉위하다. 일본, 성덕태자(聖德太子: 쇼토쿠태자)가 헌법 17조를 만들다.
607 일본이 견수사(遣隋使)를 파견하다.
618 수가 멸망하고 당이 일어나다.
628 당이 중국을 통일하다.
629 당의 현장(玄奘)이 인도로 구법(求法) 여행을 떠나다.
637 당에서 정관율령이 제정되다.
645 당 태종, 고구려 정벌군을 일으키다. 일본에서 대화개신(大化改新: 다이카개신)이 일어나다.
648 당과 신라, 비밀리에 군사동맹을 맺다.
651 당에서 영휘율령(永徽律令)이 제정되다.
663 일본의 백제 원조군, 백촌강(白村江) 전투에서 신라·당 동맹군에 패하다.
668 당, 고구려 평양성에 안동도호부(安東都護府)를 설치하다.
672 일본에서 임신(壬申)의 난이 일어나다.
682 돌궐이 제국을 재건하다.
690 당에서 측천무후(則天武后)가 즉위하여 국호를 주(周)라 하다.
700 일본에서 대보율령(大寶律令)이 제정되다. |

찾아보기

ㄱ

갈가장리벽화분 10, 76, 440
각배(角杯) 284
간두희(竿頭戱) 270, 284
갈족(羯族) 298
감신총 10, 96, 102, 104, 108, 136, 138, 170, 180, 222, 294, 336, 440
강서대묘 10, 14, 18, 20, 27, 76, 247
강서중묘 10, 18, 27, 357, 442
개마총 10, 25, 215, 285, 310~340, 364, 369~373
개마행렬도(鎧馬行列圖) 310, 312, 330, 332, 338
건달파(乾闥婆) 283
격의불교 106
견우(牽牛) 86, 88, 94, 101, 329
견우직녀설화 102, 329
계세적(繼世的) 내세관 111, 141, 149, 153, 190, 194, 230, 293, 297, 300, 335, 339
고국양왕 105, 295, 337, 414
고국원왕 47, 48, 96
고이즈미 아키오 341, 434
곤(鯤) 246
곤붕(鯤鵬) 설화 246
공손강 65, 439

곽충(郭充) 481
광개토왕 97, 105, 108, 111, 115, 134, 184, 192, 295, 297, 302, 337, 408, 411
광개토왕릉비 17, 219, 337, 439
『구(舊)삼국사』 337
국내성 16, 18, 24, 103, 109, 115, 142, 151, 153, 187, 195, 227, 230, 231, 259, 295, 296, 298, 302, 303, 308, 334, 353, 370, 409, 413, 415, 420, 438
금강역사(金剛力士) 392, 413
기남한묘 65 67, 69, 71, 73, 75, 97, 99, 131, 144
기린 36, 37, 246, 248, 276, 290, 334
길리(吉利) 88, 102, 247, 406

ㄴ

나제동맹 366
남녀쌍인연화화생 300, 303
남두육성 102, 211, 223, 236, 251, 406
내리1호분 101, 330, 360, 363, 441
노산리개마총 312
노산리제1호묘 312
노암리고분 10, 33, 35

녹가장벽화묘 69, 71
농환(弄丸) 270, 286

ㄷ

단양건산금왕진촌남조제릉 364
단축법(短縮法) 291, 299
대안리1호분 10, 176, 179, 183, 188, 293, 398, 440
대한제국 181
덕화리1호분 10, 216, 223, 225, 327, 328, 440
덕화리2호분 10, 216, 225, 327, 440
덕흥리벽화분 10, 21, 31, 66, 76~111, 133, 167, 170, 173, 181, 183, 214, 220, 247, 293, 295, 297, 325, 329, 330, 406, 420, 440
도철(饕餮) 402
동명성왕 191, 411, 414
동명왕릉고분군9호분 10, 342, 440
동북공정 420
동산 56
동수(冬壽) 21, 48, 63, 107, 109, 142, 144, 439
동수(佟壽) 47, 48, 55, 151, 152
동쌍삼성 211
동왕부(東王父) 250

등고신(登高神) 191, 414

ㅁ

마갈어(磨竭魚) 140
마사희(馬射戲) 90, 94, 103
마선구1호분 10, 219
마영리벽화분 10, 154
마왕퇴1호한묘 185, 245, 290
막고굴 150
만세(萬歲) 88, 94, 102, 174, 247, 406
매사냥 239, 273, 281
모용외 63, 142
모용인 48, 144
모용황 49, 439
무륜(舞輪) 271, 286
문명신(文明神) 403, 413, 415, 419
문자명왕 24, 196, 307, 333, 365, 409, 412, 440, 441
미창구장군묘 10, 191, 223, 293, 440
미천왕 47, 439

ㅂ

박위(博位) 88, 94, 101
박혁거세 192
백로탁어(白鷺啄魚) 236, 253, 258, 406
백희기악도 168, 174, 264, 268, 270, 273, 283, 286, 288, 293, 299, 301
범재무덤 34
벽독(辟毒) 85, 89, 94, 101

벽돌무덤 30, 64, 143, 145, 152
보산리벽화분 10, 76, 440
보장왕 16, 442
복사리벽화분 10, 33, 58, 60, 64, 440
복희(伏義) 252, 387, 413, 419
봉성리벽화분 57
봉성리1호분 10, 33, 57, 439
봉성리2호분 10, 33, 58
봉태자2호묘 68, 74
부귀(富貴) 88, 94, 102, 247, 406
부여신(夫餘神) 191, 414
북극삼성 389, 407
북두구진 293
북두오성 236, 251
북두칠성 37, 59, 89, 94, 102, 212, 223, 281, 292, 389, 406
북두칠청 281, 406
불교적 전생관(轉生觀) 189, 230, 297
비어(飛魚) 36, 88, 94, 101

ㅅ

사로육촌 192
사신도 무덤 24, 116, 256, 325, 328, 341, 353, 355, 357, 364, 366, 370, 375
시신묘 377
사신무덤 377
사이토 고쿠타로 375
사천왕상 344, 353, 356, 373
산성하332호분 10, 222, 441
『산해경』 66, 101, 255, 331
삼실묘 234

삼실총 10, 22, 24, 124, 168, 177, 179, 187, 214, 233~261, 264, 282, 289, 325, 327, 337, 397, 406, 410, 416, 440
삼족오(三足烏) 212, 251, 255, 279, 317, 321, 331, 351, 363, 364, 386, 402
상왕가촌묘 69, 71
생명나무 283, 288, 299
서강60호분 375
서쌍삼성 211, 223
서왕모(西王母) 138, 250, 252
석가문불(釋迦文佛) 84, 103, 107, 111
석각선화(石刻線畵) 327, 335, 357, 360, 398
선불(仙佛) 혼합적 내세관 336, 338, 340
선인(仙人) 88, 94, 102, 105, 108, 111, 214, 236, 257, 308, 314, 325, 327, 331, 338, 402
선정인(禪定印) 276
성성(猩猩) 88, 94, 101
성왕론(聖王論) 191, 192
성총(星塚) 101, 295, 440
세군(細群) 366
세키노 다다시 197, 234
소막차(蘇莫遮) 283
소수림왕 105
송죽리고분 10, 33, 61, 64, 137
수렵총 10, 216, 223, 441
수미좌(須彌座) 276
수산리벽화분 10, 22, 66, 76, 124,

148, 154~195, 213, 215, 225, 229, 231, 283, 293, 329, 420, 440
수하인물도(樹下人物圖) 360
순도(順道) 106, 298, 439
신농(神農) 250, 258
신모(神母) 유화 337, 339
쌍룡교미(雙龍交尾) 252
쌍사교미(雙蛇交尾) 236, 252, 258
쌍사신 253, 258
쌍영총 10, 22, 24, 148, 154, 171, 173, 181, 183, 188, 196~232, 327, 335, 357, 398
쌍인연화화생(雙人蓮花生) 274, 276, 278, 289, 290, 300, 303

ㅇ

아도(阿道) 298
안성동장 197
안악읍고분 10, 33, 35
안악1호분 10, 33, 35, 37, 41, 56, 58, 62, 102, 118, 131, 144, 146, 152, 181, 289, 439
안악2호분 10, 22, 24, 33, 35, 37, 39, 41, 56, 62, 64, 117~153, 168, 171, 181, 183, 189, 194, 215, 220, 225, 229, 231, 283, 420, 440
안악3호분 10, 21, 22, 24, 31, 33~75, 99, 104, 105, 107, 109, 131, 139, 143~146, 152, 168, 170, 171, 174, 220, 296, 325, 420, 439
안원왕 306, 366, 409, 441

안장왕 333, 365, 409
약수리벽화분 10, 76, 96, 154, 168, 172, 440
양수(陽燧) 88, 94, 101
양양가가층화상전묘 356, 357
양원왕 306, 366, 441
어수리고분 10, 33
여와(女媧) 252, 387, 413, 419
연화장세계 141, 190
연화화생(蓮花化生) 217, 247, 258, 276, 290, 298, 300, 363, 370
『열자』 246
염제(炎帝) 250
영양(零陽) 88, 94, 101
영태후 333, 409
영혼 인도견 285
오바 쓰네키치 196, 313, 341, 375
오타 후쿠조 197
오행신앙(五行信仰) 407
오회분 234
오회분4호묘 10, 289, 338, 374, 393, 395~397, 399, 402, 403, 407, 418, 440
오회분5호묘 10, 336, 338, 353, 357, 359, 374, 390, 392, 396, 399, 402, 407, 418, 441
옥녀(玉女) 88, 94, 102, 107
왕생관(往生觀) 230
왕준(王遵) 63, 143
요네다 미요지 341
요동성도 106
요동성총 10, 105, 440
용강대묘 10, 124, 154, 180, 183,

199, 440
용성(龍城) 184
우강(禹疆) 185, 189, 246, 291
우두선인(牛頭仙人) 258
우두인신신(牛頭人身神) 236, 246, 250, 258
우메하라 스에지 375, 378, 429, 434, 436
우산묘구 제2112호묘 377
우산하묘구 제2231호묘 234
우주역사(宇宙力士) 23, 26, 116, 158, 176, 175, 178, 179, 185, 189, 233, 244, 245, 252, 281, 291, 292, 299, 397, 398
우주역사형 괴수 398, 413, 416
운강석굴(雲岡石窟) 331
운기화생(雲氣化生) 217, 224, 35, 360, 362, 364, 367, 368, 371, 373
원대자벽화묘 69, 71
원왕착개마지상(原王着鎧馬之像) 317
월정리고분군 10, 33, 35
위계적(位階的) 인물 묘사법 101, 208, 215, 237
유네스코 157, 199
『유마경』 149, 150
유마힐(=유마거사) 149, 150
유주(幽州) 22, 47, 80, 82, 94, 97, 99, 100, 440
육왕탑 106
6효자석관상 306
은파읍벽화분 10, 33, 60
음양오행론 116, 230
이불란사(伊不蘭寺) 298

이시동도법(異時同圖法) 239, 286, 289

이주습(爾朱襲) 묘지개석 360

이케우치 히로시 234, 375, 378, 429, 437

ㅈ

장군총 16, 66

장수왕 22, 24, 184, 186, 190, 192, 196, 207, 295, 306, 317, 333, 337, 408, 410, 440

『장자』 246

장지풍수관 16, 108, 110

장천1호분 10, 22, 24, 134, 168, 174, 178, 215, 220, 225, 239, 243, 245, 247, 262~303, 330, 367, 390, 397, 406, 410

장천2호분 10, 262

장통(張統) 63, 142

적산(赤山) 285

전륜성왕론 191, 192

전생적(轉生的) 내세관 152, 174, 219, 336

정토왕생 152, 174, 192, 336

정토화생관 246

조사문(鳥蛇紋) 254, 406

조어문(鳥魚紋) 254, 406

조합어문(鳥銜魚紋) 255

주몽 191, 219, 337, 411, 414, 438

주몽사(朱蒙祠) 337

주유(侏儒) 189, 245

주유형(侏儒形) 괴수 291, 416

지두우(地豆于) 260, 299

지모신(地母神) 신앙 283

지천괴수(持天怪獸) 382

지천역사(持天力士) 257, 258

지축(地軸) 88, 94, 102, 252

직녀(織女) 88, 94, 102

진(鎭) 21, 81, 102

진지동1호분 199

진파리고분군 342

진파리1호분 10, 24, 289, 330, 334, 336, 340~373, 393, 441

진파리4호분 10, 341, 353, 363, 369, 399, 400, 414

집안서강사신총 375

ㅊ

천계전생(天界轉生) 153

천록(天鹿) 246

천마(天馬) 36, 88, 94, 102, 285

천마총 102

천왕지신총 10, 173, 176, 219, 222, 247

천추(千秋) 88, 94, 102, 174, 247, 248, 406

청양(靑陽) 88, 94, 100

초문사(肖門寺) 298

총주착개마지상(冢主着鎧馬之像) 317

최분묘 325, 327, 360

추군(麤群) 366

칠보공양 90, 94, 96, 99, 103, 107, 111, 220, 295, 296

ㅌ

태성리3호분 10, 68, 73

통구사신총 10, 17, 25, 215, 234, 247, 255, 289, 334, 336, 353, 357, 364, 369, 371, 374~419

통구7호분 375

통구12호분 10, 187, 239, 241, 251, 282, 325, 439

ㅍ

파라차(婆羅遮) 283

팔청리벽화분 10, 168, 199

평양성 16, 18, 439, 442

평양역전벽화분 10, 96

평정리벽화분 10, 33, 55, 57

평정리1호분 56

풍홍(馮弘) 408, 440

ㅎ

하조(賀鳥) 88, 94, 101

한계(漢系) 문화 24, 63, 65, 105, 109, 110, 302

한성(漢城) 259

헌월리고분 10, 33, 35

함박뫼 37, 117

향금산 76

호남리사신총 312, 334, 353, 355

혼전(魂殿) 107, 223, 229

화상석묘(畵像石墓) 31, 66, 71, 73, 75, 99, 131, 145, 148, 250, 258,

330, 335

화생(化生)의 세계 217, 247, 289,
  301, 335, 369, 414

화생천인(化生天人) 258, 338, 340

환문총 10, 183, 324, 332, 334

효문제 333, 408

훼원(喙遠) 88, 94, 101

전호태

서울대학교 국사학과와 같은 대학 대학원을 마쳤다. 문학박사. 국립중앙박물관 학예연구사, 미국 U.C.버클리대학교 및 하버드대학교 객원교수, 문화재전문위원, 울산대학교 박물관장, 대학기록관장을 역임하였다. 한국 고대문화사를 전공하였고, 고구려 고분벽화 및 중국 고대 문화와 미술에 관한 글을 다수 발표하였다. 고구려 고분벽화를 주제로 한 특별전을 국내외 미술관 및 박물관에서 여러 차례 기획, 감독하였다. 현재 울산대학교 역사문화학과 교수로 재직하고 있으며 반구대암각화유적보존연구소장을 겸하고 있다.

전문연구서로 『고구려 고분벽화의 세계』(서울대학교출판부SNUP, 2004), 『중국 화상석과 고분벽화 연구』(솔, 2007), 『The Dreams of the Living & Hopes of the Dead—Goguryeo Tomb Murals』(Seoul National University Press, 2007), 『울산 반구대암각화 연구』(한림출판사, 2013), 『고구려 고분벽화 읽기』(서울대학교출판부SNUP, 2008), 『Goguryeo, in Search of its Culture & History』(Hollym, 2008), 『고구려 고분벽화 연구』(사계절, 2000), 『살아 있는 우리 역사, 문화유산의 세계』(울산대학교출판부UPP, 2010) 등이 있다.

청소년 및 일반인을 위한 한국 고대사 및 중국 고대 미술 안내서로 『벽화여, 고구려를 말하라』(사계절, 2004), 『고분벽화로 본 고구려 이야기』(풀빛, 2010), 『화상석 속의 신화와 역사』(소와당, 2009), 『글로벌 한국사1—문명의 성장과 한국 고대사』(풀빛, 2011), 『고구려 고분벽화 연구 여행』(푸른역사, 2012), 『비밀의 문 환문총』(김영사, 2014), 『고구려에서 만난 우리 역사』(한림출판사, 2015) 등이 있다.

어린이를 위한 우리 역사 이야기책으로 『고구려 나들이』(보림, 1995), 『고구려 사람들은 왜 벽화를 그렸나요?』(다섯수레, 1998), 『신라를 왜 황금의 나라라고 했나요?』(다섯수레, 1999), 『고구려 고분벽화 이야기』(사계절, 2007) 등이 있다.

기획, 감독한 주요 전시로 《고구려 미술전》(국제교류재단·독일 베를린국립동아시아미술관, 2005.9, 베를린국립동아시아미술관), 《인류의 문화유산, 고구려 고분벽화》(연합뉴스·일본 교도통신, 2006.9, 서울역사박물관), 《한국의 힘과 자부심의 원천, 고구려》(동북아역사재단·LA한국문화원, 2007.5, LA한국문화원), 《고대 동북이 문화의 중심, 고구려 고분벽화 특별전》(동북아역사재단·일본 벳푸대학, 2007.11, 일본 벳푸대학 역사문화종합센터), 《동아시아 고대 문화의 빛, 고구려》(동북아역사재단, 2009.6, 몽골 국립중앙박물관, 카자흐스탄 대통령문화관, 키르기스스탄 국립미술관), 《고구려》(유네스코, 2012.10, 프랑스 파리 유네스코본부) 등이 있다.